股权
激励业务
与财税处理实务

郑培敏　单晓梅　王自荣　等／编著

图书在版编目(CIP)数据

股权激励业务与财税处理实务 / 郑培敏等编著.
上海：立信会计出版社，2025.6. -- ISBN 978-7-5429-7850-9

Ⅰ．F272.923；F810.423

中国国家版本馆 CIP 数据核字第 2025PV9256 号

策划编辑　　王艳丽
责任编辑　　王艳丽
美术编辑　　吴博闻

股权激励业务与财税处理实务
GUQUAN JILI YEWU YU CAISHUI CHULI SHIWU

出版发行	立信会计出版社
地　　址	上海市中山西路 2230 号　　邮政编码　200235
电　　话	(021)64411389　　传　　真　(021)64411325
网　　址	www.lixinaph.com　　电子邮箱　lixinaph2019@126.com
网上书店	http://lixin.jd.com　　http://lxkjcbs.tmall.com
经　　销	各地新华书店
印　　刷	常熟市人民印刷有限公司
开　　本	710 毫米×1000 毫米　　1/16
印　　张	26
字　　数	413 千字
版　　次	2025 年 6 月第 1 版
印　　次	2025 年 6 月第 1 次
书　　号	ISBN 978-7-5429-7850-9/F
定　　价	128.00 元

如有印订差错，请与本社联系调换

本书编委会

编委会主任

郑培敏　单晓梅　王自荣

编　委

戴德军　王青松　饶明亮
刘芝兰　王　丹　王　辰

前言

企业的竞争实质上是企业管理、营销和技术等各类人才的竞争，而如何吸引并留住人才是众多企业迫切需要解决的问题。经国内外多年实践运用的股权激励机制就较好地解决了吸引并留住人才的问题。

股权激励是指企业通过给予核心员工一定比例公司股权或公司名义股权的形式，使核心员工能够以股东的身份参与企业决策，或以股东（名义股东）身份分享公司利润或其他经济利益，进而勤勉尽责地为公司的长期发展服务的一种激励方法。

股权激励是企业为了激励和留住核心人才而推行的一种长期激励机制，是最常用的激励员工的方法之一。实务中，企业是否需要实施股权激励、如何设计股权激励方案以及怎样进行会计与税务处理等事项是许多拟实施股权激励的企业很想了解的知识。基于理论研究和大量丰富的实务操作，《股权激励业务及财税处理实务》应市场需求而成稿。

本书由"股权激励业务""股权激励会计""股权激励税务"三篇组成。第一章至第四章为上篇，包括股权激励概述、常见的股权激励工具、股权激励的实施和股权激励落地流程。第五章为中篇，主要介绍因实施股权激励而形成的股份支付的一般会计处理及特殊事项的会计处理。第六章至第十一章为下篇，包括股权激励税务处理概述、上市公司股权激励的税务处理、非上市公司股权激励的税务处理、股权激励费用的企业所得税处理、非居民个人股权激励税务处理，以及股权激励税务备案、资料报送及情况报告。

本书主要有以下三个特点。

一、专业性

本书作者团队由从事股权激励业务、财税服务业务以及财税教学工作的专家组成,他们不仅实践经验丰富,而且多具有教授、高级会计师、税务师等职称。本书中的股权激励业务部分由上海荣正企业咨询服务(集团)股份有限公司创始人、董事长,中国证券业协会投资银行业专业委员会委员郑培敏先生主笔;股权激励会计部分由国家税务总局税务干部学院教授王自荣先生主笔;股权激励税务部分由中瑞税务师事务所集团有限公司副董事长、上海分公司管理合伙人,上海财经大学金融学院硕士生导师,中国人民大学财政金融学院业界导师单晓梅女士主笔。参与本书编写的还有戴德军、王青松、饶明亮、刘芝兰、王辰、王丹等,他(她)们深耕股权激励业务多年,不仅有大量的实务操作经验,也有很强的政策分析能力,具备深厚的专业知识背景。

二、系统性

本书以企业对员工的股权激励为主题,以股权激励模式(工具)为主线,并辅以大量的案例,不仅全面介绍了股权激励业务的方案设计和落地流程,还对股权激励的一般会计处理、特殊业务处理,以及股权激励所涉税种的申报、资料报送等征收管理规定作了详尽的解析,力求为目前常见的股权激励业务匹配到最系统的会计处理、税收政策和法律规范。

三、实用性

本书所涉知识点源自业务理论或政策规定,且经作者在法律、会计、税务等层面的长期研究和实务验证,特别是对于会计和税务处理方面的模糊点,作者基于会计或税务原理提出了专业的见解。本书不仅能帮助读者掌握股权激励业务、会计以及税务方面的知识,还有助于读者在遇到业务盲点时拓展思路,举一反三,更好更快地解决所遇到的问题。

本书所引用的政策法规、实际案例以及对政策执行口径解读的时间节点均为2025年4月30日之前，在此之后，若相关政策法规有所更新，请以新的政策法规为准。此外，因各地政策执行口径存在差异，实际情况可能会与书中内容不一致，相关事项所涉政策的执行请以当地主管部门要求为准，敬请读者注意。

本书在编写中除特别标注外，还参考了一些网络资料，鉴于参考时无法准确获得原创作者相关信息，在此一并对原创作者表示感谢。

限于作者认知与编写水平，本书可能存在疏漏之处，敬请各位读者提供宝贵意见，以便再版时修订和完善。

单晓梅

2025年5月

序

在波澜壮阔的中国经济转型与企业创新发展进程中,股权激励已从少数企业的"奢侈品"逐步成为众多企业尤其是科技创新型企业和拟上市公司的"必需品"。它承载着凝聚核心人才、激发创新活力、推动企业价值跃升的重任。然而,股权激励绝非简单的"分蛋糕"艺术,其背后涉及复杂的业务逻辑、精密的会计计量与严密的税务规划。任何一个环节若处理不当,轻则影响激励效果,重则埋下合规隐患,甚至引发重大财税风险。

本人曾在国家税务总局系统深耕多年,专注于税收政策研究与实践指导,其后在市场化研究咨询的道路上更是将目光聚焦基金、金融及复杂交易场景下的财税问题。在长期服务企业和与广大财税同仁的实践中,本人深切感受到一个普遍存在的痛点:股权激励的"业""财""税"被割裂了,业务部门只关注方案设计与激励效果,财务部门聚焦准则应用与报表影响,税务部门则紧盯政策适用与合规申报。但三者之间若缺乏有效的沟通桥梁和贯通视角,极易产生方案落地困难、成本测算失真、税务处理被动等诸多问题。

目前,市场上虽不乏探讨股权激励会计或税务的图书,但将三者深度融合、系统阐述实务操作的著作实属凤毛麟角。因此,当得知《股权激励业务及财税处理实务》即将付梓,并了解到其独特的定位——市场上首部系统整合股权激励"业务搭建""会计处理"与"税务处理"全链条的实务指南时,我深感欣慰与振奋。这正是我们业界亟需的"全景图"和操作手册。

通览书稿,其价值跃然纸上。

其一,"业"为根基,洞悉本质。好的财税处理,必然建立在清晰、合理且可执行的业务架构之上,脱离业务实质谈财税无异于空中楼阁。本书开篇即深入股权激励的"源头",详尽解析不同激励模式的业务逻辑、适用场景、方案设计要点与核心考量因素,以帮助读者深入理解股权激励的本质和实施要点。

其二,"财"求精准,恪守准则。对于核心的股份支付会计处理,本书没有止步于准则条文的简单复述,而是结合丰富的实务案例,深入剖析权益结算与现金结算的计量难点、费用分摊的关键考量、等待期与服务期的确定以及各种特殊情形下的会计应对。这为企业真实、公允地反映激励成本、满足信息披露要求提供了扎实的支撑。

其三,"税"谋合规,化解风险。在税务处理部分,本书直面实务中最棘手的痛点:从个人所得税在不同环节的政策适用、计税依据的确定、纳税时点的把握,到备受关注的"非上市公司递延纳税"政策的深度解析与合规应用,再到企业所得税税前扣除的规则、时点及税会差异协调。本书力求清晰指引合规路径,有效识别并管控税务风险。这正是企业管理人员和财税人员最迫切的需求。

尤为可贵的是,本书并非"业""财""税"的简单堆砌,而是真正实现了三者的有机融合与无缝衔接。书中随处可见这样的思考:这样的业务设计,对会计计量意味着什么?会产生怎样的税务后果?面对不同的财税处理选择,企业该如何优化业务方案?这种贯穿始终的整合思维,正是本书区别于其他同类书的核心竞争力,也是其解决复杂实务问题的关键"钥匙"。

本书作者团队深耕税务服务一线,积累了大量的实战经验与典型案例。本书凝聚了他们对股权激励领域最前沿的观察、最深切的感悟和最务实的解决方案。它的出版,不仅填补了市场空白,更为广大企业管理者、人力资源从业者、财务总监、税务经理、会计师事务所及税务师事务所的专业人士提供了极具价值的参考,助力企业在实施股权激励的道路上行稳致远，实现"激励人才""提升价值"与"管控风险"的多赢目标。

作为一名长期关注并研究复杂财税问题的"老兵"，我乐见其成，并郑重向各位业界同仁推荐此书。相信《股权激励业务及财税处理实务》必将成为您案头不可或缺的权威指南，为您的专业实践增添强大的助力。

赵国庆

2025年6月

目 录

上篇　股权激励业务

第一章　股权激励概述 ·················· 3
第一节　股权激励的背景、概念及特征 ·················· 3
一、股权激励的背景及概念 ·················· 3
二、股权激励的特征 ·················· 4
第二节　股权激励的起源及发展 ·················· 5
一、现代股权激励的起源 ·················· 5
二、股权激励在我国的发展 ·················· 5

第二章　常见的股权激励工具 ·················· 10
第一节　干股 ·················· 10
一、干股的概念 ·················· 10
二、干股的适用性 ·················· 11
第二节　股票期权 ·················· 12
一、股票期权的相关概念及特殊规定 ·················· 13
二、上市公司股票期权的特殊规定 ·················· 14
三、股票期权模式的优缺点与适用性 ·················· 16
第三节　限制性股票 ·················· 20
一、第一类限制性股票 ·················· 20
二、第二类限制性股票 ·················· 27

第四节　股票增值权 ·············· 33
　　一、股票增值权的相关概念及上市公司的特殊规定 ········· 33
　　二、股票增值权与股票期权的异同 ············· 34
　　三、股票增值权模式的优缺点与适用性 ·········· 35

第五节　虚拟股票 ················ 37
　　一、虚拟股票的相关概念和特征 ············· 37
　　二、虚拟股票模式的优缺点与适用性 ············ 38
　　三、虚拟股票与股票增值权的异同 ············ 39

第六节　分红权 ·················· 41
　　一、分红权的相关概念和特征 ················ 41
　　二、分红权模式的优缺点与适用性 ············ 41

第七节　业绩股票 ················ 44
　　一、业绩股票的相关概念和特征 ············· 44
　　二、业绩股票模式的优缺点与适用性 ············ 44

第八节　员工持股计划 ············· 45
　　一、员工持股计划的相关概念及分类 ············ 45
　　二、员工持股计划模式的优缺点与适用性 ········· 48

第三章　股权激励的实施 ············· 49
第一节　尽职调查 ················ 49
　　一、尽职调查的目的 ····················· 50
　　二、尽职调查的基本流程 ················· 51
　　三、尽职调查的内容 ····················· 51
　　四、尽职调查的方式 ····················· 61
　　五、尽职调查的成果 ····················· 65

第二节　股权激励方案的设计 ········· 67
　　一、激励目标 ························· 67
　　二、激励对象 ························· 71
　　三、激励工具 ························· 76

四、激励数量 ………………………………………………… 80
五、激励来源 ………………………………………………… 83
六、激励价格 ………………………………………………… 87
七、激励周期 ………………………………………………… 90
八、激励载体 ………………………………………………… 94
九、激励规则 ………………………………………………… 97

第四章 股权激励落地流程 ………………………………… 107

第一节 非上市公司股权激励落地流程 …………………… 107
一、方案公示 ………………………………………………… 107
二、确定激励对象范围 ……………………………………… 108
三、签署协议 ………………………………………………… 108
四、召开持股员工大会 ……………………………………… 110
五、成立股权管理委员会 …………………………………… 112
六、构建持股平台 …………………………………………… 112
七、进行出资及工商变更登记 ……………………………… 113
八、举办授予仪式 …………………………………………… 114

第二节 上市公司股权激励落地流程 ……………………… 114
一、审议 ……………………………………………………… 115
二、实施 ……………………………………………………… 117
三、调整 ……………………………………………………… 119
四、变更 ……………………………………………………… 119
五、终止 ……………………………………………………… 119
六、股权激励的信息披露 …………………………………… 120

中篇　股权激励会计

第五章 股权激励会计处理 ………………………………… 125
第一节 股份支付的会计概念和业务类型 ………………… 125

一、股份支付的会计概念 ························· 125
　二、股份支付的业务类型 ························· 127
第二节　股份支付的一般会计处理 ························· 129
　一、以权益结算的股份支付 ························· 129
　二、以现金结算的股份支付 ························· 147
　三、股份支付交易中所授予权益工具公允价值的确定 ········ 151
第三节　股份支付特殊事项的会计处理 ····················· 155
　一、授予权益工具公允价值不能可靠确定 ················ 155
　二、授予条款和条件修改的会计处理 ···················· 157
　三、企业集团内股份支付交易的会计处理 ················ 163
　四、限制性股票股权激励的会计处理 ···················· 167
　五、将以现金结算的股份支付修改为以权益结算的股份支付
　　　的会计处理 ································· 172
第四节　股权激励会计处理案例 ··························· 174
　一、股权激励案例资料 ····························· 174
　二、股票期权激励计划会计处理 ······················· 179

下篇　股权激励税务

第六章　股权激励税务处理概述 ···························· 205
第一节　股权激励的涉税主体 ····························· 205
　一、纳税义务人 ································· 206
　二、扣缴义务人 ································· 209
第二节　股权激励的税种政策 ····························· 211
　一、个人所得税政策 ······························· 211
　二、企业所得税政策 ······························· 214
　三、增值税政策 ································· 215
　四、印花税政策 ································· 215
第三节　股权激励涉税主体的法律责任 ···················· 217

目 录

第七章 上市公司股权激励的税务处理 ………… 219

第一节 境内上市公司股权激励股票来源及税收政策 ………… 219
一、股票回购的税收规定 ………… 220
二、定向增发股票的税收规定 ………… 222

第二节 激励对象直接持股模式的税务处理 ………… 222
一、以权益工具结算的股权激励 ………… 223
二、以货币资金结算的股权激励 ………… 235

第三节 激励对象间接持股模式的税务处理 ………… 237
一、员工持股计划 ………… 238
二、有限合伙企业 ………… 242

第四节 拟首发上市公司股权激励的税务处理 ………… 244
一、股票期权的税务处理 ………… 245
二、限制性股票的税务处理 ………… 249
三、企业采用间接持股形式带股权激励计划申报上市的税务处理 ………… 249

第五节 上市公司限售股送转股对增值税及个人所得税的影响 ………… 251
一、限售股的类型 ………… 252
二、限售股送转股对增值税的影响 ………… 252
三、限售股送转股对个人所得税的影响 ………… 255

第六节 上市公司非交易过户的税收事项 ………… 257
一、非交易过户的概念 ………… 257
二、非交易过户的流程 ………… 258
三、非交易过户的税务政策 ………… 260

第八章 非上市公司股权激励的税务处理 ………… 263

第一节 非上市公司股权激励的个人所得税处理概述 ………… 265
一、非上市公司符合递延纳税条件的个人所得税处理 ………… 265
二、非上市公司不符合递延纳税条件的个人所得税处理 ………… 266

第二节　非上市公司激励股权来源与税务处理 …………… 268
一、控股股东个人股权转让的税务处理 ………………… 268
二、合伙企业股权转让的税务处理 ……………………… 284
三、增资或向激励对象发行股票的税务处理 …………… 286

第三节　直接对员工实施股权激励的税务处理 …………… 286
一、授予环节的税务处理 ………………………………… 287
二、行权环节的税务处理 ………………………………… 287
三、持有环节的税务处理 ………………………………… 288
四、转让环节的税务处理 ………………………………… 289

第四节　间接对员工实施股权激励的税务处理 …………… 290
一、持股平台取得股权时的税务处理 …………………… 291
二、持股平台持有非上市股权期间特定事项的税务处理…… 291
三、持股平台转让非上市公司股权的税务处理 ………… 300

第五节　股改、转增资本时个人投资者的涉税处理 ……… 303
一、个人投资者涉税政策概述 …………………………… 303
二、个人投资者适用政策分析 …………………………… 305

第六节　股权代持的涉税处理 ……………………………… 308

第九章　股权激励费用的企业所得税处理 …………………… 313

第一节　一般情形下股权激励的企业所得税处理 ………… 313
一、授予日 ………………………………………………… 314
二、等待期 ………………………………………………… 314
三、行权日 ………………………………………………… 316
四、出售日 ………………………………………………… 317
五、失效日 ………………………………………………… 317

第二节　特殊情形下股权激励的企业所得税处理 ………… 318
一、集团公司实施的股权激励 …………………………… 318
二、股权激励持股平台 …………………………………… 323
三、用境外上市公司股票对境内员工进行股权激励 …… 323

四、用境内上市公司股票对境外公司员工进行股权激励 …… 324

第十章　非居民个人股权激励税务处理 ………………………… 325
　第一节　非居民个人股权激励税务处理概述 …………………… 325
　　一、纳税人概念辨析 …………………………………………… 326
　　二、非居民个人身份判定标准 ………………………………… 328
　　三、不同身份个人纳税人纳税义务总结 ……………………… 330
　第二节　非居民个人股权激励的税务处理 ……………………… 331
　　一、股权激励对象 ……………………………………………… 331
　　二、非居民个人的个人所得税计算 …………………………… 333

第十一章　股权激励税务备案、资料报送及情况报告 ………… 339
　第一节　股权激励税务备案和资料报送 ………………………… 339
　　一、股权激励税务备案或资料报送的主体 …………………… 339
　　二、股权激励税务备案或资料报送的内容 …………………… 340
　　三、股权激励税务备案或资料报送汇总 ……………………… 352
　第二节　股权激励情况报告 ……………………………………… 356
　第三节　间接持股的股权激励情况报告及税务备案 …………… 356
　　一、权益性投资情况报告 ……………………………………… 356
　　二、间接股权激励的情况报告 ………………………………… 357
　　三、间接股权激励的递延纳税备案 …………………………… 358

参考文献 …………………………………………………………… 362

附录一　上市公司股权激励管理办法 ……………………………… 363
附录二　企业会计准则第 11 号——股份支付 …………………… 379
附录三　《企业会计准则第 11 号——股份支付》应用指南 …… 382
附录四　财政部 国家税务总局关于个人股票期权所得征收个人所
　　　　得税问题的通知（财税〔2005〕35 号）………………… 385

附录五 国家税务总局关于个人股票期权所得缴纳个人所得税有关问题的补充通知(国税函〔2006〕902号) ·················· 389

附录六 财政部 国家税务总局关于股票增值权所得和限制性股票所得征收个人所得税有关问题的通知(财税〔2009〕5号) ·· 392

附录七 国家税务总局关于我国居民企业实行股权激励计划有关企业所得税处理问题的公告(国家税务总局公告2012年第18号) ·· 394

上篇

股权激励业务

第一章

股权激励概述

在初创公司、全国中小企业股份转让系统(俗称"新三板")挂牌企业、准备首次公开募股(initial public offering,IPO)的企业以及上市公司中,股权激励已经成为一个不可忽视的讨论焦点。若企业对实施股权激励的必要性、实施方式等问题缺乏明确的理解,那么股权激励方案在具体执行过程中可能会遭遇障碍,甚至其效果可能会适得其反。本章将从股权激励的背景、概念、特点、发展历程等多个角度进行阐述,揭开股权激励的神秘面纱。

第一节 股权激励的背景、概念及特征

一、股权激励的背景及概念

随着现代企业的不断发展,公司所有权与经营权逐渐分离。通过订立契约关系,所有者委托经营者经营管理资产。但由于信息不对称等问题的存在,经营者与所有者之间可能会出现代理冲突①。特别是由于契约本身存在不完全性②,所有者与经营者之间的委托代理关系更多地依赖经营者的道德自律。

从理性经济人角度来看,经营者与所有者追求的目标并不一致。所

---

① 代理冲突是指由公司所有权与经营权分离而引发的投资者和管理者之间的利益冲突。

② 不完全性是指缔约双方不能完整表达契约的内容并实现契约的完美执行。

有者的目标是股权价值最大化,而经营者则希望自身效用最大化。两者目标不一致进一步加剧了经营者的"道德风险"。因此,为了引导和约束经营者的行为,现代企业需要通过设置激励和约束机制来引导和限制经营者的行为,进而实现共同的价值目标。在这一背景下,基于解决代理冲突的视角,为公司经营者提供一定剩余索取权的股权激励模式由此产生。

股权激励是指企业通过给予激励对象[①]一定比例公司股权或公司名义股权的形式,使激励对象能够以股东的身份参与企业决策,或以股东(名义股东)身份分享公司利润或其他经济利益,进而勤勉尽责地为公司的长期发展服务的一种激励模式。从广义上来讲,股权激励是一种根据股东价值的表现而支付的有条件的报酬机制。其中,股东价值的表现形式可以是股价,也可以是净资产、虚拟股价等,具有很高的灵活性。股权激励涉及企业战略、公司架构、绩效考核等一系列重大安排,是目前最常用的激励员工的方法之一。这一类股权激励方式广泛存在于经济活动中,但由于其属于非强制披露内容,我们仅能从招股说明书和新闻报道中窥见一斑。

二、股权激励的特征

股权激励具有长期性、限制性、风险性、约束性四个核心特征。

股权激励的长期性是指股权激励作为绑定优秀人才与企业共进退的工具,追求的并非短期价值。股东为了使公司持续发展,一般都采用长期激励的形式,将激励对象的利益与公司利益紧密地联系在一起。因此,股权激励的整个过程一般情况下会持续三至五年,甚至更长。

股权激励的限制性是指股权激励方案的各个环节都设有各类前提条件,例如,股权的获得、持有、解锁、退出等都需要满足一定条件。

股权激励的风险性是指激励对象获得的股权价值或股票价值会随着公司经营状况和市场情况的变化而变动,具有一定的风险性。

股权激励的约束性是指企业通过对激励对象的工作或贡献进行量化考核来实现股权激励方案对激励对象行为的约束和引导。因此,股权激

---

① 激励对象一般指核心员工或掌握核心资源的外部利益相关者。

励的约束性是其制度设计原理的体现。股权激励的约束性与激励机制相互配合，共同激发并规范激励对象的行为，从而为公司价值增长贡献力量，进而实现共同的财富增值。

第二节　股权激励的起源及发展

一、现代股权激励的起源

现代股权激励最早起源于20世纪50年代的美国。当时，美国资本所得税远远低于员工工资所得税，于是1952年辉瑞制药将高管薪酬进行拆分，变成"现金＋股权"的形式，通过降低现金薪酬来有效降低个人所得税。业界普遍将这一措施视为现代股权激励的起源。1956年，美国的路易斯·凯尔索设计了员工持股计划(employee stock ownership plans，ESOP)。这种模式因能够高效激发员工的工作热情而迅速流行起来。1974年，美国国会通过《雇员退休收入保障法》，而后又于1984年通过了《1984年税收改革保障法》。两项法案从法律层面对这类股权激励中的参与者设置了相应的税收优惠政策，从立法层面确认并鼓励了这一类激励模式。截至1997年，美国有53%的上市公司实施了股票期权计划[1]。目前，美国约90%的高科技企业和80%以上的上市公司都实施了股权激励计划。由此可以看出，股权激励实践在美国具有强大的生命力。

二、股权激励在我国的发展

我国对股权激励的早期探索可以追溯到清代由晋商首创的山西票号"顶身股"制度。所谓"出资者为银股，出力者为身股"，是指出钱的老板和出力的伙计按照双方共同制定的规矩按比例分得经营利润，从而形成类

---

[1] 股票期权计划是股权激励计划中的一种具体操作方案，在后文中有详细介绍。

似近代股权激励的一种激励措施。由于晋商制度中的"银股"和"身股"非常符合现代股权激励的概念,国内部分学者认为,我国晋商中的"顶身股"制度是现代股权激励的萌芽。由于封建社会时期"重农轻商"思想的抑制,上述的"顶身股"模式未能得到进一步的发展。

现代股权激励制度根植于市场经济制度的建立,依托于现代企业的发展。我国现代股权激励实践兴起于20世纪90年代,当时尚未形成十分完善的法律法规予以指导和规制。以时间轴为进程,我国的股权激励制度主要经历了探索试点阶段(1990—1997年)、停滞阶段(1998—2004年)、转折阶段(2005年)、规范试行阶段(2006—2015年)以及常态化阶段(2016年至今)5个阶段(图1.1)。

图1.1 股权激励5阶段图

(一)探索试点阶段(1990—1997年)

从企业层面来看,股权激励模式发源于20世纪90年代初的深圳优秀企业。代表性个案有万科企业股份有限公司和华为技术有限公司。

万科企业股份有限公司(曾用名为深圳现代企业有限公司和深圳万科企业股份有限公司,以下简称万科)成立于1984年5月,分别于1991年1月和2014年6月在深圳证券交易所(A股简称万科A,证券代码为000002)和香港联合交易所(H股简称万科企业,证券代码为02202.HK)上市。

1993年,万科从上市公司层面探索了股权激励机制。当时,由于中国证券监督管理委员会(以下简称证监会)尚未成立,万科将其激励计划提交至中国人民银行审批,并成为中国大陆第一家实施股权激励计划的企业。万科计划从1993年到2001年实施为期9年的员工持股计划,通过发行B股,采用全体员工持股的形式,以3年为一个时间单位,分3个阶段实施。万科的股权激励计划得到了主管部门的认可,但由于政策的变动,在第一期股权发行后,该计划被证监会中止。

华为技术有限公司(曾用名为深圳市华为技术有限公司,以下简称华为)于1987年注册成立,1990年,华为在其成立3年之际开始实施内部股权计划。华为通过工会实行内部股权计划,截至2024年12月31日,华为内部股权计划参与人数为16.17万人,部分20世纪90年代末参与该计划的华为前员工可以获得相当于当初购买价2.64~4倍的回购金额。

从政策层面来看,20世纪90年代中期,员工持股计划作为解决国有企业股份制改革的手段被引入。1996年5月15日,国家颁布了《中华人民共和国促进科技成果转化法》,为股权激励奠定了制度基础,但当时"股权激励"的概念并未出现,因为当时的制度背景并不是侧重于员工激励,而是着重解决国有企业单一股权性质的问题,实现企业产权多元化。

(二) 停滞阶段(1998—2004年)

由于股权激励计划在地方的实践中出现了强制员工入股以及其他不规范操作的问题,1998年11月,证监会发布《关于停止发行公司职工股的通知》(证监发字〔1998〕297号)。股权激励在实践和监管中遭遇挫折。1999年9月,中共中央通过了《中共中央关于国有企业改革和发展若干重大问题的决定》,提出"允许和鼓励资本、技术等生产要素参与收益分配",从政策方面对股权激励给予了方向性的支持和依据,展示了改革的决心。但在实务中,政策的不确定性较大,落实难度也大,导致企业在实施阶段仍不敢轻举妄动。所以,这段时间的股权激励发展缓慢,基本处于停滞的状态。

(三) 转折阶段(2005年)

2005年4月29日,经国务院批准,证监会发布了《关于上市公司股权分置改革试点有关问题的通知》,宣布启动股权分置改革试点工作。股权分置是指把A股市场上上市公司的股份分为流通股与非流通股。流通股是指向社会公开发行的且能在证券交易所上市交易的股份;非流通股是指公开发行前暂不上市交易的股份。股权分置改革是指将以前不可以上市流通的国有股份拿到市场上流通,以实现同股同权。部分上市公司在发布股份分置方案的同时推出了股权激励计划。

2005年10月,《中华人民共和国公司法》(以下简称《公司法》)第一次修订,它在注册资本制度、回购公司股票和高管理任职期内转让股票等方面均有所突破,填补了公司实施股权激励的法律空白,为股权激励的实施奠定了法律基础并提供了实施的可能。

2005年11月底,由国务院国有资产监督管理委员会起草的《国有控股上市公司(境内)实施股权激励试行办法》发布征求意见稿,该意见稿规定,在沪、深证交所上市的国有上市公司可以采用股票期权方式对员工进行激励。2005年12月,证监会发布了《上市公司股权激励管理办法(试行)》(证监公司字〔2005〕151号)。这些相关法规政策的同步推出代表着股权激励重新回到"赛道"。

(四) 规范试行阶段(2006—2015年)

2006年可被视为我国"规范股权激励元年"。2006年1月,证监会发布的《上市公司股权激励管理办法(试行)》正式实施。2007年1月1日,财政部发布《新企业会计准则(第11号)——股份支付》,明确了股权激励的账务处理。2006年9月30日,国资委与财政部联合制定并颁布《国有控股上市公司(境内)实施股权激励试行办法》①。这三个文件的出台标志着我国的股权激励机制系统性地正式确立了。其后,上市公司不断探索股权激励机制并积累经验,上市公司股权激励公告数量逐年增加,股权激励的形式也日渐丰富。

(五) 常态化阶段(2016年至今)

证监公司字〔2005〕151号文件出台试行10年后,证监会于2016年7月13日正式颁布《上市公司股权激励管理办法》(中国证券监督管理委员会令第126号),结束了原法规的试行状态。2018年,证监会对《上市公司股权激励管理办法》进行了修订,该办法于2018年9月15日起施行。

---

① 该试行办法对国有控股境内上市公司股权激励实施分类指导,在程序上将国有上市公司区分为中央企业及其出资企业控股的上市公司、中央企业出资三级以下企业控股的上市公司、地方国有控股上市公司、政企尚未分开的部门以及国家授权投资的其他国有资产经营管理机构四个类别,并分别予以规范。

2020年5月,经过多年连续征求意见,国资委正式发布《中央企业控股上市公司实施股权激励工作指引》(国资考分〔2020〕178号)。同时,关于科创板和创业板上市公司的股权激励相关规定也相继发布。这些规定不仅放宽了激励对象资格、授予价格、权益总量比例等限制,而且创造了"第二类限制性股票"这样的新工具。从IPO申报材料来看,多数拟上市企业在上市前已经实施了股权激励计划。注册制下,证券交易所也有条件地允许发行人存在"首发申报前制定,上市后实施"的股权激励计划。

根据上海荣正企业咨询服务(集团)股份有限公司的统计,2024年A股广义股权激励计划总公告数量为854个,较2023年增加2.03%,其中首期公告数量为363个,多期公告数量为491个,平均每月公告约为71个广义股权激励计划。

第二章

常见的股权激励工具

股权激励工具是企业用来激励员工或外部利益相关者,特别是核心管理层和关键技术人员的一种方法,通过授予他们公司股权或以股权为基础计算的相关收益权,使他们能够分享公司的成长和利益。

第一节 干 股

一、干股的概念

"干股"两字并不存在于《公司法》的法律条文中,实际上也没有"干股"这一股票类型,关于其概念并没有统一的规范。最高人民法院和最高人民检察院发布的《关于办理受贿刑事案件适用法律若干问题的意见》将"干股"定义为"未出资而获得的股份"。但在实际中,尤其是在中小企业中,经常会听到"干股"之类的说法。通常来说,干股是指以一个有效的赠股协议为前提,股东不必实际出资就能得到的公司股份,即企业无偿赠予股份,被赠予者享有分红权,按照协议获得相应的分红,但不拥有股东资格,不具有对公司的实际控制权。干股协议在一定程度上来说就是公司分红协议。一般情形下,公司会通过赠送干股的方式达到绑定和拓展资源的目的。"绑定"是指以干股的形式对公司管理层或者核心技术人员、业务骨干人员进行"套牢"。如果激励对象掌握核心技术,而该项技术又直接影响到企业的存续与盈利水平,那么企业很可能会给激励对象配发一定数额的公司干股,激励对象享有公司部分分红,企业将激励对象的个人收入与企业发展捆绑在一起。不难发现,"绑定"是相互的,一方面,激励对象存在潜质,该项潜质能为公司带来广义的"好处";另一方面,企业割舍部分"蛋糕"给激励对象,最终实现企业与激励对象的双赢。"拓展资源"是指以干股的形式扩充公司资源。大多数中小企业会将干股赠送给一些有特殊贡献或有背景资源的人,他们能够为公司业务带来重大贡献。干股持有人往往不在意其表决权,更看重企业未来的分红或上市后的溢价收益。"绑定"与"拓展资源"的本质区别在于:前者为我所有,后者被我所用;前者更多地倾向于对内部人员的激励,后者多为对外部资源的整合。

此外,干股有别于工商注册股,后者赋予持有人公司分红、参与企业经营管理及重大决策等权利,受到相关法律保护,而前者更多属于公司内部治理行为。干股持有人一般仅享有公司分红权,不实际参与公司决策。

二、干股的适用性

一般而言,干股作为激励举措更适合在企业初创期实施,此时,企业的各项规章制度尚未健全,未来市场盈利规模及发展预期尚不明朗,如果要求员工出资购买公司股票,员工将承担极大风险,很可能出现应者寥寥的尴尬局面。干股模式则不必要求员工出资,又能达到激励员工与企业一同成长的目的,起到绑定企业核心人员的作用。干股无须工商注册,不涉及公司控制权。

干股虽然在某种意义上具有一定的激励作用,但企业要注意以下几点。

一是干股不宜过多。中小企业在发展过程中需要引进一些有资源的人,这本无可厚非,但如果持有干股的人过多,企业可能面临两个问题:①干股易引发税务风险,不同股权处理方式产生的风险也不同;②该种激励模式可能对实际干活出力的人不公平,容易引起其他员工的不满情绪。

二是持股形式和处理方式应合法合规。很多干股协议通常为"抽屉协议",有些不宜出现在股东名册中的人甚至采用代持的形式。这些处理方式往往存在不合规的情况,容易导致一些纠纷和法律风险。因此,企业在必须赠予干股的情形下,处理过程应合法合规,协议尽量公开、公正、约定清晰,必要时可以聘请相应的顾问机构,以免产生麻烦和纠纷。

实践中,上市公司由于信息公开,监管严格,不太适合采用干股的激励形式;而非上市公司由于信息不公开,监管相对宽松,很多中小企业会采用干股的激励形式。

【例2.1】 联想的干股激励

1993年,联想控股股份有限公司(曾用名为联想控股有限公司,以下简称联想)遭遇了成立以来的第一个重大危机,未能完成既定目标,产品库存积压严重。为了保持员工的积极性,特别是骨干员工的稳定性,联想决定通过"干股分红激励"方案将员工的利益与公司的利益紧密捆绑在一起,激励员工更加努力地工作,共同克服当前的困难,推动公司的持续发展。联想在当时的政策环境下无法直接授予员工真正的股份,因此采用了分红权的形式。虽然员工获得了分红权,但由于涉及税收等问题,分红并没有立即发放给员工,而是暂时存放在企业。因此,当时的分红权在表面上看更像是一张"空饼"。尽管分红权在初期并未直接转化为现金收益,但它仍然对员工产生了积极的激励作用。员工看到了公司对自己努力的认可,增强了归属感和工作动力。通过实施"干股分红激励"方案,联想成功地稳定了员工队伍,特别是骨干员工,为公司的后续发展奠定了坚实的人才基础。在1993年的"干股分红激励"方案之后,联想继续探索和完善股权激励制度。2001年,联想进行了股份制改造,将原来的分红权转化为真正的股权。这一举措进一步巩固了股权激励的效果,为联想的长期发展提供了有力支持。

1993年联想实施的"干股分红激励"方案是公司在特殊时期采取的一种有效激励措施。通过授予员工分红权,联想成功地将员工的利益与公司的利益捆绑在一起,激发了员工的积极性和创造力。虽然该方案在初期存在一定的局限性(如分红未能立即发放),但它仍然对联想的后续发展产生了深远的影响。

第二节 股票期权

股票期权作为公司管理的一种激励手段源于20世纪50年代的美

国,是西方大多数公众企业所常用的工具。中国的股票期权计划始于20世纪末,由于前期没有政策依据,基本上处于摸索阶段,直到2005年证监会发布了《上市公司股权激励管理办法(试行)》,上市公司实施股票期权计划才有章可循。这一规定有力地推动了我国股票期权的发展。2018年,证监会对2016年发布的《上市公司股权激励管理办法》进行了修订,并于2018年9月15日起施行。

一、股票期权的相关概念及特殊规定

《上市公司股权激励管理办法》对股票期权有专门的定义：股票期权是指实施股权激励计划的企业授予激励对象在未来一定期限内以预先确定的价格和条件购买本公司一定数量股份的权利。激励对象有权行使这种权利,也有权放弃这种权利,但一般不得用于担保或偿还债务。在股票价格上升的情况下,激励对象可以通过行权获得潜在收益；如果在行权期内,股票市场价格低于行权价,则激励对象有权放弃该权利,不予行权。股票期权的最终价值体现在行权时的差价上。从世界范围来看,股票期权是一种最为经典、使用最广泛的股权激励工具,是金融衍生产品——期权在股权激励中的应用,最初它只是一种对付高税率的变通手段,但实践证明其激励效果明显大于避税效果。一份标准的股票期权激励计划一般会涉及五个时间节点：授予日、等待期、可行权期、行权日和出售日。

授予日是指公司正式向激励对象授予股票期权或其他股权奖励的日期。在股票期权激励计划中,授予日是股票期权实施的起始点,激励对象从这一天开始拥有股票期权。这一日期的选择通常反映了公司的战略目标,激励员工为公司的长期发展作出贡献。对于上市公司来说,按照《上市公司股权激励管理办法》的相关规定,授权日必须为交易日,一般以董事会决议指定的交易日为准,与期权实际在登记结算机构完成登记的时间无关。对于非上市公司来说,由于期权并不在指定结算机构进行登记,企业一般和激励对象签订授予协议,双方约定期权的授予日。

等待期是指激励对象必须在获得股票期权后等待一段时间,通常是一定的年限,然后才能行使这些期权。等待期的设立旨在激励员工留在公司并为公司的长期发展作出贡献。

可行权期又称行权窗口期,是指激励对象被允许行使其股票期权的特定时间段。在这段时间内,激励对象可以选择是否行使其股票期权以购买公司的股票。

行权日是指激励对象有权按照期权合约中约定的价格买入或卖出标的股票的日期。

出售日是指股票的持有人将行使期权所取得的期权股票出售的日期。

二、上市公司股票期权的特殊规定

(一) 行权价格

行权价格是指期权买方在到期日或行权日可以买入或卖出标的资产的价格,也称为执行价格或行使价格。《上市公司股权激励管理办法》规定,上市公司在授予激励对象股票期权时,应当确定行权价格或者行权价格的确定方法。行权价格不得低于股票票面金额,且原则上不得低于下列价格较高者:股权激励计划草案公布前1个交易日的公司股票交易均价;股权激励计划草案公布前20个交易日、60个交易日或者120个交易日的公司股票交易均价之一。上市公司股票期权行权价格规定如图2.1所示。

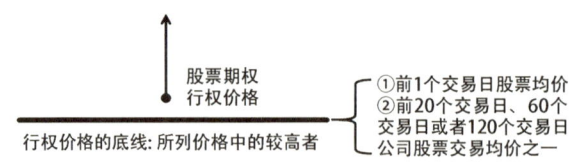

图 2.1　上市公司股票期权行权价格规定

上市公司采用其他方法确定行权价格的,应当在股权激励计划中对定价依据及定价方式作出说明。

(二) 等待期

对于上市公司而言,《上市公司股权激励管理办法》规定,授予日至首次可行权日的时间间隔不得少于12个月;《中央企业控股上市公司实施股权激励工作指引》规定,国有控股上市公司实施股票期权的等待期不少于 24 个月。拟上市公司和非上市公司没有等待期时长的具体规定,但税收政策通常鼓励设置更长的等待期,如果等待期长度未达到指定的年限,激励对象可能无法享受优惠的税收政策。上市公司股票期权等待期规定如图 2.2 所示。

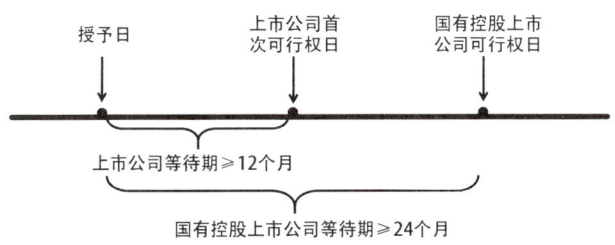

图 2.2　上市公司股票期权等待期规定

(三) 分期行权间隔期与数量

《上市公司股权激励管理办法》第三十一条规定:在股票期权有效期内,上市公司应当规定激励对象分期行权,每期时限不得少于 12 个月,后一行权期的起算日不得早于前一行权期的届满日;每期可行权的股票期权比例不得超过激励对象获授股票期权总额的 50%;当期行权条件未成就的,股票期权不得行权或递延至下期行权。上市公司股票期权分期行权间隔期与数量规定如图 2.3 所示。

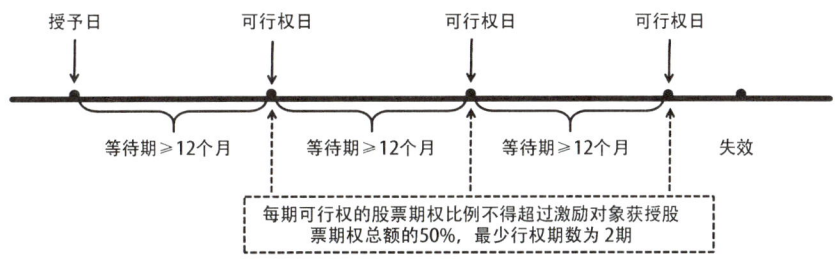

图 2.3　上市公司股票期权分期行权间隔期与数量规定

《中央企业控股上市公司实施股权激励工作指引》规定,国有控股公司实施股票期权的,行权有效期自权益生效日起至权益失效日止,由上市公司根据实际确定,但不得少于 3 年,在行权有效期内原则上采取匀速分批生效的办法。国有控股公司分批行权规定如图 2.4 所示。

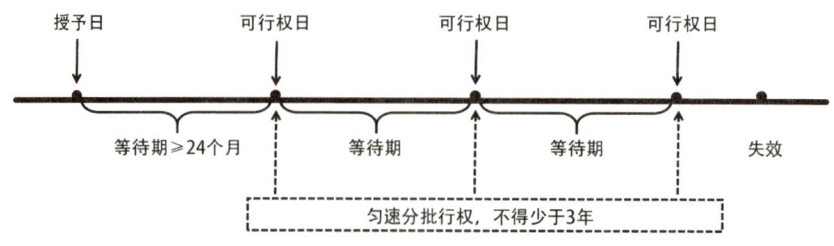

图 2.4 国有控股公司分批行权规定

三、股票期权模式的优缺点与适用性

股票期权工具的特点是高风险、高回报,比较适合那些处于成长期或扩张期、初始财务资本投入较少、资本增值较快、人力资本依附性较强的企业,如高科技、网络、医药、投融资等风险较高或是竞争性较强的行业。首先,由于企业处于成长期,有较大的发展潜力,此时如果企业能有效地激励员工,企业在市场上的发展将更快更好。其次,一般初创企业或扩张企业无法拿出大量现金进行激励,而股票期权方式可以将激励对象的收益与二级市场的股价波动紧密联系在一起,从而既降低了企业当期的激励成本,又达到了激励的目的。

另外,股票期权是上市公司股权激励的主要工具之一,除了少数有相对公允价格的"新三板"挂牌公司,一般中小企业很难使用这种激励工具。

股票期权的优缺点见表 2.1。

表 2.1 股票期权的优缺点

优点	缺点
1. 股票期权只是一种权利而非义务,持有者在股票价格低于行权价的时候可以放弃权利,因此对持有者没有风险 2. 股票期权需要在达到一定时间或条件的时候实现,激励对象为促使条件达成,或为使股票升值而获得价差收入,必然会尽力提高公司业绩,具有长期激励效果 3. 股票期权持有人得到的是企业新增价值,不侵蚀公司原有资本存量,且持有人在行权时可以增加公司的现金流量 4. 股票期权根据二级市场股价波动实现收益,激励力度较大,且股票期权受证券市场监督,具有相对公平性	1. 行权有时间和数量限制 2. 激励对象行权需支出现金 3. 存在激励对象为自身利益,采用不法手段抬高股价的风险 4. 高度依赖于股票市场的有效性。我国股票市场有效性较差,易受市场投机因素、政府宏观政策等突发事件的影响,经营者可能因不可控因素受到奖励或惩罚,这显然与激励的初衷相悖

【例 2.2】 新华制药 2021 年 A 股股票期权激励计划

2021 年 10 月 29 日,山东新华制药股份有限公司(以下简称新华制药)发布《山东新华制药股份有限公司 2021 年 A 股股票期权激励计划(草案)》,主要内容如下。

本激励计划为股票期权激励计划,股票期权是指上市公司授予激励对象在未来一定期限内以预先确定的价格和条件购买本公司一定数量股份的权利。股票来源为公司向激励对象定向发行公司 A 股普通股。

本激励计划拟向激励对象授予 2 490.00 万份股票期权,约占本激励计划草案公告时公司总股本 62 736.74 万股的 3.97%;其中首次授予 2 315.00 万份股票期权,占本激励计划授予总量的 92.97%,约占本激励计划草案公告时公司股本总额的 3.69%;预留 175.00 万份股票期权,占本激励计划授予总量的 7.03%,约占本激励计划草案公告时公司股本总额的 0.28%。在满足行权条件的情况下,激励对象获授的每份股票期权拥有在有效期内以行权价格购买 1 股公司股票的权利。除非股票期权已按本股票期权激励计划行使,否则股票期权拥有者不享受上市公司投票、股息、转让及其他方面的权利(包括因上市发行人清算而产生的权利)。在本计划公告当日至激励对象完成股票期权行权期间,若公司发生资本公积转增股本、派发股票红利、股份拆细或缩股、配股等事宜,股票期权数量将做相应的调整。

激励计划首次授予的激励对象共计 196 人,包括公司董事、高级管理人员、中层管理人员、核心骨干人员等,不包括监事、由公司控股股东以外的人员担任的外部董事,以及单独或合计持有公司 5% 以上股份的股东或实际控制人及其配偶、父母、子女。预留激励对象指本激励计划获得股东大会、A 股及 H 股类别股东会议批准时尚未确定但在本激励计划有效期内纳入激励计划的激励对象。预留激励对象的确定标准参照首次授予的标准,由本激励计划经股东大会审议通过后 12 个月内确定。

本激励计划首次授予的股票期权的行权价格为 7.96 元/份。在本激励计划草案公告当日至激励对象完成股票期权行权期间,若公司发生资本公积转增股本、派发股票红利、股份拆细或缩股、配股、派息等事宜,股票期权的行权价格将做相应的调整。

本次激励计划的有效期自股票期权首次授予日起计算，最长不超过72个月。

等待期为股票期权授予日至股票期权可行权日之间的时间，本计划授予的股票期权等待期为自授予之日起24个月、36个月、48个月。等待期满后为行权期，首次及预留授予的股票期权行权期及各期行权时间安排见表2.2。

表2.2 首次及预留授予的股票期权行权期及各期行权时间安排

行权安排	行权时间	可行权数量占获授权益数量比例
第一个行权期	相应部分授予日起24个月后的首个交易日至相应部分授予日起36个月内的最后1个交易日	34%
第二个行权期	相应部分授予日起36个月后的首个交易日至相应部分授予日起48个月内的最后1个交易日	33%
第三个行权期	相应部分授予日起48个月后的首个交易日至相应部分授予日起60个月内的最后1个交易日	33%

本计划授予业绩考核条件为：2020年的净利润不低于2.8亿元；以2019年的每股分红为基数，2020年的每股分红增长率不低于20%；且上述指标均不低于同行业平均水平。

行权期及业绩考核条件见表2.3。

表2.3 行权期及业绩考核条件

行权期	业绩考核条件
第一个行权期	1. 2022年净利润不低于3.4亿元，且比授予权益时该指标所处同行业分位值水平有所提高，该指标不低于同行业平均水平 2. 以2018—2020年每股分红均值为基数，2022年每股分红增长率不低于50%，且比授予权益时该指标所处同行业分位值水平有所提高，该指标不低于同行业平均水平

(续表)

行权期	业绩考核条件
第二个行权期	1. 2023年净利润不低于3.75亿元,且比授予权益时指标所处同行业分位值水平有所提高,该指标不低于同行业平均水平 2. 以2018—2020年每股分红均值为基数,2023年每股分红增长率不低于60%,且比授予权益时该指标所处同行业分位值水平有所提高,该指标不低于同行业平均水平
第三个行权期	1. 2024年净利润不低于4.1亿元,且比授予权益时该指标所处同行业分位值水平有所提高,该指标不低于同行业平均水平 2. 以2018—2020年每股分红均值为基数,2024年每股分红增长率不低于70%,且比授予权益时该指标所处同行业分位值水平有所提高,该指标不低于同行业平均水平

在本激励计划经新华制药控股股东华鲁控股集团有限公司批准,报山东省国资备案,公司股东大会、A股及H股类别股东会议审议通过后,董事会确定授予日,授予日必须为交易日。公司需在股东大会、A股及H股类别股东会审议通过后60日内授予股票期权并完成公告和登记工作。公司未能在60日内完成上述工作的,应当及时披露未完成的原因,并宣告终止实施本激励计划,未授予的股票期权失效。预留部分股票期权的授予日为审议授予该部分股票期权的董事会决议公告日。授予日必须为交易日,且不得为下列区间:①公司年度报告公告前60日,半年度报告及季度报告公告前30日,因特殊原因推迟年度报告日期的,自原预约年度报告公告前60日起至公告刊发之日;因特殊原因推迟半年度报告及季度报告公告日期的,自原预约半年度报告及季度报告公告前30日起至公告刊发之日。②公司业绩预告、业绩快报公告前10日内。③自可能对本公司股票及其衍生品种交易价格产生较大影响的重大事件发生之日或进入决策程序之日起至依法披露后2个交易日内。④中国证监会、深圳证券交易所及香港联合交易所有限公司规定的其他期间。上述公司不得授出股票期权的期间不计入60日期限之内。

公司承诺不为激励对象依本激励计划获取有关股票期权提供贷款以及其他任何形式的财务资助,包括为其贷款提供担保。激励对象无须付款予公司以接纳期权。

本计划经华鲁控股集团有限公司审批并报山东省人民政府国有资产监督管理委员会备案,经公司股东大会、A股及H股类别股东会审议通过后方可实施。公司股东大会、A股及H股类别股东会在对本计划进行投票表决时,独立董事应当就本计划向所有股东征集委托投票权,并且公司应在提供现场投票方式的同时提供网络投票的方式。

公司股东大会、A股及H股类别股东会审议通过本激励计划后60日内授出股票期权并完成公告和登记工作。公司未能在60日内完成上述工作的,本激励计划终止实施,未授出的股票期权失效。预留部分须在本次股权激励计划经公司股东大会、A股及H股类别股东会审议通过后的12个月内授出。

本激励计划的实施不会导致股权分布不具备上市条件。

第三节 限制性股票

一、第一类限制性股票

(一)第一类限制性股票相关概念及上市公司的特殊规定

《上市公司股权激励管理办法》对第一类限制性股票作出专门定义:对于上市公司而言,限制性股票是指激励对象按照股权激励计划规定的条件,获得的转让等部分权利受到限制的本公司股票。限制性股票在解除限售前不得转让、用于担保或偿还债务。第一类限制性股票的特征如图2.5所示。

第一类限制性股票的授予日是指公司根据其经过股东大会审议通过的《限制性股票股权激励计划》,在达到计划要求的授予条件时,授予公司员工限制性股票的日期。在这一天,公司正式向激励对象授予限制性股票,但对应股票的标识为"限售流通股"。《上市公司股权激励管理办法》规定,授予日必须为交易日。

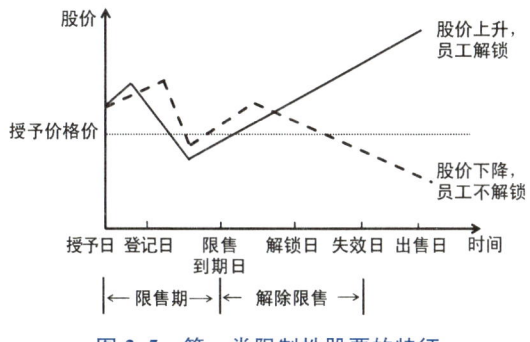

图 2.5 第一类限制性股票的特征

第一类限制性股票的登记日是指限制性股票在中国证券登记结算公司完成实际登记过户,正式登记在激励对象股票账户上的日期。在这一天,限制性股票的所有权转移到激励对象名下,股票成为可流通或可转让的财产。

第一类限制性股票的限售期是指股权激励计划设定的激励对象行使权益的条件尚未成就时,限制性股票不得转让、用于担保或偿还债务的期间。《上市公司股权激励管理办法》规定,上市公司限制性股票授予日与首次解除限售日之间的间隔不得少于 12 个月。《中央企业控股上市公司实施股权激励工作指引》规定,国有控股上市公司限售期自股票授予日起计算,原则上不得少于 2 年(24 个月)。第一类限制性股票限售期规定如图 2.6 所示。

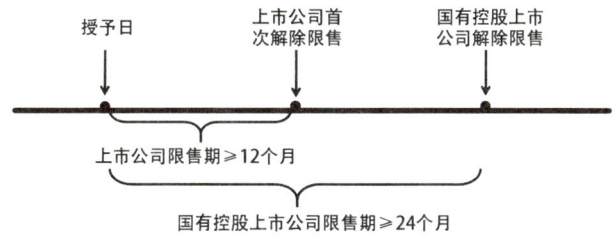

图 2.6 第一类限制性股票限售期规定

第一类限制性股票的解除限售期是指限制性股票解锁日所在的时间区间。如果员工达到预先规定的解锁条件,其取得的限制性股票可以按计划分期解锁。《上市公司股权激励管理办法》规定,在限制性股票有效期内,上市公司应当规定分期解除限售,每期时限不得少于 12 个月,各期解除限售的比例不得超过激励对象获授限制性股票总额的50%。上市公司限制性股票分期解锁规定如图2.7所示。

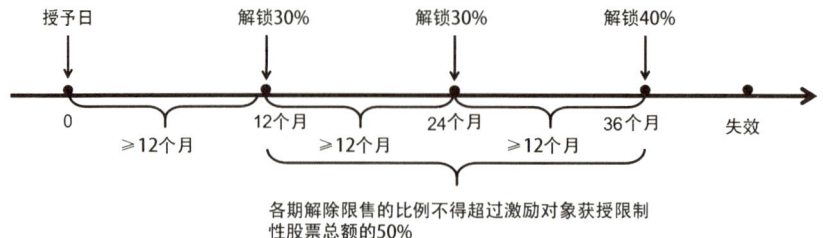

图2.7　上市公司限制性股票分期解锁规定

若出现《上市公司股权激励管理办法》第十八条和第二十五条规定的情形,以及其他终止实施股权激励计划的情形,或激励对象未达到解除限售条件的,上市公司应当回购尚未解除限售的限制性股票,并按照《公司法》的规定进行处理。

《中央企业控股上市公司实施股权激励工作指引》规定,国有控股上市公司实施股权激励的,限制性股票在限售期满后可以在不少于3年的解锁期内匀速分批解除限售。国有控股上市公司限制性股票分期解锁规定如图2.8所示。

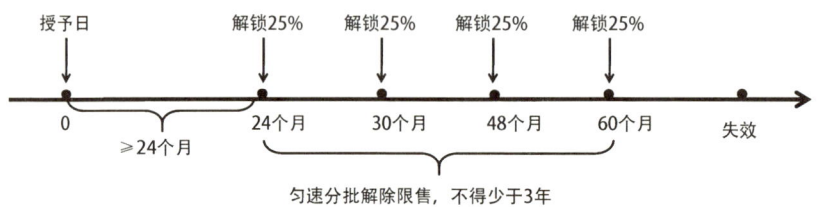

图2.8　国有控股上市公司限制性股票分期解锁规定

在授予价格方面,上市公司在授予激励对象限制性股票时,应当明确授予价格或授予价格的制定方法。《上市公司股权激励管理办法》规定,授予价格应该根据公平市场价格确定,不得低于股票的票面金额,且原则上不得低于下列价格较高者：股权激励计划草案公布前1个交易日的公司股票交易均价的50%;股权激励计划草案公布前20个交易日、60个交易日或者120个交易日的公司股票交易均价之一的50%。上市公司授予限制性股票价格规定如图 2.9 所示。

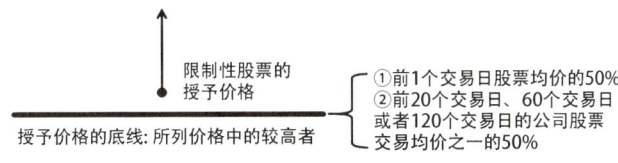

图 2.9　上市公司授予限制性股票价格规定

上市公司采用其他方法确定限制性股票授予价格的,应当在股权激励计划中对定价依据及定价方式作出说明。

另外,对于国有控股上市公司,除了遵守上述规定,《中央企业控股上市公司实施股权激励工作指引》还规定,股票公平市场价格低于每股净资产的,限制性股票授予价格不应低于公平市场价格的 60%。

(二) 第一类限制性股票的优缺点及适用性

第一类限制性股票是上市公司采用最广泛的一种股权激励工具,具有显著的优点和缺点。公司在选择是否实施限制性股票激励计划时,需要综合考虑公司的实际情况、财务状况、人才战略以及市场环境等因素。第一类限制性股票的优缺点见表 2.4。

表 2.4　第一类限制性股票的优缺点对比

优点	缺点
1. 限制性股票能够迅速将员工与公司利益绑定,员工通过实际持有公司的股票增强对公司的归属感和忠诚度 2. 面对解锁条件的限制,员工会更有动力去提升公司业绩,以实现股票的解禁和增值,这种激励效果相较于其他股权激励方式更为持久 3. 对于员工而言,限制性股权激励降低了员工行权获益的风险,因为员工在获得股票时已经支付了较低的成本甚至是免费获得,这在一定程度上保障了员工的收益 4. 对于公司而言,限制性股票存在一定的对称性,相比于股票期权,限制性股票的风险更小,公司通过设定限制性股票解锁条件对激励对象进行直接的经济制裁	1. 在激励对象用自有资金或者公司用激励基金购买股票后,股票价格的下跌将会直接影响激励对象的收益,造成其直接的资金损失 2. 限制性股票的解锁条件通常较为严格,如果员工无法达到这些条件,他们将无法享受股票带来的利益,这可能会降低员工的积极性 3. 对于股票来源为定向发行的限制性股票激励计划,新增发的股份会稀释公司原有股东的股权比例,从而影响原有股东的权益

限制性股票的适用范围较广,特别是对于处于初创期、成长期、有上市预期的公司,或业绩不佳、处于产业调整过程的上市公司,这种方式具有较好的激励效果。激励对象能够意识到公司上市之后将会产生巨大的收益,从而提高工作积极性。

【例 2.3】 华泰证券股份有限公司 A 股限制性股票股权激励计划

2021 年 1 月 4 日,华泰证券股份有限公司(以下简称华泰证券)发布《华泰证券股份有限公司 A 股限制性股票股权激励计划(草案)》,主要内容如下。

本计划的激励对象为对公司战略目标的实现有重要影响且符合法规要求的关键员工,包括公司董事、高级管理人员以及其他核心骨干人员,但不包括公司非执行董事(含独立董事)、监事。本激励计划授予的激励对象总人数为 824 人,占公司截至 2020 年 6 月 30 日在册员工总人数 10 147 人的 8.12%。所有激励对象均在公司(含分支机构)任职,已与公司(含分支机构)签署劳动合同并领取薪酬。

本激励计划采用限制性股票作为激励工具,标的股票来源于公司回购的 A 股普通股。

本激励计划拟向激励对象授予不超过 4 564.00 万股 A 股限制性股票,不超过本激励计划草案公告日公司股本总额(90 766.50 万股)的 0.503%。公司在有效期内的股权激励计划所涉及的限制性股票总数累计未超过公司股本总额的 10%,任何一名激励对象通过全部在有效期内的股权激励计划获授的本公司股票累计未超过公司股本总额的 1%。

本计划有效期自授予的限制性股票登记完成之日起至激励对象获授的限制性股票全部解除限售(不包含自愿锁定、董事及高级管理人员减持限制等情形)或回购注销之日止,最长不超过 6 年。

本计划授予的限制性股票限售期为自相应授予部分股票完成登记日起 24 个月。激励对象根据本激励计划获授的限制性股票在解除限售前不得转让、用于担保或偿还债务。

本计划授予的限制性股票自相应授予部分股票登记完成之日起满 24 个月后,满足解除限售条件的激励对象可以在未来 36 个月内按 33%、

33%和34%的比例分三期解除限售(表2.5)。

表2.5 解除限售安排及比例

解除限售安排	解除限售时限	解除限售比例
第一个解除限售期	自相应部分限制性股票授予登记完成之日起24个月后的首个交易日起至限制性股票登记完成之日起36个月内的最后1个交易日止	33%
第二个解除限售期	自相应部分限制性股票授予登记完成之日起36个月后的首个交易日起至限制性股票登记完成之日起48个月内的最后1个交易日止	33%
第三个解除限售期	自相应部分限制性股票授予登记完成之日起48个月后的首个交易日起至限制性股票登记完成之日起60个月内的最后1个交易日止	34%

本激励计划授予限制性股票的授予价格为9.10元/股,不低于下列价格较高值:草案公布前1个交易日公司A股股票交易均价的50%或前20个、60个、120个交易日公司A股股票交易均价之一的50%。在本激励计划公告当日至激励对象完成限制性股票登记期间,若公司发生资本公积转增股本、派送股票红利、股份拆细、配股、缩股或派息等事项,限制性股票的授予价格将作相应的调整。

本激励计划所涉限制性股票解除限售的公司业绩考核指标为:公司选取现金分红比例、营业收入、扣除非经常性损益后的营业收入利润率、金融科技创新投入和综合风控指标。其中,综合风控指标为门槛指标,若公司该项指标未达到门槛值,则对应批次的限制性股票不得解除限售。公司综合风控指标的门槛值为证券公司分类结果达到A类A级或以上且未发生重大违法违规事件。证券公司分类结果由证券监管部门根据《证券公司分类监管规定》综合评价,若该评价体系发生变化或调整,董事会将分类结果目标相应调整为届时评价体系的同级别标准。在达成综合风控指标的前提下,公司层面考核结果对应的公司绩效系数如下:公司绩效系数=现金分红比例指标得分×现金分红比例考核权重+营业收入相关指标得分×营业收入考核权重+扣除非经常性损益后的营业收入利润率相关指标得分×扣除非经常性损益后的营业收入利润率考核权重＋金融科技创新投入指标得分×金融科技创新投入考核权重。其中,现金分红比例考核权重为15%,营业收入相关指标考核权重为35%,扣除非经常性损益后的营业收入利润率相关指标考核权重为35%,金融科技创新投入指标考核权重为15%。除了综合风控指标,公司层面其余考核指标目标及得分情况见表2.6。

表2.6 公司层面考核指标目标及得分情况

解锁期	考核目标及指标得分
第一个解锁期	1. 2021年现金分红金额占当年归属于母公司股东的净利润的比例高于或等于30%时,得1分;其余情况不得分 2. 2021年营业收入在当年对标企业中排名为第1至第4名,得1分;排名为第5至第6名,得0.8分;其余情况不得分 3. 2021年扣除非经常性损益后的营业收入利润率在当年对标企业中排名为第1至第4名,得1分;排名为第5至第6名,得0.8分;其余情况不得分 4. 以2019年金融科技创新投入金额为基准,2021年金融科技创新投入较基准增长5%及以上,得1分;其余情况不得分
第二个解锁期	1. 2022年现金分红金额占当年归属于母公司股东的净利润的比例高于或等于30%时,得1分;其余情况不得分 2. 2022年营业收入在当年对标企业中排名为第1至第4名,得1分;排名为第5至第6名,得0.8分;其余情况不得分 3. 2022年扣除非经常性损益后的营业收入利润率在当年对标企业中排名为第1至第4名,得1分;排名为第5至第6名,得0.8分;其余情况不得分 4. 以2019年金融科技创新投入金额为基准,2022年金融科技创新投入较基准增长8%及以上,得1分;其余情况不得分
第三个解锁期	1. 2023年度现金分红金额占当年度归属于母公司股东的净利润的比例高于或等于30%时,得1分;其余情况不得分 2. 2023年营业收入在当年对标企业中排名为第1至第3名,得1分;排名为第4至第6名,得0.8分;其余情况不得分 3. 2023年扣除非经常性损益后的营业收入利润率在当年对标企业中排名为第1至第3名,得1分;排名为第4至第6名,得0.8分;其余情况不得分 4. 以2019年金融科技创新投入金额为基准,2023年金融科技创新投入较基准增长11%及以上,得1分;其余情况不得分

二、第二类限制性股票

(一) 第二类限制性股票相关概念及上市公司的特殊规定

第二类限制性股票是在科创板和创业板等市场上兴起的一种股权激励工具,它融合了股票期权和限制性股票的特点,是一种创新型的激励方式。根据《科创板上市公司自律监管指南第 4 号——股权激励信息披露》和《深圳证券交易所创业板上市公司自律监管指南第 1 号——业务办理》等相关文件,第二类限制性股票是指符合股权激励计划授予条件的激励对象在满足相应获益条件后分次获得并登记的本公司股票。第二类限制性股票的特征如图 2.10 所示。

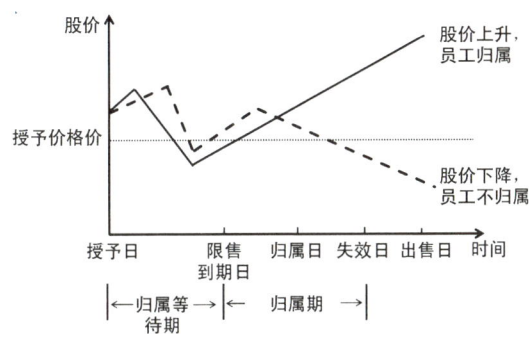

图 2.10 第二类限制性股票的特征

归属是指限制性股票激励对象满足获益条件后,上市公司将股票登记至激励对象账户的行为。

归属条件是指限制性股票激励计划所设立的,激励对象为获得激励股票所需满足的获益条件。

归属日是指限制性股票激励对象满足获益条件后,完成获授股票登记的日期。归属日必须为交易日。

财政部会计司于 2021 年 5 月 18 日发布的《股份支付准则应用案例——授予限制性股票》明确指出,第二类限制性股票的实质是公司赋予员工在满足可行权条件后以约定价格(授予价格)购买公司股票的权利,员工可获取行权日股票价格高于授予价格的上行收益,但不承担股价下行风险。与第一类限制性股票的不同之处在于,第二类限制性股票在本质上为一项股票期权,属于以权益结算的股份支付交易。在等待期内的每个资产负债表日,公司应当以对可行权股票期权数量的最佳估计为基础,按照授予日股票期权的公允价值计算当期需确认的股份支付费用,计入相关成本(费用)和资本公积。采用期权定价模型确定授予日股票期权的公允价值的,该公允价值包括期权的内在价值和时间价值,通常高于同等条件下第一类限制性股票对应股份的公允价值。从财政部会计司的观点来看,作者认为,第二类限制性股票的本质是一种"行权价有折扣的期权"。不管第一类还是第二类限制性股票,本质上都是上市公司授予激励对象的,附加了一些限制条件的股票。相比第一类限制性股票,第二类限制性股票最核心的优势在于授予的时候员工无须出资,只有在考核条件达标、归属条件满足之后才出资,从而大大提高了实操的便利性。第二类限制性股票既有限制性股票本身具备的内部价格优势,又有股票期权行权时出资的优势。目前,第二类限制性股票在创业板和科创板上市公司被广泛运用。

尽管第二类限制性股票在本质上归属于期权类别,但是在管理实践中,其操作模式与第一类限制性股票保持一致。具体而言,其在实施流程、授予价格、信息披露、业绩考核标准以及监督管理体系等方面均参照第一类限制性股票执行。但是,第二类限制性股票的限售期有特殊的规定,《深圳证券交易所创业板股票上市规则》明确规定,获益条件包含12个月以上任职期限的,实际授予的权益进行登记后,可不再设置限售期。

限制性股票和股票期权限售期对比如图2.11所示。

(二) 第二类限制性股票的优点及适用性

1. 第二类限制性股票的优点

与第一类限制性股票相比,第二类限制性股票具有以下几方面的优点。

(1) 避免亏损。第一类限制性股票的价格虽然可以打折,但是在股价持续下跌的行情下,激励对象在解除限售卖出时仍然可能亏损;而第二类限制性股票赋予了激励对象更大的选择权,在归属时若股价倒挂,激励对象可以选择放弃归属。

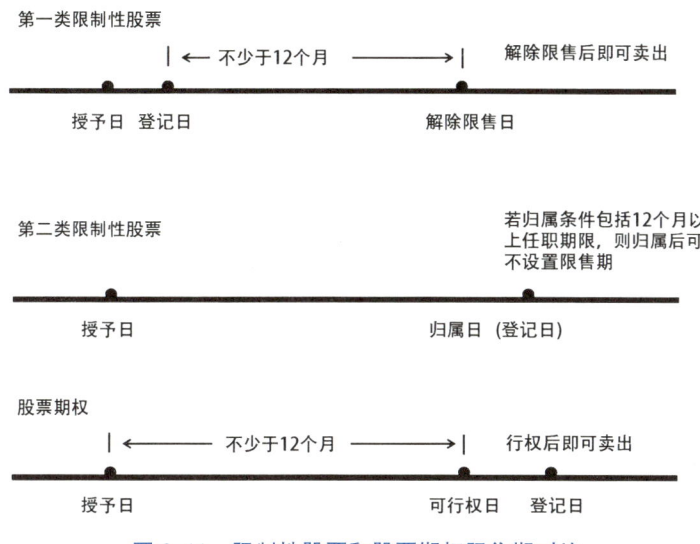

图 2.11　限制性股票和股票期权限售期对比

（2）缩短激励对象的资金占用时间。第一类限制性股票需要在授予时一次性出资购买，但却不能立即卖出获益，需要经历 12 个月以上的限售期；而第二类限制性股票则仅需在满足归属条件时才出资，归属后可以立即卖出，大大缩短了资金被占用的时间。

（3）减少减持对启动股权激励计划的影响。基于《中华人民共和国证券法》（以下简称《证券法》）第四十四条的限制，第一类限制性股票的授予日即视同买入日，且在该授予日前 6 个月作为激励对象的董事、高管以及持有 5% 以上股份的股东不得存在减持行为；而第二类限制性股票的归属日视同买入日，激励对象在该归属日前 6 个月内不存在减持行为即可。换言之，公司在准备启动股权激励前，若作为激励对象的董事、高管以及持有 5% 以上股份的股东（限于创业板/科创板）刚刚完成减持行为，公司若选择第一类限制性股票的形式需要等待 6 个月方可启动激励计划，若选择第二类限制性股票的形式则可以立即启动激励计划。

（4）减化条件未成就的处理。对于第一类限制性股票，若激励对象未达到解除限售的条件，由于此时股票已经登记在激励对象名下，公司需要采取回购再注销的操作；而第二类限制性股票在考核条件成就与否时尚未归属，公司直接将其作废即可，省去了回购、注销这些程序，操作更为简便。

此外，与股票期权相比，第二类限制性股票在登记时完成出资，登记后便可立即进行交易。其显著优势体现在价格上，其价格原则上不得低于市场参考价的 50%，并在特定合理情况下甚至可进一步低于市场价格；而股票期权的行权价格则原则上需维持在不低于市场参考价的水平，无法享受类似的折扣。

2. 第二类限制性股票的适用性

作为一种新型的工具，第二类限制性股票的适用对象主要为在创业板和科创板上市的企业，这些企业通常具有较高的成长性和创新性，对人才的需求和激励需求也更为迫切。

> **【例 2.4】** 上海晶丰明源半导体股份有限公司 2024 年限制性股票激励计划

2024 年 8 月 9 日，上海晶丰明源半导体股份有限公司（以下简称晶丰明源）发布《上海晶丰明源半导体股份有限公司 2024 年限制性股票激励计划（草案）》，该计划的主要内容如下。

晶丰明源 2024 年限制性股票激励计划（以下简称本激励计划）拟采取的激励形式为第二类限制性股票，股票来源为公司向激励对象定向发行的本公司 A 股普通股股票或从二级市场回购的本公司 A 股普通股股票。

本激励计划拟授予激励对象的限制性股票数量为 273.93 万股，约占本激励计划草案公布日公司股本总额 8 782.65 万股的 3.12%。其中，首次授予限制性股票为 219.14 万股，约占本激励计划草案公布日公司股本总额的 2.50%，占本激励计划拟授予限制性股票总数的 80.00%；预留 54.79 万股，约占本激励计划草案公布日公司股本总额的 0.62%，占本激励计划拟授予限制性股票总数的 20.00%。

晶丰明源 2021 年第一次临时股东大会审议通过《2021 年限制性股票激励计划》，2021 年第二次临时股东大会审议通过《2021 年第二期限制性股票激励计划》，2022 年第二次临时股东大会审议通过《2022 年第二期限制性股票激励计划》，2023 年第二次临时股东大会审议通过《2023 年限制性股票激励计划》，这些计划尚在实施中。截至本激励计划草案公布日,公司在有效期内的全部股权激励计划所涉及的标的股票总数累计未超过公司股本总额的20%。本激励计划中任何一名激励对象通过全部在有效期内的股权激励计划获授的公司股票数量累计未超过公司股本总额的1%。

本激励计划涉及的首次授予激励对象共计216人,包括公司公告本激励计划时在公司(含分公司和控股子公司,下同)任职的董事、高级管理人员、核心技术人员、中层管理人员以及董事会认为需要被激励的其他人员,不包括晶丰明源独立董事、监事、单独或合计持有公司5%以上股份的股东或实际控制人及其配偶、父母、子女。预留激励对象指本激励计划获得股东大会批准时尚未确定但在本激励计划存续期间纳入本激励计划的激励对象。预留激励对象应当在本激励计划经股东大会审议通过后12个月内确定,确定标准参照首次授予的标准。

本激励计划首次授予限制性股票的授予价格为28.28元/股。预留部分限制性股票授予价格与首次授予的限制性股票的授予价格相同。本激励计划首次授予限制性股票的授予价格不低于股票票面金额,且不低于下列价格较高者:本激励计划草案公布前1个交易日的公司股票交易均价为55.39元/股,本激励计划首次授予限制性股票的授予价格为前1个交易日的公司股票交易均价的51.06%;本激励计划草案公布前20个交易日的公司股票交易均价为56.50元/股,本激励计划首次授予限制性股票的授予价格为前20个交易日的公司股票交易均价的50.05%;本激励计划草案公布前60个交易日的公司股票交易均价为54.65元/股,本激励计划首次授予限制性股票的授予价格为前60个交易日的公司股票交易均价的51.75%;本激励计划草案公布前120个交易日的公司股票交易均价为52.84元/股,本激励计划首次授予限制性股票的授予价格为前120个交易日的公司股票交易均价的53.52%。

本激励计划的有效期为自限制性股票授予日起至激励对象获授的限制性股票全部归属或作废失效之日止,最长不超过60个月。本激励计划首次授予的限制性股票在授予日起满12个月后分4期归属,各期的归属比例分别为25%、25%、25%和25%;预留限制性股票在预留授予部分限制性股票授予日起满12个月后分3期归属,各期的归属比例分别为

30%、30%和40%。

在公司层面,本激励计划授予限制性股票的业绩考核目标如表2.7所示。

表2.7 业绩考核目标

归属期		业绩考核目标
首次授予的限制性股票	第一个归属期	2024年公司营业收入达到15.00亿元或毛利达到4.50亿元
	第二个归属期	2025年公司营业收入达到17.00亿元或毛利达到5.20亿元
	第三个归属期	2026年公司营业收入达到19.00亿元或毛利达到5.90亿元
	第四个归属期	2027年公司营业收入达到21.00亿元或毛利达到6.60亿元
预留限制性股票	第一个归属期	2025年公司营业收入达到17.00亿元或毛利达到5.20亿元
	第二个归属期	2026年公司营业收入达到19.00亿元或毛利达到5.90亿元
	第三个归属期	2027年公司营业收入达到21.00亿元或毛利达到6.60亿元

注:"营业收入"是指经审计的上市公司营业收入;"毛利"是指经审计的上市公司营业收入减去经审计的上市公司营业成本。

在个人层面,激励对象的绩效考核根据公司内部绩效考核相关制度实施。激励对象个人考核评价结果分为"合格"和"不合格"两个等级,对应的可归属情况如表2.8所示。

表2.8 激励对象个人层面考核评价结果对应的可归属情况

评价标准	合格	不合格
个人层面归属系数	100%	0

在公司业绩目标达成的前提下,激励对象当年实际归属的限制性股票数量为个人当年计划归属的限制性股票数量乘以个人层面归属比例。激励对象当期计划归属的限制性股票因考核原因不能归属的,作废失效,不可递延至下一年度。

第四节　股票增值权

一、股票增值权的相关概念及上市公司的特殊规定

股票增值权作为一种激励机制，其应用场景通常为上市公司。此模式的核心在于上市公司向激励对象赋予一种特定权利，即在特定的时间和条件下，激励对象有权获得因公司股价上涨所产生的收益。具体而言，若公司股价上涨，激励对象可通过行使此权利获得相应数量的股价升值所带来的经济收益，且无须为此支付现金。然而，若股价出现下跌，激励对象则有权选择不行使该权利。

股票增值权作为一种激励手段，具备以下几项特征。

（1）激励对象并不实际持有公司股票，因此亦不享有与股票相关的股东权益，包括但不限于表决权、配股权和分红权等。

（2）股票增值权不具备可转让性，且不得用作担保或偿还债务。

（3）激励对象无须支付任何成本，其所得收益由公司直接支付。

（4）激励对象的收益具有不确定性，其大小完全取决于未来公司股票的价格。

（5）股票增值权的实施不涉及公司股票的增发，因此不会对原有股东的持股比例造成稀释。

股票增值权的特征如图 2.12 所示。

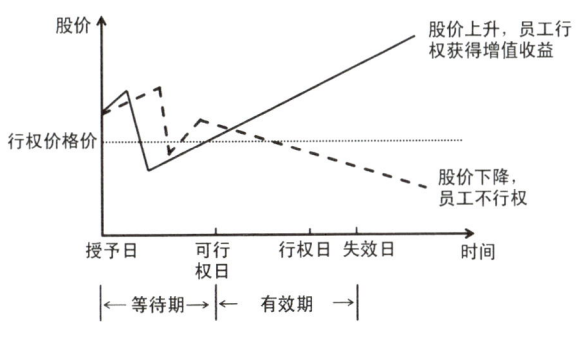

图 2.12　股票增值权的特征

在《上市公司股权激励管理办法》与《中央企业控股上市公司实施股权激励工作指引》中,有关股票增值权的行权价格、等待期长度、分期行权间隔期及行权数量的具体规定,均与股票期权的相关规定保持一致。有关这些方面的具体要求,可参照本书关于股票期权部分的详细阐述。

二、股票增值权与股票期权的异同

作为股权激励机制中的两大核心组成部分,股票期权与股票增值权既有诸多相似之处,亦有本质上的显著差异。股票期权的运作机制遵循"公司授予,市场兑现"的原则,即激励对象通过自行购买公司股票并在二级市场上进行交易以获取收益,其最终收益的实现依赖市场的认可与交易行为。而股票增值权则采取"公司授予,公司兑现"的模式,激励对象的收益直接由公司支付,其本质可视为公司对员工绩效的一种递延性奖金支付形式。

股票增值权与股票期权的异同见表2.9。

表2.9 股票增值权与股票期权的异同

	比较项目	股票期权	股票增值权
相同点	适用主体	上市公司	
	获利原理	股票期权和股票增值权的获利原理相同,均是通过二级市场股票交易价格和企业授予激励对象期权时约定的行权价格之间的差价来获利	
	激励性与约束性	股票期权和股票增值权都是一种长期激励工具,具有很好的激励性,但约束性偏弱一些	
	是否行权	取决于未来股价	
不同点	是否持股	行权之前,不持有股票;行权之后,持有股票	无论是否行权,都不持有股票
	股东权利	行权之前,不具有股东权利;行权之后,具有股东权利	无论是否行权,均不具有股东权利
	是否稀释原有股权	行权的股票来源于增发股票时,稀释原有股权	无论是否行权,均不稀释原有股权
	激励来源	公司授予,市场兑现	公司授予,公司兑现
	激励对象是否支付对价	行权时需要支付股票对价	无论是否行权,无须支付对价

三、股票增值权模式的优缺点与适用性

(一) 股票增值权模式的优点

股票增值权的优点包括：①激励对象并不实际持有公司股票，原有股东股权的比例不会被稀释。②其操作条件设定相对宽松，便于通过股东会的审核流程。③无须激励对象支付现金，对于激励对象而言不存在资金风险。④鉴于行权期通常超过任期，这一机制有助于规避激励对象的短期行为，从而确保激励对象能够以勤勉尽职的态度为公司未来的业绩和长远发展贡献力量。

(二) 股票增值权模式的缺点

鉴于股票市场的多元性和复杂性，影响股票增值权的不确定性因素繁多，未来股价的变动难以精确预测。因此，对于激励对象而言，其未来收益存在显著的不确定性。对于公司而言，当满足行权条件时，公司需承担相应的现金支出，这将在一定程度上增加公司的现金流压力。此外，与股票期权类似，股票增值权激励方案的适用场景亦存在局限性。在股票价格呈现下降趋势时，该激励方案的效用往往有限，甚至可能失去其激励效果。

(三) 股票增值权模式的适用性

股票增值权模式适用于公司现金流较为充裕且股价稳定但希望避免即时支出、员工偏好现金收益、资本市场有效性较好、法规限制外籍员工持股以及公司希望结合实际情况灵活控制激励成本的情形。

【例2.5】 顺丰控股股份有限公司2018年股票增值权激励计划

2018年4月26日，顺丰控股股份有限公司（以下简称顺丰控股）发布《顺丰控股股份有限公司2018年股票增值权激励计划（草案）》，主要内容如下。

为配合顺丰控股2018年限制性股票激励计划的有效实施，以促进公

司的长远发展,特制定顺丰控股股票增值权激励计划。本计划主要针对受政策限制无法纳入《顺丰控股股份有限公司 2018 年限制性股票激励计划(草案)》的公司员工。本计划提交公司董事会审议通过,由公司股东大会批准生效。

本计划采用的激励工具——股票增值权是一种虚拟的股票,是公司给予计划参与人的一种权利,即不实际买卖股票,仅通过模拟股票市场价格变化的方式在规定时段内获得由公司支付行权价格与兑付价格之间的差额。本次激励计划所采用的股票增值权工具是以顺丰控股股票为标的的虚拟股票,由顺丰控股以现金方式支付行权价格与兑付价格之间的差额,该差额即为激励额度。

本计划的激励对象范围为公司在海外工作的核心人才,不包括独立董事、监事及单独或合计持有公司 5% 以上股份的股东或实际控制人及其配偶、父母、子女,本激励计划的激励对象共 29 人。

股票增值权行权价格与《顺丰控股股份有限公司 2018 年限制性股票激励计划(草案)》中限制性股票授予价格为同一价格,依据《顺丰控股股份有限公司 2018 年限制性股票激励计划(草案)》公告前 1 个交易日公司股票交易均价(前 1 个交易日股票交易总额÷前 1 个交易日股票交易总量)和前 20 个交易日公司股票交易均价(前 20 个交易日股票交易总额÷前 20 个交易日股票交易总量)较高者的 50% 确定,为 24.33 元/股。本计划授予的股票增值权在有效期内若发生派息、资本公积转增股本、派发股票红利、股份折细或缩股、配股等事宜,行权价格将根据本计划相关规定进行调整。

股票增值权的资金来源为公司直接兑付行权时顺丰控股股票市价和行权价的价差。

股票增值权不涉及实际股份,以顺丰控股股票作为虚拟股票标的。

激励对象的考核原则上依据《顺丰控股股份有限公司股权激励计划实施考核办法》中有关考核的规定进行。

本计划提交公司董事会审议通过,由公司股东大会批准生效。

第五节 虚拟股票

一、虚拟股票的相关概念和特征

(一) 虚拟股票的概念

虚拟股票(有限责任公司称其为虚拟股权)是指公司向激励对象授予的一种"虚拟"性质的股票,其特点在于激励对象并不真正拥有实际的股票,而是获得基于特定数量股票的分红权或增值收益权。激励对象若完成公司预设的业绩或考核目标,则可据此获得相应数量的分红。鉴于激励对象并未直接持有真实的股票,他们不具备所有权和表决权,也无法转让或出售股票。一旦激励对象离开公司,其享有的虚拟股票将自动失效。

根据适用的主体不同,虚拟股票可分为三类,具体见表 2.10。

表 2.10 虚拟股票的分类

虚拟股票的种类	适用主体	获利原理
股利收入型虚拟股票	上市公司或非上市公司	公司在期初授予激励对象一定数量的虚拟股票,激励对象的收入为到期后其持有的虚拟股票数量乘以企业每年派发的每股红利
溢价型虚拟股票	上市公司	公司在期初授予激励对象一定数量的虚拟股票,并以授予时股票二级市场的价格作为基准价格。如果将来股票的市场价格高于基准价格,激励对象可以获得虚拟股票溢价带来的收入;如果企业股价下跌至基准价格以下,则激励对象分文不得
内部价格型虚拟股票	非上市公司	虚拟股票的价格由企业或企业外部顾问性质的中介咨询机构来确定,一般每年确定一次。激励对象获得的收益为其持有的股票数乘以每股虚拟股票的价值升值

(二) 虚拟股票的特征

1. 形式虚拟化显著

在虚拟股票模式下,激励对象并不直接或间接地拥有公司的股票,而是仅基于公司一定数量的股票获得分红权或增值收益权,这一特点凸显了其形式上的非实体性。

2. 无偿获取特性

在虚拟股票模式下,激励对象并未实际拥有公司的股票,因此他们无须支付任何费用来购买这些股票,这体现了其无偿性的本质。

3. 股东权利的非完整性

在虚拟股票模式下,由于缺乏真实的股票,激励对象无法享有所有权、表决权、选举权、被选举权、增资优先认缴权以及临时提案权等典型的股权权利,他们仅被赋予分红或增值收益权,这明显限制了激励对象股东权利的完整性。

二、虚拟股票模式的优缺点与适用性

(一) 虚拟股票模式的优点

虚拟股票具有以下几项优点。

(1) 虚拟股票的持有者只享有收益权,而不享有普通股股东的表决权,而且企业在激励时不需要发行和转让股票,不影响公司的资本总额和股东结构,大股东不会因为股权激励而削弱自己的表决权,有利于企业的管理。

(2) 虚拟股票激励模式不以变化不定的股票价格为标准去衡量公司业绩和激励员工,可以避免股票价格的异常下跌对虚拟股票持有人收益的影响。

(3) 企业采用虚拟股票激励方式无须考虑股票来源问题,流程简单,只需拟一个内部协议即可,在激励对象离开公司时,虚拟股票自动失效,无须复杂的回购或注销流程。

(二) 虚拟股票模式的弊端

在激励对象兑现其收益之际,企业可能承担巨额现金支付的义务,这会对企业的现金流动性构成一定的挑战与压力。

此外,企业采用虚拟股票模式可能会引发一种倾向,即激励对象过于聚焦分红收益,而轻视或甚至有意忽视企业资本公积金的积累,从而过分地追求企业的短期利益,忽视其长期发展的潜力与价值。

（三）虚拟股票的适用性

虚拟股票的收益需以现金或等值股票兑现，因此现金流稳定且充足的企业更适合采用此种方式。

三、虚拟股票与股票增值权的异同

股票增值权与虚拟股票均是企业为激发员工潜能所采取的长效激励机制，其核心目的在于将员工的个人利益紧密绑定于公司的整体业绩之上，以此增强员工的工作热情与绩效表现。两者的价值均直接与公司股票在市场上的表现或是公司的实际业绩相关联。两者之间的差异见表2.11。

表 2.11 虚拟股票与股票增值权的差异

差异点	虚拟股票	股票增值权
性质	虚拟股票本质上是一种模拟的股票，员工享有分红权和股票价格升值收益，但没有所有权和表决权	股票增值权则是一种权利，员工并不实际持有股票，只享有规定时间内股票价格上涨带来的收益
收益方式	虚拟股票的收益通常来自公司的分红和股票价格的升值	股票增值权的收益仅来自股票价格上涨带来的增值部分
兑现方式	虚拟股票一般在一定期限后可以按照约定的价格或方式兑现	股票增值权通常是在规定的期限结束后，根据股票增值的幅度以现金形式支付给员工

【例 2.6】 南京通达海科技股份有限公司虚拟股票股权激励

南京通达海科技股份有限公司（以下简称通达海）是一家专注于为法院等客户提供电子政务领域信息化建设的综合服务提供商，于2022年7月1日通过创业板上市委员会审议。发行人股东郑建国、徐东惠、史金松、辛成海分别于2011年和2014年无偿授予汤军等13名员工132.50万份虚拟股权，虚拟股权未在工商部门登记，13名员工仅享有虚拟股权对应的分红权和增值权，不享有所有权和表决权，以下是通达海虚拟股票股权激励的主要情况。

一、股权激励基本情况

2011年，通达海全体股东郑建国、史金松、徐东惠、辛成海拟对核心员工实施虚拟股权激励,计划按照各自持股比例同等释放合计1/3左右的股权给核心员工。2011年1~3月和2014年1月,通达海全体股东郑建国、史金松、徐东惠、辛成海与汤军等11名激励对象签署《承诺书》,约定郑建国、史金松、徐东惠、辛成海将其持有的合计24.50%股权对应的虚拟股权无偿转让给汤军等11名激励对象,激励对象仅享有虚拟股权对应的增值权、分红权,但不拥有所有权和其他股东权益,未经同意亦不得转让、继承。激励对象承诺自2011年1月开始3年内不离开公司,若提前离开公司,郑建国等人有权无偿收回激励的虚拟股权。

2014年7月,通达海全体股东郑建国、史金松、徐东惠、辛成海与阮雅珊、曹伟签署《承诺书》,约定郑建国、史金松、徐东惠、辛成海将其持有的合计2%股权对应的虚拟股权无偿转让给上述2名激励对象,激励对象仅享有虚拟股权对应的增值权、分红权,但不拥有所有权和其他股东权益,未经同意亦不得转让、继承。激励对象承诺自2014年8月开始3年内不离开公司,若提前离开公司,郑建国等人有权无偿收回激励的虚拟股权。

二、虚拟股权回购情况

2017年10月,通达海筹划申请上市,考虑到上述虚拟股权激励的合规性,通达海股东郑建国、史金松、徐东惠、辛成海决定通过回购的方式终止上述虚拟股权计划。经各方协商,2017年12月,郑建国、史金松、徐东惠、辛成海与汤军等13名激励对象签署了《回购协议》,约定郑建国、史金松、徐东惠、辛成海以31.13元/股的价格回购汤军等13名激励对象合计持有的132.50万股虚拟股权,回购总价款为4 124.73万元,同时激励对象需要按照比例使用回购资金出资认购通达海新增的6.63%股权。上述回购价格以各方对公司2017年预测净利润2 000万元乘以8倍市盈率的估值作为作价依据。截至招股说明书签署日,郑建国、史金松、徐东惠、辛成海已经向13名激励对象支付了全部回购价款4 124.73万元。

上述13名核心员工出具承诺:"截至2020年12月,本人已经收到全部回购价款。针对上述虚拟股权授予和回购事项,若税务机关对本人的虚拟股权授予或回购行为追缴税款及相应的滞纳金,或进行处罚,本人将全额承担该税款、滞纳金及处罚,保证通达海不会因此遭受任何损失。"

发行人实际控制人郑建国出具承诺:"针对上述虚拟股权授予和回购

事项,若税务机关对激励对象的虚拟股权授予或回购行为追缴税款及相应的滞纳金,或进行处罚,激励对象将按照法律法规承担相应的税收缴纳义务,若激励对象未承担相应的税款、滞纳金及处罚,本人将承担该税款、滞纳金及处罚,保证通达海不会因此遭受任何损失。"

第六节 分 红 权

一、分红权的相关概念和特征

分红权激励工具作为当前法律与政策框架内的一种创新性股权激励机制的变通形式,其起源可追溯至 2010 年。当年 2 月,《中关村国家自主创新示范区企业股权和分红激励实施办法》的颁布首次正式引入了分红激励的概念。同年 11 月,在国务院国有资产监督管理委员会发布的《关于在部分中央企业开展分红权激励试点工作的通知》中,分红权激励被进一步细化为岗位分红和项目收益分红两大类别。2016 年 2 月,财政部、科技部和国资委三部门联合发布《国有科技型企业股权和分红激励暂行办法》,再次确认了分红激励在国有科技型企业中的重要作用,并明确规定了岗位分红和项目分红两种激励模式。

分红权模式与虚拟股票类似,但两者的主要区别在于:尽管虚拟股票模式下企业没有登记真实的股票,但会分配一定数量的虚拟股票,这些股票的数量会随着业绩、工龄、级别的增长而增长;但是分红权模式下,企业可以不匹配具体数量的股票。

二、分红权模式的优缺点与适用性

(一)分红权模式的优点

《关于在部分中央企业开展分红权激励试点工作的通知》与《国有科技型企业股权和分红激励暂行办法》对分红激励的适用主体及其条件进行了详尽的约束与界定,然而,对于普通民营企业而言,上述两个文件都没有关于分红权激励方式的明确规定。这意味着各民营企业能够依据自身的实际情况与需求灵活地设计并实施适合自己的激励工具,享有较高的自由度与灵活性。无论是上市公司还是非上市公司,都可以根据自己的实际情况来选择合适的激励工具。

分红激励更多的是为了奖励那些通过自己的努力和创造为公司的发展作出了重要贡献的相关骨干人员,使他们在短期内能够获得较高的现金收益。

(二) 分红权模式的缺点

在公司分红过程中,公司需承担支付现金的责任,但在短期内大额现金的流出势必会对公司的资金流动性产生一定的影响。作为一种聚焦于短期效益的激励手段,分红权在中长期内的激励效果相对有限,因此,它更适合作为一种辅助性的激励工具,与其他更为全面、长远的激励工具相结合,共同促进公司的稳健发展。

(三) 分红权的适用性

具备明确的战略目标和利润增长潜力,并且现金流稳定能够承受年度分红带来的现金支付压力的企业更适合采用分红权方式。

【例 2.7】 航天恒星科技有限公司岗位分红权

一、公司背景

航天恒星科技有限公司(以下简称航天恒星)是中国东方红卫星股份有限公司(以下简称中国卫星)控股的卫星应用高新技术企业。公司主要从事卫星应用系统集成、终端设备制造和卫星运营服务,业务范围涵盖卫星遥感与综合应用、卫星通信、卫星导航、信息传输与处理以及卫星地面运营服务等领域。

二、激励背景

2010 年 10 月 11 日,国资委发布《关于在部分中央企业开展分红权激励试点工作的通知》,决定在中国核工业集团公司、中国航天科技集团公司等中央企业中选择科技创新能力较强、业绩成长性较好且具有示范性的企业推行岗位分红权或项目收益分红模式的股权激励试点。航天恒星凭借其显著的市场化特征和突出的业绩表现，成功入选首批试点企业。

三、激励方案

1. 激励对象

航天恒星的分红权激励方案主要针对科研管理、专业科研两大岗位序列中的 54 个岗位，这些岗位对公司的科研创新和业务发展具有关键作用。

2. 激励指标

激励总额与企业当年的经济增加值（EVA）及经济增加值改善值（ΔEVA）挂钩，在净利润增长水平不低于实施前 3 年的净利润平均增长水平条件下提取，激励总额不超过航天恒星当年税后利润的 15%。这种设计确保了激励方案与公司的经济效益紧密相关，能够有效激发员工的积极性和创造力。

3. 激励方式

分红权激励采用延期支付方式发放。航天恒星每年提取个人岗位分红权的 30% 进行留存，至分红权有效期结束后统一考核发放；剩余 70% 在分红权有效期内每年进行兑现。这种延期支付的方式有助于增强员工的长期归属感和对公司的忠诚度。

4. 激励期限

本激励方案自批准之日起 3 年内有效。这种有期限的激励方案有助于公司在一定时期内稳定核心团队并推动业务发展。

四、实施效果

航天恒星的岗位分红权激励方案是一个成功的案例，它通过合理的激励对象选择、科学的激励指标设计以及有效的激励方式实施，实现了公司与员工的共赢发展。据统计，此次分红权激励试点实行后，航天恒星的科研类岗位和激励额度占比均达到 90% 以上，其余岗位也均为与科研成果转化密切相关的经营管理岗位。这一激励方案不仅有效提升了员工的工作积极性和创新能力，还增强了公司的科研实力，拓展了业务范围。同时，该方案也为其他非上市公司提供了宝贵的借鉴经验和参考模式。

第七节 业绩股票

一、业绩股票的相关概念和特征

业绩股票也是一种常用的股权激励工具（模式）。在该激励模式下，公司在某一时点为员工设置一个合适的业绩目标，如果激励对象可以实现该目标，则公司会授予激励对象一定数量的股票或一定数量的激励基金用于购买公司的股票。其通常具有以下特点。

第一，业绩股票通常设有禁售期，在此期间禁止出售。

第二，激励对象的年度奖金与公司当年的经营业绩紧密相关，直接与年度利润挂钩。公司每年会根据激励对象的表现提取相应比例的奖励基金，确保奖金与公司经营状况的紧密联系。

第三，对于上市公司来说，奖励基金通常用于在二级市场购买本公司股票。这种做法既公开透明，又能有效地将奖励基金转化为公司股份，从而增强员工的归属感和忠诚度。对于非上市公司而言，奖励基金的运用方式则更加灵活，公司可根据实际情况和激励对象的具体需求进行定制。

第四，奖励基金具有一定的强制性。在初始阶段，激励对象的奖金会全部或部分转换为公司股票，这在股票的购买上体现了强制性。

二、业绩股票模式的优缺点与适用性

（一）业绩股票模式的优点

1. 加速实现公司业绩目标

公司采用业绩股票作为激励工具时，激励对象为了获得股票奖励会更加努力工作，从而有助于公司业绩目标的快速完成。

2. 激励效果显著

该模式能够创造股东与激励对象的双赢局面，激励效果显著。此外，业绩股票激励可以每年实施一次，形成持续的激励效应，使效果更加持久。

3. 约束机制较强

在该模式下,激励对象必须达成既定业绩目标才能获得奖励,且奖励的实现是逐步的。激励对象若未通过年度考核或存在损害公司利益的行为,将失去激励标的。这对激励对象形成强有力的约束。

4. 易于操作

业绩股票激励工具符合国内法律法规和国际惯例,只需通过股东(大)会批准即可实施,操作简便且规范。

5. 减少股价波动的影响

业绩股票激励工具专注于公司业绩目标的达成,不依赖于股价上涨,从而在一定程度上减少了股价波动对激励效果的负面影响。

(二) 业绩股票模式的缺点

1. 难以确保业绩目标的科学性

公司业绩目标的设定如果缺乏科学性,可能导致关键人员为了获得业绩股票而采取不正当手段。

2. 较高的激励成本

业绩股票激励模式可能会给公司带来现金支付的压力,因为公司需要设立奖励基金以购买或直接授予股票。

3. 相对较弱的激励力度

与期权和期股等其他股权激励方式相比,业绩股票的激励力度较弱,因为它更侧重于业绩考核而非股价增长。

(三) 业绩股票的适用性

业绩股票激励工具通常适用于现金流充足、处于稳定或成熟阶段的企业。

第八节 员工持股计划

一、员工持股计划的相关概念及分类

员工持股计划(employee stock ownership plans,ESOP)又称员工

持股制度，是员工所有权的一种实现形式，是企业所有者与员工分享企业所有权和未来收益权的一种制度安排。员工持股计划产生于20世纪中期的美国，它以当时的美国律师路易斯·凯尔索提出的扩大资本所有权思想为基础，主张公司员工在获得个人劳动收入的同时也有权利享有资本收入。我国的员工持股计划是伴随着公司股份制改造发展起来的，经历了内部职工持股和公司职工股等多种形式，并经历了试点启动、规范整治、停止发行以及重新启动等波折过程。

在员工持股计划的管理方面，参加员工持股计划的员工应当通过员工持股计划持有人会议选出代表或设立相应机构，由其负责员工持股计划的日常管理，代表员工持股计划持有人行使股东权利或授权资产管理机构行使股东权利。上市公司可以自行管理本公司的员工持股计划，也可以将本公司员工持股计划委托给具有资产管理资质的机构管理，如信托公司、保险资产管理公司、证券公司和基金管理公司等。上市公司自行管理本公司员工持股计划的，应当明确持股计划的管理方，制定相应的管理规则，切实维护员工持股计划持有人的合法权益，避免产生上市公司其他股东与员工持股计划持有人之间潜在的利益冲突。在符合员工持股计划约定的情况下，员工享有的标的股票权益可由员工自身享有，也可以转让继承。员工通过持股计划获得的股份权益的占有、使用、收益和处分的权利，可以依据员工持股计划的约定来行使。上市公司委托资产管理机构管理本公司员工持股计划的，应当与资产管理机构签订资产管理协议，明确双方的权利和义务，同时应当遵守资产管理业务相关规则。

员工持股计划管理机构应当以员工持股计划的名义开立证券交易账户。员工持股计划管理机构因依法解散、被依法撤销或被依法宣告破产等原因进行清算的，委托财产不属于清算财产。

员工持股计划可以依据属性、股份来源进行分类。依据员工持股计划的属性，其可分为投资型员工持股计划、激励型员工持股计划[①]、奖励

[①] 需要注意的是，为使读者对员工持股计划有清晰的了解，我们对员工持股计划的所有类型都做了介绍，但是具有激励属性的为"激励型员工持股计划"，如无特别说明，后文所指的员工持股计划均为"激励型员工持股计划"。

型员工持股计划;依据员工持股计划股份来源,其可分为定向增发员工持股计划和存量增持员工持股计划。具体分类见表2.12。

表 2.12 员工持股计划的分类

分类	类型	含义
属性角度	投资型员工持股计划	激励对象获取股票的价格为市场公允价格。通俗来讲,员工仅仅是集资购买股票,相比其他投资者并未获得额外的折扣或激励。员工持股计划认购上市公司非公开发行的股票时,根据《上市公司证券发行注册管理办法》,上市公司非公开发行股票,其发行价格不得低于定价基准日前20个交易日公司股票均价的80%,且锁定时间更长,若公司向员工的发行价遵循了上述办法的规定,则可认定为上市公司并未给予员工额外的激励
	激励型员工持股计划	员工兑现受益往往是附带业绩和服务期条件的,员工最终能否兑现受益是不确定的。此类持股计划获取股票的价格往往低于市场公允价格 从内容上来看,此类员工持股计划具有股权激励的属性,在实践中,此类计划被交易所认定其实质为股权激励计划,要求公司实施程序等按照《上市公司股权激励管理办法》①来操作
	奖励型员工持股计划	出于对员工历史贡献的奖励,员工获得股票是没有附带条件的,通常员工无需出资:一类是员工持股计划从上市公司0价格获得或自股东赠与获得;一类是公司提取奖励基金通过二级市场购买股票、大宗交易购买上市公司回购专户股票奖励给员工
股份来源角度	定向增发员工持股计划	通过认购非公开发行股份方式获得标的股票的模式,持股期限不得低于36个月
	存量增持员工持股计划	通过二级市场购买(竞价交易、大宗交易、协议转让)、回购股份、股东赠与等方式获得标的股票,持股期限不得低于12个月

① 《上市公司股权激励管理办法》第一章第二条规定:"上市公司以限制性股票、股票期权实行股权激励的,适用本办法;以法律、行政法规允许的其他方式实行股权激励的,参照本办法有关规定执行。"

二、员工持股计划模式的优缺点与适用性

（一）员工持股计划模式的优点

员工持股计划模式促进了所有权从企业向员工的转移,有效缓解了因缺乏投资主体而导致的监督力度减弱和内部人控制问题。员工持股计划模式丰富了员工的收入构成,有助于激发员工的工作热情,进而提升生产效率。员工出资购买公司部分股权有助于公司资本的积累。这在一定程度上相当于一种筹资策略。

（二）员工持股计划模式的缺点

该模式下,员工在认购股份时需支付现金或承担融资成本,且由于股份不能转让、交易或继承,其激励作用受到限制。在市场波动导致股价下跌时,员工还需承担潜在的收益损失风险。

（三）员工持股计划模式的适用性

这种模式更适合于业务发展较为成熟的公司。

第三章 股权激励的实施

企业是否需要实施股权激励计划与多方面因素有关,决策层首先需要对企业现有状态以及未来发展目标进行充分考量,其次需要对企业各方面资源进行全方位的尽职调查。只有在进行全面尽职调查并结合决策需求后,决策层才能决定是否有必要实施股权激励,以及如何实施股权激励。

尽职调查是实施股权激励的起点,而后是股权激励方案设计。在股权激励流程中,股权激励方案的设计是股权激励的重点和难点。如何设计一个让企业投资者、管理者、劳动者等诸多主体都相对满意的股权激励方案,考量着设计方的智慧和格局。本章主要介绍股权激励实施涉及的两大内容:尽职调查与激励方案设计。

第一节 尽职调查

股权激励从方案设计到具体实施,不仅涉及企业人才计划、发展规划等方面的战略安排,还涉及劳动法、证券法、会计法以及税法等多方面的法律法规,因此,企业的股权激励方案往往由专业机构(如律师事务所、会计师事务所、咨询机构等)协助企业共同完成。

尽职调查是指在设计股权激励方案之前,专业方案设计人员依据勤勉尽责和诚实信用的原则,通过实地考察、网络查询、访谈、问卷等多种方式,对目标公司及其激励对象进行的全面、深入、细致的调研工作。

一、尽职调查的目的

(一) 深入了解企业状况

方案设计人员在掌握公司股权架构等基本信息的基础上,进一步深入探究公司的整体经营状况,包括对公司所处行业的现状和发展趋势进行详细分析,评估公司的战略和商业模式是否具有竞争力,了解公司的产品和市场状况,以及公司的盈利能力和未来发展趋势。通过对这些方面的全面了解,方案设计人员可以更好地评估公司的整体经营状况。

(二) 评估企业合规程度

方案设计人员需要对公司进行全面的合规性评估,包括对公司经营、内部管理、财务管理等方面的合规性进行详细审查,确保股权激励方案的合法性和可行性。合规性评估可以避免公司在实施股权激励方案时出现法律风险,确保方案的顺利实施。

(三) 完善企业内部制度

方案设计人员需要对公司现有的内部制度进行完善,包括对公司的人力资源管理制度、绩效考核制度、薪酬分配制度等进行优化,以确保股权激励方案能够顺利实施。完善内部制度可以提高公司的管理效率,为股权激励方案的实施提供有力支持。

(四) 确定企业激励对象

方案设计人员需要通过尽职调查了解员工的贡献、学历、职称、过往工作经历、劳动合同、工作绩效等信息。这些信息将为确定股权激励对象提供重要依据。通过综合评估员工的各方面表现,方案设计人员可以确保股权激励方案的公平性和合理性,从而激发员工的工作积极性。

(五) 拟定各方沟通方案

方案设计人员需要与潜在激励对象进行充分沟通,包括向他们详细解释股权激励方案的具体内容,如激励工具、激励条件等。通过与员工的沟通,方案设计人员可以了解他们的需求和期望,从而为制定符合员工需求的激励方案提供参考。同时,充分的沟通也有助于提高员工对股权激励方案的认同感和参与度。

二、尽职调查的基本流程

尽职调查的基本流程通常包括以下五个步骤。

第一步,方案设计人员向目标企业发送一份详尽的尽职调查清单,列出需要企业提供和披露的所有相关信息和文件。

第二步,根据收回的尽职调查清单,方案设计人员收集和整理企业提供的资料,并进行公开的信息检索,以确保获取全面的信息。这一步骤可能包括查阅企业的财务报表、法律文件、市场分析报告等。

第三步,方案设计人员根据收集到的资料与企业相关人员(包括管理层、关键员工、供应商和客户等)进行深入的访谈,以获取更多第一手信息和了解企业的真实情况。

第四步,基于收集到的资料和访谈结果,方案设计人员形成一份详细的整改意见,指出企业在运营、财务、法律等方面可能存在的问题,并提出相应的改进建议。

第五步,方案设计人员撰写一份全面的尽职调查报告,总结调查过程中发现的问题和建议,供决策者参考。这份报告将为投资者、合作伙伴或其他利益相关方提供重要的决策依据,帮助他们更好地了解企业的实际情况和潜在风险。

三、尽职调查的内容

(一) 针对实施股权激励目标的尽职调查

针对股权激励目标的尽职调查可以帮助企业经营者明确股权激励计划所追求的具体目标。方案设计人员通过深入的尽职调查,可以全面了解公司近年来的发展轨迹、业务增长态势、市场拓展进展以及所面临的挑战等问题。基于这些信息,方案设计人员可以评估公司是否适合实施股权激励计划,并协助企业明确实施该激励计划的目标。

针对股权激励目标的尽职调查,可按照以下步骤进行操作。

1. 通过公开信息等渠道了解本行业其他企业的股权激励情况

方案设计人员可通过查阅公开的财务报告、行业分析报告、新闻资讯等途径来收集和研究同行业其他公司实施股权激励的案例和数据。这有助于方案设计人员了解行业内的普遍做法和标准,以及股权激励对于企业绩效和员工个人可能产生的影响。

2. 向公司实际控制人及相关人员发送访谈清单

方案设计人员可以准备一份详细的访谈清单,并发送给公司的实际控制人(股东、董事长、CEO等)以及可能与股权激励计划有直接关系的其他相关人员。这份清单通常包含公司目前的股权结构、激励计划的预期效果和激励对象选择标准等内容。

3. 根据访谈清单反馈情况与相关人员进行面谈

在收到相关人员对访谈清单的反馈后,方案设计人员应与相关人员进行面对面的访谈。这种沟通方式可以更深入地了解各方的意见和建议,同时也有助于澄清和深入探讨股权激励计划的相关细节。

4. 分析并确定股权激励的目的

方案设计人员应对收集的信息和访谈的反馈进行深入分析,以明确企业当下是否具备实施股权激励的条件。这些条件包括企业的市场地位、经营规模、盈利状况以及发展空间等。除了实施股权激励的条件,方案设计人员还需要明确企业实施股权激励的主要目的是什么,这些目的包括提高员工的工作积极性、促进公司长期发展、吸引和留住关键人才等。明确这些目的对设计一个有效的股权激励方案至关重要。

(二) 针对股权激励对象的尽职调查

方案设计人员对股权激励对象进行尽职调查的主要目标包括三个方面:首先,通过详细审查和分析全面了解公司当前的人员结构,包括员工的岗位职级、薪酬情况、技能水平、工作经验以及各部门的人员配置等情况;其次,深入探讨公司的未来人员规划方案,评估其人力资源战略的合理性和可行性,并在此基础上提出具有前瞻性的建议,以优化未来的人员结构,确保公司能够适应不断变化的市场需求和业务发展需要;最后,通过综合考虑员工的工作表现、贡献度以及潜在能力,协助公司挑选出最合适的激励对象,从而制定出有效的激励方案。

1. 针对股权激励对象的尽职调查步骤

(1) 方案设计人员应向公司提交一份详尽的尽职调查问卷,以获取公司运营和管理方面的全面信息。

（2）对公司的实际控制人、主要股东以及人力资源主管进行深入访谈，因为他们对公司员工的总体情况了解得最全面、最直接，并且就尽职调查问卷中提出的问题进行详细反馈和讨论。

（3）认真查阅公司提供的相关文件资料，包括但不限于员工名册、职位信息、学历证明以及其他相关证明材料，以确保信息的准确性和完整性。

（4）对问卷调查中发现的任何疑点或不明确的部分进行专项沟通和核实，以准确确定股权激励计划的受益人名单。

2. 方案设计人员应特别关注的内容

1）员工的岗位职级、工作年限、资质职称等基本信息

（1）审查劳务合同、工资表、福利凭证，以确认员工合同状态及职位职级。

（2）检查高级管理人员是否存在签订竞业禁止协议、是否双重任职等情况。

（3）确认监事的独立性，上市公司监事不得作为激励对象，非上市公司也应避免此类情况。

（4）审查董事、监事、高级管理人员及核心人员情况，了解组织架构、员工人数及贡献。

（5）分析股权结构、组织结构、会议记录和合同，确定关联方及关系，包括控制方式、人事股权管理及商业利益关系，以及管理层和核心技术人员是否在关联方任职或受其影响。

2）员工对公司的贡献度

为了全面评估员工对公司主营业务以及公司整体发展的贡献度，方案设计人员首先需要通过深入的访谈来了解公司高层管理人员以及各个主营业务部门负责人的观点和看法。这一步骤至关重要，因为它可以帮助我们从领导层的角度把握公司的发展方向和员工在其中所扮演的角色。接下来，方案设计人员还需要对公司的普通员工进行广泛的访谈，以了解他们对公司发展的贡献以及个人的期望。通过这种方式，方案设计人员可以更好地判断员工内心的期待与公司实际情况之间的差异，从而为制定更符合员工需求的激励方案提供依据。为了确保全面性和有效性，访谈需要涵盖公司内部的各个层级和部门，听取来自不同背景和岗位的员工意见。这样可以确保股权激励方案能够得到广泛的认同和支持，

3）员工持股的身份限制

在深入探讨股权激励对象的尽职调查时，员工持股的身份限制是一个不可忽视的重要方面。这既关乎股权激励计划的合法合规性，也直接影响计划的实施效果及公司的长远发展。为此，方案设计人员需明确法律法规对于员工持股身份的具体规定。不同国家和地区的法律框架存在差异，但通常都会对员工持股设置一定的门槛和限制。例如，在某些国家或地区，公务员、政府机构工作人员等特定身份的人员可能不被允许直接持有企业股份或参与股权激励计划。

此外，上市公司还需遵循证券市场的相关规定。方案设计人员在尽职调查过程中应重点关注核查每一位潜在激励对象的身份信息，包括其职业背景、职务职责以及是否存在法律禁止持股（如监事）或代持股的情形等。对于不符合法律法规要求的人员，公司应及时将其从激励对象名单中剔除，以避免潜在的法律风险。

有限责任公司和非上市公司可能会面临股权激励对象范围扩大的问题，如那些不在劳动合同范围内的人员。在这些情况下，企业在设计方案时必须谨慎处理股东资格的问题。相关法律法规以及规范性文件往往会对某些人员的股东资格设定限制，具体见表3.1。

表 3.1 股东资格限制

受限人员类型	具体人员
明确不可以作为激励对象的人员	1. 独立董事 2. 监事 3. 具有《公司法》规定的不得担任公司董事、高级管理人员的情形
股东资格受限	1. 公务员（包括在职、离职或退休人员） 2. 事业单位人员（涵盖公共事务管理单位的职员，隶属于机关编制序列的事业单位的干部及其配偶、子女，以及事业单位中相当于县级以上职位的党员领导干部） 3. 现役军人 4. 领导干部（包括乡级及以上党政机关在职干部、已退/离休的干部、领导干部的子女及配偶） 5. 国有企业相关人员（包括党员、领导人员、领导的配偶及子女）

注：非上市公司的监事不能是股东，但其可以作为股权激励对象。

在深入理解上述内容后,方案设计人员可以对股权激励的目标群体作出评估:激励的目标群体应当与激励的目的相匹配,并且要考虑到公司创始股东的意愿,重要的是要明确股权激励的对象应当是特定的职位或岗位,而非个人本身。一些公司可能会考虑将其供应链上下游的合作伙伴纳入股权激励计划,在这种情况下,方案设计人员除了要对公司的内部情况进行充分了解,还需要对公司的合作伙伴及其业务状况进行详尽的调查和分析。

(三)针对股权激励工具的尽职调查

首先,在进行股权激励方案设计时,设计人员必须考虑公司所处的行业背景和发展战略。其次,方案设计人员在选择激励工具时,了解公司实际控制人对股权激励方案的偏好也是至关重要的,同时还需要深入分析公司的财务状况和未来的发展蓝图。

针对股权激励工具的尽职调查,设计人员可参考以下内容进行操作。

1. 公司发展阶段分析

方案设计人员对公司发展阶段进行详尽调查的目的是掌握公司在当前阶段最迫切的需求,进而选择最适合的股权激励工具。这需要方案设计人员根据相关信息进行综合分析,以判断公司是处于初创期、成长期、稳定期还是衰退期。

2. 财务状况分析

方案设计人员对企业财务状况的分析并不需要全面细致地展开,只需关注以下几个方面。

(1)盈利能力评估:分析公司的利润表,关注净利润、毛利率、净利率等关键指标,评估公司的盈利能力和盈利质量。这有助于方案设计人员判断公司是否有足够的财力支撑股权激励计划的实施,并预测未来可能用于激励的资金规模。

(2)现金流状况评估:检查公司的现金流量表,了解经营性现金流、投资性现金流和筹资性现金流的变动情况。这有助于确保公司在实施股权激励计划时不会因资金短缺而影响日常运营或投资项目的推进。

(3)财务稳健性评估:评估公司的资产负债率、流动比率、速动比率等财务指标,以判断公司的财务稳健性和偿债能力。这有助于方案设计人员确定股权激励计划的实施是否会对公司的财务安全构成威胁。

3. 未来发展规划分析

方案设计人员在对企业未来发展规划进行分析时,需要考虑市场地位与竞争、扩张计划与资源、风险管理与应对措施等因素。

(1) 市场定位与竞争:研究公司所处的市场环境、竞争格局以及行业发展趋势,明确公司在市场中的定位和未来发展方向。这有助于方案设计人员设计出符合公司战略目标的股权激励工具,使激励措施与公司的长远规划相契合。

(2) 扩张计划与资源:根据公司的业务发展需求,分析公司的业务增长潜力、扩张计划与资源,包括新产品研发、市场拓展、产能提升等方面。这有助于方案设计人员设计出能够促进业务增长和市场份额扩大的股权激励方案。

(3) 风险管理与应对措施:识别公司在发展过程中可能面临的市场风险、经营风险、财务风险等,并制定相应的应对措施。在设计股权激励计划时,方案设计人员需要考虑如何将这些风险因素纳入考量范围,以确保激励措施能够在风险可控的前提下实施。

(四) 针对股权激励数量的尽职调查

股权激励的数量涉及公司计划用于激励的股份总额,涵盖总体和个体两个维度。在确定总体数量时,股东的意愿起着决定性作用;而在确定个体数量时,除了股东的意愿,方案设计人员还需考虑企业实际状况下的公平性。为了激发公司内部的健康竞争并达到激励效果,股权激励方案必须设定合理的标准来区分不同岗位和员工的激励额度,确保员工不会感受到不公正对待,以免削弱股权激励的成效。

在确定股权激励的具体数量时,方案设计人员应重点考虑企业的股权架构、注册资本、出资状况以及员工的岗位和收入情况。通过全面的尽职调查,方案设计人员可以准确把握股东适宜释放的激励份额以及激励对象应有的持股数量。

股权激励数量的尽职调查可以参考以下步骤进行。

1. 资料收集

这是尽职调查的第一步,方案设计人员需要搜集与公司股权结构相关的详细信息,包括了解公司的注册资本(公司成立时的资本总额)、股权结构(各个股东所持有的股份比例和股权分布情况)以及股东出资情况(股东实际缴纳资本的情况)。这些信息对评估股权激励的数量和比例至关重要。

2. 与创始股东沟通

方案设计人员在收集了基本的公司资料后,下一步是直接与公司的创始股东或重要股东进行沟通,目的是了解他们对实施股权激励计划的意愿,特别是他们愿意用于激励的股权总量以及如何在员工或其他激励对象之间分配这些股权。这一步骤对于确保股权激励计划能够得到股东的支持并符合他们的期望至关重要。

(五)针对股权激励中股权来源的尽职调查

用于股权激励的股权来源包括股权转让和增资。方案设计人员一般通过尽职调查来了解哪种形式更加适合公司的实际情况,以确定股权激励的实际来源和通过不同来源进行股权激励的操作方法。方案设计人员在确定股权激励来源时应主要关注企业股权结构和股东意愿。在进行股权激励来源的尽职调查时,方案设计人员需要遵循一系列详细的步骤来确保整个过程的严谨性和合规性。

1. 了解股东意愿

这一步骤至关重要,因为股东的意愿将直接影响股权激励计划的实施和效果。在访谈过程中,方案设计人员应详细询问股东对于股权激励的看法、期望以及可能的担忧,以便更好地制定和调整股权激励方案。

2. 明确股权来源的方式

在股权变更过程中,股权来源通常有两种主要的方式:股权转让和增资。如果企业选择通过增资的方式进行股权变更,需要特别注意股权激励时的同比例稀释问题。在这种情况下,方案设计人员需要与企业的实际控制人及投资人进行充分的沟通,确认他们是否同意在股权激励过程中采用同比例稀释的方式。如果存在任何反同比例稀释的约定,企业必须在实施股权激励计划之前解决这些问题,以避免未来的法律纠纷。例如,一些已经完成融资的高科技公司与投资者签订的投资协议中通常包含反稀释条款。在这种情况下,企业若要实施股权激励,必须得到投资者的同意,并通过股权转让的方式进行。此外,方案设计人员还需全面考量公司的股权结构、控制权归属等关键因素,以确定股权的具体来源。

3. 考虑优先购买权

在制订股权激励计划之前,企业必须对股东的优先购买权进行风险控制。根据《公司法》的规定,在股权转让或增资时,其他股东在同等条件下享有优先购买权。为了避免潜在的股东纠纷,方案设计人员在设计股权激励计划时,应确保企业通过股东会决议让原有股东放弃其优先购买权或同比例增资的权利,并将此决议纳入股权激励计划中。

(六)针对股权激励中股权价格的尽职调查

方案设计人员在全面分析公司财务数据和经营状况的基础上,通过访谈深入了解与股权定价相关的信息,为方案设计阶段确定股权价格提供坚实依据。在确定股权价格时,方案设计人员需审查公司的注册资本、财务报表中的净资产值、上一年度经过审计的净资产值、最近一期经过评估的净资产值以及最近一次对外融资的估值等关键财务指标,并参照市场上采用类似股权激励工具的同行业企业所确定的股权价格。

1. 与员工进行访谈

方案设计人员通过与员工进行访谈,探究其对价格的接受程度及预期,同时评估激励对象的资产状况,以明确其购买力及可承受的股权价格。在访谈过程中,方案设计人员应重点考察持股员工的意愿,优先考虑高层员工的意愿,以了解其愿意支付的股权购买成本。

2. 分析公司的财务状况

方案设计人员应搜集与股权价格相关的资料,通过分析公司历史财务数据及市场估值确定股权授予价格的合理区间。此步骤涉及对公司财务报表的深入分析,包括资产负债表、利润表、现金流量表、评估报告、审计报告、融资报告等。方案设计人员通过对比公司历史财务数据与市场估值评估公司的盈利能力、成长性及行业地位等因素,为股权授予价格提供合理的参考范围。

3. 参考同行业其他公司的股权授予价格

方案设计人员在确定股权授予价格时可以参考同行业其他公司的股权授予价格,通过分析其他公司实施股权激励时所采用的价格,为公司确定股权授予价格提供市场基准。

4. 确定最终的股权授予价格

方案设计人员在收集所有相关信息和数据后,与公司管理层及财务顾问进行深入讨论,综合考虑公司的经营状况、财务状况、市场环境及员工接受程度等因素,最终确定一个既符合公司利益又能有效激励员工的股权授予价格。

(七) 针对股权激励期限的尽职调查

股权激励计划的实施需要明确几个关键时间点。尽管各种激励方案在时间安排上有所区别,但它们共有的一个时间要素是股权激励计划的整体持续期限。

方案设计人员需要对公司的实际控制人、财务负责人以及人力资源负责人进行访谈,了解公司的业务回款周期、员工流动性以及战略目标实现的时间规划等关键信息。业务回款周期因行业特性而存在差异,重资产企业的回款周期往往较长,而轻资产企业的回款周期则相对短暂。若企业需经历较长的业务回款周期方能实现盈利,则股权激励的期限不宜设置过短。因为若员工在股权激励的行权期结束前未能见证公司盈利或经营状况显著改善,股权激励的效用将难以发挥。因此,股权激励的行权期应与业务回款周期相匹配。

(八) 针对股权激励载体的尽职调查

方案设计人员在开展股权激励载体的尽职调查时,需要明确公司的治理结构和股权架构,掌握公司股东对控制权的需求、税务规划的需求、激励对象的数量及其重要性等关键信息。只有充分了解这些关键信息,方案设计人员才能设计出最符合公司需求的股权激励方案,确保在不使公司控制权过度分散的同时合理减轻税负。

针对股权激励载体的尽职调查,方案设计人员要完成的主要工作包括与公司实际控制人进行深入访谈,并阐释不同股权激励载体之间的差异。

1. 对控制权的考虑

在不同股权激励载体中,控制权的分配亦存在差异。若以有限合伙企业为持股平台,控制权将集中于普通合伙人;若以有限责任公司为持股平台,股东将依据其持股比例享有表决权、分红权等权利。在以有限责任公司为持股平台的情形下,股东若需集中控制权,则必须通过额外的约定(如一致行动人)或授权董事会集中行使股东权利。因此,方案设计人员需要重点关注潜在激励对象的数量规模,并根据不同持股载体的控制权分配特性核查对应的法律文件。例如,以有限合伙企业为持股平台时需审查合伙协议中普通合伙人的权限条款,以有限责任公司为持股平台时需核验股东协议中关于一致行动人或董事会授权的约定,同时还需结合营业执照登记信息、劳动合同中的服务期限及竞业限制条款评估激励对象身份与持股方式控制权结构的适配性。

2. 对税收筹划的考虑

依据税收法律规定,作为持股平台,有限责任公司在有所得时需先缴纳企业所得税,后续将税后利润分配给个人股东时还需缴纳个人所得税,而有限合伙企业的个人合伙人则需缴纳个人所得税。公司制企业的股权激励费用符合条件的可以在企业所得税前扣除,而在有限合伙企业中,激励对象不是合伙企业的员工,与合伙企业之间不存在受雇或聘用关系,因此有限合伙企业的股权激励费用不能在企业所得税前扣除。这些规定往往会给实施股权激励的企业及股权激励对象在企业所得税和个人所得税等税负上带来较大的差异。在进行尽职调查时,方案设计人员了解公司股东的意愿对于税务规划至关重要。企业通常拥有自身的税务规划需求,期望实现控制权的集中化以及相对较低的税负。因此,方案设计人员要考虑不同企业需求,选择合适的股权激励载体。

3. 对人员数量的考虑

在实施股权激励计划时,方案设计人员需要深入了解并掌握参与该计划的人员规模及人员特点,因为不同的参与规模和人员特点将直接影响激励工具的选择和实施效果。具体来说,如果参与股权激励计划的人员数量众多,涉及广泛的员工群体,那么金融产品作为激励工具将更为合适。例如,股票期权、限制性股票等金融产品能够有效地将员工的利益与公司的长期发展紧密绑定,激发员工的工作积极性和创造力。相反,如果参与股权激励计划的人员较少,特别是对于关键岗位的核心员工,"有限合伙持股平台"的形式可能更为适宜。在这种情况下,"有限合伙持股平台"形式能够更好地集中控制权,将公司的管理权集中在普通合伙人手中。普通合伙人通常由公司的实控人、高层管理人员或关键员工担任,他们对公司的经营和发展具有重要影响。通过"有限合伙持股平台"形式,普通合伙人可以更加灵活地进行决策,提高公司的运营效率,同时也能更好地保护公司的利益。

(九) 针对股权激励方案的尽职调查

股权激励方案涵盖了行权时间、行权条件以及绩效考核等多个方面。因此在设计股权激励方案时,方案设计人员需深入调查企业是否建立了完善的绩效考核体系、薪酬体系以及奖金体系等,这些体系与员工的收入和福利紧密相关。若企业已具备绩效考核体系,方案设计人员应依据该体系设计股权激励方案;若公司尚未建立绩效考核体系,则企业需优先建立此体系,确保在激励方案实施前完成此项工作。

四、尽职调查的方式

(一) 书面尽职调查

1. 制作尽调清单

方案设计人员在向企业发送尽职调查清单时,需要确保其内容清晰、明确,以便企业能够准确理解所需提供的信息。这份清单应尽量全面覆盖股权激励方案设计过程中所需要的所有基础信息,确保没有任何遗漏。此外,对于那些特别重要的信息,方案设计人员需要在清单中进行特别提示和详细说明,以便企业能够重点关注并提供准确的信息。这样的做法不仅有助于提高尽职调查的效率,还能确保收集到的信息具有较高的准确性和完整性。

2. 资料的整理与审查

对上一步骤收集的尽职调查资料进行整理和分类是至关重要的,这一步骤需要调查团队具备高度的组织能力和细致的分析能力。首先,方案设计人员需要将收集到的资料按照不同的主题进行分类,例如财务信息、法律文件、市场分析报告等。其次,方案设计人员需要对每一份资料进行详细审阅,标记出关键信息和可能存在的问题,并对重要的数据和信息使用表格或数据库进行整理,以便进行后续的分析和比较。

在整理资料的过程中,方案设计人员还应关注信息的一致性和完整性。如果发现资料之间存在矛盾或资料缺失,应及时与企业沟通,要求提供补充材料或情况说明。此外,对于公开可查的信息,如行业报告、市场数据等,方案设计人员应进行交叉验证,确保所用信息的准确性和可靠性。

3. 信息记录

方案设计人员在进行尽职调查时,对书面材料的仔细阅读、电子数据的详尽检索以及对关键人员的深入访谈是至关重要的步骤。为了确保这些工作的成果能够被充分利用,方案设计人员必须对这些活动进行恰当的记录和持续的更新,且更新记录应当遵循一定的频率,以保证信息的时效性和准确性。具体来说,每天至少进行一次更新是一个合适的频率,这样可以确保信息的快速流动和及时反馈。

此外,这些更新记录不应仅仅停留在个人层面,而应当在团队内部进行广泛的分享与交流。通过定期的会议、报告或在线协作平台,方案设计人员可以及时了解最新的进展情况。这种信息共享机制有助于增强团队成员之间的沟通与协作,确保每个人都能在第一时间获取关键信息,从而作出更为明智的决策,及时调整工作策略。

(二)访谈

访谈是约定时间谈话或洽谈的简称,即在约定时间和地点后就特定事项进行商谈。访谈作为一种尽职调查的方式,具有极高的主观性和灵活性。它与书面资料相辅相成,互为补充,共同构成了全面的信息来源。访谈能够提供书面资料无法涵盖的细节和背景信息,帮助方案设计人员深入了解问题的复杂性和多维度。通过与被访谈者的直接交流,方案设计人员可以捕捉到他们的语气、表情和肢体语言,这些非言语信息往往能够揭示更深层次的含义。此外,方案设计人员在访谈时还可以根据实际情况灵活调整问题,从而获得更全面和深入的信息。尽管访谈的过程可能较为烦琐且耗时,但其价值在于能够为方案设计人员提供一种独特的视角和理解。通过访谈,方案设计人员可以更好地理解被访谈者的观点和感受,从而形成更为全面和客观的判断。访谈的灵活性使其能够针对特定问题进行深入探讨,而书面资料则提供了更为系统和结构化的信息。

在实际操作中,方案设计人员在访谈前通常需要制定详细的议题和目标,以确保访谈的高效性和有效性。根据不同的需求和目标,访谈对象会被分成不同的组别,以便更有针对性地收集信息。

1. 与高级管理人员的访谈

方案设计人员在进行与公司高层管理人员的访谈时,应当将重点放在公司的战略规划、未来发展的目标设定、预期的成就以及市场定位等宏观议题上。通过这些问题,方案设计人员可以深入了解高级管理人员对公司未来发展前景的信心和期望。此外,如果这些管理人员拥有在实施股权激励的公司工作的经验,或者对同行业其他公司实施股权激励的情况有深入的了解和研究,那么方案设计人员应当主动与他们进行更深入的交流和探讨。通过这种方式,方案设计人员可以探询和了解他们对于股权激励机制的看法、态度,以及他们认为股权激励在公司发展中的作用和影响。

2. 与中层管理人员的访谈

中层管理骨干通常属于执行型人才,他们对激励措施的即时效果更为敏感,并且通常具有较低的风险承受能力。与高级管理层不同,他们往往更倾向于确保实际收益,并且更加关注自己在公司中的职业发展空间和晋升路径。方案设计人员在与中层管理骨干进行沟通时,应当重点了解组织架构的设置、所在部门的具体情况、部门及个人对公司所作的贡献、个人职业晋升通道以及薪酬待遇等实际问题。

3. 与关键岗位人员的沟通

关键岗位并不一定是指高级职位或高薪酬的工作,而是指那些在企业当前发展阶段对企业发展具有重要影响的岗位。这些岗位上的人员能够产生企业核心价值,或者掌握企业最为核心的技术,如创意型程序开发人员。方案设计人员进行访谈或沟通时,需要与这些关键岗位上的员工就公司的主营业务和他们所掌握的技术、资源进行深入的沟通,了解技术与资源之间的关联性,以及这些技术和资源的稳定性、发展潜力和盈利能力。同时,企业还需要调查同行业其他公司是否拥有相似的技术或资源,以便评估自己在行业中的竞争地位。

(三) 公开信息检索

1. 基本信息检索

目前,社会公众能够在国家工商行政管理总局的"国家企业信用信息公示系统"中查询到企业的基本信息,包括企业全称、统一社会信用代码、法定代表人、注册资本、成立日期、股东构成以及变更记录等。

2. 企业涉诉信息检索

方案设计人员可以通过以下平台查询企业涉及诉讼的相关信息,以确保全面了解企业的状况。

最高人民法院官方网站——中国裁判文书网提供了大量的司法文书,包括判决书、裁定书等,用户可以通过关键词搜索查询到企业作为当事人的相关诉讼案件信息。各省级高级人民法院的官方网站也提供了本地区法院的裁判文书和相关信息,这些网站通常会涵盖本省范围内的诉讼案件,便于用户进行地域性的查询。

最高人民法院推出的全国法院被执行人信息查询系统和全国法院失信被执行人名单信息查询系统也是重要的查询途径,前者可以查询到企业是否被列为被执行人,后者则可以查询到企业是否被列入失信被执行人名单。这对于评估企业的信用状况具有重要意义。

中国法院网的"公告查询"功能也是一个便捷的查询途径,用户可以通过该功能查询到法院发布的各类公告,包括企业涉及的诉讼案件公告等。

人民法院诉讼资产网也是一个重要的查询平台,该网站提供了法院诉讼资产的查询服务,用户可以通过该平台查询到企业涉及的诉讼资产情况,包括资产查封、扣押、冻结等信息。通过以上这些平台的综合查询,方案设计人员可以全面了解企业涉及诉讼的相关信息。

3. 企业财产信息检索

通过访问由国土资源部负责运营的官方网站——中国土地市场网,方案设计人员可以方便地查询到企业所拥有的土地资源和相关信息。

通过国家知识产权局提供的"专利检索与查询"服务,方案设计人员也可以对企业所持有的专利情况进行详细的检索和了解。

通过国家工商总局商标局管理的"中国商标网"平台,方案设计人员可以查询企业的商标信息。

这些官方平台为方案设计人员获取企业相关的财产信息提供了便捷的途径,从而确保企业信息的透明度和可靠性。

4. 企业投融资信息检索

通过访问中国人民银行征信中心,方案设计人员可以查询应收账款质押及转让登记的详细信息,其中包括质权人的名称、到期日、担保金额和相关期限,以及租赁登记、所有权保留登记、保证金质押登记、存货/仓单登记、农业设施登记、林木所有权抵押登记等信息。

企业的融资信息可通过访问中国货币网、部分地方股权交易中心网站或产权交易中心网站获得。

五、尽职调查的成果

股权激励尽职调查的最终成果是一份详尽、全面且具有参考价值的尽职调查报告。它不仅总结了前期收集的所有信息,包括与高级管理人员、中层管理人员及关键岗位人员的访谈记录,还深入分析了公开信息检索所得的数据和资料,从而为公司是否实施股权激励计划以及如何设计该计划提供了坚实的决策依据。尽职调查报告的内容分为以下几个部分。

1. 引言

引言部分简要介绍尽职调查的目的、背景、范围和方法,概述整个调查过程的关键节点和重要发现。它旨在为读者提供一个清晰的框架,以便更好地理解后续内容。

2. 公司概况

公司概况部分详细阐述公司的基本信息、发展历程、主营业务、市场地位、竞争优势及面临的挑战,为后续分析奠定基础。这部分内容将帮助读者全面了解公司的整体情况,从而更好地评估股权激励计划的适用性和潜在影响。

3. 管理层及员工分析

该部分内容主要是方案设计人员基于访谈内容深入分析公司管理层的战略眼光、执行能力、对股权激励的认知与态度,同时评估中层管理人员的激励需求、职业发展规划及对公司的认可度,并对关键岗位人员进行详细剖析,明确其在公司核心价值创造中的作用及其激励需求。这一部分将揭示公司内部人员对股权激励的真实看法和需求,为设计合理的激励方案提供重要依据。

4. 法律与财务风险评估

该部分内容主要是方案设计人员通过汇总企业涉诉信息评估潜在的法律风险,同时结合企业财产信息,如土地使用权、专利权、商标权等,分析公司的资产状况及潜在增值空间,并对投融资信息进行梳理,评估公司的融资能力及资金流动性。这一部分内容将帮助公司识别和防范实施股权激励过程中可能遇到的法律和财务风险。

5. 股权激励方案设计建议

基于上述分析,方案设计人员提出针对性的股权激励方案设计建议,包括激励对象的选择、激励工具的确定、授予条件、授予价格、解锁/行权安排和绩效考核标准等核心要素。同时,方案设计人员需要阐述税收、会计处理等合规性问题,确保方案的可操作性和合法性。这一部分内容将为公司提供一个具体、可行的股权激励方案,以满足公司的战略目标和员工需求。

6. 风险评估与应对措施

该部分内容主要阐述方案设计人员识别出的股权激励实施过程中可能遇到的风险,如人才流失、业绩波动和市场反应等,并提出相应的预防和应对措施。这一部分内容将帮助公司提前做好准备,以应对实施股权激励过程中可能出现的各种挑战。

7. 报告结论

报告结论部分是总结尽职调查的主要发现,明确公司实施股权激励计划的可行性与必要性,提出是否推荐实施股权激励计划的明确结论,同时指出未来需要关注的重点领域和持续改进的方向。这一部分内容将为公司决策层提供一个明确的行动指南,帮助他们作出明智的决策。

8. 附件与附录

尽职调查报告最后需要附上访谈记录、公开信息检索截图、数据分析报告等补充材料,以便读者更深入地了解尽职调查的过程和依据。这些附件和附录将为报告提供有力的支持,增强其可信度和说服力。

股权激励尽职调查报告完成后,方案设计人员应提交给公司决策层审阅,并根据其反馈进行必要的修订和完善。同时,该报告可作为股权激励计划实施过程中的重要参考文件,指导相关工作的顺利开展。在实施过程中,企业应定期回顾和评估股权激励的效果,及时调整和优化激励方案,确保其与公司战略目标和员工需求保持高度一致。

第二节 股权激励方案的设计

经过全方位的尽职调查后,企业对是否实施股权激励以及如何实施股权激励已经有了基本认识。对于需要实施股权激励的企业,接下来的重头戏就是股权激励方案的设计,而股权激励方案设计的重点则是确定股权激励方案的要素。

股权激励方案的要素是指构成股权激励方案不可缺少的必要因素。实务中,不同的股权激励方案涉及的要素不同。作为一个相对完美的股权激励方案,以下几个要素是不可缺少的,即激励目标、激励对象、激励工具、激励数量、激励来源、激励价格、激励周期、激励载体以及激励规则。

一、激励目标

确立股权激励目标是构建股权激励计划的起点。若缺乏明确的目标,股权激励的实施便失去了基础。通过设定目标,方案设计人员能够明确公司实施股权激励的核心需求,并以此作为核心理念,进而开展后续的各项讨论,界定相关范围,并提出专业建议,最终形成完整的股权激励方案。在确定目标阶段,方案设计人员通常会采取各种方法,如访谈、问卷调查、市场分析等,来收集更多的信息,了解企业的情况,帮助企业将其明确的显性目的进行细致的整理和分类,确保每一个目标都清晰明确,便于理解和执行。通过对显性目的的整理,方案设计人员可以更好地理解企业高管的初步意图和期望,从而为下一步的深入分析提供一个坚实的基础。

(一) 实现公司战略目标,满足战略管理需求

设计一个有效的股权激励计划需要遵循一个关键原则,即激励计划应与公司的战略目标相一致,确保员工的努力方向与公司的发展方向一致。一旦企业战略目标确立,它们将被逐层分解,具体落实到最前线的业务部门和员工身上。为了确保企业战略的有效执行,一方面,各级组织机构和员工需要协同合作与积极努力;另一方面,企业需通过整体生产经营计划、各类专业计划、预算以及具体的作业计划等手段来具体实施这些战略目标。通过实施股权激励计划,企业将员工收入与企业战略目标绑定,员工在追求个人利益最大化的同时也会推动公司战略目标的实现。在实操中,方案设计人员应根据公司的实际情况和市场环境设定既具有挑战性又切实可行的经营目标。这些目标将成为股权激励计划中的重要考核依据,引导员工朝着正确的方向努力。

> **【例 3.1】** 上海剑桥科技股份有限公司 2024 年股票期权激励计划

2024 年 8 月 9 日,上海剑桥科技股份有限公司发布《上海剑桥科技股份有限公司 2024 年股票期权激励计划》,并对制订股权激励计划的目的作出如下声明。

为进一步完善公司法人治理结构,建立、健全公司长效激励约束机制,吸引和留住公司(含子公司)董事、高级管理人员、核心管理及技术(业务)人员,充分调动其积极性和创造性,有效提升核心团队凝聚力和企业核心竞争力,有效地将股东、公司和核心团队三方利益结合在一起,使各方共同关注公司的长远发展,确保公司发展战略和经营目标的实现,在充分保障股东利益的前提下,按照激励与约束对等的原则,根据《公司法》《证券法》《上市公司股权激励管理办法》等有关法律法规、规范性文件以及公司章程的规定,公司特制订本激励计划。

(二) 吸引、激励和留住人才

企业的发展不仅依赖资本的投入,同样需要智力资源的集中。股权

激励是实现智力资源集中的核心机制,其基础在于对人力资本价值贡献的肯定,也是智力资源集中的根本出发点。在对员工实施激励时,企业必须确保将企业利益与当前管理层及核心员工的利益进行绑定,同时,亦需预留一定比例的股权,以吸引外部人才,为企业的市场拓展、新产品开发等战略目标储备所需人才。此外,股权激励方案应充分考虑历史贡献,对于那些曾为企业作出重大贡献的资深员工,鉴于其年龄或能力限制可能无法继续与企业同步发展,此时应通过股权激励进行妥善安置,优先考虑赋予其分红权,以促使其平稳过渡,确保企业的稳定发展。

(三)解决现金流问题,丰富融资渠道

许多初创企业常常面临现金流紧张的挑战,这既关系到企业发展的资金需求,也与维持员工的团结和团队的稳定息息相关。在这样的背景下,企业可以考虑实施股权激励计划。该计划通过将薪酬与股权分红相结合有效降低短期内员工的工资支出。实施这种股权激励方案的前提是企业经营状况良好,因为只有企业发展良好,员工才能够获得相应的分红回报,而股东才能降低创业成本。此外,股权激励是公司融资的关键途径之一。除了那些无须激励对象承担成本的特殊情况,股权激励通常被视为公司融资的一种手段。通过这种方式,激励对象能够购买公司股份,并享有公司未来增值所带来的溢价收益。相应地,公司则通过激励对象购买股份的资金来减轻财务压力,并确保充足的现金流。

【例3.2】 华为员工持股计划

在1990年,华为正处于创业初期阶段,当时为了应对资金压力,华为采取了一种创新的融资方式,即内部融资并结合员工持股计划。这一计划的核心内容是华为向其员工提供了一种机会,让他们能够以每股10元的价格购买公司的股份。此外,公司还承诺将税后利润的15%作为分红发放给持股员工。这一策略不仅解决了华为当时面临的资金短缺问题,还为员工提供了一种额外的收入来源。

在那个时期,华为正经历着快速的内部组织扩张和外部市场的拓展,这使得公司对资金的需求变得尤为迫切。然而,由于当时民营企业普遍面临融资难题,华为不得不寻找其他途径来筹集所需的资金。在这种背

景下,华为选择将内部融资作为主要的融资方式。华为的薪酬体系包括工资、奖金以及股权分红三部分,这三者的比例几乎保持一致。员工在加入公司满 1 年后,根据其职位、季度绩效评估结果以及任职资格等标准,可以获得相应的股权。通常情况下,员工会使用他们年度的奖金来购买这些股权。对于那些新加入的员工,如果他们的年度奖金不足以购买分配给他们的股权,华为会协助员工获得银行贷款,以确保他们能够购买到相应的股权。

这种内部融资方式的优势在于不需要支付任何利息,从而大大降低了公司的财务风险。同时,由于不需要向外部股东支付高额的回报率,公司能够将更多的利润用于内部发展和员工福利。此外,这种制度还能够有效地激发员工的工作积极性,因为员工们知道他们的努力不仅能够通过工资和奖金体现,还能够通过分红的形式获得额外的回报,从而与公司的长期发展紧密相连。

(四) 绑定外部资源控制者

通过向掌握关键资源的外部人士分配部分股权,公司能够实现利益的紧密绑定。这类外部资源控制者往往包括公司的下游客户、产业链中的合作伙伴以及具有市场主导地位的供应商等。一旦成为股东,他们将从商业伙伴转变为利益共同体。随着共同目标的确立,企业与外部资源控制者之间的沟通将变得更加顺畅,合作关系也将得到加强和巩固。然而,企业在将外部资源控制者纳入股权激励计划时,必须以双方的合作关系为基础和前提。同时,激励计划应明确规定,一旦合作关系终止,相关主体也将失去其持股地位。这种做法有助于预防合作结束后可能出现的股东目标不一致所引发的纠纷。

【例 3.3】 泸州老窖股权激励计划

泸州老窖股份有限公司(简称泸州老窖)在 2006 年实施了一项股权激励计划,该计划的核心是向特定投资者非公开定向增发股票,其中大部分投资者为经销商。具体来说,泸州老窖向 10 名特定投资者非公开定向增发 3 000 万股公司股票,其中 8 家为经销商,授予价格为 12.22 元/股,锁定期为 12 个月。这种股权激励方式直接绑定了经销商与公司的利益,最大限度地调动了经销商的积极性。

此外,泸州老窖在后续还进一步拓展了股权激励的对象,将合伙对象拓展到销售人员和更多经销商。他们共同出资建立了泸州老窖营销咨询管理有限公司(简称柒泉营销公司),各经销商根据其入股前1年泸州老窖主打产品的销售额确定股权比例,并预留一定股权给新进经销商。这就是有名的"柒泉模式",其中"柒泉"寓意着7个省市销售区像7股泉水一样汇聚在一起。泸州老窖通过这种方式将终端销售"外包"给柒泉营销公司,并通过制度、合约、利益等对其进行约束,从而更加紧密地绑定了经销商这一外部资源控制者。

泸州老窖的股权激励计划不仅增强了公司与经销商之间的合作关系,还显著提升了公司的销售业绩和市场竞争力。这种通过股权激励绑定外部资源控制者的做法为其他企业提供了有益的借鉴和启示。

二、激励对象

在确立了股权激励的核心目标之后,企业会根据这一核心目标精心挑选出最适合纳入股权激励计划的人员,即确定激励对象。在确定激励对象的过程中,企业不仅要考虑当前计划的直接激励对象,还应该将未来规划中的潜在激励对象纳入考量。根据股权激励的定义,激励对象主要是指企业的员工,他们可以是全体员工,也可以是特定的员工群体。通常情况下,股权激励的对象包括公司的董事、高级管理人员以及核心员工,但普通员工同样可以成为激励对象。原则上,授予非企业内部员工的股权并不属于股权激励的范畴,这一点需要明确。但是在实际操作过程中,在符合监管的前提下,有些企业的激励对象范围已经扩展到掌握关键资源的外部人士。

(一)确定激励对象的基本原则

企业在实施股权激励的过程中必须遵循一些核心的基本原则,以确保整个过程的合理性和有效性。其中,最为关键的原则包括公平、公开和公正。公平原则要求在股权激励的实施过程中,每一位员工都应当得到平等的对待。这意味着企业在确定激励对象时必须确保每个人都有平等的机会获得股权激励,不能因为个人关系、地位或其他主观因素而有所偏颇。只有这样,才能保证激励措施的公平性,让员工感受到企业对他们的尊重和信任。公开原则强调整个股权激励的流程和结果都应当透明化。在实施股权激励之前,企业需要制定一套明确的激励对象确定原则,并将这些原则公之于众,让所有员工都能够了解和掌握。同时,对于最终确定的激励对象名单,企业也应当进行公示,接受全体员工的监督。这样的公开透明机制可以有效避免暗箱操作和不正当的利益输送,增强员工对股权激励制度的信任。公正原则要求在股权激励的实施过程中,企业必须以客观事实和数据为依据,避免主观情绪的干扰。这意味着在确定激励对象时,企业应当依据员工的工作表现、贡献度、能力水平等客观指标进行评估和选择。只有这样,才能确保激励措施的公正性,让真正有能力和贡献的员工得到应有的回报,从而激发他们的工作热情和创造力。

(二) 确定激励对象的主要考虑因素

在确定激励对象时,企业通常可以先把员工分成三类:核心层员工、骨干层员工和操作层员工。其中,核心层员工是企业的中坚力量,与企业共同发展、共同成长,必须具备奉献精神。骨干层员工是企业的关键人物,他们通常是股权激励的主要对象。操作层员工是企业的基础力量,可替代性较高,一般不宜作为股权激励的主要对象。

方案设计人员在做完分类工作后,结合上一步骤确定的激励目的,划定激励对象的具体范围。在划定具体范围时,方案设计人员需要考虑以下几项因素。

1. 工作年限

企业在确定激励对象时,工作年限是主要参考因素,如员工必须为企业服务满 3 年或 5 年。满足条件者,若非特殊情况,可成为激励对象。董事会可特批有特殊贡献者破格入围。

2. 组织架构

在划定激励对象范围时,部门类别是核心依据之一,方案设计人员通常按照战略价值贡献度分层设计。具体而言:第一序列聚焦直接驱动业务增长的核心部门,如研发部(承担技术壁垒构建与产品迭代)和销售部(现金流创造与市场渗透),激励手段以股权绑定、超额利润分享为主;第二序列为运营保障部门,包括生产部(效率与质量管控)和质检部(风险防控),采用计件工资联动质量 KPI 或成本节约分成的机制;第三序列为其他职能部门(如人力、财务),侧重组织效能提升指标的团队奖金及跨部门协作专项激励。分层逻辑需兼顾行业特性(如科技企业侧重研发)与动态调整(如成熟期加码管理团队激励)。

3. 绩效表现

企业可以根据员工的工作表现、创新能力、业务成果等因素来确定是否给予股权激励,以激发员工的积极性和工作动力。

4. 历史贡献

没有任何贡献的员工不适合成为激励对象,没有价值的员工自然要在股权激励时被淘汰出局。与历史贡献有关的因素很多,比如业绩、技术突破成果、为企业节省成本等。每个企业都有自己的考核标准,方案设计人员可以根据考核标准来综合考量。

5. 潜在价值

潜在价值是指激励对象所具备的、尚未完全展现出来的个人能力和潜力,还包括激励对象在未来可能为企业作出的贡献。这包括他们在推动业务发展、创新产品、拓展市场等方面可能发挥的作用,以及他们为企业创造长期价值的能力。

6. 数量适中

股权激励计划中,激励对象的数量不宜过多。在总额度有限的情况下,若人数众多,则每位参与者获得的股权比例将微乎其微,这将显著削弱股权激励的效力。此外,若激励对象过于广泛,可能会引起员工的误解,导致员工认为无须付出努力即可获得奖励。这种情况下,企业实施股权激励不仅可能降低员工的积极性,还会影响激励的整体效果。

7. 法律规定

普通公司的股权激励对象可以根据管理需要自由确定,法律上对此没有太多限制。法律对股权激励对象的限制主要针对上市公司和国有企业等,这些企业在确定股权激励对象时,需要参考《公司法》《上市公司股权激励管理办法》《国有控股上市公司(境内)实施股权激励试行办法》等法律法规。

(三) 确定激励对象的基本思路

1. 以岗定人

方案设计人员在确定激励岗位时,应将选定范围内的人员进一步细化至具体岗位,确保激励计划的实施是基于岗位而非直接针对特定个人。

2. 制定方针

方案设计人员需明确列出激励对象的具体要求,以便公司员工能够有可遵循的明确的指导方针,尽量避免仅公布名单而不提供任何说明或解释的情况。

3. 签订竞业禁止协议

对所有企业而言,特别是高新技术企业,签订竞业禁止协议的目的是防止掌握企业核心管理资源和技术资源的关键人才流失。在确定股权激励对象的范围时,企业应在满足激励目的的基础上优先考虑将已签订竞业禁止协议的人员纳入激励范围,以此更有效地实现激励与约束的结合。

4. 考虑例外情形

除了上述因素,方案设计人员还需考虑特殊情况,即是否有例外人员需要纳入激励范围,并研究其纳入的可行性和必要性。这样可以防范不公平待遇导致员工心理失衡,进而影响激励效果。

【例 3.4】 引力传媒股份有限公司股权激励计划

2024 年 7 月 23 日,引力传媒股份有限公司发布《2024 年限制性股票与股票期权激励计划(草案)》,以下是关于"激励对象的确定依据和范围"的相关内容。

一、激励对象的确定依据

(一) 激励对象确定的法律依据

本激励计划激励对象根据《公司法》《证券法》《上市公司股权激励管理办法》等有关法律、法规、规范性文件和公司章程的相关规定,结合公司实际情况而确定。

下列人员不得成为激励对象。

(1) 最近 12 个月内被证券交易所认定为不适当人选。

(2) 最近 12 个月内被中国证监会及其派出机构认定为不适当人选。

（3）最近12个月内因重大违法违规行为被中国证监会及其派出机构行政处罚或者采取市场禁入措施的人员。

（4）《公司法》规定的不得担任公司董事、高级管理人员的不适当人选。

（5）法律法规规定不得参与上市公司股权激励的人员。

（6）中国证监会认定的其他不适当人选。

（二）激励对象确定的职务依据

本激励计划的激励对象为公司的董事、高级管理人员以及核心骨干员工。

二、激励对象的范围

本激励计划拟授予的激励对象总人数为22人，包括董事、高级管理人员和核心骨干员工。本激励计划涉及的激励对象不包括独立董事、监事及单独或合计持有公司5％以上股份的股东或实际控制人及其配偶、父母、子女。以上激励对象中，公司董事必须经公司股东大会选举，高级管理人员必须经董事会聘任，所有激励对象必须在本激励计划的有效期内与公司或公司控股子公司具有聘用、雇佣或劳务关系。

三、激励对象的核实

本激励计划经董事会审议通过后，公司应该在召开股东大会前，通过公司网站或者其他途径，在内部公示激励对象的姓名和职务，公示期不少于10天。

公司监事会将对激励对象名单进行审核，充分听取公示意见，并在公司股东大会审议本激励计划前5日披露监事会对激励对象名单的审核意见及对公示情况的说明。经公司董事会调整的激励对象名单亦应经公司监事会核实。

公司应对内幕信息知情人在本计划草案公告前6个月内买卖公司股票及其衍生品种的情况进行自查，说明是否存在内幕交易行为。知悉内幕信息而买卖公司股票的，不得成为激励对象，法律、行政法规及相关司法解释规定不属于内幕交易的情形除外。泄露内幕信息而导致内幕交易发生的，不得成为激励对象。

三、激励工具

在第二章中,我们已经系统地介绍了股权激励的常见工具。在实际操作过程中,许多公司对股权激励的效果抱有较高的期望,通常希望通过股权激励实现多重目标。因此,方案设计人员在设计股权激励方案时,应当依据公司实施股权激励的核心目的针对不同对象设计不同的激励工具。此前,我们已经详细分析了不同激励工具的特点及其大致适用范围,方案设计人员在确定激励工具时可以从这些多样化的激励工具中挑选出最适合公司的激励工具。

在公司股权激励的规划过程中,确定激励目标与选择激励工具是两个并行且相互影响的关键步骤。从初次与公司及其员工接触的那一刻起,这个决策过程便悄然启动。随着对公司的深入了解,包括公司文化、员工结构、业务模式以及市场定位等各个方面,方案设计人员对激励工具的选择也会相应地进行调整。这个调整过程是动态的,方案设计人员需要基于详尽的数据进行分析和综合判断,以确保最终选定的激励工具能够与公司的长期发展目标相契合,同时也能激发员工的积极性和忠诚度。

(一)各种激励工具的比较

表 3.2 是各种激励工具的比较。

表 3.2 各种激励工具的比较

激励工具	是否实股	是否稀释股权	员工是否支出现金	公司是否支出现金	适用主体	特点
限制性股票	是	是	是	否	上市公司/非上市公司	应用最广泛
股票期权	是	是	是	否	上市公司/非上市公司	上市公司采用较多,仅次于限制性股票
虚拟股票	否	否	否	是	上市公司/非上市公司	在实际中应用较多
股票增值权	否	否	否	是	上市公司/非上市公司	在实际中应用较少

(续表)

激励工具	是否实股	是否稀释股权	员工是否支出现金	公司是否支出现金	适用主体	特点
分红权	否	否	否	是	上市公司/非上市公司	在实际中应用较少
业绩股票	是	是	是/否	是/否	上市公司/非上市公司	在实际中应用较少

（二）确定激励工具时的考虑因素

1. 公司的发展阶段

公司普遍会经历四个发展阶段：初创期、发展期、成熟期以及衰退期。在这些不同的阶段，公司的战略规划、人才需求、资金状况和经营模式等方面都会呈现出各自的特点。相应地，公司在选择激励工具时，也会根据这些变化采取不同的策略。

1）初创期

初创期是公司技术创新和新产品试销的关键时期，其未来成功与否充满不确定性。在这个阶段，公司规模通常较小，面临现金流紧张的挑战，品牌知名度不高，招聘人才也较为困难。许多公司必须经历初创期的长期考验才能存活下来，并最终进入快速增长阶段。随着生产供应链的扩展和市场推广活动的开展，初创公司开始向积极的方向发展，规模逐渐扩大，组织结构逐步建立，管理制度日益完善，内部权力和责任的划分也变得更加明确。与此同时，公司对优秀人才的需求也在不断提升，人才激励问题开始成为公司关注的焦点。在初创期，公司可选择一些不用付出太多现金的股权激励工具，既要考虑公司的控制权不旁落，又要考虑留住关键人才，安全度过生存期。在此阶段，公司可以考虑选择限制性股票、股票期权等股权激励工具。

2）成长期

在这一时期，公司经历规模扩张和业务的迅猛增长，技术与产品线趋于成熟稳定，员工和管理层团队也相对固定，公司的未来方向变得清晰可见。公司加速发展通常伴随着对大量资金的需求，一些公司可能会选择通过增加杠杆融资来扩张。为了应对这一阶段的挑战，公司必须不断优化内部管理结构，以避免管理不善导致的生产成本上升和财务风险失控。

在激励机制方面,公司应考虑采用激励力度较大但现金成本较低的激励工具,如限制性股票和业绩股票等。对于上市公司而言,股票期权和股票增值权也是不错的选择。此外,激励计划的覆盖范围可以进一步扩大,而激励价格则应设定在低于市场价格的水平。在成长阶段,企业的核心任务是保持业务持续的快速增长。

3）成熟期

公司步入成熟期后,客户基础趋于稳定,营收保持平稳,技术体系成熟完善,资金储备充足,市场风险相应降至最低。然而,市场中涌现出众多同类新产品,竞争依旧激烈,市场增长速度开始减缓。在这一阶段,公司为了留住核心骨干员工,可采用多种激励工具,如限制性股票、虚拟股票等。对于上市公司而言,激励工具的选择更为广泛,包括股票期权、股票增值权、业绩股票、虚拟股票等。此时期公司的核心任务是确保业务的稳定发展。

4）衰退期

当公司进入衰退期,可能会遭遇市场份额缩减、业绩下滑、技术与产品过时、组织结构臃肿以及员工活力不足等挑战。针对衰退期的这些特点,公司可以考虑采用不需大量现金支出的股权激励工具,如限制性股票、业绩股票、股票期权等。激励范围可以扩展至所有能够为公司创造价值、促进业绩增长的员工。在这一阶段,公司的关键任务是激发员工的积极性,在业务和产品上迅速实现转型升级,从而摆脱困境。

2. 公司的性质

在进行股权激励工具的选择时,有限责任公司和非上市股份有限公司之间并没有明显的区别。然而,由于上市公司受到《上市公司股权激励管理办法》的严格规范,并且上市公司本身具有一些独特的特性,这导致某些股权激励工具只能在上市公司中使用。上市公司普遍采用的股权激励工具主要包括限制性股票和股票期权,除此之外,股票增值权等其他工具也相对较为常见。相对而言,非上市公司则更倾向于采用限制性股票、虚拟股票以及业绩股票等多种工具作为激励员工的手段。

3. 公司的经营状况

公司的经营状况是决定其选择何种股权激励工具的重要因素之一。具体来说,对于那些现金流相对紧张的公司而言,选择一种不涉及现金支出或现金支出较少的股权激励工具会更为合适。例如,限制性股票和股票期权等工具可以在不增加公司财务负担的情况下有效地激励员工。相反,现金流相对充裕的公司可选择的股权激励工具就更为多样化,不必过于担心公司的资金状况。这些公司可以根据自身的战略目标和员工需求,灵活选择适合的股权激励工具,如虚拟股票、股票期权、股票增值权、分红权、员工持股计划等,以吸引和留住优秀人才,推动公司的长期发展。

4. 公司的控制权

在设计股权激励模式时,方案设计人员要考虑激励股份对控制权的影响,要设置合适的激励股份总量。对于股权较为集中的公司,若大股东拥有较高的持股比例,方案设计人员可以选择那些能够稀释控制权的激励工具,如限制性股票或股票期权等。相对地,对于股权分散、大股东持股比例较低的公司,方案设计人员应考虑采用不稀释控制权的激励工具,如虚拟股票或股票增值权等。

5. 公司的上市规划

对于尚未上市的公司而言,上市规划无疑是一个至关重要的因素,它将直接影响公司选择何种股权激励工具。公司在准备上市或在"新三板"市场上挂牌的过程中,管理部门对股权的分配和管理有着明确的规定和要求。因此,公司在制订股权激励计划时必须充分考虑到这些规定,以确保股权结构的清晰和合规。

具体来说,当公司决定在资本市场上进行首次公开募股(IPO)或在"新三板"市场上挂牌时,股权的梳理和清晰化是必不可少的步骤。这不仅涉及公司内部股权结构的调整,还包括对外部投资者的股权安排。为了确保顺利上市或挂牌,公司必须确保股权的分配和管理符合相关法律法规的要求,避免出现任何可能导致上市失败的隐患。因此,在选择股权激励工具时,公司管理层需要综合考虑未来的上市规划。例如,如果股权激励方案导致股权过于分散,可能会增加公司上市后的监管难度;反之,如果股权过于集中,可能会引起潜在投资者的担忧。为了避免这些问题,公司在制订股权激励计划时,应当与专业的财务顾问和法律顾问进行充分的沟通和协商,确保股权激励方案既能够满足员工的激励需求,又不会对公司的上市或挂牌计划造成负面影响。

四、激励数量

股权激励的数量是一个关键概念。它是指公司预先设定的,用于股权激励计划的股票数额,这一数额是基于公司战略目标和激励需求确定的。其中,股权激励的总量是指公司计划用于激励的股票总数,不仅包括已经授予但尚未行权的期权,也涵盖了未来可能发行的新股,以备未来员工行权之需。这一总量的设定反映了公司对未来业务发展和人才需求的预期,是公司长期发展计划的一部分。股权激励的个量是指公司计划分配给每位员工的具体股票数量。这一数字的确定通常基于员工的职位、贡献、工作表现以及公司对他们的长期价值评估。通过精确计算和个性化考量,公司能够确保股权激励计划既公平又具有激励性,从而激发员工的工作热情和忠诚度,促进公司整体目标的实现。

(一)激励总量的确定

在确定股权激励总量的过程中,方案设计人员必须仔细审视多个关键因素,并结合股东的意愿进行全面评估。

1. 行业特征

对于竞争激烈且对人才资源依赖度高的行业而言,如科技、互联网以及软件企业,股权激励的额度应适度增加,但总体上不应超过总股本的30%,传统制造业和服务行业的股权激励额度可以适当减少。

2. 控制权的考虑

在确定股权总量时,方案设计人员必须考虑控制权的影响,确保公司的稳定性和控制权成为优先考虑的因素,特别需要关注以下几个关键的控制权阈值:绝对控制权(67%)、相对控制权(51%)、安全控制权或一票否决权(34%)、重大股权变动的预警线(5%)、临时提案权(3%)以及代为诉讼权(1%)。

3. 激励对象的支付能力

在当今商业环境中,不同企业的注册资本、净资产和评估值存在显著差异。尤其是那些重资产型的制造企业,其注册资本通常高达数千万元甚至数亿元人民币。在这种情况下,即使是相对较小的股权比例,如5%或10%,其所代表的价值也相当可观。举例来说,如果一家制造企业的注册资本为数亿元,那么5%的股权可能意味着数千万人民币的价值。相比之下,在科技型公司中,尤其是那些尚未获得高估值的初创企业,股权的价值可能会有所不同。尽管这些公司可能会提供高达30%的股权用于股权激励,但其对应的价值可能并不显著。这主要是因为这些公司的注册资本和净资产相对较低,尚未在市场上获得较高的估值。因此,在制订股权激励计划时,方案设计人员不应仅仅关注股权的比例或数量,更不能盲目模仿其他企业的做法。

4. 法律法规的限制

《上市公司股权激励管理办法》对上市公司实施股权激励的股票数量有具体要求:上市公司所有在有效期内的股权激励计划所涉及的标的股票总数累计不得超过公司股本总额的10%。在推出股权激励计划时,上市公司可设立预留权益,但预留比例不得超过该计划拟授予权益数量的20%。公司应在股权激励计划获得股东大会审议通过后的12个月内确定预留权益的授予对象;若超过12个月未明确激励对象,则预留权益将失效。科创板和创业板上市公司允许同时执行多项股权激励计划,但所有在有效期内的股权激励计划所涉及的标的股票总数累计不得超过公司股本总额的20%。

根据《非上市公众公司监管指引第6号——股权激励和员工持股计划的监管要求(试行)》,非上市公众公司在有效期内的股权激励计划所涉及的标的股票总数累计不得超过公司股本总额的30%。

目前尚无专门针对中小企业及其他非上市公司股权激励总量的法规和要求,此类公司可根据自身实际情况自行设定。

(二)激励个量的确定

在确定股权激励个量的过程中,方案设计人员必须仔细审视多个关键因素,并结合股东的意愿以及激励对象的个体意愿进行全面评估。

1. 以岗定量,区分层级

在确定个体股权分配时,应避免采取"一刀切"或"平均化"的做法。公司应依据岗位的重要性和职位的层级,明确区分出关键部门、核心岗位以及关键人员,遵循"部门—职位—员工"的顺序,先确定部门的股权比例,再依据部门内职位的层级来确定职位的股权比例,最终根据员工的贡献程度来确定其个人的持股比例。

2. 激励对象的工作年限

工作年限是一个关键因素。在执行股权激励计划时，公司通常会将工作年限作为核心考量指标，并据此设定不同的级别，赋予不同的权重。例如，可以将员工的工龄划分为"1～4年""5～9年"以及"10年以上"3个区间，或者"1～2年""3～4年"以及"5年以上"3个区间。具体分档方式应由各公司根据自身情况灵活决定。

3. 员工的个人贡献

在股权激励计划中，员工的个人贡献是决定其获得股权数量的重要因素。公司可以通过绩效评估体系对员工的工作表现、项目完成情况、创新能力和团队合作精神等方面进行全面评价，并根据评估结果将员工划分为不同的贡献等级，从而确定其应获得的股权数量。例如，公司可以将员工的贡献等级划分为"优秀""良好""合格"和"待改进"4个层次，每个层次对应不同的股权激励额度。

4. 员工的潜力和成长性

除了考虑员工当前的贡献和工作表现，公司还应关注员工的潜力和成长性。对于那些具有较高潜力、能够在未来为公司带来更大价值的员工，公司可以适当增加其股权激励的数量。通过这种方式，公司能够吸引和留住那些具有长远发展价值的人才，为公司的长期发展注入活力。

5. 员工的个人意愿和期望

在确定股权激励数量时，公司还应充分考虑员工的个人意愿和期望。通过与员工进行沟通，了解他们对股权激励的期望值和接受程度，判断员工的支付能力，从而制定出更加符合员工需求的激励方案。这样不仅能够提高员工的满意度和忠诚度，还能够确保股权激励计划的顺利实施。

6. 法律法规的限制

《上市公司股权激励管理办法》对员工个人股权激励数量的相关要求如下：非经股东大会特别决议批准，任何一名激励对象通过全部在有效期内的股权激励计划获授的本公司股票，累计不得超过公司股本总额（指股东大会批准最近一次股权激励计划时公司已发行的股本总额）的1%。

目前,我国没有针对非上市公众公司员工个人股权激励数量的具体要求,也没有针对中小企业等其他非上市公司员工个人股权激励数量的相关法规和要求,各个公司可以根据自己的情况,自行设计分配原则和分配方法,自行进行分配。

五、激励来源

激励来源包含两层含义。一是激励股份的来源。在上市公司中,股权激励的股份通常来自公司已发行的股份。这些股份可以是公司预留的库存股,也可以是公司增发的新股。对于非上市公司而言,股份来源可能更为灵活,公司可以通过股东转让、增资扩股等方式来提供股份。对于上市公司而言,根据《上市公司股权激励管理办法》,公司可以通过定向增发、回购股份等方式来解决股份来源问题。二是激励对象参与股权激励计划的资金来源。在股权激励计划中,激励对象参与股权激励计划的资金来源也是一个需要关注的问题。在无偿赠送模式的股权激励计划下,激励对象无须支付任何费用即可获得股份。然而,在大多数情况下,激励对象需要支付一定的费用购买股份。对于上市公司而言,激励对象的资金通常来自其个人收入或储蓄。对于非上市公司而言,激励对象的资金来源可能更加多样化,除了个人收入和储蓄,公司还可以通过设立员工持股信托基金等方式帮助员工筹集资金。

(一)股份来源

1. 常见的股份来源

在实施股权激励计划时,不同类型的公司可采用以下四种方式来确定股份的来源:发行新股、回购现有股份、转让旧股以及无偿赠股。股权激励中股份来源的具体规定详见表3.3。

表3.3 常见的股份来源

公司类型	股份来源	法规依据
一般上市公司	拟实行股权激励的上市公司的标的股票来源包括:①向激励对象发行股份;②回购本公司股份;③法律、行政法规允许的其他方式	《上市公司股权激励管理办法》

(续表)

公司类型	股份来源	法规依据
国有控股上市公司	实施股权激励计划所需标的股票来源可以根据本公司实际情况,通过向激励对象发行股份、回购本公司股份及法律以及行政法规允许的其他方式确定,不得由单一国有股股东支付或擅自无偿量化国有股权	《国有控股上市公司(境内)实施股权激励试行办法》
非上市公众公司	拟实施股权激励的挂牌公司的标的股票来源包括：①向激励对象发行股票；②回购本公司股票；③股东自愿赠与；④法律、行政法规允许的其他方式	《非上市公众公司监管指引第6号——股权激励和员工持股计划的监管要求(试行)》
其他类型公司（不含国有）	无明确规定	—

2. 确定股份来源时需要考虑的问题

1）预留部分

我国现行的《公司法》并未明确承认"股权池"或"期权池"等概念,而是规定所有股权必须登记在确定的实体名下。因此,即便在我们设计的股权激励计划中预留了尚未分配的股权或期权,这些权益也必须由某个自然人或法人实体暂时持有(这并非为特定主体的代持行为),而将来则会根据股权激励计划的规定向特定的主体进行分配。

2）控制权稀释

无论是通过定向增发还是股权转让的方式,股权激励计划中预留的股权都会稀释公司大股东所持有的股权比例,从而可能影响其在公司中的控制地位。在实际操作过程中,方案设计人员可以通过精心设计一些策略和条款,例如通过设置"一致行动人"协议确保公司大股东的控制权在股权变动后依然保持稳定。众多涉及外部投资者的投资协议通常会包含反稀释条款,这一条款规定投资者在股权被稀释的情况下,通过选择特定途径(如按比例增资)来确保其股权比例的稳定。公司如果已经签订了包含此类条款的投资协议,那么在实施股权激励计划时,必须特别注意与相关股东进行沟通,共同商讨触发反稀释条款时的应对策略。

3）优先购买权

依据《公司法》第二百二十七条，有限责任公司增加注册资本时，股东在同等条件下有权优先按照实缴的出资比例认缴出资。但是，全体股东约定不按照出资比例优先认缴出资的除外。股份有限公司为增加注册资本发行新股时，股东不享有优先认购权，公司章程另有规定或者股东会决议决定股东享有优先认购权的除外。因此，在实际操作中，作者建议公司在进行增资或股权转让之前，要求股东明确承诺放弃其优先认购权或优先购买权。

（二）资金来源

1. 关于资金来源的相关规定

不同类型的公司关于激励对象参与股权激励计划的资金来源的相关规定如表3.4所示。

表3.4　常见的资金来源规定

公司类型	资金来源	法规依据
上市公司	激励对象参与股权激励计划的资金来源应当合法合规，不得违反法律、行政法规及中国证监会的相关规定。上市公司不得为激励对象依股权激励计划获取有关权益提供贷款以及其他任何形式的财务资助，包括为其贷款提供担保	《上市公司股权激励管理办法》
非上市公众公司	激励对象参与股权激励计划的资金来源应当合法合规，不得违反法律、行政法规、中国证监会及全国中小企业股份转让系统有限责任公司的相关规定。挂牌公司不得为激励对象依股权激励计划获取有关权益提供贷款以及其他任何形式的财务资助，包括为其贷款提供担保等	《非上市公众公司监管指引第6号——股权激励和员工持股计划的监管要求（试行）》
其他类型公司	没有明确规定来源	—

2. 常见的资金来源方式

在股权激励计划的实施过程中，激励对象的资金来源应多样化，以确保其能够顺利参与并承担相应的责任。以下是一些常见的资金来源方式。

1) 个人储蓄与收入

对于多数激励对象而言,使用个人储蓄或收入购买股权是最直接且常见的方式。这些资金来源于激励对象的工资、奖金、投资收益或其他个人财务规划中的储蓄。

2) 第三方融资

在某些情况下,激励对象可能通过第三方投资机构或平台进行融资。这些机构或平台提供专门针对股权激励计划的融资方案,帮助激励对象解决资金问题。然而,这种方式可能需要承担额外的融资成本,如利息、手续费等。

3) 股东借款

在某些特定情况下,非上市公司的大股东或关键股东可能会向激励对象提供借款,以支持其参与股权激励计划。这种方式有助于增强员工与股东之间的利益绑定,但公司需要谨慎处理借款条件和还款安排,以避免潜在的利益冲突和法律风险。

4) 奖励基金计划

在某些公司中,为了鼓励员工参与股权激励计划,公司可能会将部分奖金、津贴或其他形式的奖励性补偿直接转化为股权激励资金。这种方式有助于激发员工的积极性和创造力,但公司在制定相关政策时要充分考虑公平性和可操作性。

总之,股权激励计划的资金来源方式多种多样,公司应根据自身实际情况和激励对象的需求选择合适的方式。同时,为了确保资金来源的合法性和合规性,公司还需要密切关注相关法律法规和政策动态的变化。

【例3.5】 沪士电子股份有限公司2024年股票期权激励计划

2024年8月23日,沪士电子股份有限公司发布《沪士电子股份有限公司2024年度股票期权激励计划(草案)》,公司采用的股权激励模式为股票期权。

1. 本计划的股票来源

本激励计划采取的激励形式为股票期权激励。股票来源为公司向激励对象定向发行公司A股普通股股票。

2. 激励对象的资金来源

激励对象的资金来源为自筹资金。公司承诺不为激励对象提供贷款以及其他形式的财务资助,包括为其贷款提供担保。

六、激励价格

激励价格主要是指激励对象购买激励股权的价格,除此之外,还包括激励股权的转让价格和退出价格等,本书主要探讨的是购买价格。如果公司采用虚拟股票和股票增值权作为股权激励工具,由于激励对象获得的并非真实的股票,一般激励对象无须直接支付现金;否则,激励对象通常需要支付相应的对价。

(一) 确定需要设定价格的环节

只有明确了股权激励的工具,方案设计人员才能根据该激励工具的具体要求确定需要设定价格的关键环节。例如,在期权工具下,方案设计人员需要确定行权价格;在出资购买模式下,方案设计人员要确定购买价格;而在赠送模式下,激励对象无须支付对价。

(二) 价格依据

在方案设计的过程中,方案设计人员应避免采取即兴或随意的决策方式,特别是在涉及员工直接利益的方面。确立价格基准正是这一原则的具体体现,以下是几个常用的定价基准指标。

1. 注册资本

当公司的净资产与注册资本大致相等时,方案设计人员可以考虑直接依据注册资本来设定每股价格,即每股定价为1元。对于那些处于初创阶段或经营状况不佳、几乎没有盈余的公司而言,采用此方法来确定股权激励计划中标的股票的价格是适宜的。

2. 公司账面净资产值

当公司的净资产价值显著超过其注册资本时,方案设计人员可以考虑依据每股净资产价值来设定股价,即每股价格等同于其每股净资产的价值。对于那些账面盈余较为丰厚的公司而言,采用此方法来确定股权激励计划中标的股票的价格是适宜的。

3. 公司最近一期的经评估净资产值

在第三方专业机构对公司最近一期的净资产值进行评估后,方案设计人员可以按照每股对应的价格确定股权激励标的股票的价格。

4. 公司最近一次外部融资时所确定的市场估值

在公司最近一次对外融资的过程中,投资者根据公司的财务状况、市场前景、竞争地位以及管理团队的能力等因素共同协商确定公司的估值。这一估值反映了公司在当时的市场环境和行业背景下的整体价值,也是评估公司未来发展潜力的一个重要指标。

5. 市场上采用类似股权激励工具的同类公司所确定的价格

公司在确定股权激励价格时,市场上采用类似股权激励工具的同类公司所确定的价格是一个重要的参考依据。通过比较同行业其他公司的股权激励价格,公司可以评估自身股权的吸引力,并据此调整激励计划,以吸引和留住关键人才。此外,这种市场比较还可以帮助公司避免设定过高或过低的激励价格,从而在激励员工的同时维护股东的利益。

(三) 最终购买价

在确定最终购买价时,公司应基于自身的具体状况向激励对象提供一定的价格优惠。鉴于股权激励的接受者通常是公司的关键员工,他们对公司的进步与扩张具有至关重要的价值。因此,在执行股权激励计划时,公司可以考虑实施一定的价格折扣,以增强激励计划的吸引力。方案设计人员可以确定一个价格系数,这个系数与上文确定的价格依据相乘,就会得到最终的购买价格。系数的确定要考虑如下几个因素:股权持有者(通常是大股东)的意愿、股东对公司未来发展的预期、员工对公司未来发展的预期以及员工对价格的敏感性。

在实际操作中,一些公司选择不向股权激励对象收取任何费用,即以零成本授予股票。然而,如果频繁采用零成本授予方式,激励对象可能不会充分重视这一激励,从而导致激励效果不佳。根据过往案例和实践经验,本书建议公司主要采用有偿授予方式,同时可以适度给予激励对象一定的价格优惠。当激励对象为股权支付了成本后,他们往往会更加珍惜这一权益,而且获得优惠也会让他们心存感激,从而提升股权激励的整体效果。

(四) 法律法规的特殊规定

1. 对上市公司的规定

《上市公司股权激励管理办法》第二十九条规定:"上市公司在授予激励对象股票期权时,应当确定行权价格或者行权价格的确定方法。行权价格不得低于股票票面金额,且原则上不得低于下列价格较高者:(一)股权激励计划草案公布前 1 个交易日的公司股票交易均价;(二)股权激励计划草案公布前 20 个交易日、60 个交易日或者 120 个交易日的公司股票交易均价之一。上市公司采用其他方法确定行权价格的,应当在股权激励计划中对定价依据及定价方式作出说明。"

《上市公司股权激励管理办法》第二十三条规定:"上市公司在授予激励对象限制性股票时,应当确定授予价格或授予价格的确定方法。授予价格不得低于股票票面金额,且原则上不得低于下列价格较高者:(一)股权激励计划草案公布前 1 个交易日的公司股票交易均价的 50%;(二)股权激励计划草案公布前 20 个交易日、60 个交易日或者 120 个交易日的公司股票交易均价之一的 50%。上市公司采用其他方法确定限制性股票授予价格的,应当在股权激励计划中对定价依据及定价方式作出说明。"

2. 对国有上市公司的规定

《关于进一步做好中央企业控股上市公司股权激励工作有关事项的通知》规定,中央企业控股上市公司应当按照股票上市交易地监管规定和上市规则确定权益授予的公平市场价格。股票期权、股票增值权的行权价格按照公平市场价格确定,限制性股票的授予价格按照不低于公平市场价格的 50% 确定。股票公平市场价格低于每股净资产的,限制性股票授予价格原则上按照不低于公平市场价格的 60% 确定。

中央企业控股科创板上市公司实施股权激励的,原则上按照科创板有关上市规则制订股权激励计划。

科创板上市公司以限制性股票方式实施股权激励的,若授予价格低于公平市场价格的 50%,上市公司应当适当延长限制性股票的禁售期及解锁期,并设置不低于公司近 3 年平均业绩水平或同行业 75 分位值水平的解锁业绩目标条件。

尚未盈利的科创板上市公司实施股权激励的,限制性股票授予价格按照不低于公平市场价格的60%确定。在上市公司实现盈利前,可生效的权益比例原则上不超过授予额度的40%;属于国家重点战略行业且因行业特性需要较长时间才可实现盈利的公司,应当在股权激励计划中明确提出调整权益生效安排的申请。

3. 对非上市公司的规定

根据《非上市公众公司监管指引第6号——股权激励和员工持股计划的监管要求(试行)》,限制性股票的授予价格和股票期权的行权价格不得低于股票票面金额。限制性股票的授予价格原则上不得低于有效的市场参考价的50%,股票期权的行权价格原则上不得低于有效的市场参考价。

关于非上市公众公司的股权激励定价,目前政策主要提供了原则性和框架性的指导,这赋予了公司在执行股权激励计划时较大的灵活性。在遵循法律法规的基础上,公司拥有相当大的自主权来决定相关事宜。对于其他非上市的中小企业,目前政策还没有明确的股权激励定价规定。这些公司可以根据自身的实际情况,综合考虑多种因素,参照前文提供的定价依据和方法,自行设定股权激励的定价标准。

七、激励周期

激励周期也称为股权激励计划的有效期,是指确定激励计划从有权机关批准开始,至全部实施完成的周期。后续的流转退出等环节属于股权管理的内容,其时间通常不纳入此周期。

公司在确定长期或短期激励方案时,必须与公司的激励目标相匹配。对于那些需要短期内提升业绩,或者未来面临可能重大不可预测变化的公司,短期激励方案更为适宜。相反,对于那些能够预见稳定发展的公司,可以考虑实施长期激励方案。然而,公司仅采用长期激励方案可能会导致激励对象缺乏持续的动力,甚至在心理上提前放弃;而公司仅采用单一的短期激励方案则可能使激励对象过分关注短期利益,不利于识别那些真正愿意与公司共同成长的合作伙伴。因此,在实际操作中,公司可以将短期与长期激励方案相结合,以达到最佳效果。

此外，如果公司在未来一段时间内（比如3年或5年）已有明确的发展规划，那么激励计划的周期也应与之相适应。例如，如果公司计划在未来3年内上市，那么激励计划的周期不宜过长，以免公司在上市准备过程中由于激励计划尚未完成而导致股权结构模糊，从而影响公司的上市进程。

有关法规中关于股权激励有效期及其适用公司的相关规定见表3.5。

表3.5　股权激励有效期及其适用公司的相关规定

公司类型	有效期规定	法律法规依据
一般上市公司	股权激励计划的有效期从首次授予权益日起不得超过10年	《上市公司股权激励管理办法》
国有上市公司	股权激励计划的有效期自股东大会通过之日起计算，一般不超过10年。股权激励计划有效期满，上市公司不得依据此计划再授予任何股权	《国有控股上市公司（境内）实施股权激励试行办法》
非上市公众公司	股权激励计划的有效期从首次授予权益日起不得超过10年	《非上市公众公司监管指引第6号——股权激励和员工持股计划的监管要求（试行）》
其他公司	无规定	无规定

此外，在股权激励计划中，比较重要的日期安排还包括授予日、等待期、限售期和可行权期等，这些特定日期的详细规定已在先前章节中针对具体的股权激励工具进行了阐述，这里不再重复说明。

● **【例3.6】　科力尔电机集团股份有限公司2024年股票期权激励计划**

科力尔电机集团股份有限公司于2024年8月26日发布《科力尔电机集团股份有限公司2024年股票期权激励计划》，该激励计划的有效期、授予日、等待期、可行权日、行权安排和限售规定如下。

一、本激励计划的有效期

本激励计划的有效期为自股票期权首次授予登记完成之日起至全部行权或注销之日止，最长不超过60个月。

二、本激励计划的授予日

授予日在本激励计划经公司股东大会审议通过后由董事会确定,授予日必须为交易日。自股东大会审议通过本激励计划之日起60日内,公司将按相关规定召开董事会,确定首次授予日,并完成登记、公告等相关程序。若公司未能在60日内完成上述工作,应当及时披露未完成的原因,并终止实施本激励计划,未授予的股票期权失效。预留权益须在本激励计划经股东大会审议通过后的12个月内授出。

三、本激励计划的等待期

本激励计划首次授予股票期权的等待期分别为自首次授予登记完成之日起的12个月、24个月和36个月;预留权益授予的等待期分别为自预留授予登记完成之日起的12个月、24个月和36个月。激励对象根据本激励计划获授的股票期权不得转让、质押、抵押、用于担保或偿还债务等。

四、本激励计划的可行权日

本激励计划的等待期届满之后,激励对象获授的股票期权进入可行权期。股票期权在满足相应行权条件后将按本激励计划的行权安排进行行权,应遵守中国证监会和证券交易所的相关规定,可行权日必须为交易日,且不得为下列区间日(相关规定发生变化的,自动适用变化后的规定)。

(1)公司年度报告、半年度报告公告前15日内。

(2)公司季度报告、业绩预告、业绩快报公告前5日内。

(3)自可能对公司股票及其衍生品种交易价格产生较大影响的重大事件发生之日或者进入决策程序之日至依法披露之日。

(4)中国证监会及深圳证券交易所规定的其他期间。

五、本激励计划的行权安排

本激励计划首次授予的股票期权的行权安排见表3.6。

表3.6 首次授予的股票期权的行权安排

行权安排	行权时间	可行权数量占获授权益数量比例
第一个行权期	自首次授予登记完成之日起12个月后的首个交易日起至首次授予登记完成之日起24个月内的最后一个交易日止	30%

(续表)

行权安排	行权时间	可行权数量占获授权益数量比例
第二个行权期	自首次授予登记完成之日起24个月后的首个交易日起至首次授予登记完成之日起36个月内的最后一个交易日止	30%
第三个行权期	自首次授予登记完成之日起36个月后的首个交易日起至首次授予登记完成之日起48个月内的最后一个交易日止	40%

本激励计划预留授予的股票期权行权安排见表3.7。

表3.7 预留授予的股票期权行权安排

行权安排	行权时间	可行权数量占获授权益数量比例
第一个行权期	自预留授予登记完成之日起12个月后的首个交易日起至预留授予登记完成之日起24个月内的最后一个交易日止	30%
第二个行权期	自预留授予登记完成之日起24个月后的首个交易日起至预留授予登记完成之日起36个月内的最后一个交易日止	30%
第三个行权期	自预留授予登记完成之日起36个月后的首个交易日起至预留授予登记完成之日起48个月内的最后一个交易日止	40%

在上述约定期间内未申请行权或因未达到行权条件而不能申请行权的当期股票期权，公司将按本激励计划的规定办理注销，不得递延至下期行权。

六、本激励计划的限售规定

本激励计划的限售规定按照《公司法》《证券法》等法律法规、规范性文件和《公司章程》的有关规定执行。

（1）激励对象为公司董事和高级管理人员的，其在任职期间每年转让的股份不得超过其所持有公司股份总数的25%；在离职后半年内，不得转让其所持有的公司股份。

（2）激励对象为公司董事和高级管理人员及其配偶、父母、子女的，其将持有的公司股票在买入后 6 个月内卖出，或者在卖出后 6 个月内又买入的所得收益归公司所有，公司董事会将收回其所得收益。

（3）激励对象为公司董事和高级管理人员的，其在减持公司股票时需遵守《上市公司股东减持股份管理暂行办法》《上市公司董事、监事和高级管理人员所持本公司股份及其变动管理规则》《深圳证券交易所上市公司自律监管指引第 18 号——股东及董事、监事、高级管理人员减持股份》等相关规定。

（4）激励对象为公司董事和高级管理人员的，在本激励计划的有效期内，如果《公司法》《证券法》和公司章程等法律法规对公司董事和高级管理人员持有股份转让的有关规定发生了变化，则其转让所持有的公司股票应当在转让时符合最新的有关规定。

八、激励载体

确定股权激励载体即明确股权的持有方式，主要涉及员工在股权激励计划中获得公司股份的途径。激励对象可以采用三种股权持有方式持有公司的股权：直接持有、通过持股平台（如有限责任公司、合伙企业等）间接持有以及利用信托产品、私募基金、资产管理计划等金融工具持有。鉴于利用金融工具持有股权已具备成熟的标准化流程，本书将重点探讨除金融工具持有方式之外的其他股权持有机制。

（一）直接持股

由激励对象个人持有目标公司股权并直接行使股东权利是股权激励方案中最直接的操作方法。在员工直接持股的模式下，员工只要签署出资协议、缴纳款项并进行工商变更，即可成为公司股东，程序简便，成本较低，而且可以有效增强员工的归属感和企业的凝聚力，然而，众多企业家未能充分认识到直接持股模式所固有的不足之处。

员工如果直接以个人的名义持有公司股权，成为登记在册的股东，对公司来讲，这种方式存在以下风险。

1. 公司类型不同，股东人数限制不同

对于有限责任公司而言，《公司法》明确规定其股东人数不得超过

50人。这一限制对于初创期或中小规模的公司来说可能影响不大,但随着公司规模的扩大和股权激励计划的深入实施,股东人数可能会迅速触及这一上限。因此,方案设计人员在设计股权激励方案时,若采用直接持股模式,必须谨慎评估未来可能增加的股东数量,并提前规划好股东结构的调整策略,以避免股东人数超限导致的法律风险。

2. 股东决策效率低下

在直接持股模式下,每位股东都享有表决权,都可以参与公司重大事项的决策。然而,随着股东人数的增加,股东会召开难度加大,决策效率可能显著降低。特别是在某些紧急或重要事项上,若需等待所有股东达成一致意见,可能会错失市场机遇或影响公司的正常运营。

3. 股东关系管理复杂

直接持股模式下,股东之间的关系直接且紧密,任何一位股东的不满或意见都可能对公司的稳定和发展造成影响。此外,随着公司规模的扩大和业务的复杂化,股东之间的利益诉求也可能出现分化,从而进一步增加了股东关系管理的难度。

对于公司的核心创始人、核心员工以及那些对公司发展具有不可或缺作用的员工,公司可以通过直接持股模式进行股权激励,但直接持股的人数尽量限制在5人以内;对于其他激励对象,公司可以采用间接持股模式进行股权激励。在间接持股模式下,员工并不直接成为公司的股东,而是通过一个中间实体(如有限责任公司、合伙企业等)持有公司股权。

(二)通过有限责任公司持股平台间接持股

1. 通过有限责任公司持股平台间接持股的优势

通过有限责任公司持股平台间接持股模式更易于将员工的利益与企业紧密相连。在上市之前,该模式还能避免因员工流动导致公司股权结构的调整。例如,在向证监会提交申报材料之后,直至审核通过之前,若发生员工辞职等情况,公司可以通过调整持股平台公司股东的出资额来解决。与合伙企业相比,针对有限责任公司的相关法律法规更为完善,因此未来的政策风险相对较小。

2. 通过有限责任公司持股平台间接持股的弊端

在有限责任公司持股模式下,有限责任公司需缴纳企业所得税,员工需缴纳个人所得税,包括分红和股权转让所得。这将导致双重征税,员工税负较重。相比个人直接持股和通过有限合伙企业间接持股,激励对象通过有限责任公司间接持股模式的税负最高。另外,有限责任公司也受限于股东人数不能超过 50 人的规定。若员工持股人数众多,总公司可能需要设立多家有限责任公司,这增加了程序的复杂性。此外,在进行盈余分配时,有限责任公司必须根据法律规定提取法定公积金、公益金等,这将造成资金上的限制,进而导致股东收益降低。

(三) 通过有限合伙企业持股平台间接持股

激励对象通过有限合伙企业间接持股是股权激励计划中的一种重要模式,其不仅融合了直接持股与通过有限责任公司间接持股的优势,还在一定程度上规避了其他两种模式的不足。有限合伙企业由普通合伙人和有限合伙人组成,其结构为股权激励计划的实施提供了更为灵活和高效的解决方案。

1. 决策效率优势

在有限合伙企业中,普通合伙人负责企业的日常管理和决策,而有限合伙人则主要享有经济权益,不参与企业管理。这种管理人与投资人相分离的模式使得企业决策能够迅速且有效地执行,避免了直接持股模式下股东人数众多而导致的决策效率低下问题。

2. 税负优势

相关税法规定,有限合伙企业本身不缴纳企业所得税,其所得由各合伙人分别缴纳所得税。对于有限合伙人而言,其取得的股权投资收益通常按照"利息、股息、红利所得"和"经营所得"税目缴纳个人所得税,相较于有限责任公司持股模式的双重征税,该模式的税负相对较低。

3. 灵活性高

有限合伙企业可以灵活地调整合伙人的构成和持股比例,以适应企业不同阶段的发展需求。特别是在股权激励计划实施过程中,企业可以根据员工的贡献和业绩情况动态调整其合伙份额,从而更好地激励员工。

4. 风险控制

通过将股权激励计划置于有限合伙企业中,企业可以有效地隔离风险。例如,在员工离职或发生其他需要调整股权结构的情况时,企业可以直接调整有限合伙企业的合伙人构成,而非变更目标公司的股东信息,从而简化了操作流程并降低了法律风险。

九、激励规则

激励规则是指股权激励的制度框架,通常涵盖了股权授予和行权的条件、绩效评估体系、股权激励价格与数量的调整机制和退出机制,以及当激励对象出现变动时的应对措施等。简而言之,激励规则是预先设定的制度基础,以确保企业在实施过程中有明确的指导方针可依循。

(一)授予条件和行权条件的设定

授予条件是指股权激励对象在获得股权激励标的时必须满足的条件,而行权条件则是指股权激励对象获得股权激励标的后,行使权利时必须达到的条件。这些条件与绩效考核紧密相关,通常包括两个层面:首先是公司层面的绩效评估,其次是个人层面的绩效评估。

以上市公司为例,《上市公司股权激励管理办法》对一般上市公司股权激励的授予条件和行权条件作出了如下规定:激励对象为董事、高级管理人员的,上市公司应当设立绩效考核指标作为激励对象行使权益的条件。绩效考核指标应当包括公司业绩指标和激励对象个人绩效指标。相关指标应当客观公开、清晰透明,符合公司的实际情况,有利于促进公司竞争力的提升。上市公司可以公司历史业绩或同行业可比公司相关指标作为公司业绩指标对照依据。公司选取的业绩指标可以包括净资产收益率、每股收益、每股分红等能够反映股东回报和公司价值创造的综合性指标,以及净利润增长率、主营业务收入增长率等能够反映公司盈利能力和市场价值的成长性指标。以同行业可比公司相关指标作为对照依据的,选取的对照公司应不少于3家。

激励对象个人绩效指标由上市公司自行确定。

(二)条件未成就时的处理措施

根据《上市公司股权激励管理办法》,激励对象若未满足预设的行权条件,将不得行使股票期权或应推迟至下一期行使,且上市公司需注销相应的股票期权。其第四十九条第二款明确指出,当次授予权益的条件未成就时,上市公司不得向激励对象授予权益,未授予的权益也不得递延下期授予。非上市公众公司可借鉴上市公司的相关条款来处理此类情况。对于其他类型的公司,我国法律法规目前尚无具体规定。因此,中小企业在执行股权激励计划时,应根据自身实际情况,自行设定条件未达成时的应对措施。

(三) 绩效考核

行之有效的绩效考核制度主要包括公司和个人的考核指标、考核方法等,是股权激励得以顺利实施的重要保障,实现股权激励的既定效果是绩效考核的战略目标之一。

1. 指标设定的原则

在设置股权激励考核指标时,应遵循以下原则。

1) 目标导向原则

考核指标应与公司战略目标紧密相连,确保股权激励计划能够引导员工行为与公司长远发展目标相一致。企业通过设定具体、可量化的目标,使员工明确努力方向,共同推动公司战略的实现。

2) 公平公正原则

考核指标的设定应对所有激励对象一视同仁,避免主观偏见和歧视,确保考核过程的公平性和公正性。同时,指标设置应清晰明确,减少模糊地带,便于员工理解和接受。

3) 差异性原则

公司在制定员工考核指标时,必须充分考虑每个员工所处的部门和职位的特殊性。这意味着,对于公司内部不同部门和不同职位的员工,公司应当根据其具体的工作职责和工作内容来设定相应的考核指标,即考核指标应当与员工的实际工作范畴紧密相关,确保考核的公平性和有效性。

4) 挑战性与可实现性相结合原则

考核指标应具有一定的挑战性,以激发员工的积极性和创造力;同时,公司也应考虑到实际情况,确保目标在合理范围内可达成,避免目标过高而导致员工失去信心或产生挫败感。

5) 多维度综合评价原则

除了财务指标,企业还应考虑非财务指标,如客户满意度、市场份额、创新能力、团队合作等,以全面评价员工的工作表现和业绩贡献。通过多维度综合评价,公司可以更准确地了解员工的贡献和价值。

6) 动态调整原则

实践中,市场环境、公司战略及员工个人发展等因素均可能发生变化,因此考核指标不应一成不变,公司应根据实际情况适时调整考核指标,确保其始终与公司发展目标相契合,同时保持考核体系的灵活性和适应性。

2. 设定绩效考核的时间点

在一份完善的股权激励计划中,公司可以在一个或多个关键时间点上进行绩效评估。通常,这些绩效评估的时间节点包括:①获得股权或期权时(是否具备获得资格);②确定获得的股权或期权数量时(能够获得的具体数额);③提出行权申请时;④解除股权锁定时;⑤年终股权份额调整时(根据年度考核结果决定是否继续持有或能否全额持有)。

3. 常用的考核指标

1) 公司业绩指标

上市公司在衡量自身业绩时,可以参考自己的历史业绩数据,或者与同行业其他可比较的公司业绩指标进行对比。业绩指标通常包括:①收益率,衡量公司利用股东资本产生净利润的能力;②每股收益,反映公司每股普通股的盈利能力;③每股分红,显示公司对股东的现金分配情况;④净利润增长率,反映公司盈利能力的提升速度;⑤主营业务收入增长率,显示公司核心业务的成长性和市场扩张能力。如果使用同行业可比公司的数据作为参考,那么选择的可比公司数量至少需要 3 家以上,以便进行有效的比较分析。非上市公司可以参考上市公司的做法,根据自身情况设置业绩指标。

2) 个人绩效指标

无论是上市公司还是非上市公司,国家的法律法规对其设置激励对象(如员工或管理层)的个人绩效指标都没有相关规定,公司可以根据现有的考核体系自行设定指标,或者继续使用现行的考核体系。

(四)考核程序

在上市公司中,人力资源部门在董事会薪酬与考核委员会的指导下负责执行具体的考核任务,保存考核结果,并在此基础上编制绩效考核报告提交给董事会薪酬与考核委员会。考核流程的严格性和透明度对于确保股权激励计划的公平性和有效性至关重要。

1. 考核程序启动

根据公司年度经营计划和股权激励方案,公司需要明确考核周期及各个考核时间节点,如年初设定目标,年中进度评估,年末全面考核,等等。

通过公司内部公告、邮件或会议等形式,公司需要向所有激励对象及相关部门发布考核通知,明确考核目的、标准、流程及时间安排。

2. 目标设定与沟通

公司需要依据战略目标及年度经营计划,结合市场环境、行业趋势等因素,制定科学合理的业绩和个人绩效目标。目标应具体、可量化、具有挑战性且可实现。公司应与激励对象进行一对一沟通或集体沟通,确保每位激励对象清晰理解个人及公司的考核目标,明确自身职责和期望成果。

3. 考核执行与监督

公司需要建立有效的数据收集机制,定期跟踪和记录公司业绩和个人绩效数据,确保数据的准确性和及时性;在考核周期内,适时进行进度评估,了解目标完成情况,及时发现问题并采取措施解决;设立独立的监督机构或指定专人对考核过程进行全程监督,确保考核的公正性和透明度;建立反馈机制,鼓励员工提出意见和建议,不断优化考核体系。

4. 考核结果与应用

根据考核标准和收集的数据,公司需要计算每位激励对象的考核得分和业绩完成情况,并将考核结果在公司内部进行公示,确保透明度和公正性。对于考核结果有异议的激励对象,公司应提供申诉渠道和程序。公司根据考核结果确定股权激励的授予、行权或解锁条件是否达成。对于达成条件的激励对象,公司应按照约定授予或解锁相应权益;对于未达成条件的激励对象,则按照股权激励计划中的规定处理,如取消资格、延期行权或注销期权等。

5. 考核总结与改进

公司应对考核过程进行全面总结,分析考核效果、存在的问题和不足之处，提出改进措施和建议，并根据总结分析的结果，不断优化考核体系，完善考核指标、方法和流程，提高考核的科学性和有效性。同时，企业还应加强员工培训和沟通，提高员工对考核体系的理解和认同度。

【例3.7】 科力尔电机集团股份有限公司考核管理办法

科力尔电机集团股份有限公司于2024年8月26日发布《科力尔电机集团股份有限公司2024年股票期权激励计划实施考核管理办法》，具体内容如下。

一、考核目的

进一步完善公司法人治理结构，建立和完善公司激励约束机制，保证本激励计划的顺利实施，进而确保公司发展战略和经营目标的实现。

二、考核原则

考核评价工作严格按照本办法执行，坚持公正、公开、公平的原则，提高本激励计划的考核体系与激励对象工作绩效挂钩的紧密性，从而实现良好的激励和约束效果。

三、考核对象

本办法适用于本激励计划所确定的激励对象，包括公司（含子公司）的核心员工，不包括公司独立董事、监事、单独或合计持有公司5%以上股份的股东或实际控制人及其配偶、父母、子女。

四、考核机构

激励对象的考核评价工作由公司董事会薪酬与考核委员会负责领导、组织。

公司人力资源部对公司董事会薪酬与考核委员会负责，并负责执行具体考核及报告工作。

公司人力资源部、财务部等相关部门负责考核信息的收集和整理，并确保真实性和可靠性。

公司董事会负责最终考核结果的审核。

五、考核标准

（一）公司层面业绩考核

本激励计划首次授予的股票期权行权对应的考核年度为2024—

2026年三个会计年度,每个会计年度考核一次,各行权期内,公司须满足对应考核年度扣非净利润为正数的前提条件,并在此基础上设置公司业绩考核目标,具体见表3.8。

表3.8 首次授予的股票期权行权对应的公司业绩考核目标

行权安排	对应考核年度	业绩考核目标
第一个行权期	2024年	2024年营业收入不低于14.25亿元
第二个行权期	2025年	2024—2025年营业收入累计值不低于29.92亿元
第三个行权期	2026年	2024—2026年营业收入累计值不低于47.16亿元

若本激励计划预留授予的股票期权于2024年第三季度报告披露之前授予,预留授予的股票期权行权对应的考核年度及业绩考核目标与首次授予的股票期权行权对应的考核年度及业绩考核目标一致。

若本激励计划预留授予的股票期权于2024年第三季度报告披露之后授予,预留授予的股票期权行权对应的考核年度为2025—2027年三个会计年度,每个会计年度考核一次。各行权期内,公司须满足对应考核年度扣非净利润为正数的前提条件,并在此基础上设置公司的业绩考核目标,具体见表3.9。

表3.9 预留授予的股票期权对应的公司业绩考核目标

行权安排	对应考核年度	业绩考核目标
第一个行权期	2024年	2025年营业收入不低于15.67亿元
第二个行权期	2025年	2025—2026年营业收入累计值不低于32.91亿元
第三个行权期	2026年	2025—2027年营业收入累计值不低于51.88亿元

注:①上述业绩考核指标均以公司经审计的合并财务报表所载数据为准。
②上述业绩考核目标不构成公司对投资者的业绩预测和实质承诺。

各行权期内,公司须满足对应考核年度扣非净利润为正数的前提条件,若未满足前提条件或相应业绩考核目标的,所有激励对象对应考核当年已获授但尚未行权的股票期权均不得行权,由公司注销。

（二）个人层面绩效考核

激励对象的个人绩效考核按照公司现行的薪酬与绩效考核体系执行，行权期内，依据相应的考核结果确定激励对象当期实际可行权的股票期权数量。个人绩效考核结果划分为"A""B""C""D"共计 4 个等级，以对应的个人层面可行权比例确定激励对象当期实际可行权的股票期权数量，具体见表 3.10。

表 3.10　激励对象个人层面的可行权比例

考核等级	A	B	C	D
个人层面可行权比例	100％	80％	60％	0

各行权期内，公司满足相应业绩考核目标的前提之下，激励对象当期实际可行权的股票期权数量为个人当期计划行权的股票期权数量乘以个人层面可行权比例。对于当期未能行权的股票期权，公司应予以注销。

六、考核结果管理

（一）考核结果反馈与申诉

激励对象有权了解个人考核结果，公司董事会薪酬与考核委员会应在考核评价工作结束后 5 个工作日内将考核结果通知激励对象。

若激励对象对个人考核结果有异议，可与公司人力资源部沟通解决；无法沟通解决的，激励对象可自收到考核结果通知之日起 10 个工作日内向公司董事会薪酬与考核委员会申诉，公司董事会薪酬与考核委员会需自收到激励对象申诉之日起 10 个工作日内开展复核工作，并确定最终考核结果。

公司根据激励对象的个人考核结果办理当期股票期权行权事宜。

（二）考核结果留档

考核评价工作结束之后，激励对象的个人考核结果由公司人力资源部留档保存，保存期限至本激励计划的有效期届满之日止。超过保存期限的，经公司董事会薪酬与考核委员会批准，由公司人力资源部统一办理档案销毁事宜。

七、附则

本办法由公司董事会薪酬与考核委员会负责制定、解释及修订。若本办法与日后发布实施的法律、行政法规、部门规章及其他规范性文件等规定存在冲突的,参照日后发布实施的法律、行政法规、部门规章及其他规范性文件的有关规定执行。

本办法经公司股东大会审议通过,并自本激励计划正式生效后实施。

(五) 量价的调整

在股份登记或行权完成之前,若企业实施了资本公积转增股本、派发股票红利、股票分割、配股或缩股等操作,股权激励的份额及价格需相应调整。尽管《上市公司股权激励管理办法》未明确指定具体的调整方式,但其第四十八条规定:"因标的股票除权、除息或者其他原因需要调整权益价格或者数量的,上市公司董事会应当按照股权激励计划规定的原则、方法和程序进行调整。律师事务所应当就上述调整是否符合本办法、公司章程的规定和股权激励计划的安排出具专业意见。"

下面以上市公司股票期权模式为例,介绍价格和数量的调整方法。

【例3.8】 科力尔电机集团有限公司股票期权激励计划调整方法和程序

科力尔电机集团股份有限公司于2024年8月26日发布《科力尔电机集团股份有限公司2024年股票期权激励计划》,该激励计划的调整方法和程序如下。

一、股票期权授予/行权数量的调整方法

股票期权行权前,公司有资本公积转增股本、派送股票红利、股票拆细、配股或缩股等事项的,应对股票期权的授予/行权数量进行相应的调整。

(一) 资本公积转增股本、派送股票红利、股份拆细

具体计算公式如下:

$$Q = Q_0 \times (1+n)$$

其中:Q_0 为调整前的股票期权授予/行权数量;n 为每股资本公积转增股本、派送股票红利、股份拆细的比例(即每股股票经转增、送股或拆细后增加的股票数量);Q 为调整后的股票期权授予/行权数量。

（二）配股

具体计算公式如下：

$$Q = Q_0 \times P_1 \times (1+n) \div (P_1 + P_2 \times n)$$

其中：Q_0 为调整前的股票期权授予/行权数量；P_1 为股权登记日收盘价；P_2 为配股价格；n 为配股的比例（即配股的股数与配股前总股本的比例）；Q 为调整后的股票期权授予/行权数量。

（三）缩股

具体计算公式如下：

$$Q = Q_0 \times n$$

其中：Q_0 为调整前的股票期权授予/行权数量；n 为缩股的比例（即 1 股公司股票缩为 n 股股票）；Q 为调整后的股票期权授予/行权数量。

（四）派息、增发

公司有派息或增发新股的，股票期权的授予/行权数量不做调整。

二、股票期权行权价格的调整方法

股票期权行权前，公司有资本公积转增股本、派送股票红利、股票拆细、配股、缩股、派息等事项的，应对股票期权的行权价格进行相应的调整。

（一）资本公积转增股本、派送股票红利、股份拆细

具体计算公式如下：

$$P = P_0 \div (1+n)$$

其中：P_0 为调整前的股票期权行权价格；n 为每股资本公积转增股本、派送股票红利、股份拆细的比例；P 为调整后的股票期权行权价格。

（二）配股

具体计算公式如下：

$$P = P_0 \times (P_1 + P_2 \times n) \div [P_1 \times (1+n)]$$

其中：P_0 为调整前的股票期权行权价格；P_1 为股权登记日收盘价；P_2 为配股价格；n 为配股的比例（即配股的股数与配股前总股本的比例）；P 为调整后的股票期权行权价格。

(三)缩股

具体计算公式如下:

$$P = P_0 \div n$$

其中:P_0 为调整前的股票期权行权价格;n 为缩股的比例;P 为调整后的股票期权行权价格。

(四)派息

具体计算公式如下:

$$P = P_0 - V$$

其中:P_0 为调整前的股票期权行权价格;V 为每股的派息额;P 为调整后的股票期权行权价格。经派息调整后,P 仍须大于1。

(五)增发

公司有增发新股的,股票期权的行权价格不做调整。

三、本激励计划调整的程序

当出现上述情况时,董事会应审议通过关于调整股票期权授予/行权数量和/或行权价格的议案,公司应聘请律师事务所就上述调整事项是否符合《上市公司股权激励管理办法》《公司章程》的有关规定和本激励计划的安排出具意见。上述调整议案经董事会审议通过后,公司应当及时披露董事会决议公告,同时公告法律意见书。

第四章

股权激励落地流程

股权激励方案一旦设计完成并经企业决策层同意,即步入落地执行阶段。激励方案从获得批准直至权益获授完成,都体现出企业决策层的睿智和气度。

本章对非上市公司以及上市公司股权激励的落地流程分别予以介绍。

第一节 非上市公司股权激励落地流程

一、方案公示

经股东大会审批的激励计划方案需予以公示,公示乃股权激励方案正式施行之标志,其目的在于确保信息的公开透明性,使公司每位员工均能充分了解股权激励之详细内容,从而维护该计划方案的公信力。在本项任务中,企业需完成两项工作:其一,企业通过公示方式向全体员工明确传达股权激励方案的细节;其二,股权激励计划的负责人或指定的专业顾问机构向全体员工详细阐释股权激励方案,并就相关问题提供解答。

企业可以通过张贴纸质文件或设立文件取阅点的方式在内部进行公示。公示内容应包括股权激励方案及其所有附件材料,推荐公示期限为三至五个工作日。企业应避免将激励方案制作成纸质文件在公司内部随意传阅或将文件带离公司进行公示,以防止企业商业机密泄露。同时,企业应向企业员工明确强调其应承担的保密责任。

股权激励方案经过公示期后,负责人或其顾问需开展一次宣讲活动。

此举旨在全面而详尽地向员工阐释股权激励方案的细节,尤其是那些直接关系到员工个人利益的部分,如激励对象的选定标准、激励股权的定价、分配的股权数量以及激励对象的权利与义务。此外,宣讲内容还应着重说明股权激励方案能为员工带来的具体益处。在公示期间,员工对方案有了初步了解,并可能提出各种问题,因此公司负责人在宣讲时还应针对员工提出的问题进行现场解答。

二、确定激励对象范围

企业依据股权激励计划所约定的方法明确激励对象的范围,并将此方法具体应用于个人,以最终确定应予以激励的员工名单。通常,企业会通过绩效考核来评估员工在股权激励实施前的表现,以此作为确定具体激励对象的依据。绩效考核是衡量员工对企业贡献的一种方式,也是评价员工价值的手段之一。对于公司股东而言,此考核旨在确立一个标准,以公正、公平、客观、准确和全面地评价员工的工作表现,并据此授予相应的股权。

确定激励对象的任务通常由企业的人力资源或行政部门承担,它们将根据股权激励计划的标准整理和审核激励对象的相关信息。顾问需对人力资源部门确定的激励对象进行复核,确保其满足计划中规定的条件。顾问确认无误后,激励对象名单应由董事会、股东会或其他授权机构进行审批。

企业在确定激励对象的过程中可能会出现争议,如关于某些员工是否应被纳入激励范围的争议,为此,企业可以设立一个复议委员会,若员工对股权激励对象的公平性等有疑问,应先向人力资源部门咨询,由人力资源部门负责解答。若问题无法通过人力资源部门解决,员工可再向复议委员会提出复议申请,复议委员会将就此问题作出最终决议,必要时向顾问请求协助。复议委员会的成员可包括企业的股东、董事、监事和律师等。

三、签署协议

在确定了具体的股权激励对象之后,企业应当与这些激励对象签订明确双方权利与义务的协议,以确保股权激励计划的顺利实施。股权激励协议本质上是激励方与激励对象之间达成的一项协议,旨在在特定条件下实现利益的交换。只有当激励方案的内容被每位激励对象认可并形成书面约定时,股权激励协议才会具有最终的法律约束力。

一旦签署协议,激励对象便能在满足既定考核目标后通过法定程序获得公司先前承诺的利益。同时,在激励对象离职或违反公司规定的情况下,企业可以根据协议内容,以约定的价格和方式回购股权,从而避免在引入新投资者或实施新的股权激励计划时出现僵局。

企业在与员工签订股权激励协议时可以举行一个隆重的仪式。在后续的宣讲和股权授予等环节,企业也应高度重视并充分尊重仪式,以体现其重要性。企业为股权激励与员工签订协议而专门举行的郑重仪式能让员工感受到股权激励计划对企业的重大意义,以及作为股权激励对象对企业的重大意义。同时,员工会感受到自己离成为公司股东又近了一步,从而提升对自身身份的荣誉感和自豪感。通常,这样的仪式由企业的人力资源部门或行政部门组织,参与者包括激励对象、企业管理层以及律师等人员。企业需提前确定参与协议签订仪式的公司管理层人员、会议场地和时间,并以邮件形式向全体员工发送签订仪式的通知。

协议通常一式两份,企业与激励对象各持一份。如协议需提交给登记机关,则企业需额外准备一份。

常见的股权激励相关协议见表4.1。

表4.1 股权激励相关协议

协议名称	协议的基本内容	签订目的
《激励对象承诺书》	激励对象自愿参与本次股权激励计划,并对相关事项作出承诺。	确保激励对象充分理解本次股权激励的条款及其必须遵循的相关规定
《参与激励计划协议书》	激励对象与企业及持股平台之间的权利与义务关系等	明确激励对象与企业及持股平台之间的权利与义务
《公司章程》	董事会(股权管理机构)与股东会的职权及议事规则	明确有限责任公司股东间的权利与义务关系,以及公司的日常管理规范

(续表)

协议名称	协议的基本内容	签订目的
《合伙协议》	GP(普通合伙人)与LP(有限合伙人)之间的权利与义务关系,以及持股平台的议事规则等	明确持股平台合伙人之间的权利与义务,以及合伙企业的日常管理规范
《保密协议》	激励对象对其所了解的企业商业秘密及企业股权激励方案负有保密义务,并承担相应的违约责任	防止激励对象泄露公司的商业机密和保密信息,从而导致公司遭受损失
《股权授予协议》	授予的股权数量、股权定价等	确定所授予的股权数额、定价以及双方的权利与义务关系
《股权转让协议》	股权转让的数量、价格、时间以及双方的权利与义务等	明确股权转让双方的权利与义务
《股权赠与协议》	赠与的股权数量以及双方的权利与义务等	明确股权赠与双方的权利与义务
《增资扩股协议》	股权认购的数量、价格、时间以及双方的权利等事宜	明确股权认购方的权利与义务
《竞业禁止协议》	禁止股权激励对象在任职期间兼职于与本企业存在业务竞争关系的其他单位,并且禁止他们在离开本企业后从事与原单位有业务竞争的工作。此外,离职后的竞业限制期限以及应支付的经济补偿金数额也需明确	防止激励对象从事同业竞争活动,以免给公司带来损失

四、召开持股员工大会

企业举行一次隆重的持股员工大会,有助于加深持股员工对股东身份的认同感和归属感。此外,这也是企业尊重持股员工知情权和参与权的体现。会议的核心议题是企业实际控制人向持股员工报告公司的运营状况,涵盖公司的盈利情况、盈利额度以及股权分配的具体数目等。此外,会议还可以进行股权管理机构成员的选举。

(一)会议前期准备工作

企业在会议召开之前,务必要明确会议的具体时间、地点以及参会人员名单。参会人员名单应包括企业管理层成员、实际控制人以及控股股东等关键人物。

企业应提前15日向所有持股员工发送会议通知,通知内容应详细涵盖会议的具体时间、地点、参与人员、议程安排、联系人信息及联系方式。企业应确保通知内容全面,以便于员工了解会议的具体情况,做好参会准备。

会议所需准备的文件包括候选人名单、签到表、选票等。企业应确保所有文件齐全,同时,企业应提前准备好会议所需的设备和物资,如投影仪、音响等,以确保会议顺利进行。

(二) 会议召开流程

在会议召开过程中,企业应严格按照预定的流程进行:一是参会员工签到;二是主持人开场致辞,介绍会议的目的和议程安排;三是按照议程逐项进行讨论和决策,在讨论过程中,企业应确保每位参会人员都有机会发言,充分表达自己的观点和意见;四是全体员工在会议记录上签字确认。持股员工大会流程见图4.1。

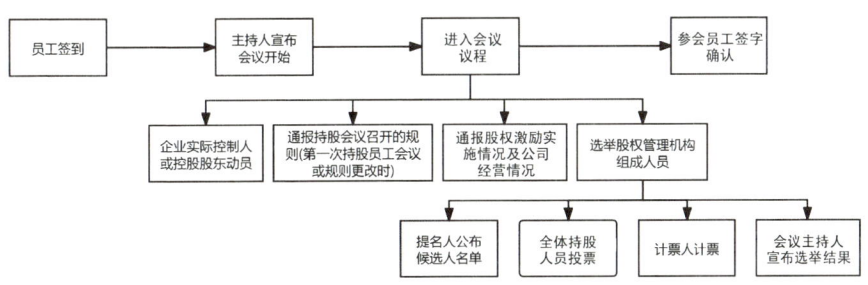

图4.1 持股员工大会流程

(三) 会议结束

会议结束后,企业在内部公示新选出的股权激励管理机构成员名单。公示时间应不少于7个工作日,以便员工了解新成员情况,提出意见和建议。

此外,企业还应迅速起草新闻通稿,并及时向外界发布。新闻通稿应详细描述会议过程、选举结果以及新成员的基本情况。企业通过新闻通稿向外界传递企业稳定发展的信息,增强投资者和员工的信心。同时,企业也可以通过企业官网、社交媒体等渠道发布相关信息,扩大宣传效果。

五、成立股权管理委员会

股权管理机构是实施股权激励计划的核心治理主体,同时也是持股平台的决策中枢。其成员构成通常采用混合模式,既可通过持股员工大会选举产生以体现民主决策,也可由公司指派核心管理人员确保战略协同性。具体组织形式需根据持股平台的法律形式进行适配。

当采用有限合伙企业作为持股平台时,股权管理机构通常由普通合伙人(GP)承担。值得注意的是,GP 主体普遍采用有限责任公司形式,此举既能通过法人实体实现风险隔离,又能通过 GP 身份掌握合伙企业的绝对控制权。在实操层面,有限合伙企业架构的搭建存在严格的前置条件:普通合伙人主体(即股权管理机构)需先于持股平台设立完成。这一流程要求确保了 GP 对有限合伙企业的法定管理权限,避免了后续股权流转中的控制权争议。同时 GP 公司章程中应明确特殊表决权条款,以强化对持股平台的管理效能。

若采用有限责任公司作为持股平台,股权管理机构通常体现为股东会与董事会的双层治理结构。其中股东会行使重大事项决策权,而董事会作为执行机构负责日常管理,这种设计既符合《公司法》要求,又能提升决策效率。

六、构建持股平台

构建持股平台是实施股权激励计划的重要环节,旨在为激励对象提供一个稳定、规范的持股环境。

第一步,企业需要确定持股平台的法律载体。常见的法律载体包括有限责任公司、有限合伙企业以及信托公司等。每种载体都有其独特的法律特征和适用场景,因此需要根据企业的实际情况和需求进行选择。

第二步,在确定了持股平台的法律载体后,企业需要设立相应的组织架构。例如,如果选择有限责任公司作为持股平台,企业需要设立股东会、董事会和监事会等机构,并明确各自的职责和权限。如果选择有限合伙企业作为持股平台,企业则需要设立普通合伙人和有限合伙人等角色,并明确其权利与义务。

第三步，为了确保持股平台的正常运作，企业需要制定一系列内部管理制度，包括但不限于股权管理、资金管理、信息披露、决策机制等。这些制度应确保持股平台的透明度和规范性，同时保障激励对象的合法权益。

第四步，在完成持股平台的设立和内部管理制度的制定后，企业需要办理相关的法律手续，如工商注册、税务登记等。此外，企业还需要与激励对象签订相关的股权激励协议，明确双方的权利与义务。

第五步，持股平台设立后，企业需要进行日常运作与管理，包括定期召开股东会或合伙人会议，审议和决策相关事项，定期进行财务报告和信息披露，以及处理股权变更、分红等事宜。

七、进行出资及工商变更登记

在成立股权管理委员会并构建好持股平台后，企业应进行出资及工商变更登记。这一步骤是确保股权激励计划合法、合规的关键环节。

首先，激励对象需按照协议中约定的出资时间和金额将资金转入企业指定的账户。企业财务部门应确保资金的准确到账，并及时向股权管理委员会报告出资情况。在实际操作中，企业一般会设定员工的最晚出资时间，并在签订协议时预留足够的时间让员工筹集资金。若员工未能在期限内交清款项，且无特殊理由，通常视为放弃部分或全部激励资格。对于分期授予的股权，企业应事先约定未交清款项的处理办法，例如是否影响后续激励资格或是否允许延期补缴。企业需根据员工情况预先决定这些事项，并向员工明确说明，以避免未来的争议或纠纷。

其次，企业需准备一系列相关文件，如股东会决议、修订后的公司章程、股权转让协议等，以便完成工商变更登记手续。工商变更登记是指在工商行政管理部门备案股权变动情况，确保股权变动具有法律效力。在实际获得股权的激励过程中，股权激励的最终成果是激励对象获得股份股权或财产份额，从而成为名副其实的股东。在进行工商变更登记时，企业应指派专人负责与工商行政管理部门沟通，确保所有手续均符合法律法规的要求。企业提交的文件必须完整无误，以避免资料缺失或错误而引起的反复修改和时间延误。

再次，企业应向税务部门报告股权变动情况，并办理相应的税务登记手续。税务登记是确保企业合法纳税的重要环节,有助于避免税务问题导致的法律风险。

最后,企业应将股权变动情况及时通知相关利益方,包括但不限于银行、债权人、合作伙伴等,以确保各方了解公司股权结构的变化,维护公司的商业信誉和合作关系。

八、举办授予仪式

在完成出资及工商变更登记后,企业可以举办一场隆重的股权激励授予仪式,以彰显对激励对象的重视和认可。仪式不仅是对激励对象辛勤付出的肯定,更是激励他们未来继续为公司发展贡献力量的重要举措。

仪式的筹备工作应由专门的团队负责,确保每一个细节都尽善尽美。首先,举办团队应选择一个合适的场地,可以是企业内部的会议室或外部的酒店宴会厅,根据企业规模和预算进行决定。场地布置应体现出企业的文化氛围,同时也要营造出庄重而喜庆的氛围。其次,企业的控股股东/实际控制人、管理层都应当出席该授予仪式,企业领导应发表致辞,回顾企业的发展历程,强调股权激励计划的重要意义,并对激励对象的贡献表示感谢。同时,企业可以邀请部分激励对象代表上台发言,分享他们的感受和对未来的展望。在仪式上,企业可以正式向激励对象颁发股权证书或相关文件,以证明他们正式成为公司的股东。证书的设计应体现出公司的品牌形象,同时也要庄重而具有纪念意义。最后,企业可以安排专业的摄影师记录下整个仪式的过程,制作成精美的纪念册和视频,发放给所有参与者,作为永久的纪念。

通过举办一场成功的股权激励授予仪式,企业不仅能够增强员工的归属感和忠诚度,还能进一步提升公司的凝聚力和向心力,为企业未来的持续发展奠定坚实的基础。

第二节 上市公司股权激励落地流程

上市公司的股权激励计划实施流程通常包含五个关键阶段,分别是审议、实施、调整、变更以及终止阶段。在审议阶段,公司董事会或股东大会会对股权激励计划进行详细讨论和审查,确保其符合公司的发展战略和股东的利益。在实施阶段,公司会根据审议通过的方案具体执行股权激励计划,包括授予股权、签订相关协议等。在调整阶段,公司可能会根据市场环境、公司业绩或员工表现等因素,对股权激励计划进行必要的调整,以确保其有效性和公平性。在变更阶段,公司可能会对股权激励计划的条款进行修改,如调整激励对象、调整激励额度等,以适应公司战略的变化或应对特殊情况。在终止阶段,公司可能会根据实际情况决定终止股权激励计划,这通常发生在计划无法达到预期效果或公司战略发生重大调整时。整个股权激励实施流程需要严格遵守相关法律法规,确保透明公正,以维护公司和股东的合法权益。

一、审议

无论上市公司股权激励模式是限制性股票、股票期权还是其他模式,其审议流程都是一致的。

(一) 薪酬与考核委员会拟订草案

根据《上市公司独立董事管理办法》(2023年7月28日中国证券监督管理委员会第5次委务会议审议通过),上市公司董事会下设的薪酬与考核委员会具体负责制定公司的股权激励计划草案,薪酬与考核委员会中的独立董事应当过半数并担任召集人,他们可建议聘请独立财务顾问评估计划的可行性、对公司发展的促进作用以及对股东利益的影响。若未采纳薪酬与考核委员会的建议,公司需特别说明原因。上市公司未在董事会中设置提名委员会、薪酬与考核委员会的,由独立董事专门会议就相关事项向董事会提出建议。

(二) 董事会审议

上市公司实施股权激励计划时,董事会必须依照法律规定对计划草案作出决议。在此过程中,任何拟成为激励对象的董事,或与之有利益关联的董事,都应主动回避。此外,当董事会审议《上市公司股权激励管理办法》中第四十六条至第五十一条所涉及的股权激励计划相关事宜时,同样需要上述董事回避表决。

在遵循《上市公司股权激励管理办法》第三十七条和第五十四条的规定完成必要的公示和公告程序后,董事会应将股权激励计划草案提交至股东大会进行审议。

(三) 监督机构发表意见

监督机构(如薪酬与考核委员会、独立董事专门会议等)需核查激励对象名单,并对股权激励计划草案是否有利于公司持续发展及是否损害股东利益发表意见。

(四) 聘请独立财务顾问(如需)

上市公司若未遵循《上市公司股权激励管理办法》第二十三条、第二十九条的定价原则,而是采用其他方法确定限制性股票授予价格或股票期权行权价格的,必须聘请独立财务顾问就股权激励计划的可行性、对上市公司持续发展的益处、定价依据和方法的合理性、是否损害公司利益及对股东利益的影响提出专业意见。其他情况下是否需要参考独立财务顾问的意见,由薪酬与考核委员会决定。

(五) 名单公示

上市公司需在股东大会前公示激励对象的姓名和职务,公示期至少为10天。董事会薪酬与考核委员会负责审核名单,听取意见。上市公司需在审议前5日披露董事会薪酬与考核委员会审核结果及公示情况说明。

(六) 自查

上市公司必须在股权激励计划草案公告前的6个月内对内幕信息知情人士进行买卖本公司股票及其衍生品的行为进行自查,并阐明是否存在内幕交易行为。

若内幕信息知情人士在此期间买卖本公司股票,除了法律、行政法规及相关司法解释明确排除内幕交易的情形,该人士不得成为激励对象。同样,泄露内幕信息而导致内幕交易发生的人员亦不得成为激励对象。

(七) 聘请律师

上市公司应当聘请律师事务所对股权激励计划出具法律意见书,至少对以下事项发表专业意见：上市公司是否符合本办法规定的实行股权激励的条件；股权激励计划的内容是否符合本办法的规定；股权激励计划的拟订、审议、公示等程序是否符合本办法的规定；股权激励对象的确定是否符合本办法及相关法律法规的规定；上市公司是否已按照中国证监会的相关要求履行信息披露义务；上市公司是否为激励对象提供财务资助；股权激励计划是否存在明显损害上市公司及全体股东利益和违反有关法律、行政法规的情形；拟作为激励对象的董事或与其存在关联关系的董事是否根据本办法的规定进行回避；其他应当说明的事项。

（八）召开股东大会

在股东大会上，股权激励计划的内容必须提交表决，并且需要获得三分之二以上出席股东的支持。除了上市公司的董事、监事、高级管理人员以及单独或共同持有公司 5％以上股份的股东，其他股东的投票情况应单独统计并公开披露。

当上市公司在股东大会上审议股权激励计划时，任何作为激励对象的股东，或者与激励对象有联属关系的股东，都应当在表决时回避。

二、实施

（一）条件的审议

1. 审议上市公司股权激励的条件

在上市公司向激励对象授予权益之前，董事会必须审议股权激励计划中设定的激励对象获得权益的条件是否已经满足，并且董事会薪酬与考核委员会应发表明确的意见。同时，律师事务所也应出具法律意见书，确认激励对象获得权益的条件是否已经实现。

若上市公司向激励对象授予权益的实际情况与股权激励计划的条款存在差异，监事会（在激励对象发生变更时）、律师事务所以及独立财务顾问（如适用）均应提供明确的意见。

2. 审议激励对象行使权益的条件

在激励对象行使权益之前，董事会需审议股权激励计划中设定的激励对象行使权益的条件是否已经满足，并且董事会薪酬与考核委员会应提供明确的意见。律师事务所应出具法律意见书，确认激励对象行使权益的条件是否已经实现。

(二)董事会负责实施

上市公司董事会应依据股东大会的决议,执行限制性股票的授予、解除限售、回购操作以及股票期权的授权、行权和注销程序。

1. 董事会薪酬与考核委员会核实

上市公司董事会薪酬与考核委员会需对限制性股票授予日及期权授予日的激励对象名单进行核实,并发表相应的意见。

2. 账户开设

上市公司应依照证券登记结算机构的业务规则,在证券登记结算机构开设专门的证券账户,用于股权激励计划的实施。若激励对象为外籍员工,对其尚未行权的股票期权或不得转让的标的股票,应予以锁定。

3. 登记结算

在上市公司授予权益或回购限制性股票以及激励对象行使权益之前,公司必须向证券交易所提交申请。待证券交易所确认后,证券登记结算机构负责办理相关的登记结算事宜。

4. 时间限制

股权激励计划一旦经股东大会审议通过,上市公司应在 60 日内完成权益的授予并进行公告、登记。若存在获授权益的条件,则上市公司应在条件满足后的 60 日内授予权益并完成公告、登记。若上市公司未能在 60 日内完成上述工作,必须及时公布未完成的原因,并宣布终止实施股权激励计划,自公告之日起 3 个月内不得重新审议股权激励计划。根据《上市公司股权激励管理办法》的规定,上市公司不得授出权益的时间不计入 60 日内。

5. 分次授予

在分次授出权益的情况下,每次授出前,上市公司都应召开董事会,根据股权激励计划的内容及首次授出权益时确定的原则,决定授出的权益价格、行使权益的安排等事宜。若当次授予权益的条件未达成,上市公司不得向激励对象授予权益,且未授予的权益不得顺延至下一期授予。

三、调整

当标的股票发生除权、除息或其他情形，导致权益价格或数量需要调整时，上市公司的董事会应依照股权激励计划中约定的原则、方法和程序进行相应的调整，同时，律师事务所须提供专业意见，以确认这些调整是否遵循了《上市公司股权激励管理办法》、公司章程的相关规定以及股权激励计划的具体安排。

四、变更

在上市公司股东大会批准股权激励计划之前，公司有权对其进行修改，但任何修改都必须得到董事会的批准。若上市公司需要对股东大会批准的股权激励计划进行修改，公司必须及时进行公告并重新提交股东大会审议。修改不得包含以下情况：①促使提前行权或提前解除限制性股票；②降低行权价格或授予价格。董事会薪酬与考核委员会应当就修改后的计划是否有利于公司的持续发展以及是否存在明显损害公司及所有股东利益的情况，发表独立意见。律师事务所也应就修改后的计划是否符合《上市公司股权激励管理办法》及相关法律法规的规定，以及是否存在明显损害公司及所有股东利益的情况，提供专业意见。

五、终止

(一) 终止程序

在上市公司股东大会审议股权激励计划之前，公司若拟终止实施该计划，必须先经过董事会的审议批准。相反，若在股东大会已经审议通过股权激励计划之后，公司决定终止实施该计划，那么这一决定应提交至股东大会进行审议。此外，律师事务所应当针对上市公司终止实施股权激励计划是否遵循本办法及相关法律法规，以及是否存在对上市公司及全体股东利益造成明显损害的情况，提供专业的意见。

(二) 终止后的限制

上市公司在股东大会或董事会通过终止实施股权激励计划的决议，或者在股东大会上未能通过股权激励计划的情况下，自决议公告之日起的 3 个月内,不得重新审议股权激励计划。

六、股权激励的信息披露

信息披露的一般原则为:上市公司实行股权激励应当真实、准确、完整、及时、公平地披露或者提供信息,不得有虚假记载、误导性陈述或者重大遗漏。

(一) 信息披露的主要内容

上市公司应当在董事会审议通过股权激励计划草案后,及时发布董事会决议股权激励计划草案及董事会薪酬与考核委员会意见公告。

上市公司实行股权激励计划依照规定需要取得有关部门批准的,应当在取得有关批复文件后的 2 个交易日内进行公告。

股东大会审议股权激励计划前,上市公司拟对股权激励方案进行变更的,变议案经董事会审议通过后,上市公司应当及时披露董事会决议公告,同时披露变更原因、变更内容及董事会薪酬与考核委员会和律师事务所的意见。

上市公司在发出召开股东大会审议股权激励计划的通知时,应当同时公示法律意见书;聘请独立财务顾问的,还应当同时公示独立财务顾问报告。

股东大会审议通过股权激励计划及相关议案后,上市公司应当及时披露股东大会决议公告、经股东大会审议通过的股权激励计划以及内幕信息知情人买卖本公司股票情况的自查报告。股东大会决议公告中应当包括中小投资者单独计票结果。

上市公司分次授出权益的,分次授出权益的议案经董事会审议通过后,上市公司应当及时披露董事会决议公告,对拟授出的权益价格、行使权益安排、是否符合股权激励计划的安排等内容进行说明。

因标的股票除权、除息或者其他原因调整权益价格或者数量的,调整议案经董事会审议通过后,上市公司应当及时披露董事会决议公告,同时公示律师事务所意见。

上市公司董事会应当在授予权益及股票期权行权登记完成后且限制性股票解除限售前,及时披露相关实施情况的公告。

上市公司向激励对象授出权益时，应当按照《上市公司股权激励管理办法》第四十四条的规定履行信息披露义务，并再次披露股权激励会计处理方法、公允价值确定方法、涉及估值模型重要参数取值的合理性、实施股权激励计划应当计提的费用及对上市公司业绩的影响。

上市公司董事会按照《上市公司股权激励管理办法》第四十六条和第四十七条的规定对激励对象获授权益、行使权益的条件是否成就进行审议的，上市公司应当及时披露董事会决议公告，同时披露董事会薪酬与考核委员会、律师事务所意见以及独立财务顾问意见（如有）。

上市公司董事会按照《上市公司股权激励管理办法》第二十七条的规定审议限制性股票回购方案的，应当及时披露回购股份方案及律师事务所意见。回购股份方案经股东大会批准后，上市公司应当及时披露股东大会决议。

上市公司终止实施股权激励的，终止实施议案经股东大会或董事会审议通过后，上市公司应当及时披露股东大会决议公告或董事会决议公告，并对终止实施股权激励的原因、股权激励实施进展、终止实施股权激励对上市公司的可能影响等作出说明，并披露律师事务所意见。

（二）定期报告披露的内容

上市公司应当在定期报告中披露报告期内股权激励的实施情况，具体包括以下内容：报告期内激励对象的范围；报告期内授出、行使和失效的权益总额；至报告期末累计已授出但尚未行使的权益总额；报告期内权益价格、权益数量历次调整的情况以及经调整后的最新权益价格与权益数量；董事、高级管理人员各自的姓名、职务，以及在报告期内历次获授、行使权益的情况和失效的权益数量；因激励对象行使权益所引起的股本变动情况；股权激励的会计处理方法及股权激励费用对公司业绩的影响；报告期内激励对象获授权益、行使权益的条件是否成就的说明；报告期内终止实施股权激励的情况及原因。

中篇

股权激励会计

第五章

股权激励会计处理

以《企业会计准则第 11 号——股份支付》和其他相关国家统一会计制度为依据,提供如实相关的股权激励会计信息是企业合法有效实施股权激励计划及处理相关纳税事项的基础性工作。在我国现行经济法律制度下,股权激励工具除上市公司常用的限制性股票和股票期权外,还有股票增值权、员工持股计划[1]和股权期权、股权[2]奖励等。股权激励工具不同,会计处理不同;股权激励工具相同,但股权激励计划安排条款不同,会计处理在细节上也会有诸多不同。为夯实基础、把握重点和突出实务考虑,本章主要讲述股份支付的会计概念、业务类型、一般会计处理、特殊事项会计处理及股权激励会计处理案例等内容。

第一节　股份支付的会计概念和业务类型

一、股份支付的会计概念

《企业会计准则第 11 号——股份支付》(以下简称 CAS11)第二条规

---

[1] 此处的员工持股计划仅指《关于上市公司实施员工持股计划试点的指导意见》(中国证券监督管理委员会公告〔2014〕33 号)所规范的员工持股计划。

[2] 这里所说的股权包括有限责任公司股权、股份有限公司股份,但是在依法设立的证券交易所上市交易以及在国务院批准的其他全国性证券交易场所交易的股份有限公司股份除外。参见《最高人民法院关于人民法院强制执行股权若干问题的规定》(法释〔2021〕20 号)第一条规定。

定,股份支付是指企业为获取职工和其他方提供服务而授予权益工具①或者承担以权益工具为基础确定的负债的交易。该准则所指的权益工具是企业自身权益工具。

交易者,买卖也。在这个意义上,CAS11中所说"股份支付"与其他等价有偿获取服务的交易事项没有什么区别。股份支付交易的特殊性在于,企业向服务提供方支付对价的方式是交付自身权益工具或者承担以自身权益工具为基础确定的负债。也正因如此,与一般的获取服务的市场交易相比,股份支付交易协议涉及多方利益关系人,实施安排十分复杂。就其基本交易环节看,主要包括授出权益(授权)、行使权益(行权)和行权所获股票(股权)限售及处置等,但每一个基本交易环节的完成都需要履行许多法律程式。例如,对于上市公司的股票期权股权激励业务,仅就股票期权授予这一环节,从上市公司薪酬委员会拟订股权激励计划草案至股票期权授予登记公告,公司需要完成十多项法律程序所要求的运作手续。股票期权股权激励业务流程具体见图5.1。

CAS11第三条强调,"企业合并中发行权益工具取得其他企业净资产的交易,适用《企业会计准则第20号——企业合并》""以权益工具作为对价取得其他金融工具等交易,适用《企业会计准则第22号——金融工具确认和计量》"。另外,CAS11将股份支付交易的标的限于"服务",将交易关涉的权益工具限于"企业自身权益工具"。相较而言,《国际财务报告准则第2号——以股份为基础的支付》(2016修订)的相关界定更为宽广一些:"股份支付协议是指企业(或集团另一企业,或集团企业的股东)与另一方(包括员工)之间达成协议,若另一方(包括员工)满足行权条件,则有权收取企业之现金或其他资产,金额以该企业或集团另一企业权益工具(包括股票或股票期权)的价格(或价值)为基础,或者收取企业或集团另一企业的权益工具(包括股票或股票期权)。""股份支付交易是指在该交易中企业按股份支付协议取得来自货物或服务提供者(包括员工)的货物或服务,或者当集团另一企业取得上述货物或服务时,企业按股份支

---

① 权益工具是指能证明拥有某个企业在扣除所有负债后的资产中的剩余权益的合同。最典型的权益工具是企业的普通股(股权与股票),该专用术语仅使用在本章节。

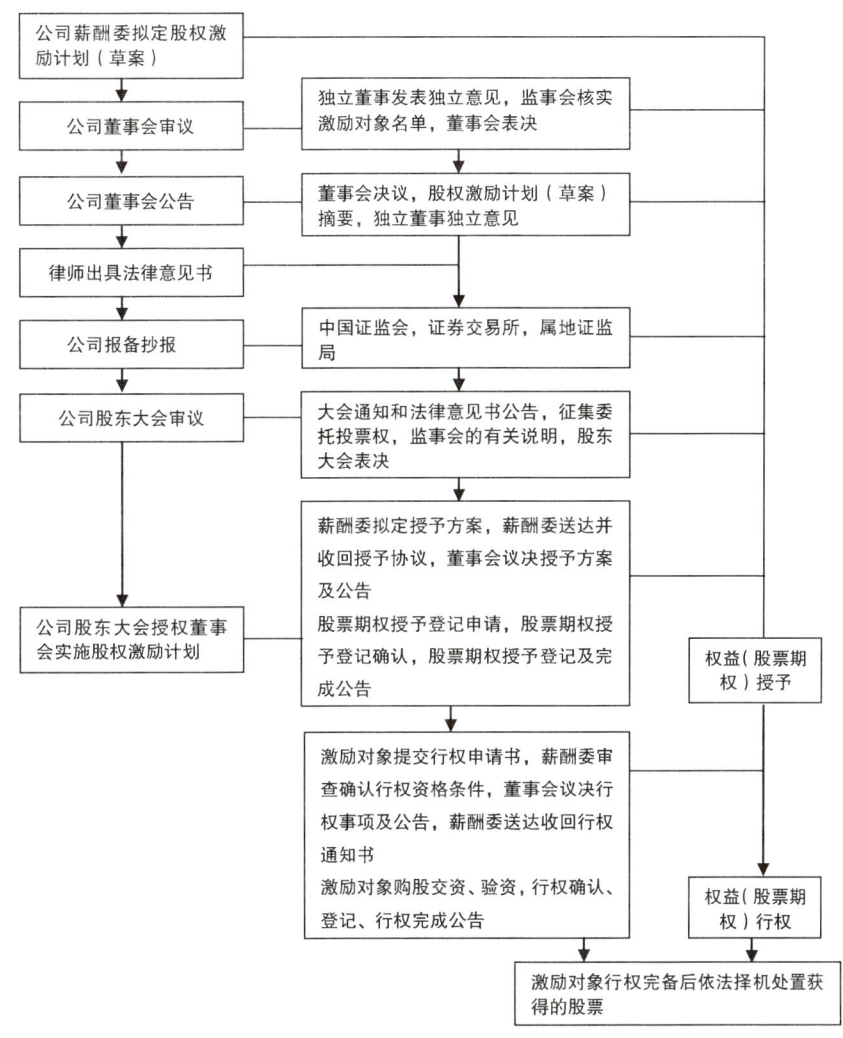

图 5.1 股票期权股权激励业务流程

付协议承担向上述货物或服务提供者结算该交易的义务。"

二、股份支付的业务类型

将股份支付划分为不同的业务类型(图 5.2),有利于我们从会计层面更好地分析把握股份支付各交易形态的法律形式和经济实质。

首先,按为企业提供服务的交易对象不同,股份支付可分为获取职工服务的股份支付和获取其他方服务的股份支付。

其次,在股份支付交易中,按企业支付给服务提供方的结算对价不同,股份支付可分为以权益结算的股份支付和以现金结算的股份支付。① 这是会计上股份支付的基本分类。以权益结算的股份支付是指企业为获取服务以股份或其他权益工具作为对价进行结算的交易。② 企业以股票期权、股权期权、限制性股票、股权奖励和员工持股计划等方式实施的股权激励计划,通常属于以权益结算的股份支付交易形态。以现金结算的股份支付是指企业为获取服务承担以股份或其他权益工具为基础计算确定的交付现金或其他资产义务的交易。③ 企业以股票增值权、虚拟股权等方式实施的股权激励计划,属于典型的以现金结算的股份支付交易形态。

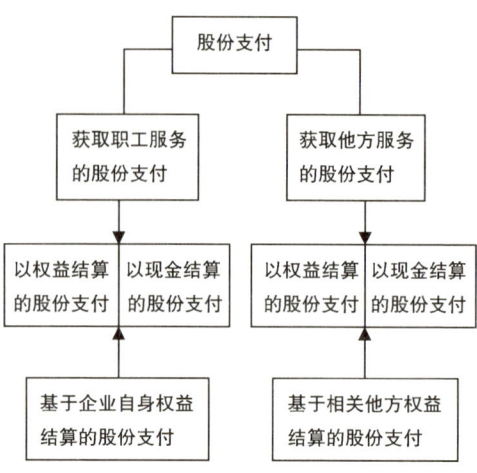

图 5.2 股份支付的业务类型

除了上述类型,按企业应付交易对方结算对价的确定基础不同,股份支付可分为基于企业自身权益结算的股份支付和基于相关他方权益结算的股份支付。这里的"企业相关他方"一般指企业的子公司、母公司或是同属一个集团的另一企业。④

---

① 参见 CAS11 第二条第二款规定。
② 参见 CAS11 第二条第三款规定。
③ 参见 CAS11 第二条第四款规定。
④ 参见《企业会计准则解释第 4 号》(财会〔2010〕15 号)第七条及《国际财务报告准则第 2 号——以股份为基础的支付》(国际会计准则理事会,2016)。

第二节　股份支付的一般会计处理

在股份支付交易中,当交易对方提供服务时,企业应当确认所接受的服务;所接受服务不符合资产确认条件的,应将其确认为费用。在权益结算的股份支付交易中,企业在确认所接受服务的同时,应确认相应所有者权益的增加;在现金结算的股份支付交易中,企业在确认所接受服务的同时,应确认因此发生的负债。在股份支付交易中,企业对所确认服务和相应增加的所有者权益或负债,应当直接以所接受服务的公允价值计量,除非该公允价值不能可靠估计;若不能对所接受服务的公允价值作出可靠估计,企业应当参考所授予权益工具的公允价值来计量所接受服务的价值。

一、以权益结算的股份支付

(一)换取职工服务的以权益结算的股份支付

企业通常把授予职工股票、股票期权等权益工具作为职工薪酬包[①]的一部分,但在实践中,单独直接地对职工薪酬包中某一成分所换取的职工服务的公允价值作出可靠估计是很难的。作为薪酬包的一部分,职工所获授的股票、股票期权等权益工具不同于基础薪酬,它们具有奖励和激励性。从某种意义上讲,企业授予职工股票、股票期权等权益工具是为了获取职工额外的特殊的服务。这种额外的特殊职工服务在人力资源市场上是无常规交易可循的,其公允价值的估计也是难以做到的。在换取职工服务的权益结算股份支付交易中,授予职工股票、股票期权等权益工具与职工提供服务互为对价,在不能对所接受服务的公允价值进行直接可靠估计时,企业可参考所授予权益工具的公允价值来计量所接受服务的价值。也正因为如此,CAS11第四条规定:"以权益结算的股份支付换取职工提供服务的,应当以授予职工权益工具的公允价值计量。"

---

① 薪酬包是一种包括基础薪酬的可变薪酬机制。

1. 授予后立即可行权的换取职工服务的以权益结算的股份支付

1) 接受职工提供服务的股份支付的确认和计量

CAS11第五条第一款规定:"授予后立即可行权的换取职工服务的以权益结算的股份支付,应当在授予日按照权益工具的公允价值计入相关成本或费用,相应增加资本公积。"在换取职工服务的以权益结算的股份支付交易中,若职工获授权益工具后即可行权,则表明企业已全部取得作为授出权益工具对价的职工应提供的服务。在这种情况下,授予日就成了授予权益工具与职工提供服务互换交易的完成日,此时企业应就所授出即可行权的全部权益工具数量为基础,确认所接受的职工服务和相应的所有者权益(资本公积)。CAS11第五条第一款中所说的"计入相关成本或费用"的金额应为授予日权益工具公允价值乘以职工获授权益工具总份数。

CAS11第五条第二款规定:"授予日,是指股份支付协议获得批准的日期。"其中,"获得批准"是指企业与职工或其他方就股份支付的协议条款和条件已达成一致,该协议获得股东大会或类似机构的批准。

● 【例5.1】 授予日的确定

某上市公司通过二级市场回购股份的方式实施股权激励计划。2×22年10月15日,公司股东大会审议通过股权激励方案,并确定了授予价格,但未确定拟授予股份的激励对象及股份数量,股东大会授权董事会确定具体激励对象及股份数量。2×22年12月1日,公司董事会确定了具体激励对象及股份数量,将经批准的股权激励方案与员工进行了沟通,并达成一致意见。

本例中,公司股权激励方案虽于2×22年10月15日获得股东大会批准,但该日并未确定拟授予股份的具体激励对象及授予股份数量,不满足授予日定义中"获得批准"的要求,即"企业与交易对方就股份支付的协议条款或条件已达成一致"。2×22年12月1日,公司董事会确定了股权激励对象及授予股份数量,企业与交易对方就股份支付的协议条款或条件已达成一致。因此,该股份支付交易的授予日应为2×22年12月1日。

2) 接受职工提供服务的股份支付的基本账务处理

对于授予后立即可行权的换取职工服务的以权益结算的股份支付交易,由于授予职工的具体权益工具不同,企业在账务处理上也会有所不同。

【例 5.2】 股权奖励的基本账务处理

丙公司(上市公司)为奖励本公司科研骨干在新产品研发项目中的杰出表现,特回购本公司股票 10 万股,并一次性将股票授给了科研骨干,股份回购总成本为 40 万元。科研骨干对所得股票依法享有完整权益,丙公司对此未作任何限制。授予日,上述新产品研发项目正处于攻关期,当日丙公司股票的公允价值为 5 元/股。就此,按 CAS11 第五条的规定,丙公司在授予日应确认计入相关成本或费用的金额为 50 万元(10 万股×5 元/股),相应会计分录为:

```
借:研发支出                          500 000
    贷:库存股                             400 000
        资本公积——股本溢价                100 000
```

国家税务总局发布的《关于我国居民企业实行股权激励计划有关企业所得税处理问题的公告》(国家税务总局公告 2012 年第 18 号)第二条第一项规定:"对股权激励计划实行后立即可以行权的,上市公司可以根据实际行权时该股票的公允价格与激励对象实际行权支付价格的差额和数量,计算确定作为当年上市公司工资薪金支出,依照税法规定进行税前扣除。"据此,[例 5.2]中产生的在股权激励发生当年可税前扣除的工资薪金支出为 50 万元[(10 万股×5 元/股)－0]。这与上述会计分录确认的"研发支出"金额一致,企业所得税处理和会计处理不存在暂时性差异,相关账务处理无须考虑税会之间暂时性差异的影响。

【例 5.3】 股票期权奖励的基本账务处理

假设[例 5.2]中丙公司一次性授给其科研骨干的权益工具不是所回购的本公司股票,而是以自身股票为标的的 10 万份股票期权。授予日该股票期权的公允价值为 5 元/份,约定行权价为 10 元/股。科研骨干获授

10万份股票期权后即可行权,股票来源为丙公司向科研骨干增发股票,每股股本为1元。就此,按CAS11第五条的规定,丙公司在授予日应确认计入相关成本或费用的金额为50万元(10万份×5元/份),相应会计分录为:

借:研发支出 500 000
　　贷:资本公积——其他资本公积 500 000

授予日后,[例5.3]中科研骨干在公司统一安排下在本年度内办结了行权事项,行权日丙公司股票的公允价值为14元/股,丙公司在收讫行权股款100万元(10万股×10元/股)后,应做如下会计分录:

借:银行存款 1 000 000
　　资本公积——其他资本公积 500 000
　　贷:股本 100 000
　　　　资本公积——股本溢价 1 400 000

按上述《关于我国居民企业实行股权激励计划有关企业所得税处理问题的公告》(国家税务总局公告2012年第18号)第二条第一项的规定,[例5.3]中会计分录确认的"研发支出"50万元在实际行权时可依法税前扣除,属可抵扣暂时性差异,若实际行权时间与授予日不在同一年度,应在当年资产负债表日确认递延所得税资产。但在[例5.3]中,实际行权时间与授予日在同一年度,丙公司无须做递延所得税资产确认和转回的会计分录,只需就可税前扣除研发支出40万元(10万股×14元/股－100万元)与会计确认"研发支出"50万元的差额,做纳税调整即可。

2. 附行权条件的换取职工服务的以权益结算的股份支付

CAS11第六条第一款规定:"完成等待期内的服务或达到规定业绩条件才可行权的换取职工服务的以权益结算的股份支付,在等待期内的每个资产负债表日,应当以对可行权权益工具数量的最佳估计为基础,按照权益工具授予日的公允价值,将当期取得的服务计入相关成本或费用和资本公积。"

1) 接受职工提供服务的股份支付的确认

可行权条件由股份支付协议约定,是指决定企业是否取得职工等交易对方服务,并因此而使得职工等交易对方具有行使被授予权益工具完整权能的条件,如CAS11第六条规定的"完成等待期内的服务或达到规定业绩条件"等。

通俗地讲,可行权条件得以实现是企业取得职工服务和职工取得权益工具完整权能的标志。也就是说,在附有可行权条件的换取职工服务的以权益结算的股份支付交易中,可行权条件的实现意味着企业取得了职工提供的服务,职工也因此依约应当行使和享有相应权益。只有这样,企业才可以确认所接受的职工服务及相应的所有者权益(资本公积)。

一般而言,股份支付协议约定的可行权条件为服务条件或业绩条件,或是两者兼之。服务条件是指按股份支付协议约定,企业职工等交易对方只需在特定期间为企业提供服务即可。也就是说,无论企业业绩表现如何,只要职工等企业交易对方正常为企业提供服务,就算服务条件满足。但不管什么原因,如果企业职工等交易对方在约定的特定期间终止向企业提供服务,则意味着服务条件未能满足。业绩条件分为市场条件和非市场条件。市场条件是指与权益工具市场价格相关的对行权价格、可否行权以及行权可能性等具有决定意义的业绩条件,如股份支付协议中关于股价至少上升至何种水平才可行权的规定。非市场条件是指除市场条件之外的其他业绩条件,如股份支付协议中关于达到最低盈利目标或销售目标才可行权的规定。不管股份支付协议把哪种业绩条件作为行权条件,企业都会要求交易对方完成特定期间的服务。也就说,行权条件中的服务条件不一定包含对业绩的要求,但业绩条件作为行权条件必然会对服务条件作出明确约定或将服务条件隐含其中。

等待期是指可行权条件得到满足的期间。对于可行权条件为规定服务期间的股份支付,等待期为授予日至可行权日的一段时间。可行权日是指可行权条件得到满足,职工等交易对方从企业取得权益工具完整权能的日期。对于可行权条件仅为规定业绩的股份支付,企业应当在授予日根据最可能的业绩结果预计等待期的长度;等待期长度确定后,业绩条件为非市场条件的,如果后续信息表明需要调整等待期长度,企业应对前期确定的等待期长度进行修改;业绩条件为市场条件的,企业不应因此改变等待期长度。对于可行权条件含业绩条件的股份支付,只要职工等交易对方满足了所有非市场条件(如利润增长率、服务期限等),企业就应当确认已取得的服务成本或费用;如果非市场条件以外的行权条件未能满足,企业则不应确认服务成本或费用。

【例5.4】 非可行权条件的影响

乙公司(上市公司)为激励其管理层职工,2×16年1月1日与其管理层职工签署了股票期权支付协议。协议主要条款如下。

第一条 如果管理层职工自2×16年1月1日起,连续3年都在公司任职服务,并且公司股价每年提高10%以上,管理层职工即可按低于市价的价格购买一定数量的公司股票。

第二条 公司把管理层职工的年薪提高50 000元,但公司将这部分年薪按月计提存入公司专门建立的内部激励基金专户;3年后,管理层职工可用激励基金中属于其个人的部分抵减未来行权时需支付的款项,管理层职工如果决定退出激励基金,可随时全部提取。

上述支付协议的第一条内容为行权条件,其中,服务满3年是一项服务条件,10%的股价增长属业绩条件中的一项市场业绩条件。就第二条内容看,虽然乙公司要求管理层职工将激励加薪存入专户保管,但这一约定对管理层职工将来实际行权没有影响,不影响其可行权资格的成就,因此第二条属非可行权条件。在这种兼有服务条件和市场业绩条的行权条件下,该市场条件在授予日确定权益工具公允价值时已加以考虑,所以等待期的确定无须再考虑业绩条件(市场条件)的影响,其等待期应为服务条件约定的特定服务期限(连续3年)。

2) 接受职工提供服务的股份支付的计量

企业只有在等待期结束日(可行权日)才可确知应累计确认的取得职工服务的金额,该金额等于等待期结束日企业确定的可行权权益工具数量与授予日权益工具公允价值的乘积。但若企业一直等到等待期结束日才确认取得的职工服务,则不符合会计分期假设和信息及时性质量要求。所以,企业至少应在等待期内的每个资产负债表日确认当期所接受的职工服务金额。

在等待期内,若无相反证据表明行权条件不可满足,则可以认为企业以一种连续不断的方式在接受职工提供的服务。所以,在等待期结束日前,为及时确认计量等待期内所接受的职工服务金额,企业需在资产负债表日先对等待期内的可取得职工服务总额作出估计,再按时间先后或其他更合理的标准予以分摊确认。

按 CAS11 第六条第一款的规定,企业应以资产负债表日可满足行权条件的权益工具的最佳估计数和授予日权益工具公允价值的乘积,对等待期内的可取得职工服务总额作出估计。等待期内的每个资产负债表日应确认的当期所接受的职工服务金额为该资产负债表日应累计确认金额与上一资产负债表日已累计确认金额的差额;等待期内截至某一资产负债表日应累计确认金额按该资产负债表日企业可取得职工服务总额的最佳估计数和等待期已流失时间的乘积计算。

需要强调的是,在资产负债表日,后续信息表明可行权权益工具的数量与以前估计不同的,应当进行调整,并在可行权日调整至实际可行权的权益工具数量。对于权益结算的股份支付,权益工具公允价值的计量日[1]为授予日,企业在确定权益工具在授予日的公允价值时,应考虑股份支付协议规定的非可行权条件和可行权业绩条件中市场条件的影响。但在等待期内及其结束日计算应确认的服务金额时,企业可不考虑授予日后权益工具公允价值变动的影响[2],在可行权日之后也不再对已确认的成本费用和所有者权益总额进行调整。另外,在等待期内如果取消了授予的权益工具,企业应当对取消所授予的权益性工具进行加速行权处理,将剩余等待期内应确认的金额立即计入当期损益,同时确认资本公积;交易对方或其他方能够选择满足非可行权条件,但在等待期内未满足的,企

---

[1] 对于企业与职工之间的股份支付交易,计量日为授予日;对于企业与其他方之间的股份支付交易,计量日为企业取得服务或交易对方提供服务的日期。具体参见《国际财务报告准则第 2 号——以股份为基础的支付》(国际会计准则理事会,2016 年 6 月)附录 A "术语定义"中"计量日"的定义。

[2] 权益结算股份支付交易会计不反映授予日后所授予权益工具公允价值变动的影响,一是为了与其他准则关于以发性权益工具结算而产生负债的会计处理保持一致,二是反映企业所接受服务价值与所授予权益工具价格变动没有必然联系这一事实。以现金结算的股份支付交易会计却要反映授予日后所授予权益工具公允价值变动的影响,是为了确定最终向职工等交易对方结算现金的金额。具体参见《以股份为基础的支付——关于会计复杂性来源的研究》(国际会计准则理事会,2018 年 10 月)。

业应当将其作为授予权益工具的取消处理。①

【例 5.5】 除市场条件外其他行权条件满足时的服务金额计算

假设[例 5.4]中 2×16 年 1 月 1 日为股票期权授予日,那么等待期则为 2×16 年 1 月 1 日至 2×18 年 1 月 1 日的 3 个会计年度。在授予日,乙公司共授予管理层职工 30 万份股票期权,按企业会计准则相关要求估计每份股票期权的公允价值为 10 元。截至 2×16 年 12 月 31 日,管理层职工无人离职,乙公司估计 2×16 年 12 月 31 日以后至 2×18 年 12 月 31 日间管理层职工中有 10% 离职。2×17 年 12 月 31 日管理层职工也无人离职,乙公司估计 2×17 年 12 月 31 日以后至 2×18 年 12 月 31 日管理层职工中有 8% 的人员离职。截至 2×18 年 12 月 31 日,管理层职工仍无人离职。在这 3 年间,乙公司每年股价与上年比的增幅均未超过 10%,这虽然会导致所有管理层职工对所授予股票期权不能行权,但企业不能因此而不确认等待期内所接受的管理层职工服务金额。因乙公司设定的本公司股价增长率条件属于业绩条件中的市场条件,除此市场条件外,其他行权条件均已满足,乙公司应在等待期内每个资产负债表日确认当年度所接受的管理层职工服务金额,具体计算过程和结果见表 5.1。

表 5.1 乙公司等待期内各年度取得职工服务金额计算

金额单位:万元

项目	2×16 年 1 月 1 日	2×16 年 12 月 31 日	2×17 年 12 月 31 日	2×18 年 12 月 31 日
股票期权授予总数(万份)	30	—	—	—
股票期权授予日公允价值(元/份)	10	—	—	—
等待期长度(年)	3	—	—	—
管理层职工离职率估计数	—	—	10%	8%

---

① 参见《企业会计准则解释第 3 号》第 5 条的规定。

(续表)

项目	2×16年1月1日	2×16年12月31日	2×17年12月31日	2×18年12月31日
管理层职工离职率实际数	—	—	—	0
可行权股票期权估计数（份）	—	30×(1−10%)=27	30×(1−8%)=27.6	
可行权股票期权确定数（份）	—	—	—	0
等待期内已流失时间（年）	—	1	2	3
应确认服务累计金额	—	(27×10)÷3×1=90	(27.60×10)÷3×2=184	[30×(1−0)×10]=300
已确认服务累计金额	—	0	0+90=90	0+90+94=184
本年应确认服务金额	—	90−0=90	184−90=94	300−184=116

【例 5.6】 非市场行权条件未满足时服务金额计算

假设[例 5.4]中的业绩行权条件仅为每年利润率增长 10% 等非市场条件，而不包括股价增长率等市场条件。在本例中，若每年利润率增长 10% 等非市场条件在前 2 年均已满足，但在第 3 年未能满足，则乙公司在等待期内每个资产负债表日应确认的当年度所接受交易对方服务金额的具体计算过程和结果见表 5.2。

表 5.2　乙公司等待期内各年度取得职工服务金额计算

金额单位：万元

项目	2×16年1月1日	2×16年12月31日	2×17年12月31日	2×18年12月31日
股票期权授予总数（万份）	30	—	—	—
股票期权授予日公允价值（元/份）	10	—	—	—

(续表)

项目	2×16年1月1日	2×16年12月31日	2×17年12月31日	2×18年12月31日
等待期长度(年)	3	—	—	—
管理层职工离职率估计数	—	10%	8%	—
管理层职工离职率实际数	—	—	—	0
估计可行权股票期权数(份)	—	30×(1−10%)=27	30×(1−8%)=27.6	—
确定可行权股票期权数(份)	—	—	—	0
等待期内已流失时间(年)	—	1	2	3
应确认服务累计金额	—	(27×10)÷3×1=90	(27.60×10)÷3×2=184	(0×10)=0
已确认服务累计金额	—	0	0+90=90	0+90+94=184
本年应确认服务金额	—	90−0=90	184−90=94	0−184=−184

【例5.7】 等待期调整及相关服务金额计算

吉隆公司(上市公司)按其股东大会批准的股权激励计划,于2×22年1月1日(授予日)向其100名管理人员每人授予100份股票期权。其可行权条件为以下三者之一:2×22年年末,本公司当年净利润增长率达到20%;2×23年年末,本公司2×22年至2×23年(2年)净利润平均增长率达到15%;2×24年年末,本公司2×22年至2×24年(3年)净利润平均增长率达到10%。上述股权激励计划实施情况如下。

2×22年1月1日,吉隆公司估计每份股票期权公允价值为24元,公司2×22年净利润增长率可达20%以上,预计等待期为1年。至2×22年12月31日,公司实际净利润增长率为18%,有8名管理人员离开公司;公司预计在2×23年将有8名管理人员离开公司,但公司2×22年至 2×23 年(2 年)的净利润平均增长率能够达到 18%,因此等待期调整为 2 年。2×23 年 12 月 31 日,实际有 10 名管理人员离开公司,当年公司实际净利润仅增长了 10%,但公司预计 2×22 至 2×24 年(3 年)净利润平均增长率可达到 12%,因此预计 2×24 年 12 月 31 日可行权。另外,预计 2×24 年将有 12 名管理人员离开公司。2×24 年 12 月 31 日,公司净利润增长了 8%,3 年平均增长率为 12%,满足了可行权条件(即 3 年净利润平均增长率达到 10%),当年有 8 名管理人员离开。

吉隆公司按 CAS11 相关规定,就上述情况调整等待期及确认计算管理人员提供服务金额的具体过程和结果参见表 5.3。

表 5.3 吉隆公司等待期调整及各年度取得职工服务金额计算

金额单位:元

项目	2×22 年 1 月 1 日	2×22 年 12 月 31 日	2×23 年 12 月 31 日	2×24 年 12 月 31 日
股票期权授予总数(份)	100×100=10 000	—	—	—
股票期权授予日公允价值(元/份)	24	—	—	—
等待期长度(年)	1	2	3	
管理人员离职率估计数	—	(8+8)÷100=16%	(8+10+12)÷100=30%	
管理人员离职率实际数				(8+10+8)÷100=26%
估计可行权股票期权数(份)	—	10 000×(1−16%)=8 400	10 000×(1−30%)=7 000	
确定可行权股票期权数(份)				10 000×(1−26%)=7 400
等待期内已流失时间(年)	—	1	2	3
应确认服务累计金额	—	(8 400×24)÷2×1=100 800	(7 000×24)÷3×2=112 000	(7 400×24)=177 600
已确认服务累计金额	—	0	0+100 800=100 800	0+100 800+11 200=112 000
本年应确认服务金额	—	100 800−0=100 800	112 000−100 800=11 200	177 600−112 000=65 600

3) 接受职工提供服务股份支付的基本账务处理

在附行权条件的换取职工服务的以权益结算的股份支付交易中,授予日实质上是职工为企业提供符合行权条件要求的服务起始日,企业无须在该日就接受服务事项进行账务处理。但在授予日起的等待期内的每个资产负债表日、等待期结束日和行权日①,企业应当按 CAS11 第六条、第七条、第九条和其他相关企业会计准则的规定,就所接受服务及其对所有者权益影响和行权事项进行账务处理。

【例 5.8】 行权条件中市场条件未满足但其他行权条件满足的基本账务处理

据[例 5.5]中表 5.1 的数据,就乙公司相关账务处理分析如下。

2×16 年 12 月 31 日确认本年服务金额的会计分录为:

借:管理费用　　　　　　　　　　　　　　　900 000
　　贷:资本公积——其他资本公积　　　　　　　　900 000

《国家税务总局关于我国居民企业实行股权激励计划有关企业所得税处理问题的公告》(国家税务总局公告 2012 年第 18 号)第二条第二项规定:"对股权激励计划实行后,需待一定服务年限或者达到规定业绩条件(以下简称等待期)方可行权的。上市公司等待期内会计上计算确认的相关成本费用,不得在对应年度计算缴纳企业所得税时扣除。在股权激励计划可行权后,上市公司方可根据该股票实际行权时的公允价格与当年激励对象实际行权支付价格的差额及数量,计算确定作为当年上市公司工资薪金支出,依照税法规定进行税前扣除。"据此,上述"管理费用 90 万元"虽在 2×16 年不可税前扣除,但在达到可行权条件后可依法计算扣除,从而构成企业所得税与会计处理的可抵扣暂时性差异。若乙公司预判可抵扣暂时性差异可以转回,则需确认递延所得税资产 22.50 万元(90×25%),会计分录为:

---

① 行权日是指交易对方和其他方行使权利、获取现金或权益工具的日期。在行权日,企业根据实际行权的权益工具数量,计算确定应转入实收资本或股本的金额,将其转入实收资本或股本。

借：递延所得税资产　　　　　　　　　　　　　　　225 000
　　贷：所得税费用——递延所得税费用　　　　　　　225 000

2×17年12月31日，乙公司确认本年服务金额94万元，确认递延所得税资产23.50万元(94×25%)，相应会计分录为：

借：管理费用　　　　　　　　　　　　　　　　　　940 000
　　贷：资本公积——其他资本公积　　　　　　　　　900 000

借：递延所得税资产　　　　　　　　　　　　　　　235 000
　　贷：所得税费用——递延所得税费用　　　　　　　235 000

2×18年12月31日仍然要确认本年服务金额116万元，但此时乙公司所授予的股票期权全部不可行权。按《关于我国居民企业实行股权激励计划有关企业所得税处理问题的公告》(国家税务总局公告2012年第18号)第二条第二项的规定，在股票期权不可行权的情况下，以前年度及本年会计上确认的所有股权激励费用均不可税前扣除。这实际上已形成永久性税会差异，所以乙公司以前年度确认的递延所得税资产46万元(22.50+23.50)无法转回，需全部作冲销减记①，会计分录②为：

借：所得税费用——递延所得税费用　　　　　　　　460 000
　　贷：递延所得税资产　　　　　　　　　　　　　　460 000

【例5.9】 行权条件中非市场条件未能满足的基本账务处理

据表5.2中的数据，乙公司2×16年12月31日和2×17年12月31日的相关账务处理与[例5.8]相同。但2×18年12月31日[例5.6]中应确认的股权激励费用为−184万元，这就需会计将以前年度已确认全部股权激励费用184万元予以冲销。按《关于我国居民企业实行股权激励计划有关企业所得税处理问题的公告》(国家税务总局公告2012年第

---

① 参见《企业会计准则第18号——所得税》第十二条。
② 参见《企业会计准则第28号——会计政策、会计估计变更和差错更正》(财会〔2006〕3号)第九条。

18号)第二条第二项的规定,会计上对最终未能行权权益工具而在等待期内确认的激励费用是不能税前扣除的,即[例5.6]中会计已确认的递延所得税资产需做冲销减记。上述情况下,乙公司基于2×16年12月31日和2×17年12月31日相关账务处理,在2×18年12月31日应做的会计分录为:

借:资本公积——其他资本公积　　　　　　1 840 000
　　所得税费用——递延所得税费用　　　　　460 000
　　贷:管理费用　　　　　　　　　　　　　1 840 000
　　　　递延所得税资产　　　　　　　　　　460 000

【例5.10】 资产负债表日可行权权益工具数量估计及行权基本账务处理

丁公司为一家制造业上市公司。按股东大会批准的股权激励计划,丁公司于2×14年1月1日(授予日)向其200名职员(车间技术骨干)每人授予100份股票期权,这些职员从2×14年1月1日起在该公司连续服务3年即可以4元/股的价格购买100股丁公司股票,从而获益。丁公司估计该期权在授予日的公允价值为15元/份。上述丁公司的股权激励计划实为一种典型的企业与职工间的股份支付协议,其实施情况如下。

2×14年有20名职员离开丁公司,丁公司估计剩余职员在以后2年离开的比例将达到20%;2×15年又有10名职员离开公司,丁公司将剩余职员在2×16年的离职比例修正为15%;2×16年实际离职职员为15名,剩余155名职员均满足了行权条件。按上述股权激励计划的规定,2×16年12月31日后1个年度内(2×17年内),剩余155名职员均可择机向公司提出行权申请,购买丁公司股票。

2×17年年末,丁公司股票市价为20元/股,丁公司通过增发股票(每股股本1元)方式,于2×17年12月31日满足了155名职员行权购买丁公司股票的要求,收讫职员行权购股款62 000元(155人×100股/人×4元/股),增加股本15 500元(155人×100股/人×1元/股)。

丁公司按CAS11相关规定,就上述情况确认计算被激励人员提供服务金额的具体过程和结果见表5.4。

表5.4 丁公司等待期内各年度取得职工服务确认金额计算

金额单位:元

项目	2×14年1月1日	2×14年12月31日	2×15年12月31日	2×16年12月31日
股票期权授予总数(份)	200×100=20 000	—	—	—
股票期权授予日公允价值(元/份)	15	—	—	—
等待期长度(年)	3	—	—	—
技术骨干离职率估计数	—	[20+(200−20)×20%]÷200=28%	[20+10+(200−20−10)×15%]÷200=27.75%	—
技术骨干离职率实际数	—	—	—	(20+10+15)÷200=22.5%
估计可行权股票期权数(份)	—	20 000×(1−28%)=14 400	20 000×(1−27.75%)=14 450	—
确定可行权股票期权数(份)	—	—	—	20 000×(1−22.5%)=15 500
等待期内已流失时间(年)	—	1	2	3
应确认服务累计金额	—	(14 400×15)÷3×1=72 000	(14 450×15)÷3×2=144 500	(15 500×15)=232 500
已确认服务累计金额	—	0	0+72 000=72 000	0+72 000+72 500=144 500
本年应确认服务金额	—	72 000−0=72 000	144 500−72 000=72 500	232 500−144 500=88 000

据表5.4中"本年应确认服务金额"等数据,丁公司需做的账务处理见表5.5。

表 5.5 丁公司等待期内各年度及行权年度相关账务处理

金额单位：元

时间	取得交易对方服务的确认	企业所得税的账务处理①
2×14年 12月31日	借：制造费用　　　72 000 　贷：资本公积——其他资本 　　　公积　　　72 000	借：递延所得税资产 　　　　　　　　　18 000 　贷：所得税费用——递延所 　　　得税费用　18 000
2×15年 12月31日	借：制造费用　　　72 500 　贷：资本公积——其他资本 　　　公积　　　72 500	借：递延所得税资产 　　　　　　　　　18 125 　贷：所得税费用——递延所 　　　得税费用　18 125
2×16年 12月31日	借：制造费用　　　88 000 　贷：资本公积——其他资本 　　　公积　　　88 000	借：递延所得税资产 　　　　　　　　　22 000 　贷：所得税费用——递延所 　　　得税费用　22 000
2×17年 12月31日	（职员行权） 借：银行存款　　　62 000 　　资本公积——其他资本公积 　　　　　　　　　232 500 　贷：股本　　　　15 500 　　　资本公积——股本溢价 　　　　　　　　　279 000	（已确认递延所得税资产的转回） 借：所得税费用——递延所得税 　　　费用　　　58 125 　贷：递延所得税资产 　　　　　　　　　58 125

（二）换取其他方服务的以权益结算的股份支付

在换取其他方服务的以权益结算的股份支付交易中，换取其他方服务是指企业以自身权益工具换取其职工以外其他有关方为企业提供的服务。CAS11第八条规定，以权益结算的股份支付换取其他方服务的，应当分别下列情况处理：其他方服务的公允价值能够可靠计量的，应当按照其他方服务在取得日的公允价值计入相关成本或费用，相应增加所有者权益；其他方服务的公允价值不能可靠计量但权益工具公允价值能够可靠计量的，应当按照权益工具在服务取得日的公允价值计入相关成本或费用，相应增加所有者权益。

---

① 本例在做递延所得税资产相关账务处理时，假设会计每年确认的服务金额与税法允许将来可税前扣除的服务金额相等，至于两者不一致时的更复杂账务处理后文另设案例详解。

【例 5.11】 换取其他方服务权益结算股份支付的基本账务处理

2×14 年 12 月 20 日,Q 公司(上市公司)与 L 律师事务所签署了服务协议,主要条款有:①自 2×15 年 1 月 1 日至 2×17 年 12 月 31 日,L 律师事务所连续 3 年仅为 Q 公司提供法律服务;②Q 公司除每年向 L 律师事务所支付 50 万元法律服务费外,再授予 L 律师事务 100 万份以 Q 公司股票为标的的股票期权;③L 律师事务所若违反①款中的约定,则无权享有②款约定的任何权益,并须向 Q 公司支付已预付法律服务费 2 倍的违约金;④协议自签署之日生效。

2×15 年 1 月 1 日,Q 公司依约给 L 律师事务所预付了 50 万元法律服务费,并授予 L 律师事务所 100 万份股票期权,授予日为 2×15 年 1 月 1 日,该日每份股票期权的公允价值为 15 元,股票期权的行权价格为 10 元/股,可行权日为 L 律师事务所连续提供全息法律服务的最后 1 天 (2×17 年 12 月 31 日),行权期为自可行权日起 1 年。

2×15 年 1 月 1 日,Q 公司预付法律服务费的会计分录为:

借:预付账款　　　　　　　　　　　　　　　500 000
　　贷:银行存款　　　　　　　　　　　　　　　500 000

Q 公司依约预付另两期服务费的会计分录同上。本例中有关股票期权的约定属附行权条件的以权益结算的股份支付安排,故授予日无须做账务处理。

2×15 年 12 月 31 日,基于 L 律师事务所提供服务的表现,Q 公司认为,除不可抗力外,L 律师事务是不会违约的。另外,Q 公司难以对仅为特定客户提供全息法律服务的公允价值作出可靠估计。所以,Q 公司将依约应付现金(计 150 万元)和法律服务取得日股票期权公允价值之和作为取得服务的总对价,并在协议约定的 3 年内分期确认取得服务的金额。

在 2×15 年 1 月 1 日起的 3 年内,Q 公司连续接受 L 律师事务所提供服务,所以这一期间的每一资产负债表日即为计量股票期权公允价值的服务取得日。需要强调的是,Q 公司在每一服务取得日都要对股票期权的公允价值进行重新计量,并以重新计量的公允价值确定截至该日取得服务应累计确认的金额。

经估算,2×15年12月31日Q公司的股票期权公允价值与授予日相同,仍然为15元/份,Q公司适用25%的企业所得税税率。就此,Q公司截至2×15年12月31日应累计确认的服务金额为500万元[(100×15)÷3×1],这也是第1年应确认的服务金额,本年应确认的递延所得税资产为125万元(500×25%)。就此,Q公司需做的会计分录为:

借:管理费用　　　　　　　　　　　　　　　5 500 000
　　递延所得税资产　　　　　　　　　　　　1 250 000
　贷:预付账款　　　　　　　　　　　　　　　　500 000
　　　资本公积——其他资本公积　　　　　　5 000 000
　　　所得税费用——递延所得税费用　　　　1 250 000

2×16年12月31日重新计量的股票期权公允价值为18元/份。就此,Q公司截至2×15年12月31日应累计确认的服务金额为1 200万元[(100×18)÷3×2],第2年应确认的服务金额为800万元(1 200－500),本年应确认的递延所得税资产为200万元(800×25%),相应会计分录为:

借:管理费用　　　　　　　　　　　　　　　8 500 000
　　递延所得税资产　　　　　　　　　　　　2 000 000
　贷:预付账款　　　　　　　　　　　　　　　　500 000
　　　资本公积——其他资本公积　　　　　　8 000 000
　　　所得税费用——递延所得税费用　　　　2 000 000

2×17年10月31日,双方议定Q公司通过增发购票方式满足L律师事务所的行权要求。2×17年12月31日,双方办结了所有股票期权的行权手续,当日Q公司股票市价为30元/股。就此,Q公司截至2×17年12月31日应累计确认的服务金额为2 000万元[100×(30－10)÷3×3],第3年应确认的服务金额为800万元(2 000－1 200),该年确认取得服务的相关会计分录为:

借：管理费用　　　　　　　　　　　　　　　　　　8 500 000
　　贷：预付账款　　　　　　　　　　　　　　　　　　500 000
　　　　资本公积——其他资本公积　　　　　　　　　8 000 000

由于2×17年12月31日股票期权全部行权完毕，截至2×17年12月31日上述已累计确认的服务金额为2 000万元均可在当年税前扣除，也就是说，会计确认的管理费用累计数与可税前扣除服务费累计金额相等，故Q公司当年需转回的递延所得税资产为325万元（125＋200），相关会计分录为：

借：所得税费用——递延所得税费用　　　　　　　　3 250 000
　　贷：递延所得税资产　　　　　　　　　　　　　　3 250 000

二、以现金结算的股份支付

按CAS11的相关规定，以现金结算的股份支付应当按照企业承担的以股份或其他权益工具为基础计算确定的负债的公允价值计量。对于授予后立即可行权的以现金结算的股份支付，应当在授予日以企业承担负债的公允价值计入相关成本或费用，相应增加负债。对于完成等待期内的服务或达到规定业绩条件以后才可行权的以现金结算的股份支付，在等待期内的每个资产负债表日，应当以对可行权情况的最佳估计为基础，按照企业承担负债的公允价值金额，将当期取得的服务计入成本或费用和相应的负债。在资产负债表日，后续信息表明企业当期承担债务的公允价值与以前估计不同的，应当进行调整，并在可行权日调整至实际可行权水平。在可行权日后，企业应当在相关负债结算前的每个资产负债表日以及结算日对负债的公允价值重新计量，并将变动计入当期损益。

【例5.12】　现金结算股份支付的基本账务处理

W公司（上市公司）按其股东大会批准的股权激励计划，于2×22年1月1日（授予日）向其200名营销骨干每人授予100份现金股票增值权，这些职员从2×22年1月1日起在该公司连续服务3年，即可按照行权时公司股票公允价值（市价）与授予日公司股票市价（10元/股）的差额获得现金奖励。上述股票增值权的可行权日为 2×24 年 12 月 31 日至 2×26 年 12 月 31 日。在上述股票增值权激励计划实施期间,自授予日起,第 1 年有 20 名职员离开公司,公司估计以后会有 15 名职员离开,当年年末增值权公允价值和股票市价分别为 14 元/份和 15 元/股;第 2 年又有 10 名职员离开公司,公司估计以后还将有 10 名职员离开,当年年末增值权公允价值和股票市价分别为 15 元/份和 20 元/股;第 3 年又有 15 名职员离开,当年年末增值权公允价值和股票市价分别为 18 元/份和 26 元/股,有 70 人行使股份增值权取得了现金酬劳;第 4 年年末增值权公允价值和股票市价分别为 21 元/份和 30 元/股,有 50 人行使股份增值权取得了现金酬劳;第 5 年年末增值权公允价值和股票市价分别为 25 元/份和 35 元/股,剩余 35 人也行使股份增值权取得了现金酬劳。假设 W 公司的企业所得税税率为 25%,现就上述情况对 W 公司相关账务处理进行分析。

1. 2×22 年相关账务处理

2×22 年 1 月 1 日为授予日,上述股票增值权不属于立即可行权范围,无须做账务处理。2×22 年 12 月 31 日累计应确认的服务金额计算如下:

$$[200-(20+15)]\times 100\times 14\div 3\times 1 = 77\,000(元)$$

因 2×22 年 12 月 31 日前未确认任何服务金额,W 公司本年度应确认的服务金额为 77 000 元(77 000−0),相关会计分录为:

借:销售费用　　　　　　　　　　　　　　　　77 000
　　贷:应付职工薪酬　　　　　　　　　　　　　　77 000

2×22 年 12 月 31 日,"应付交易对方薪酬"贷方余额为 77 000 元,其计税基础为零,就此 W 公司需确认递延所得税资产为 19 250 元(77 000×25%),相关会计分录为:

借:递延所得税资产　　　　　　　　　　　　　19 250
　　贷:所得税费用——递延所得税费用　　　　　　19 250

2. 2×23 年相关账务处理

2×23 年 12 月 31 日累计应确认的服务金额计算如下:

$$[200-(20+10+10)]\times 100\times 15\div 3\times 2 = 160\,000(元)$$

因 2×23 年 12 月 31 日前已确认任何服务金额为 77 000 元,W 公司本年度应确认的服务金额为 83 000 元(160 000－77 000),相关会计分录为:

借:销售费用　　　　　　　　　　　　　　　　　　83 000
　　贷:应付职工薪酬　　　　　　　　　　　　　　　　83 000

2×23 年 12 月 31 日,"应付交易对方薪酬"余额为 160 000 元(77 000＋83 000),其计税基础为零,但与上年余额比增加了 83 000 元,就此 W 公司需确认的递延所得税资产为 20 750 元(83 000×25％),相关会计分录为:

借:递延所得税资产　　　　　　　　　　　　　　　20 750
　　贷:所得税费用——递延所得税费用　　　　　　　20 750

3. 2×24 年相关账务处理

2×24 年 12 月 31 日为可行权日,截至该日可行权营销骨干共有 155 名[200－(20＋10＋15)],其中有 70 人行使股份增值权取得了现金酬劳。对于在 2×24 年 12 月 31 日行权的股票增值权而言,其公允价值已无时间价值,等于该日股票增值权的内在价值 112 000 元[70×100×(26－10)],W 公司应据此确认行权部分的累计服务金额。对于在 2×24 年 12 月 31 日尚行权的股票增值权而言,它们尚未到期,其公允价值仍然有时间价值,W 公司应按该日股票增值权公允价值 153 000 元[(155－70)×100×18]确认累计服务金额。所以,截至 2×24 年 12 月 31 日应确认的累计服务金额为 265 000 元(112 000＋153 000);本年度应确认的服务金额为 105 000 元(265 000－77 000－83 000),相应会计分录为:

借:销售费用　　　　　　　　　　　　　　　　　　105 000
　　贷:应付职工薪酬　　　　　　　　　　　　　　　105 000

上述 70 人行使股份增值权取得了现金酬劳的会计分录为:

借:应付职工薪酬　　　　　　　　　　　　　　　　112 000
　　贷:银行存款　　　　　　　　　　　　　　　　　112 000

基于以上账务处理,截至 2×24 年 12 月 31 日,"应付交易对方薪酬"

账面贷方余额为 153 000 元(77 000＋83 000＋105 000－112 000),其计税基础为零,但比上年余额减少了 7 000 元(160 000－153 000),W 公司就此需确认的递延所得税资产为 1 750 元(7 000×25%),相关会计分录为:

  借:所得税费用——递延所得税费用   1 750

    贷:递延所得税资产   1 750

4. 2×25 年相关账务处理

2×25 年 12 月 31 日,W 公司有 50 人行权,这部分股票增值权到期,其公允价值为 100 000 元[50×100×(30－10)];2×25 年 12 月 31 日尚有 35 人(155－70－50)未行权,这部分股票增值权的公允价值为 73 500 元[(155－70－50)×100×21]。2×25 年 12 月 31 日重新计量的 W 公司对营销骨干酬劳负债(应付交易对方薪酬)的公允价值为 173 500 元(100 000＋73 500),比上年年末的公允价值增加了 20 500 元(173 500－153 000),确认该公允价值变动的会计分录为:

  借:公允价值变动损益   20 500

    贷:应付职工薪酬   20 500

2×25 年 12 月 31 日,W 公司有 50 人行权取得了现金酬劳,其金额为 100 000 元[50×100×(30－10)],相关会计分录为:

  借:应付职工薪酬   100 000

    贷:银行存款   100 000

基于以上账务处理,截至 2×25 年 12 月 31 日,"应付交易对方薪酬"账面贷方余额为 73 500 元(77 000＋83 000＋105 000－112 000＋20 500－100 000),其计税基础为零,但比上年余额减少了 79 500 元(153 000－73 500),W 公司就此需确认的递延所得税资产为 19 875 元(79 500×25%),相关会计分录为:

  借:所得税费用——递延所得税费用   19 875

    贷:递延所得税资产   19 875

5. 2×26 年相关账务处理

2×26 年 12 月 31 日是最后行权日,上年剩余尚未行权 35 人的股票增值权全部到期,其公允价值就是它们的内在价值,这也是 W 公司 2×26 年 12 月 31 日应结算支付酬劳现金(应付交易对方薪酬)的公允价值,金额为 87 500 元(35×100×25),比上年年末的公允价值增加了 14 000 元(87 500－73 500),确认该公允价值变动的会计分录为:

借:公允价值变动损益　　　　　　　　　　　　　　14 000
　　贷:应付职工薪酬　　　　　　　　　　　　　　　　14 000

2×26 年 12 月 31 日,W 公司有 35 人行权取得了现金酬劳,其金额为 87 500 元[35×100×(35－10)],相关会计分录为:

借:应付职工薪酬　　　　　　　　　　　　　　　　87 500
　　贷:银行存款　　　　　　　　　　　　　　　　　　87 500

基于以上账务处理,截至 2×26 年 12 月 31 日,"应付交易对方薪酬"科目账面贷方余额为 0,计算式为:

(77 000＋83 000＋105 000－112 000＋20 500－100 000＋14 000－87 500)＝0

本年余额比上年余额减少了 73 500 元(73 500－0),W 公司就此需确认的递延所得税资产为 18 375 元(73 500×25%),相关会计分录为:

借:所得税费用——递延所得税费用　　　　　　　　18 375
　　贷:递延所得税资产　　　　　　　　　　　　　　18 375

需要强调的是,在以现金结算的股份支付交易中,企业确认的服务金额和公允价值变动金额之和须与企业结算支付给交易对方的现金酬劳总额一致。W 公司截至 2×26 年 12 月 31 日所有可行权营销骨干行权完毕后,确认销售费用为 265 000 元(77 000＋83 000＋105 000),确认公允价值变动损益计为 34 500 元(20 500＋14 000),两者合计 299 500 元。W 公司对营销骨干结算支付的现金合计为 299 500 元(112 000＋100 000＋87 500)。

三、股份支付交易中所授予权益工具公允价值的确定

(一)我国企业会计准则有关规定

在 CAS11 规范下,无论以权益结算的股份支付或是以现金结算的股

份支付,也无论是为获取交易对方服务的股份支付或是为获取其他方服务的股份支付,股份支付交易会计处理的技术核心问题都是所授予交易对方权益工具公允价值的确定。CAS11 指出,本准则所指的权益工具是企业自身权益工具,权益工具的公允价值应当按照《企业会计准则第 22 号——金融工具确认和计量》确定,企业应当在附注中披露与股份支付有关的权益工具公允价值的确定方法。[①] 据《企业会计准则第 22 号——金融工具确认和计量》第三十四条,企业应当根据《企业会计准则第 39 号——公允价值计量》的规定确定相关计量对象的公允价值。《企业会计准则第 39 号——公允价值计量》第四条第二项规定:"股份支付业务相关的计量和披露适用《企业会计准则第 11 号——股份支付》。"这是因为在 CAS11 语境下,授予权益工具公允价值的意蕴和《企业会计准则第 39 号——公允价值计量》所说的"公允价值"是有所不同的。比如,确定授予权益工具公允价值是在股份支付交易中企业所接受服务公允价值不能可靠计量前提下的一种次优选择,是对企业接受服务公允价值的间接计量方法。所以,在我国现行企业会计准则体系下,股份支付交易中所授予权益工具公允价值计量的逻辑应该是:CAS11 有明确规定的,按 CAS11 执行;CAS11 没有有明确规定的,应遵照《企业会计准则第 39 号——公允价值计量》关于公允价值计量方法论及具体估值技术的规定执行。

虽然 CAS11 中没有关于确定授予权益工具公允价值的具体规定,但《〈企业会计准则第 11 号—股份支付〉应用指南》对此作了基本指引:对于授予的存在活跃市场的期权等权益工具,应当按照活跃市场中的报价确定其公允价值。对于授予的不存在活跃市场的期权等权益工具,应当采用期权定价模型等确定其公允价值,选用的期权定价模型至少应当考虑以下因素:①期权的行权价格;②期权的有效期;③标的股份的现行价格;④股价预计波动率;⑤股份的预计股利;⑥期权有效期内的无风险利率。《企业会计准则第 39 号——公允价值计量》第九章指出:企业以公允价值计量自身权益工具,应当假定在计量日将该自身权益工具转移给其他市场参与者,而且该自身权益工具在转移后继续存在,并由作为受让

---

① 参见 CAS11 第二条、第四条和第十四条规定。

方的市场参与者取得与该工具相关的权利、承担相应的义务。企业以公允价值计量自身权益工具,应当遵循下列原则:①存在相同或类似企业自身权益工具可观察市场报价的,应当以该报价为基础确定该企业自身权益工具的公允价值。②不存在相同或类似企业自身权益工具可观察市场报价,但其他方将其作为资产持有的,企业应当在计量日从持有该资产的市场参与者角度,以该资产的公允价值为基础确定该自身权益工具的公允价值。当该资产的某些特征不适用于所计量的企业自身权益工具时,企业应当根据该资产的公允价值进行调整,以调整后的价值确定企业自身权益工具的公允价值。这些特征包括资产出售受到限制、资产与所计量企业自身权益工具类似但不相同、资产的计量单元与企业自身权益工具的计量单元不完全相同等。③不存在相同或类似企业自身权益工具可观察市场报价,并且其他方未将其作为资产持有的,企业应当从发行权益工具的市场参与者角度,采用估值技术确定该企业自身权益工具的公允价值。

在我国股份支付交易实务中,企业授予交易对方权益工具的法律形式主要有股票、股票期权等。

(二) 企业自身股票

对于授予交易对方权益工具为自身股票的,其公允价值应按企业股票的市场价格计量;如果企业股票未公开交易,则应按估计的市场价格计量,同时应考虑授予股票所依据的条款和条件(不包括市场条件之外的可行权条件)的影响,并就此影响对自身股票市场价格予以调整。在股份支付协议安排中,有些授予条款和条件规定交易对方无权在等待期内取得股票股利,这一因素的影响在估计所授予股票公允价值时应予以考虑;有些授予条款和条件规定所授予股票在可行权日后的转让受到限制,则企业在估计所授予股票的公允价值时也应考虑此因素的影响,但不应超出该因素对市场参与者[①]愿为该股票所支付价格产生影响的程度。比如,在上述股票交易的主要市场中,可行权后股票转让限制对市场参与者为上述股票愿意支付价格的影响是微乎其微的,若如此,则企业在估计所授

---

① 指相互独立、熟悉情况且有能力自愿交易的市场参与者,除非特别说明,以下提及的"市场参与者"均与本注含义相同。

予股票的公允价值时,可忽略可行权后股票转让限制条件的影响;对于在等待期内的转让限制和其他限制条件,企业在估计所授予股票在授予日的公允价值时不应考虑它们的影响,因为这些限制是可行权条件中的非市场条件。

(三) 以企业股票为标的的股票期权(公允价值的确定)

对于授予交易对方的以企业股票为标的的股票期权,因其通常受到一些不同于交易期权的条款和条件的限制,企业在许多情况下难以获得其市场价格。如果不存在条款和条件相似的交易期权,企业应通过期权定价模型估计所授予的股票期权的公允价值,实务中一般选择"布莱克—斯科尔斯—默顿"期权定价模型(简称 BSM 模型),其计算公式为:

$$C = e^{-dT}SN(d_1) - Ke^{-RT}N(d_2)$$

$$d_1 = \frac{\ln\left(\frac{S}{K}\right) + \left(R - d + \frac{\sigma^2}{2}\right)T}{\sigma\sqrt{T}}$$

$$d_2 = d_1 - \sigma\sqrt{T}$$

其中,e 为自然对数的底,为常数,等于 2.718 28;$N(d_1)$ 为 "d_1" 的累积正态分布函数;$N(d_2)$ 为 "d_2" 的累积正态分布函数;$\ln(S/N)$ 为 "S/N" 的自然对数;C 为期权价格,即股票期权公允价值计量目标的理论值;S 为标的股票的现行价格,为在计量日对标的股票当前价格的估计值;K 为期权行权价格,根据股份支付协议安排确定;T 为期权期限,即期权的有效期限,为计量日离期权到期日的时间估计值,这种估计应考虑可能的提前行权的影响;R 为期权期限内的无风险利率,一般是指当前可用的本国政府发行的兑付价格以本国货币表示的零息国债的隐含收益率[1];δ 为标的股票的股价预计波动率(标的股票收益率的标准差);d 为

---

[1] 这里的"当前可用"是指在期权价格计量日上述隐含收益率具有现实可得性,且上述零息国债的剩余期限与被计量期权在计量日的预计有效期限相等。如果没有此类国债,或环境表明零息国债的内含收益率不能代表无风险利率,应使用适当的替代利率。这个"适当的替代利率"是指在估计一份有效期与被估价期权的预计期限相等的其他期权的公允价值时,市场参与者们为确定无风险利率,所一般使用的替代零息国债内含收益率的某种适当的利率。

标的股票的预计股息收益率(或标的股票的预计股利),是否应当考虑预计股息收益率(或预计股利)取决于被授予方是否有权在等待期内取得标股票的股利或股利等价物,若是则不用考虑预计股息收益率(或预计股利),也就是说此时该估计值为零,否则应加以考虑。

在选择适用的期权定价模型时,企业应考虑市场参与者将会考虑的因素。对于一些企业来说,这将限制 BSM 模型的适用性,因为该模型未考虑激励对象在期权到期日之前行权的可能性,无法充分反映预计提前行权对授予交易对方的期权在授予日公允价值的影响,而且该模型也未考虑在期权期限内企业股价预计波动率和该模型其他输入变量发生变动的可能性。对于期限相对较短的期权以及那些在授予日后很短时间内就行权的期权来说,一般不用考虑上面的限制因素,在此类情况下,采用 BSM 模型能得出与采用其他期权定价模型基本相同的公允价值结果。

第三节 股份支付特殊事项的会计处理

一、授予权益工具公允价值不能可靠确定

按 CAS11 的规定,以权益结算的股份支付交易应按授予权益工具的公允价值计量。但在在极少情况下,授予权益工具的公允价值无法可靠计量,在这种情况下,企业可以授予权益工具的内在价值代替其公允价值。若如此,企业应当在获取对方提供服务的时点和后续的每个报告日以及结算日计量所授予权益工具的内在价值,内在价值变动计入当期损益。内在价值是指交易对方有权认购或取得的股份的公允价值与其按照股份支付协议应当支付的价格的差额。同时,企业应当以最终可行权或实际行权的权益工具数量为基础,确认取得服务的金额。在可行权日后,如果权益工具被撤销或放弃,企业应当将相应的已确认服务金额予以转销。

【例 5.13】 授予权益工具公允价值不能可靠确定的基本账务处理

S 公司(非上市股份有限公司)股东大会决定对其客户经理李某进行股份期权激励。该股权激励计划约定,若该客户经理自 2×23 年 1 月 1 日起连续在本公司服务 2 年,届时(2×24 年 12 月 31 日)该客户经理可按每股 1 元的价格(原始每股股本)取得 100 万股股份对应的股权。自 2×23 年 1 月 1 日至 2×24 年 12 月 31 日,李某一直在 S 公司勤勉工作,并表示将始终尽职于 S 公司。2×25 年 8 月 31 日,S 公司办结了李某向公司投资 100 万元的各项增资手续,李某取得了 S 公司 100 万股股份的权利。由于 S 公司的股份并未上市,其对应股份期权公允价值无法可靠计量,S 公司对授予李某的股份期权按其内在价值计量。经评估,S 公司每股净资产在 2×23 年 12 月 31 日、2×24 年 12 月 31 日和 2×25 年 8 月 31 日的公允价值分别为 10 元、15 元和 20 元。

假定不考虑其他因素,2×23 年 12 月 31 日 S 公司单位股份期权的内在价值为 9 元(10—1),截至本年年末 S 公司应确认服务金额为 900 万元(100×9),相应会计分录为:

借:销售费用　　　　　　　　　　　　　　　　　9 000 000
　　贷:资本公积——其他资本公积　　　　　　　　9 000 000

2×24 年 12 月 31 日,S 公司单位股份期权的内在价值为 14 元(15—1),应确认服务的累计金额为 1 400 万元(100×14),本年应确认服务的金额为 500 万元(1 400—900),相应会计分录为:

借:销售费用　　　　　　　　　　　　　　　　　5 000 000
　　贷:资本公积——其他资本公积　　　　　　　　5 000 000

可行权日(2×23 年 12 月 31 日)后,S 公司不再确认接受服务金额。在结算日(2×25 年 8 月 31 日)单位股份期权的内在价值为 19 元(20—1),总内在价值为 1 900 万元(100×19),比上年年末增加了 500 万元(1 900—1 400),相应会计分录为:

借:公允价值变动损益　　　　　　　　　　　　　5 000 000
　　贷:资本公积——其他资本公积　　　　　　　　5 000 000

2×25年8月31日,李某向S公司增资行权的会计分录为:

借:银行存款　　　　　　　　　　　　　　　　1 000 000
　　资本公积——其他资本公积　　　　　　　　19 000 000
　　贷:股本　　　　　　　　　　　　　　　　　　1 000 000
　　　　资本公积——股本溢价　　　　　　　　　19 000 000

若可行权日(2×23年12月31日)后,李某决定放弃行权,则S公司应将各年度确认的服务金额予以转销,相应会计分录为:

借:资本公积——其他资本公积　　　　　　　　19 000 000
　　贷:销售费用　　　　　　　　　　　　　　　19 000 000

二、授予条款和条件修改的会计处理

(一) 会计处理原则

通常情况下,股份支付协议生效后,不应对其条款和条件随意修改。对此,我国《上市公司股权激励管理办法》也有相关规定,比如该办法第四十八条规定:"因标的股票除权、除息或者其他原因需要调整权益价格或者数量的,上市公司董事会应当按照股权激励计划规定的原则、方式和程序进行调整。律师事务所应当就上述调整是否符合本办法、公司章程的规定和股权激励计划的安排出具专业意见。"同时,第五十条进一步强调:"上市公司对已通过股东大会审议的股权激励方案进行变更的,应当及时公告并提交股东大会审议,且不得包括下列情形:(一)导致加速行权或提前解除限售的情形;(二)降低行权价格或授予价格的情形。独立董事、监事会应当就变更后的方案是否有利于上市公司的持续发展,是否存在明显损害上市公司及全体股东利益的情形发表独立意见。律师事务所应当就变更后的方案是否符合本办法及相关法律法规的规定、是否存在明显损害上市公司及全体股东利益的情形发表专业意见。"但就股权激励业务实务而言,在以权益结算的股份支付交易中,企业对授予条款和条件的修改(包括等待期内对授予权益工具的提前取消或结算等)并不鲜见。比如,降低行权价格、增加授予权益工具数量、缩短等待期、减轻业绩条件等对企业职工有利的修改,或是延长等待期、提高行权价、增加业绩条件等对企业职工不利的修改。针对这种情况的会计处理，CAS11 没有具体指引。按国际会计准则理事会的有关指引①，在以权益结算的股份支付交易中，除了未能满足非市场行权条件导致的授予权益工具不可行权，不管企业对授予条款和条件作何修改（包括等待期内对授予权益工具的提前取消或结算等），企业应确认的取得职工服务金额不得少于按授予日权益工具公允价值计量的结果。所以，对授予条款和条件的修改不利于企业职工或导致股份支付公允价值总额比原先减少的，企业在会计上应忽略这些修改，照旧进行相关会计处理。如果对授予条款和条件的修改有利于企业职工或导致股份支付公允价值总额比原先升高的，企业应当分别按实际情况确认修改产生的影响。

（二）有利于企业职工的授予条款和条件修改的会计处理

1. 修改可行权条件导致授予权益工具公允价值增加

如果授予权益工具数量没变，而是通过修改可行权条件（如降低行权价格等）增加了所授予权益工具的单位公允价值，那么在这种修改方式下，权益工具公允价值的增加是指被修改权益工具和原先权益工具在修改日的公允价值之间的增量；对于增加授予权益工具数量这种修改方式，权益工具公允价值的增加是指修改日当日增加的权益工具数量所对应的公允价值增量。企业应按照修改增加的权益工具公允价值，相应增加以授予权益工具为对价而应确认的取得服务的金额。如果修改发生在等待期内，在确认修改日至修改后可行权日之间基于权益工具公允值增加而取得服务金额的同时，企业还应按原授予条件和条款确认原等待期修改日后剩余期间内以原权益工具授予日公允价值为基础确定的服务金额。如果上述修改发生在可行权日之后，企业应当立即确认权益工具公允价值的增加；但若股份支付协议要求职工只有先完成更长期间的服务才能取得修改后的权益工具，则企业应在整个等待期内确认权益工具公允价值的增加。

---

① 参见《国际财务报告准则第 2 号——以股份为基础的支付》（国际会计准则理事会，2016 年）。

【例5.14】 授予权益工具公允价值增加的基本账务处理

Y公司(上市公司)为激励其管理层职工实施了股票期权激励计划,实施过程中Y公司对激励计划约定事项未进行任何修改,截至2×20年12月31日,按计划规定所授予的股票期权(激励对象100人,每人1万份,计100万份)均尚未行权,该计划会计处理有关信息见表5.6。

表5.6 Y公司股票期权激励计划(未修改)会计处理有关信息

金额单位:元

股票期权授予日		2×18年1月1日		
股票期权可行权日		2×20年12月31日		
等待期(年)	A	3		
企业所得税税率	B	25%		
股票期权授予日公允价值(元/份)	C	12		
股票期权行权价格(元/股)	D	10		
资产负债表日		2×18年12月31日	2×19年12月31日	2×20年12月31日
等待期内流逝时间(年)	E	1	2	3
授予股票期权总数(份)	a	1 000 000	1 000 000	1 000 000
可行权比例估计	b	95%	90%	80%
可行权股票期权数(份)	F=a×b	950 000	900 000	800 000
公司股票市场价格(元/股)	G	25	26	28
会计确认服务费用金额累计	H=C×F÷A×E	3 800 000	7 200 000	9 600 000
可税前扣除服务费金额累计	I=(G−D)×F÷A×E	4 750 000	9 600 000	14 400 000
递延所得税资产余额	J=I×B	1 187 500	2 400 000	3 600 000

(续表)

项目		公式			
递延所得税费用累计		K=H×B	950 000	1 800 000	2 400 000
资本公积余额	取得服务费用金额累计转入	L=I	3 800 000	7 200 000	9 600 000
	递延所得税资产累计转入	M=J−K	237 500	600 000	1 200 000
	小计	N=L+M	4 037 500	7 800 000	10 800 000

需要特别说明的是,在以权益结算的股份支付交易中,如果预计未来期间可税前扣除金额超过按会计准则规定确认的与股份支付相关的成本费用,超过部分的所得税影响应直接计入所有者权益。表5.6中预计的"可税前扣除服务费金额累计"大于会计确认服务费用金额累计,故Y公司应将两者的差额计入所有者权益(资本公积——其他资本公积),这个累计差额是每年"可税前扣除服务费金额"和"会计确认服务费用金额"差额截至年末的累计数,与此相关的账务处理如下。

2×18年年末的会计分录为:

 借:递延所得税资产   1 187 500
  贷:所得税费用——递延所得税费用   950 000
    资本公积——其他资本公积   237 500

2×19年年末的会计分录为:

 借:递延所得税资产   1 212 500
  贷:所得税费用——递延所得税费用   850 000
    资本公积——其他资本公积   362 500

2×20年年末的会计分录为:

 借:递延所得税资产   1 200 000
  贷:所得税费用——递延所得税费用   600 000
    资本公积——其他资本公积   600 000

假设Y公司经股东大会批准,对原激励计划认定的仍在职的100名激励对象于2×18年12月31日(修改日)增授1万份股票期权,总计增授100万份股票期权,其他授予条款和条件不变,所增授股票期权在修改日的每份公允价值为15元。在这一修改情况下,Y公司就原授予股票期权在做和表 5.6 相同会计处理的基础上,还应就修改增授股票期权做相应会计处理,相关信息见表 5.7,具体账务处理与表 5.6 相同,不再赘述。

表 5.7　增授股票期权公允价值相关会计处理信息　　金额单位:元

		2×18年12月31日	2×19年12月31日	2×20年12月31日
增授票期权授予日(修改日)		2×18年12月31日		
股票期权可行权日		2×20年12月31日		
剩余等待期(年)	A	2		
企业所得税税率	B	25%		
增授股票期权修改日公允价值(元/份)	C	15		
股票期权行权价格(元/股)	D	10		
资产负债表日		2×18年12月31日	2×19年12月31日	2×20年12月31日
剩余等待期内流逝时间(年)	E	—	1	2
增授股票期权总数(份)	a	—	1 000 000	1 000 000
可行权比例估计	b	—	90%	80%
可行权股票期权数(份)	F=a×b	—	900 000	800 000
公司股票市场价格(元/股)	G	—	26	28
会计确认服务费用金额累计	H=C×F÷A×E	—	6 750 000	12 000 000
可税前扣除服务费金额累计	I=(G−D)×F÷A×E	—	7 200 000	14 400 000
递延所得税资产余额	J=I×B	—	1 800 000	3 600 000
递延所得税费用累计	K=H×B	—	1 687 500	3 000 000
资本公积余额 — 取得服务费用金额累计转入	L=I	—	6 750 000	12 000 000
资本公积余额 — 递延所得税资产累计转入	M=J−K	—	112 500	600 000
资本公积余额 — 小计	N=L+M	—	6 862 500	12 600 000

2. 其他有利于企业职工的修改

如果企业按照有利于职工的方式修改可行权条件，如缩短等待期、变更或取消业绩条件（市场业绩条件除外），企业在处理可行权条件时应当考虑修改后的可行权条件。

（三）不利于企业职工的授予条款和条件修改的会计处理

如果企业以减少股份支付公允价值总额或其他不利于职工的方式修改了授予条款和条件，企业仍应继续对取得的服务进行会计处理，如同该变更从未发生，除非企业取消了部分或全部已授予的权益工具。具体包括如下几种情况。

1. 授予条件和条款的不利修改

如果修改减少了企业所授予的权益工具的公允价值（如提高行权价或不有利于职工的市场业绩条件修改等），企业应当继续以权益工具在授予日的公允价值为基础，确认取得服务的金额，而不应考虑权益工具公允价值的减少。如果修改减少了企业所授予的权益工具的数量，企业应当将减少部分作为已授予的权益工具的取消进行处理。如果企业以不利于职工的方式修改了可行权条件，如延长等待期、增加或变更业绩条件（市场业绩条件除外）等，企业在处理可行权条件时，不应当考虑修改后的可行权条件。

2. 授予权益工具的取消或结算

如果企业在等待期内取消或结算所授予的权益工具（因激励对象未满足可行权条件而被取消的除外），企业应当将取消或结算事项作为"加速可行权"处理，即在取消或结算当期一次性确认原本应在剩余等待期内分摊确认的服务金额。在取消或结算授予权益工具时，企业应将支付给职工的所有款项均作为授予权益工具的回购处理，相应减记所有者权益，并将回购支付的金额高于该权益工具在回购日公允价值的部分计入当期费用。

如果向职工授予新的权益工具，并在新权益工具授予日认定所授予的新权益工具是用于替代被取消的权益工具的，企业应以处理原权益工具授予条款和条件修改的相同方法，对所授予的替代权益工具进行处理。在这种情况下，权益工具公允价值的增加是指在替代权益工具授予日，替代权益工具公允价值与被取消的权益工具净公允价值之间的增量；被取消的权益工具净公允价值是指其在取消前立即计量的公允价值减去企业支付给职工的款项。如果企业未将新授予的权益工具认定为替代权益工具，则应将其作为一项新授予的股份支付进行处理。此外，如果企业回购其职工已可行权的权益工具，应当相应减记所有者权益，并将回购支付的金额高于该权益工具在回购日公允价值的部分计入当期费用。

三、企业集团内股份支付交易的会计处理

据《企业会计准则解释第4号》第七条，企业集团（由母公司和其全部子公司构成）内发生的股份支付交易，应当按照以下规定进行会计处理：①结算企业以其本身权益工具结算的，应当将该股份支付交易作为权益结算的股份支付处理；除此之外，应当作为现金结算的股份支付处理。结算企业是接受服务企业的投资者的，应当按照授予日权益工具的公允价值或应承担负债的公允价值确认为对接受服务企业的长期股权投资，同时确认资本公积（其他资本公积）或负债。②接受服务企业没有结算义务或授予本企业职工的是其本身权益工具的，应当将该股份支付交易作为以权益结算的股份支付处理；接受服务企业具有结算义务且授予本企业职工的是企业集团内其他企业权益工具的，应当将该股份支付交易作为以现金结算的股份支付处理。

在《企业会计准则解释第4号》第七条语境下，所谓"结算企业"，是指按集团内股份支付交易协议规定向服务提供方（如接受服务企业的职工等）承担结算义务的集团内某一企业或集团的某一股东；所谓"接受服务企业"，是指按集团内股份支付交易协议规定，有权接受服务提供方所提供服务的集团内某一企业。如果结算企业和接受服务企业一致，且用以股份支付的权益工具为企业自身权益工具，这样的股份支付即便发生在企业集团内部，也只需要按照CAS11的有关规定进行会计处理即可。在企业集团内部发生的股份支付交易中，需要按《企业会计准则解释第4号》第七条进行特殊处理的交易主要有以下两类。

第一类是结算企业和接受服务企业不一致的股份支付交易。对于这类企业集团内股份支付交易，按《企业会计准则解释第4号》第七条的规定，如果结算企业以其本身权益工具结算的，应当将该股份支付交易作为

以权益结算的股份支付处理；除此之外，应当作为以现金结算的股份支付处理。在这类交易中，由于接受服务企业没有结算义务，不管结算企业是否为接受服务企业投资者，也不管用以股份支付的权益工具是否为接受服务企业自身权益工具，接受服务企业都应当将这类集团内部股份支付交易作为以权益结算的股份支付处理。据以上分析，结算企业和接受服务企业不一致的集团内部股份支付交易的基本账务处理见表5.8。

表5.8 结算企业和接受服务企业不一致的集团内部股份支付交易的基本账务处理

是否以本身权益工具结算	是否接受服务企业的投资者	结算企业 性质认定	结算企业 会计分录	接受服务企业 性质认定	接受服务企业 会计分录	企业集团合并报表抵销分录
是	是	权益结算股份支付	借：长期股权投资 贷：资本公积	权益结算股份支付	借：管理费用 贷：资本公积	借：资本公积（接受服务企业） 贷：长期股权投资（结算企业）
是	否	现金结算股份支付	借：长期股权投资 贷：应付职工薪酬	权益结算股份支付	借：管理费用 贷：资本公积	借：资本公积（接受服务企业） 贷：长期股权投资（结算企业）
否	是	权益结算股份支付	借：管理费用 贷：资本公积	权益结算股份支付	借：管理费用 贷：资本公积	借：资本公积（接受服务企业） 贷：管理费用（结算企业）
否	否	现金结算股份支付	借：管理费用 贷：应付职工薪酬	权益结算股份支付	借：管理费用 贷：资本公积	借：资本公积（接受服务企业） 贷：管理费用（结算企业）

第二类是结算企业与接受服务企业一致，且授予本企业职工的是企业集团内其他企业权益工具的股份支付交易。这类集团内股份支付交易应当作为以现金结算的股份支付处理。

【例 5.15】 企业集团内股份支付交易认定

甲公司实施一项股权激励计划,甲公司按照公允价值从二级市场回购甲公司股票并授予自愿参与该计划的员工,授予价格为授予日股票的公允价值,激励对象在甲公司服务满 3 年后可以一次性解锁被授予的股份。该股权激励计划同时约定,甲公司控股股东为员工因解锁日前股票价格变动产生的损失进行兜底,即甲公司股票价格上涨的收益归员工所有,甲公司股票价格下跌的损失由甲公司控股股东承担且以现金支付。

在本例中,甲公司控股股东承担了甲公司员工因股票价格下跌而产生的损失,这属于企业集团与职工之间发生的交易。该交易要求员工为获得收益(享有股票增值收益且不承担贬值损失)连续 3 年为公司提供服务,因此该交易以获取员工服务为目的。该交易的对价与公司股票未来价值密切相关。综上,该交易符合股份支付的定义,适用股份支付准则。控股股东交付现金的金额与甲公司股票价格下行风险相关,该股份支付属于为获取服务而承担以股份为基础计算确定的交付现金的交易,在控股股东合并报表中,该交易应当作为以现金结算的股份支付处理。甲公司作为接受服务的企业,没有结算义务,应当将该交易作为以权益结算的股份支付处理。

【例 5.16】 与员工持股平台相关企业集团内股份支付会计处理分析

甲公司实际控制人(自然人)设立员工持股平台(有限合伙企业)以实施一项股权激励计划。实际控制人作为该持股平台的普通合伙人将其持有的部分甲公司股份以名义价格转让给持股平台,甲公司员工作为该持股平台的有限合伙人以约定价格(认购价)认购持股平台份额,从而间接持有甲公司股份(一份持股平台份额对应一股甲公司股份)。该股权激励计划及合伙协议未对员工的具体服务期限作出专门约定,但明确约定如果自授予日至甲公司成功完成首次公开募股时员工主动离职,员工不得继续持有持股平台份额,实际控制人将以自有资金按照员工认购价回购员工持有的持股平台份额,回购股份是否再次授予其他员工由实际控制人自行决定。

本例中,控制人通过持股平台将其持有的部分甲公司股份授予甲公司员工,属于企业集团内发生的股份支付交易。接受服务企业(甲公司)没有结算义务,应当将该交易作为以权益结算的股份支付处理。因为一份持股平台份额对应一股甲公司股票,授予日甲公司所授予权益工具(持股平台份额)的公允价值为该日甲公司股份公允价值与员工认购价格之间的差额。另外,根据股权激励计划的约定,甲公司员工必须服务至甲公司成功完成首次公开募股,否则其持有的股份将以原认购价回售给实际控制人。该约定表明,甲公司员工必须完成规定的服务期限方可从股权激励计划中获益,属于可行权条件中的服务期限条件,而甲公司成功完成首次公开募股属于可行权条件中业绩条件的非市场条件。甲公司应当合理估计未来成功完成首次公开募股的可能性及完成时点,将授予日至该时点的期间作为等待期,并在等待期内每个资产负债表日对预计可行权数量作出估计,确认相应的股权激励费用。等待期内,甲公司估计其成功完成首次公开募股的时点发生变化的,应当根据重估时点确定等待期,并将截至当期累计应确认的股权激励费用扣减前期累计已确认金额作为当期应确认的股权激励费用。员工持股平台(有限合伙企业)持有甲公司的控制性股权份额,是接受服务企业(甲公司)的投资者,并在甲公司实际控制人的操控下发挥了"结算企业"的角色功能,其认购款应当按照授予日权益工具的公允价值确认为对接受服务企业(甲公司)的长期股权投资,同时确认资本公积(其他资本公积)。

【例5.17】 企业集团内股份支付的基本账务处理

某企业集团由甲公司、乙公司和丙公司组成,其中,乙公司和丙公司是由甲公司投资设立的两个控股子公司,乙公司和丙公司(上市公司)彼此不持有对方任何股份。为激励乙公司管理人员,经甲公司股东大会批准,2×11年1月1日甲公司授予乙公司100名中高层管理人员每人100份丙公司股票增值权。激励对象必须从2×11年1月1日起在该公司连续服务满2年,才可在服务期限届满日起执行股票增值权——按照当时丙公司股价与授予日股价差额获得现金,该股票增值权应在2×13年12月31日之前行使完毕。2×11年1月1日至2×12年12月31日,未有被激励对象离开乙公司。2×13年12月31日全部被激励对象统一行使了股票增值权,并获得相应现金收益。授予日丙公司的股价为10元/股,2×11年12月31日每份股票增值权公允价值为15元,2×12年12月31日每份股票增值权公允价值为18元,2×13年12月31日丙公司股价为30元/股。

假定不考虑其他因素,甲公司和乙公司所实施的股票增值权激励计划属于企业集团内股份支付,按《企业会计准则解释第4号》(财会〔2010〕15号)第七条的规定,甲公司(结算企业)应按现金结算股份支付处理相关账务,乙公司(接受服务企业)应按以权益结算的股份支付处理相关账务,具体见表5.9。

表5.9 企业集团内股份支付的基本账务处理

时间	甲公司	乙公司	甲企业集团合并报表抵销分录	备注
2×11年12月31日	借:长期股权投资 150 000 贷:应付职工薪酬 150 000	借:管理费用 150 000 贷:资本公积 150 000	借:资本公积 150 000 贷:长期股权投资 150 000	150 000 = 100×100×15
2×12年12月31日	借:长期股权投资 30 000 贷:应付职工薪酬 30 000	借:管理费用 30 000 贷:资本公积 30 000	借:资本公积 180 000 贷:长期股权投资 180 000	30 000 = 100×100×(18−15)
2×13年12月31日	借:长期股权投资 20 000 应付职工薪酬 180 000 贷:银行存款 200 000	借:管理费用 20 000 贷:资本公积 20 000	借:资本公积 200 000 贷:长期股权投资 200 000	20 000 = 100×100×[(30−10)−18]

四、限制性股票股权激励的会计处理

(一) 第一类和第二类限制性股票股份支付的会计处理

限制性股票是上市公司实施股权激励的主要权益工具之一,实务中

分为第一类限制性股票和第二类限制性股票,两者有所不同。比如,甲公司于2×21年7月向公司激励对象(职工)授予500万股限制性股票,授予价格为5元/股,锁定期为3年。激励对象如果自授予日起为公司服务满3年,且公司年度净利润增长率不低于10%,可申请一次性行权(限制性股票解锁或归属)。上述甲公司授予的限制性股票若是第一类限制性股票,那么激励对象须在授予日按照授予价格出资购买限制性股票;待满足可行权(解锁)条件后,激励对象可申请解锁限制性股票;若未满足可行权(解锁)条件,甲公司将按照授予价格(5元/股)回购限制性股票。甲公司授予的限制性股票若是第二类限制性股票,那么激励对象在授予日无须出资购买限制性股票;待满足可行权(归属)条件后,激励对象可以选择按授予价格(5元/股)购买公司增发的限制性股票,也可以选择不缴纳认股款,放弃取得相应股票。不管甲公司授予激励对象的是第一类限制性股票或是第二类限制性股票,它们都属于以权益结算的股份支付交易。甲公司应当在授予日确定授予股份的公允价值。授予日授予股份的公允价值应当以其当日的市场价格为基础,同时考虑授予股份所依据的条款和条件(不包括市场条件之外的可行权条件)进行调整,但不应考虑在等待期内转让的限制,因为该限制属可行权条件中的非市场条件。

第一类限制性股票其实就是一种可立即行权的股票期权。在授予日可立即行权的股票期权的时间价值可以忽略不计,其公允价值等于该日股票期权的内在价值,即限制性股票授予日公允价值与行权价格(授予价格)的差额。所以,第一类限制性股票在授予日的公允价值等于该日所授予股票的公允价值与授予价格间的差额。在等待期内的每个资产负债表日,甲公司应当以对可解锁的股份数量的最佳估计为基础,按照授予日授予第一类限制性股票的公允价值,将当期取得的服务计入相关成本(费用)和资本公积。

与第一类限制性股票大为不同的是,第二类限制性股票实为一项在行权条件满足后才能可行权的股票期权——公司赋予员工在满足可行权条件后以约定价格(授予价格)购买公司股票的权利,员工可获取行权日股票价格高于授予价格的上行收益,但不承担股价下行风险。所以,第二类限制性股票作为股票期权在授予日有重大时间价值,一般应按BSM模型计算确定它们的公允价值。采用 BSM 模型确定的授予日股票期权公允价值包括期权的内在价值和时间价值,通常高于同等条件下第一类限制性股票对应股份的公允价值。在等待期内的每个资产负债表日,甲公司应当以对可行权的股票期权(第二类限制性股票)数量的最佳估计为基础,按照授予日股票期权(第二类限制性股票)的公允价值计算当期需确认的股份支付费用,计入相关成本(费用)和资本公积。

(二) 第一类限制性股票的其他相关会计处理事项

对于第一类限制性股票股权激励,除上述按照 CAS11 相关规定[①]进行与股份支付相关的会计处理,企业还应特别关注以下三点。

1. 股票发行及回购义务

向职工发行的第一类限制性股票,按有关规定履行了注册登记等增资手续的,上市公司应当根据收到职工缴纳的认股款确认股本和资本公积(股本溢价),按照职工缴纳的认股款借记"银行存款"等科目,按照股本金额贷记"股本"科目,按照其差额贷记"资本公积——股本溢价"科目;同时,就回购义务确认负债(作收购库存股处理),按照发行第一类限制性股票的数量以及相应的回购价格计算确定的金额,借记"库存股"科目,贷记"其他应付款——限制性股票回购义务"(包括未满足条件而需立即回购的部分)等科目。

对于因回购产生的义务确认负债,上市公司应当按照《企业会计准则第 22 号——金融工具确认和计量》相关规定进行会计处理。上市公司未达到第一类限制性股票解锁条件而需回购的股票,按照应支付的金额借记"其他应付款——限制性股票回购义务"等科目,贷记"银行存款"等科目;同时,按照注销的第一类限制性股票数量相对应的股本金额借记"股本"科目,按照注销的第一类限制性股票数量相对应的库存股的账面价值贷记"库存股"科目,按其差额借记"资本公积——股本溢价"科目。上市公司达到第一类限制性股票解锁条件而无须回购的股票,按照解锁股票相对应的负债的账面价值借记"其他应付款——限制性股票回购义务"等科目,按照解锁股票相对应的库存股的账面价值贷记"库存股"科目,如有

---

① 参见《企业会计准则解释第 7 号》(财会〔2015〕19 号)。

差额,则借记或贷记"资本公积——股本溢价"科目。

2. 等待期内发放现金股利和基本每股收益计算

对于第一类限制性股票股权激励,上市公司在等待期内发放现金股利的会计处理及基本每股收益的计算,应视其发放的现金股利是否可撤销采取不同的方法。

1) 现金股利可撤销

现金股利可撤销是指一旦未达到解锁条件,被回购第一类限制性股票的持有者将无法获得(或需要退回)其在等待期内应收(或已收)的现金股利。

等待期内,上市公司在核算应分配给第一类限制性股票持有者的现金股利时,应合理估计未来解锁条件的满足情况,该估计与进行股份支付会计处理时在等待期内每个资产负债表日对可行权权益工具数量进行的估计应当保持一致。对于预计未来可解锁的第一类限制性股票,上市公司应分配给第一类限制性股票持有者的现金股利应当作为利润分配进行会计处理,借记"利润分配——应付现金股利或利润"科目,贷记"应付股利——限制性股票股利"科目;同时,按分配的现金股利金额,借记"其他应付款——限制性股票回购义务"等科目,贷记"库存股"科目;实际支付时,借记"应付股利——限制性股票股利"科目,贷记"银行存款"等科目。对于预计未来不可解锁的第一类限制性股票,上市公司应分配给第一类限制性股票持有者的现金股利应当冲减相关的负债,借记"其他应付款——限制性股票回购义务"等科目,贷记"应付股利——限制性股票股利"科目;实际支付时,借记"应付股利——限制性股票股利"科目,贷记"银行存款"等科目。后续信息表明不可解锁的第一类限制性股票的数量与以前估计不同的,应当作为会计估计变更处理,直到解锁日预计不可解锁的第一类限制性股票的数量与实际未解锁的数量一致。

等待期内,企业在计算基本每股收益时,要对原有计算公式进行调整,调整后的公式为:

$$基本每股收益 = \frac{归属于普通股股东的净利润 - 当期分配给预计未来可解锁第一类限制性股票持有者的现金股利}{加权平均普通股股数 - 第一类限制性股票的股数}$$

2）现金股利不可撤销

现金股利不可撤销是指不论是否达到解锁条件，第一类限制性股票持有者仍有权获得（或不得被要求退回）其在等待期内应收（或已收）的现金股利。

等待期内，上市公司在核算应分配给第一类限制性股票持有者的现金股利时，应合理估计未来解锁条件的满足情况，该估计与进行股份支付会计处理时在等待期内每个资产负债表日对可行权权益工具数量进行的估计应当保持一致。对于预计未来可解锁的第一类限制性股票，上市公司应分配给第一类限制性股票持有者的现金股利应当作为利润分配进行会计处理，借记"利润分配——应付现金股利或利润"科目，贷记"应付股利——限制性股票股利"科目；实际支付时，借记"应付股利——限制性股票股利"科目，贷记"银行存款"等科目。对于预计未来不可解锁的第一类限制性股票，上市公司应分配给第一类限制性股票持有者的现金股利应当计入当期成本费用，借记"管理费用"等科目，贷记"应付股利——应付限制性股票股利"科目；实际支付时，借记"应付股利——限制性股票股利"科目，贷记"银行存款"等科目。后续信息表明不可解锁的第一类限制性股票的数量与以前估计不同的，应当作为会计估计变更处理，直到解锁日预计不可解锁的第一类限制性股票的数量与实际未解锁的数量一致。

等待期内，企业在计算基本每股收益时，应当将预计未来可解锁的第一类限制性股票作为同普通股一起参加剩余利润分配的其他权益工具处理，调整后的公式为：

$$基本每股收益 = \frac{归属于普通股股东的净利润 - 归属于预计未来可解锁第一类限制性股票的净利润}{加权平均普通股股数 - 第一类限制性股票的股数}$$

3. 等待期内稀释每股收益计算

等待期内，企业在计算稀释每股收益时，应视解锁条件不同采取不同的方法。解锁条件仅为服务期限条件的，企业应假设资产负债表日尚未解锁的第一类限制性股票已于当期期初（或晚于期初的授予日）全部解锁，并参照《企业会计准则第 34 号——每股收益》中股份期权的有关规定考虑第一类限制性股票的稀释性。其中，行权价格为第一类限制性股票的发行价格加上资产负债表日尚未取得的职工服务,按 CAS11 有关规定计算确定的公允价值。锁定期内计算稀释每股收益的公式为:

$$稀释每股收益 = \frac{归属于普通股股东的净利润 + 预计未来可解锁限制性股票对应的股利调整额}{加权平均普通股股数 + 假定解锁增加的普通股数量}$$

其中,预计未来可解锁限制性股票对应的股利调整额指在计算基本每股收益时已扣除的当期分配给预计未来可解锁的第一类限制性股票持有者的现金股利,或按持股比例归属于该部分限制性股票的净利润。

解锁条件包含业绩条件的,企业应假设资产负债表日即为解锁日,并判断资产负债表日的实际业绩情况是否满足解锁要求的业绩条件,满足业绩条件的,企业应当参照上述解锁条件仅为服务期限条件的有关规定计算稀释性每股收益;不满足业绩条件的,企业在计算稀释性每股收益时不必考虑此限制性股票的影响。

五、将以现金结算的股份支付修改为以权益结算的股份支付的会计处理

关于企业将以现金结算的股份支付修改为以权益结算的股份支付的会计处理,《企业会计准则解释第 16 号》第三条规定如下:"企业修改以现金结算的股份支付协议中的条款和条件,使其成为以权益结算的股份支付的,在修改日,企业应当按照所授予权益工具当日的公允价值计量以权益结算的股份支付,将已取得的服务计入资本公积,同时终止确认以现金结算的股份支付在修改日已确认的负债,两者之间的差额计入当期损益。上述规定同样适用于修改发生在等待期结束后的情形。如果由于修改延长或缩短了等待期,企业应当按照修改后的等待期进行上述会计处理(无需考虑不利修改的有关会计处理规定)。如果企业取消一项以现金结算的股份支付,授予一项以权益结算的股份支付,并在授予权益工具日认定其是用来替代已取消的以现金结算的股份支付(因未满足可行权条件而被取消的除外)的,适用本解释的上述规定。"

【例 5.18】 现金结算股份支付修改为权益结算股份支付基本账务处理

2×21年年初，A公司向其500名中层以上管理人员每人授予100份现金股票增值权，这些职工从2×21年1月1日起在该公司连续服务4年即可按照股价的增长幅度获得现金。A公司估计，该增值权在2×21年年末和2×22年年末的公允价值分别为10元/份和12元/份。2×22年12月31日，A公司将向职工授予100份现金股票增值权修改为授予100股股票期权，这些职工从2×23年1月1日起在该公司连续服务3年，即可以每股5元的价格购买100股A公司股票。每份期权在2×22年12月31日的公允价值为16元。A公司预计所有职工都将在服务期限内提供服务。假设A公司500名职工都在2×25年12月31日行权，股份面值为1元。假定不考虑其他因素，根据上述资料，相关账务处理分析如下。

在[例5.18]中，企业将以现金结算的股份支付修改为以权益结算的股份支付，修改日为2×22年12月31日。

2×21年12月31日，A公司按照承担负债的公允价值，将当期取得的服务计入相关费用和相应的负债，金额为125 000元（100×500×10×1/4），相应会计分录为：

借：管理费用　　　　　　　　　　　　　　　　125 000
　　贷：应付职工薪酬　　　　　　　　　　　　125 000

2×22年12月31日，A公司将以现金结算的股份支付修改为以权益结算的股份支持，等待期由4年延长至5年。A公司应当按照权益工具在修改日的公允价值，将当期取得的服务计入资本公积，金额为320 000元，同时终止确认已确认的负债，两者的差额计入当期损益，金额为195 000元（320 000－125 000），相应会计分录为：

借：管理费用　　　　　　　　　　　　　　　　95 000
　　应付职工薪酬　　　　　　　　　　　　　　125 000
　　贷：资本公积——其他资本公积　　　　　　320 000

2×23年12月31日,A公司按照权益工具在修改日的公允价值将当期取得的服务计入相关费用和资本公积,金额为160 000元(100×500×16×3/5－320 000),相应会计分录为:

借:管理费用 160 000
  贷:资本公积——其他资本公积 160 000

2×24年12月31日,A公司按照权益工具在修改日的公允价值将当期取得的服务计入相关费用和资本公积,金额为160 000(100×500×16×4/5－320 000－160 000),相应会计分录为:

借:管理费用 160 000
  贷:资本公积——其他资本公积 160 000

2×25年12月31日,A公司按照权益工具在修改日的公允价值将当期取得的服务计入相关费用和资本公积,金额为160 000元(100×500×16－320 000－160 000－160 000),相应会计分录为:

借:管理费用 160 000
  贷:资本公积——其他资本公积 160 000

2×25年12月31日,500名职工行权,每名员工按照5元/股购买100股A公司股票。A公司共收到250 000元(500×100×5)股权认购款,对应股本为50 000元(500×100×1),相应会计分录为:

借:银行存款 250 000
  资本公积——其他资本公积 800 000
  贷:股本 50 000
    资本公积——股本溢价 1 000 000

第四节 股权激励会计处理案例

一、股权激励案例资料

JN公司是一家股票已上市的医疗电子产品和服务提供商。为了进一步建立健全公司长效激励机制,吸引和留住优秀人才,有效地将股东利益、公司利益和员工个人利益结合在一起,使各方共同关注公司的长远发展,经股东大会批准,JN公司依法实施《JN公司2×20年股票期权激励计划》。

(一)《JN公司2×20年股票期权激励计划》内容

《JN公司2×20年股票期权激励计划》的公告日为2×20年8月27日,该计划包括以下主要内容。

1. 激励对象及可行权条件

本激励计划拟向激励对象授予1298万份股票期权,涉及的标的股票来源为JN公司向激励对象定向发行A股普通股;激励对象包括本激励计划公告时在JN公司(含分公司及控股子公司)任职的高管及其他骨干管理员工,总人数为201人。在满足行权条件的情况下,激励对象获授的每一份股票期权拥有在其行权期内以行权价格购买1股公司股票的权利,行权期内,同时满足下列条件时,激励对象获授的股票期权方可行权。

1)公司层面业绩考核条件

对于本激励计划授予的股票期权,JN公司将分年度对激励对象进行绩效考核,并以达到绩效考核目标作为激励对象的行权条件,各年度公司层面业绩考核目标见表5.10。

表5.10 公司层面业绩考核目标

行权期	业绩考核目标
第一个行权期	以公司2×19年营业收入为基数,2×20年营业收入增长率不低于70%
第二个行权期	以公司2×19年营业收入为基数,2×21年营业收入增长率不低于20%
第三个行权期	以公司2×19年营业收入为基数,2×22年营业收入增长率不低于40%
第四个行权期	以公司2×19年营业收入为基数,2×23年营业收入增长率不低于70%

对于未满足上述业绩考核目标的激励对象,其对应考核当年可行权的股票期权均不得行权,由公司注销。

2) 激励对象个人层面绩效考核条件

根据JN公司制定的《JN公司2×20年股票期权激励计划实施考核管理办法》，薪酬与考核委员会将对激励对象每个考核年度的个人绩效进行打分，并依照激励对象的个人评分确认其行权比例，个人当年实际可行权数量为个人获授份额乘于个人当年行权比例。若激励对象上一年度的个人绩效考核结果为"优秀""良好"或"合格"，则激励对象可按照本激励计划规定比例（见表5.11）分批行权，未行权部分由公司统一注销；若激励对象上一年度的个人绩效考核结果为"不合格"，公司将按照本激励计划的规定取消该激励对象的当期行权额度，该期权份额由公司统一注销。

表5.11 激励对象个人层面绩效考核条件

激励对象上一年度个人绩效考核等级	优秀	良好	合格	不合格
激励对象个人对获授股票期权分批行权额度的行权比例	100%	80%	60%	0

2. 行权价格及调整方法

本激励计划授予的股票期权的行权价格为11.59元/股，在本激励计划公告当日至激励对象完成股票期权行权期间，若公司发生资本公积转增股本、派发股票红利、股份拆细或缩股、配股、派息等事宜，股票期权的数量和行权价格将做相应的调整。

1) 股票期权数量的调整方法

若在行权前公司有资本公积转增股本、派送股票红利以及股票拆细、配股或缩股等事项，股票期权数量应进行相应的调整，调整方法如下。

（1）资本公积转增股本、派送股票红利、股份拆细的调整公式为：

$$Q = Q_0 \times (1+n)$$

其中，Q_0为调整前的股票期权数量，n为每股的资本公积转增股本、派送股票红利、股份拆细的比率（即每股股票经转增、送股或拆细后增加的股票数量），Q为调整后的股票期权数量。

（2）配股的调整公式为：

$$Q = Q_0 \times P_1 \times (1+n) \div (P_1 + P_2 \times n)$$

其中，Q_0 为调整前的股票期权数量，P_1 为股权登记日当日收盘价，P_2 为配股价格，n 为配股的比例（即配股的股数与配股前公司总股本的比例），Q 为调整后的股票期权数量。

（3）缩股的调整公式为：

$$Q = Q_0 \times n$$

其中，Q_0 为调整前的股票期权数量，n 为缩股比例（即1股JN股票缩为 n 股股票），Q 为调整后的股票期权数量。

（4）公司在发生增发新股的情况下，股票期权数量不做调整。

2）**股票期权行权价格的调整方法**

若在行权前公司有派息、资本公积转增股本、派送股票红利、股票拆细、配股或缩股等事项，行权价格应进行相应的调整，调整方法如下。

（1）资本公积转增股本、派送股票红利、股份拆细的调整公式为：

$$P = P_0 \div (1 + n)$$

其中，P_0 为调整前的行权价格，n 为每股的资本公积转增股本、派送股票红利、股份拆细的比率，P 为调整后的行权价格。

（2）配股的调整公式为：

$$P = P_0 \times (P_1 + P_2 \times n) \div [P_1 \times (1 + n)]$$

其中，P_0 为调整前的行权价格，P_1 为股权登记日当日收盘价，P_2 为配股价格，n 为配股的比例（即配股的股数与配股前股份公司总股本的比例），P 为调整后的行权价格。

（3）缩股的调整公式为：

$$P = P_0 \div n$$

其中，P_0 为调整前的行权价格，n 为缩股比例（即1股JN股票缩为 n 股股票），P 为调整后的行权价格。

（4）派息的调整公式为：

$$P = P_0 - V$$

其中，P_0 为调整前的行权价格，V 为每股的派息额，P 为调整后的行权价格。经派息调整后,P 仍须大于1。

（5）公司在发生增发新股的情况下,股票期权的行权价格不做调整。

3. 股票期权等待期及行权安排

本激励计划有效期自股票期权授予之日起至激励对象获授的股票期权全部行权或注销之日止,最长不超过 60 个月。授权日在本激励计划经公司股东大会审议通过后由董事会确定,授权日必须为交易日。股票期权等待期为授权日起 12 个月、24 个月、36 个月和 48 个月。首期股票期权自授权日起满 12 个月后可以开始行权,可行权日必须为交易日。激励对象应在可行权日起未来 48 个月内分四期行权,期权行权期及各期行权时间安排见表 5.12。

表 5.12　期权行权期及各期行权时间安排

行权安排	行权时间	行权比例
第一个行权期	自授权登记完成之日起 12 个月后的首个交易日起至授权登记完成之日起 24 个月内的最后 1 个交易日止	25%
第二个行权期	自授权登记完成之日起 24 个月后的首个交易日起至授权登记完成之日起 36 个月内的最后 1 个交易日止	25%
第三个行权期	自授权登记完成之日起 36 个月后的首个交易日起至授权登记完成之日起 48 个月内的最后 1 个交易日止	25%
第四个行权期	自授权登记完成之日起 48 个月后的首个交易日起至授权登记完成之日起 60 个月内的最后 1 个交易日止	25%

（二）股票期权授予情况

根据《JN 公司 2×20 年股票期权激励计划》规定和股东大会授权,JN 公司董事会确定公司股票期权的授权日为 2×20 年 10 月 14 日。

鉴于《JN 公司 2×20 年股票期权激励计划》中确定的拟授予权益的 1 名激励对象已离职,1 名激励对象自愿放弃,JN 公司取消了上述人员的激励对象资格和拟授予的股票期权,实际共向 199 名激励对象授予 1 286 万份股票期权,激励对象名单及授予数量见表 5.13。

表 5.13 激励对象名单及授予数量

激励对象		获授的股票期权数量(万份)	占授予股票期权总数的比例	占本次授予公告日股本总额的比例
姓名	职务			
略	董事、副总经理等高管(4 人)	80	6.22%	0.18%
	其他管理骨干员工(195 人)	1 206	93.78%	2.79%
	合计	1 286	100.00%	2.97%

2×20 年 10 月 20 日,JN 公司在中国证券登记结算有限责任公司完成了股票期权激励计划的授予登记。

二、股票期权激励计划会计处理

(一) 会计处理原则

JN 公司股票期权激励计划属于完成等待期内服务且达到规定业绩条件才可行权的以权益结算的股份支付。根据 CAS11 及其应用指南,JN 公司应以授予职工权益工具的公允价值计量所换取的职工服务;在等待期内的每个资产负债表日,以对可行权权益工具数量的最佳估计为基础,按照权益工具在授权日的公允价值,将当期取得的服务计入相关资产成本或当期费用,同时计入资本公积。

(二) 2×20 年相关会计处理

1. 2×20 年 10 月 14 日(授予日)股票期权单位公允价值确定

JN 公司选择使用 BSM 期权定价模型测算确定所授予股票期权在授予日(2×20 年 10 月 14 日)的单位公允价值,计算公式如下:

$$C = e^{-d(T-t)} SN(d_1) - K e^{-R(T-t)} N(d_2)$$

其中:

$$d_1 = \frac{\ln\left(\frac{S}{K}\right) + \left(R - d + \frac{\sigma^2}{2}\right)(T-t)}{\sigma\sqrt{T-t}}$$

$$d_2 = d_1 - \sigma\sqrt{T-t}$$

基于上述公式,JN公司按不同行权期股票期权分组测算确定它们的单位公允价值,具体参数确定及计算结果见表5.14。

表5.14 授予日(2×20年10月14日)股票期权单位公允价值计算

计量参数与结果	第一行权期股票期权	第二行权期股票期权	第三行权期股票期权	第四行权期股票期权
T—股票期权期限(年)	2.00 (2×20年10月14日至2×22年10月14日)	3.00 (2×20年10月14日至2×23年10月14日)	4.00 (2×20年10月14日至2×24年10月14日)	5.00 (2×20年10月14日至2×25年10月14日)
t—股票期权期限流失时间(年)	0	0	0	0
R—无风险利率	1.50%	2.10%	2.75%	2.75%
σ—标的股票股价波动率	24.94%	25.63%	23.72%	21.72%
K—期权行权价格(元/股)	11.59	11.59	11.59	11.59
S—授权日标的股票收盘价(元/股)	11.22	11.22	11.22	11.22
e—自然对数的底	2.72	2.72	2.72	2.72
d—标的股票的预计股息收益率	0	0	0	0
$(T-t)$	2.00	3.00	4.00	5.00
S/K	0.97	0.97	0.97	0.97
$\ln(S/K)$	−0.03	−0.03	−0.03	−0.03
$e^{\wedge}(-d(T-t))$	1.00	1.00	1.00	1.00
$e^{\wedge}(-R(T-t))$	0.97	0.94	0.90	0.87
d_1的分子	0.06	0.13	0.19	0.22
d_1的分母	0.35	0.44	0.47	0.49
d_1	0.17	0.29	0.40	0.46
d_2	−0.18	−0.15	−0.07	−0.03
$N(d_1)$	0.57	0.61	0.66	0.68
$N(d_2)$	0.43	0.44	0.47	0.49
$C_{授予日}$—单位股票期权公允价值(元/份)	1.56	2.11	2.47	2.65

表 5.14 中,"T—股票期权期限(年)"在本案例中是指从股票期权授予日至行权期结束日的时间长度,等于等待期与行权期之和。本案例中第一、第二、第三和第四行权期股票期权的等待期分别为授权日起 12 个月、24 个月、36 个月和 48 个月,每期股票期权的行权期为自可行权日起 12 个月。所以,本案例中第一、第二、第三和第四行权期股票期权的期限分别为 2 年、3 年、4 年和 5 年。

表 5.14 中,"t"是指随着股票期权股权激励计划实施推进股票期权期限流失的时间长度。在授予日,"t"为 0。"$(T-t)$"是指计量日股票期权的剩余有效期限。在授予日,第一、第二、第三和第四行权期股票期权的剩余有效期限分别为 2 年、3 年、4 年和 5 年。

表 5.14 中,"σ—标的股票股价波动率"是指与"$(T-t)$"相对应的 JN 公司股票价格历史波动率,即在授予日计算的为期 2 年、3 年、4 年和 5 年的 JN 公司股票价格历史波动率,其值分别是 24.94%、25.63%、23.72% 和 21.72%。

需要特别说明的是,在利用 BSM 期权定价模型计算股票期权公允价值时,若"$(T-t)$"发生了变化,应重新计算与变化了的"$(T-t)$"相对应的 JN 公司股票价格历史波动率。但限于数据资源和简便起见,以下涉及股票期权公允价值计算的表格中沿用了表 5.14 中的"σ—标的股票股价波动率"数据。

2. 2×20 年 12 月 31 日确认计算本年所接受服务金额

2×20 年 12 月 31 日,JN 公司按《JN 公司 2×20 年股票期权激励计划》规定对各激励对象行权条件进行分析考核后估计:第一行权期股票期权可行权数为 308.64 万份,第二、第三、第四行权期股票期权可行权数均为 321.50 万份(表 5.15)。

表 5.15 2×20 年 12 月 31 日本年所接受服务金额计算

计量参数与结果	第一行权期股票期权	第二行权期股票期权	第三行权期股票期权	第四行权期股票期权
各行权期股票期权可行权数量(万份)①	308.64	321.50	321.50	321.50

(续表)

计量参数与结果		第一行权期股票期权	第二行权期股票期权	第三行权期股票期权	第四行权期股票期权
C 授予日(元/份)②		1.56	2.11	2.47	2.65
各行权期股票期权授予日公允价值(万元)③＝①×②		317.90	533.69	665.51	739.45
各行权期股票期权等待期(月)④		12.00 2×20年10月14日至2×21年10月14日	24.00 2×20年10月14日至2×22年10月14日	36.00 2×20年10月14日至2×23年10月14日	48.00 2×20年10月14日至2×24年10月14日
各行权期股票期权等待期流逝时间(月)⑤		2.50 (2×20年10月14日至2×20年12月31日)	2.50 (2×20年10月14日至2×20年12月31日)	2.50 (2×20年10月14日至2×20年12月31日)	2.50 (2×20年10月14日至2×20年12月31日)
以前年度累计摊销额(万元)⑥		0	0	0	0
本年度应有累计摊销额(万元)⑦＝③÷④×⑤		100.31	70.66	55.15	44.37
本年摊销额(万元)	各组摊销额⑧＝⑦－⑥	100.31	70.66	55.15	44.37
	各组摊销额合计	270.49＝100.31＋70.66＋55.15＋44.37			

据表5.15,JN公司应做会计分录1为:

借:管理费用——股权激励费用　　　　　　　　　　2 704 900
　　贷:资本公积——其他资本公积(第一行权期股票期权)　1 003 100
　　　　资本公积——其他资本公积(第二行权期股票期权)　706 600
　　　　资本公积——其他资本公积(第三行权期股票期权)　551 500
　　　　资本公积——其他资本公积(第四行权期股票期权)　443 700

经查,2×20年12月31日JN公司的股票收盘价为9.23元/股。但JN公司的股票期权行权价格为11.59元/股,大于2×20年12月31日

JN 公司的股票收盘价。按《国家税务总局关于我国居民企业实行股权激励计划有关企业所得税处理问题的公告》(国家税务总局公告 2012 年第 18 号)的规定,2×20 年 12 月 31 日确认的"管理费用——股权激励费用 2 704 900"在未来很可能无法实现税前扣除,故 JN 公司没有确认递延所得税资产。

(三) 2×21 年相关会计处理

1. 2×21 年 6 月 17 日修改行权价格形成股票期权增量公允价值确定

2×21 年 6 月 17 日,JN 公司召开董事会及监事会,审议通过了《关于调整 JN 公司 2×20 年股票期权激励计划行权价格的议案》。该议案决定:"由于 JN 公司 2×20 年度权益分派方案的实施完成,根据《JN 公司 2×20 年股票期权激励计划》的规定,将 2×20 年股票期权激励计划行权价格由 11.59 元调整至 11.53 元"。这一决定使得股票期权(行权价 11.53 元/股)在修改日的单位公允价值大于原股票期权(行权价 11.59 元/股),从而增加了所授予股票期权的公允价值,有关计算分别见表 5.16~表 5.18。

表 5.16 2×21 年 6 月 17 日原股票期权①(行权价 11.59 元)的单位公允价值计算

计量参数与结果	第一行权期股票期权	第二行权期股票期权	第三行权期股票期权	第四行权期股票期权
T—股票期权期限(年)	2.00	3.00	4.00	5.00
t—股票期权期限流失时间(年)	0.67 (2×20 年 10 月 14 日至 2×21 年 6 月 17 日)	0.67 (2×20 年 10 月 14 日至 2×21 年 6 月 17 日)	0.67 (2×20 年 10 月 14 日至 2×21 年 6 月 17 日)	0.67 (2×20 年 10 月 14 日至 2×21 年 6 月 17 日)
R—无风险利率	1.50%	2.10%	2.75%	2.75%
σ—标的股票股价预计波动率	24.94%	25.63%	23.72%	21.72%
K—期权行权价格(元/股)	11.59	11.59	11.59	11.59
S—授权日标的股票收盘价(元/股)	11.22	11.22	11.22	11.22

---

① 2×20 年 10 月 14 日授予的股票期权相对于 2×21 年 6 月 17 日修改行权价后的股票期权而言称为原股票期权。后文类同。

(续表)

计量参数与结果	第一行权期股票期权	第二行权期股票期权	第三行权期股票期权	第四行权期股票期权
e—自然对数的底	2.72	2.72	2.72	2.72
d—标的股票的预计股息收益率	0	0	0	0
$(T-t)$	1.33	2.33	3.33	4.33
S/K	0.97	0.97	0.97	0.97
$\ln(S/K)$	−0.03	−0.03	−0.03	−0.03
$e^{-d(T-t)}$	1.00	1.00	1.00	1.00
$e^{-R(T-t)}$	0.98	0.95	0.91	0.89
d_1的分子	0.03	0.09	0.15	0.19
d_1的分母	0.29	0.39	0.43	0.45
d_1	0.10	0.24	0.35	0.42
d_2	−0.19	−0.15	−0.08	−0.03
$N(d_1)$	0.54	0.59	0.64	0.66
$N(d_2)$	0.43	0.44	0.47	0.49
$C_{原1}$—原股票期权在修改日单位公允价值(元/份)	1.22	1.82	2.20	2.42

表5.17　2×21年6月17日修改后股票期权(行权价11.53元)的单位公允价值计算

计量参数与结果	第一行权期股票期权	第二行权期股票期权	第三行权期股票期权	第四行权期股票期权
T—股票期权期限(年)	2.00	3.00	4.00	5.00
t—股票期权期限流失时间(年)	0.67 (2×20年10月14日至2×21年6月17日)	0.67 (2×20年10月14日至2×21年6月17日)	0.67 (2×20年10月14日至2×21年6月17日)	0.67 (2×20年10月14日至2×21年6月17日)
R—无风险利率	1.50%	2.10%	2.75%	2.75%
σ—标的股票股价预计波动率	24.94%	25.63%	23.72%	21.72%
K—期权行权价格(元/股)	11.53	11.53	11.53	11.53

（续表）

计量参数与结果	第一行权期股票期权	第二行权期股票期权	第三行权期股票期权	第四行权期股票期权
S—授权日标的股票收盘价（元/股）	11.22	11.22	11.22	11.22
e—自然对数的底	2.72	2.72	2.72	2.72
d—标的股票的预计股息收益率	0	0	0	0
$(T-t)$	1.33	2.33	3.33	4.33
S/K	0.97	0.97	0.97	0.97
$\ln(S/K)$	−0.03	−0.03	−0.03	−0.03
$e^{-d(T-t)}$	1.00	1.00	1.00	1.00
$e^{-R(T-t)}$	0.98	0.95	0.91	0.89
d_1的分子	0.03	0.10	0.16	0.19
d_1的分母	0.29	0.39	0.43	0.45
d_1	0.12	0.25	0.36	0.43
d_2	−0.17	−0.14	−0.07	−0.02
$N(d_1)$	0.55	0.60	0.64	0.67
$N(d_2)$	0.43	0.44	0.47	0.49
$C_{修1}$—行权价第一次修改后股票期权在修改日单位公允价值（元/份）	1.24	1.84	2.23	2.45

表5.18 2×21年6月17日股票期权行权价格修改为11.53元的单位公允价值增量计算

计量参数与结果	第一行权期股票期权	第二行权期股票期权	第三行权期股票期权	第四行权期股票期权
$C_{修1}$—修改后股票期权在修改日单位公允价值（元/份）①	1.24	1.84	2.23	2.45
$C_{原1}$—原股票期权在修改日单位公允价值（元/份）②	1.22	1.82	2.20	2.42
$C_{增1}$—修改形成的单位股票期权增量公允价值（元/份）③=①−②	0.02	0.02	0.03	0.03

上述各行权期股票期权的增量公允价值应在修改日(2×21年6月17日)至它们各自可行权日期间摊销,以相应增加确认JN公司所接受服务的金额。

2. 第一行权期股票期权可行权日届至后本年相关会计处理

截至2×21年10月14日,第一行权期股票期权等待期届满。2×21年10月15日,JN公司董事会与监事会审议通过了《关于注销JN公司2×20年股票期权激励计划部分股票期权的议案》和《关于JN公司2×20年股票期权激励计划授予的股票期权第一个行权期行权条件成就的议案》,确定187名激励对象符合股票期权第一个行权期行权条件,该期可行权的股票期权共计304.7万份,行权价格为11.53元/股,行权采用自主行权模式,本次实际可行权期限为2×21年10月25日至2×22年10月19日止。

2×21年12月31日,JN公司按《JN公司股票期权激励计划》的规定,对各激励对象行权条件进行分析考核,估计第二、第三、第四行权期股票期权可行权数均为308.3万份。

1) 2×21年12月31日确认计算本年所接受服务金额

2×21年JN公司所接受服务金额的计算过程分别见表5.19和表5.20。

表5.19　与原股票期权授予日公允价值相关本年服务金额计算

计量参数与结果	第一行权期股票期权	第二行权期股票期权	第三行权期股票期权	第四行权期股票期权
各行权期股票期权可行权数量(万份)①	304.70	308.30	308.30	308.30
$C_{授予日}$(元/份)②	1.56	2.11	2.47	2.65
各行权期股票期权授予日公允价值(万元)③=①×②	475.33	650.51	761.50	817.00
各行权期股票期权等待期(月)④	12.00 (2×20年10月14日至2×21年10月14日)	24.00 (2×20年10月14日至2×22年10月14日)	36.00 (2×20年10月14日至2×23年10月14日)	48.00 (2×20年10月14日至2×24年10月14日)

(续表)

计量参数与结果		第一行权期股票期权	第二行权期股票期权	第三行权期股票期权	第四行权期股票期权
各行权期股票期权等待期流逝时间(月)⑤		12.00 (2×20年10月14日至2×21年10月14日)	14.50 (2×20年10月14日至2×21年12月31日)	14.50 (2×20年10月14日至2×21年12月31日)	14.50 (2×20年10月14日至2×21年12月31日)
以前年度累计摊销额(万元)⑥		100.31	55.59	46.22	38.51
本年度应有累计摊销额(万元)⑦=③÷④×⑤		475.33	393.02	306.72	246.80
本年摊销额(万元)	各组摊销额⑧=⑦−⑥	375.02	322.36	251.57	202.43
	各组摊销额合计	375.02+322.36+251.57+202.43=1 151.38			

表5.20 与2×21年6月17日修改行权价形成增量公允价值相关本年服务金额计算

计量参数与结果	第一行权期股票期权	第二行权期股票期权	第三行权期股票期权	第四行权期股票期权
各行权期股票期权预计可行权数量(万份)①	304.70	308.3	308.3	308.3
$C_{增1}$(元/份)②	0.02	0.02	0.03	0.03
各行权期股票期权增量公允价值(万元)③=①×②	6.09	6.17	9.25	9.25
各行权期股票期权修改日至可行权日期限(月)④	3.90 (2×21年6月17日至2×21年10月14日)	15.87 (2×21年6月17日至2×22年10月14日)	27.84 (2×21年6月17日至2×23年10月14日)	39.84 (2×21年6月17日至2×24年10月14日)
各行权期股票期权修改日至可行权日期限流逝时间(月)⑤	3.90 (2×21年6月17日至2×21年10月14日)	6.46 (2×21年6月17日至2×21年12月31日)	6.46 (2×21年6月17日至2×21年12月31日)	6.46 (2×21年6月17日至2×21年12月31日)
以前年度累计摊销额(万元)⑥	0	0	0	0

(续表)

计量参数与结果		第一行权期股票期权	第二行权期股票期权	第三行权期股票期权	第四行权期股票期权
本年度应有累计摊销额（万元）⑦=③÷④×⑤		6.09	2.51	2.15	1.50
本年摊销额（万元）	各组摊销额⑧=⑦-⑥	6.09	2.51	2.15	1.50
	各组摊销额合计	12.25=6.09+2.51+2.15+1.50			

据表 5.19 和表 5.20，与原股票期权授予日公允价值相关本年服务计算确认金额为 1 151.38 万元，与修改形成的股票期权增量公允价值相关本年服务计算确认金额为 12.25 万元，两者合计为 1 163.63 万元。相应的会计分录 2 为：

借：管理费用——股权激励费用　　　　　　　11 636 300
　　贷：资本公积——其他资本公积（第一行权期股票期权）　3 811 100
　　　　　　——其他资本公积（第二行权期股票期权）　3 248 700
　　　　　　——其他资本公积（第三行权期股票期权）　2 537 200
　　　　　　——其他资本公积（第四行权期股票期权）　2 039 300

2) 2×21 年 12 月 31 日对第一行权期可行权股票期权本年行权的处理

截至 2×21 年 12 月 31 日，第一行权期 304.7 万份可行权股票期权中有 277.06 万份行权完毕，剩余 27.64 万份尚未行权。JN 公司向行权激励对象增发股票每股股本为 1 元，相关相关手续费为 8 万元，本年收到激励对象行权缴资款净额为 3 186.501 8 万元（277.06×11.53-8）。因第一行权期可行权股票期权行权需要结转的"资本公积——其他资本公积"金额为 437.75 万元，计算式为（100.31①+381.11②）×（277.06÷304.70）。相应的会计分录 3 为：

---

① 参见会计分录 1。
② 参见会计分录 2。

借：银行存款	31 865 018	
资本公积——其他资本公积（第一行权期股票期权）	4 377 500	
贷：股本		2 770 600
资本公积——股本溢价		33 471 918

3）2×21年12月31日确认计算与股票激励费用相关的递延所得税资产

经查，2×21年12月31日JN公司股票收盘价为49.55元/股。据此，按《国家税务总局关于我国居民企业实行股权激励计划有关企业所得税处理问题的公告》的规定，JN公司在资产负债表日对将来可税前扣除"管理费用——股权激励费用"计算如下：

资产负债表日可行权尚未行权股票期权总数×（资产负债表日JN股票收盘价－修改后股票期权行权价格）＝［（304.7－277.06）＋（308.3×3）］×（49.55－11.53）＝36 215.570 8（万元）

截至2×21年12月31日，JN公司账面累计确认"管理费用——股权激励费用"1 434.12万元（270.49[①]＋1 163.63[②]）。按上述计算，JN公司账面累计确认"管理费用——股权激励费用"1 434.12万元均可税前扣除。其中，按《国家税务总局关于我国居民企业实行股权激励计划有关企业所得税处理问题的公告》的规定，与第一行权期已行权277.06万份股票期权相关的"管理费用——股权激励费用"在本度即可税前扣除，其金额为437.75万元，计算式为：（100.31[③]＋381.11[④]）×（277.06÷304.70）。剩余部分996.37万元（1 434.12－437.75）应在以后年度实际行权时按规定税前扣除。

JN公司适用的企业所得税税率为25％，截至本年年末应确认的递延所得税资产为9 053.892 7万元（36 215.570 8×25％），截至本年年末应确认的递延所得税费用累计数为249.092 5万元（996.37×25％），由于以前年度未确认递延所得税资产和费用，本年度相应会计分录4为：

---

① 参见会计分录1。
② 参见会计分录2。
③ 参见会计分录1。
④ 参见会计分录2。

借:递延所得税资产 90 538 927
　　贷:所得税费用——递延所得税费用 2 490 925
　　　　资本公积——其他资本公积 88 048 002

(四) 2×22 年相关会计处理

1. 2×22 年 8 月 29 日修改行权价格形成的股票期权增量公允价值确定

截至 2×22 年 8 月 29 日,第一行权期可行权股票期权中尚未行权的 27.64 万份股票期权仍未行权。2×22 年 8 月 29 日,JN 公司又召开董事会及监事会,审议通过了《关于调整 2×20 股票期权激励计划行权价格的议案》。该议案决定:"由于 JN 公司 2×21 年度权益分派方案的实施完成,根据《JN 股票期权激励计划》的规定,将 2×20 年股票期权激励计划行权价格由 11.53 元/股调整至 10.87 元/股"。这一决定使得股票期权(行权价 10.87 元/股)在修改日的单位公允价值大于原股票期权(11.53 元/股),从而增加了所授予股票期权的公允价值,有关计算分别见表 5.21～表 5.23。

表 5.21　2×22 年 8 月 29 日原股票期权(行权价 11.53 元/股)单位公允价值计算

计量参数与结果	第一行权期股票期权	第二行权期股票期权	第三行权期股票期权	第四行权期股票期权
T —股票期权期限(年)	2.00	3.00	4.00	5.00
t —股票期权期限流失时间(年)	1.87 (2×20 年 10 月 14 日至 2×22 年 8 月 29 日)	1.87 (2×20 年 10 月 14 日至 2×22 年 8 月 29 日)	1.87 (2×20 年 10 月 14 日至 2×22 年 8 月 29 日)	1.87 (2×20 年 10 月 14 日至 2×22 年 8 月 29 日)
R —无风险利率	1.50%	2.10%	2.75%	2.75%
σ —标的股票股价预计波动率	24.94%	25.63%	23.72%	21.72%
K —期权行权价格(元/股)	11.53	11.53	11.53	11.53
S —授权日标的股票收盘价(元/股)	11.22	11.22	11.22	11.22
e —自然对数的底	2.72	2.72	2.72	2.72

（续表）

计量参数与结果	第一行权期股票期权	第二行权期股票期权	第三行权期股票期权	第四行权期股票期权
d—标的股票的预计股息收益率	0	0	0	0
$(T-t)$	0.13	1.13	2.13	3.13
S/K	0.97	0.97	0.97	0.97
$\ln(S/K)$	−0.03	−0.03	−0.03	−0.03
$e\char`^(-d(T-t))$	1.00	1.00	1.00	1.00
$e\char`^(-R(T-t))$	1.00	0.98	0.94	0.92
d_1的分子	−0.02	0.03	0.09	0.13
d_1的分母	0.09	0.27	0.35	0.38
d_1	−0.24	0.12	0.26	0.34
d_2	−0.33	−0.15	−0.08	−0.04
$N(d_1)$	0.40	0.55	0.60	0.63
$N(d_2)$	0.37	0.44	0.47	0.48
$C_{原2}$—原股票期权在修改日单位公允价值（元/份）	0.27	1.20	1.70	2.00

表 5.22　2×22 年 8 月 29 日修改后的股票期权
（行权价 10.87 元/股）单位公允价值计算

计量参数与结果	第一行权期股票期权	第二行权期股票期权	第三行权期股票期权	第四行权期股票期权
T—股票期权期限（年）	2.00	3.00	4.00	5.00
t—股票期权期限流失时间（年）	1.87（2×20 年 10 月 14 日至 2×22 年 8 月 29 日）	1.87（2×20 年 10 月 14 日至 2×22 年 8 月 29 日）	1.87（2×20 年 10 月 14 日至 2×22 年 8 月 29 日）	1.87（2×20 年 10 月 14 日至 2×22 年 8 月 29 日）
R—无风险利率	1.50%	2.10%	2.75%	2.75%
σ—标的股票股价预计波动率	24.94%	25.63%	23.72%	21.72%
K—期权行权价格（元/股）	10.87	10.87	10.87	10.87
S—授权日标的股票收盘价（元/股）	11.22	11.22	11.22	11.22

(续表)

计量参数与结果	第一行权期股票期权	第二行权期股票期权	第三行权期股票期权	第四行权期股票期权
e—自然对数的底	2.72	2.72	2.72	2.72
d—标的股票的预计股息收益率	0	0	0	0
$(T-t)$	0.13	1.13	2.13	3.13
S/K	1.03	1.03	1.03	1.03
$\ln(S/K)$	0.03	0.03	0.03	0.03
$e^{\wedge}(-d(T-t))$	1.00	1.00	1.00	1.00
$e^{\wedge}(-R(T-t))$	1.00	0.98	0.94	0.92
d_1的分子	0.04	0.09	0.15	0.19
d_1的分母	0.09	0.27	0.35	0.38
d_1	0.42	0.34	0.43	0.50
d_2	0.34	0.07	0.09	0.11
$N(d_1)$	0.66	0.63	0.67	0.69
$N(d_2)$	0.63	0.53	0.53	0.55
$C_{修2}$—修改后股票期权在修改日单位公允价值(元/份)	0.60	1.51	2.01	2.31

表5.23　2×22年8月29日股票期权行权价格修改为10.87元/股的单位公允价值增量计算

计量参数与结果	第一行权期股票期权	第二行权期股票期权	第三行权期股票期权	第四行权期股票期权
$C_{修2}$—修改后股票期权在修改日单位公允价值(元/份)①	0.60	1.51	2.01	2.31
$C_{原2}$—原股票期权在修改日单位公允价值(元/份)②	0.27	1.20	1.70	2.00
$C_{增2}$—修改形成的单位股票期权增量公允价值(元/份)③＝①－②	0.33	0.31	0.31	0.31

2×22年8月29日对行权价格的修改对于第一行权期尚未行权的27.64万份股票期权而言属于可行权日后的修改,相应的增量公允价值应直接计入修改本年当期损益,其金额为9.121 2万元(27.64×0.33),相应会计分录5为:

借:管理费用——股权激励费用　　　　　　　　　　91 212
　　贷:资本公积——其他资本公积(第一行权期股票期权)　91 212

对第二、第三和第四行权期股票期权而言,2×22年8月29日对行权价格的修改属于等待期内修改,相应的增量公允价值应在修改日(2×22年8月29日)至其可行权日期间摊销,以相应增加确认JN公司所接受服务的金额。

2. 第二行权期股票期权可行权日届至后本年相关会计处理

截至2×22年10月14日,第二行权期股票期权等待期届满。2×22年10月21日,JN公司董事会与监事会审议通过的《关于注销JN公司2×20年年股票期权激励计划部分股票期权的议案》和《关于JN公司2×20年年股票期权激励计划授予的股票期权第一个行权期行权条件成就的议案》确定:185名激励对象符合股票期权第二个行权期行权条件,第二行权期可行权的股票期权共计300.50万份,行权价格为10.87元/股,行权采用自主行权模式,本次实际可行权期限为2×22年10月31日至2×23年10月19日止;185名激励对象按《JN公司2×20年股票期权激励计划》规定获授的等待期尚未届至的第三、四行权期股票期权股票期权数为601.75万份。

2×22年12月31日,JN公司按《JN公司2×20年股票期权激励计划》规定,对各激励对象公司和个人两个层面行权条件进行分析考核后估计,第三、四行权期股票期权可行权数均为300.875万份。

1) 2×22年12月31日确认计算本年所接受服务金额

2×22年JN公司所接受服务金额计算过程分别见表5.24～表5.26。

表 5.24　与原股票期权授予日公允价值相关本年服务金额计算

计量参数与结果		第一行权期股票期权	第二行权期股票期权	第三行权期股票期权	第四行权期股票期权
各行权期股票期权可行权数量（万份）①		—	300.50	300.875	300.875
$C_{授予日}$（元/份）②		—	2.11	2.47	2.65
各行权期股票期权授予日公允价值（万元）③＝①×②		—	634.06	743.16	797.32
各行权期股票期权等待期（月）④		—	24.00（2×20年10月14日至2×22年10月14日）	36.00（2×20年10月14日至2×23年10月14日）	48.00（2×20年10月14日至2×24年10月14日）
各行权期股票期权等待期流逝时间（月）⑤		—	24.00（2×20年10月14日至2×22年10月14日）	26.50（2×20年10月14日至2×22年12月31日）	26.50（2×20年10月14日至2×22年12月31日）
以前年度累计摊销额（万元）⑥		—	393.02	306.72	246.80
本年度应有累计摊销额（万元）⑦＝③÷④×⑤		—	634.06	547.05	440.19
本年摊销额（万元）	各组摊销额⑧＝⑦－⑥	—	241.04	240.33	193.39
	各组摊销额合计	674.76＝241.04＋240.33＋193.39			

表 5.25　与 2×21 年 6 月 17 日修改行权价形成的股票期权增量公允价值相关本年服务金额计算

计量参数与结果	第一行权期股票期权	第二行权期股票期权	第三行权期股票期权	第四行权期股票期权
各行权期股票期权预计可行权数量（万份）①	—	300.50	300.875	300.875
$C_{增1}$（元/份）②	—	0.02	0.03	0.03
各行权期股票期权增量公允价值（万元）③＝①×②	—	6.01	9.03	9.03

(续表)

计量参数与结果	第一行权期股票期权	第二行权期股票期权	第三行权期股票期权	第四行权期股票期权
各行权期股票期权修改日至可行权日期限(月)④	—	15.87 (2×21年6月17日至2×22年10月14日)	27.84 (2×21年6月17日至2×23年10月14日)	39.84 (2×21年6月17日至2×24年10月14日)
各行权期股票期权修改日至可行权日期限流逝时间(月)⑤	—	15.87 (2×21年6月17日至2×22年10月14日)	18.43 (2×21年6月17日至2×22年12月31日)	18.43 (2×21年6月17日至2×22年12月31日)
以前年度累计摊销额(万元)⑥	—	2.51	2.15	1.50
本年度应有累计摊销额(万元) ⑦=③÷④×⑤	—	6.01	5.98	4.18
本年摊销额(万元) 各组摊销额⑧=⑦−⑥	—	3.50	3.83	2.68
本年摊销额(万元) 各组摊销额合计	3.50+3.83+2.68=10.01			

表 5.26 与 2×22 年 8 月 29 日修改行权价形成的股票期权增量公允价值相关本年服务金额计算

计量参数与结果	第一行权期股票期权	第二行权期股票期权	第三行权期股票期权	第四行权期股票期权
各行权期股票期权预计可行权数量(万份)①	—	300.50	300.875	300.875
$C_{增2}$(元/份)②	—	0.31	0.31	0.31
各行权期股票期权增量公允价值(万元)③=①×②	—	93.16	93.27	93.27
各行权期股票期权修改日至可行权日期限(月)④	—	1.51 (2×22年8月29日至2×22年10月14日)	13.48 (2×22年8月29日至2×23年10月14日)	25.48 (2×22年8月29日至2×24年10月14日)

(续表)

计量参数与结果		第一行权期股票期权	第二行权期股票期权	第三行权期股票期权	第四行权期股票期权
各行权期股票期权修改日至可行权日期限流逝时间(月)⑤		—	1.51(2×22年8月29日至2×22年10月14日)	4.07(2×22年8月29日至2×22年12月31日)	4.07(2×22年8月29日至2×22年12月31日)
以前年度累计摊销额(万元)⑥		0	0	0	0
本年度应有累计摊销额(万元)⑦=③÷④×⑤		—	93.16	28.16	14.90
本年摊销额(万元)	各组摊销额⑧=⑦−⑥	—	93.16	28.16	14.90
	各组摊销额合计	136.22=93.16+28.16+14.90			

据表 5.24～表 5.26,与原股票期权授予日公允价值相关本年服务计算确认金额为 674.76 万元,与 2×21 年 6 月 17 日修改行权价形成的股票期权增量公允价值相关本年服务金额为 10.01 万元,与 2×22 年 8 月 29 日修改行权价形成的股票期权增量公允价值相关本年服务金额为 136.22 万元,三者合计为 820.99 万元,相应会计分录 6 为:

借:管理费用——股权激励费用　　　　　　　　8 209 900
　　贷:资本公积——其他资本公积(第二行权期股票期权)　3 377 000
　　　　　　——其他资本公积(第三行权期股票期权)　2 723 200
　　　　　　——其他资本公积(第四行权期股票期权)　2 109 700

2) 2×22 年 12 月 31 日第一、第二行权期可行权股票期权本年行权处理

截至 2×22 年 12 月 31 日,第一、第二可行权股票期权在本年度共计行权 328.14 万份——包括第一行权期可行权股票期权中剩余的 27.64 万份和第二行权期可行权的股票期权 300.50 万份。JN 公司向行权激励对象增发股票每股股本为 1 元,相关相关手续费为 10 万元,本年收到激励对象行权缴资款净额为 3 556.881 8 万元(328.14×10.87−10)。

本年度可行权股票期权行权需要结转的"资本公积——其他资本公积"包括两部分：第一部分是第一行权期可行权股票期权 27.64 万份在本年行权应结转金额为 52.791 2 万元[(100.31＋381.11－437.75①)＋9.121 2②]；第二部分是第二行权期可行权股票期权 300.50 万份全部在本年行权应结转金额为 733.23 万元(70.66③＋324.87④＋337.70⑤)。两部分合计金额为 786.021 2 万元。

JN 公司收讫本年度股票期权行权缴资款的相应会计分录 7 为：

借：银行存款　　　　　　　　　　　　　　　　　35 568 818
　　资本公积——其他资本公积(第一行权期股票期权)　527 912
　　　　　　——其他资本公积(第二行权期股票期权)　7 332 300
　贷：股本　　　　　　　　　　　　　　　　　　3 281 400
　　　资本公积——股本溢价　　　　　　　　　　　8 135 630

3) 2×22 年 12 月 31 日确认计算与股票激励费用相关递延所得税资产

经查，2×22 年 12 月 31 日为非交易日，其前一日(2×22 年 12 月 30 日)JN 公司股票收盘价为 51.11 元/股。据此，按《国家税务总局关于我国居民企业实行股权激励计划有关企业所得税处理问题的公告》的规定，JN 公司在资产负债表日对将来可税前扣除"管理费用——股权激励费用"金额估计计算如下：

$$\substack{\text{资产负债表日可行权}\\\text{尚未行权股票期权总数}} \times \left(\substack{\text{资产负债表日}\\\text{JN 股票收盘价}} - \substack{\text{修改后股票}\\\text{期权行权价格}}\right)$$

$$=(300.875 \times 2) \times (51.11 - 10.87)$$

$$=24\ 214.42(万元)$$

截至 2×22 年 12 月 31 日，JN 公司账面累计确认"管理费用——股权

---

① 参见会计分录 3。
② 参见会计分录 5。
③ 参见会计分录 1。
④ 参见会计分录 2。
⑤ 参见会计分录 6。

激励费用"2 264.231 2万元(270.49①+1 163.63②+9.121 2③+820.99④)。按上述估计,JN公司已累计确认的"管理费用——股权激励费用"2 264.2312万元均可税前扣除;其中,按《国家税务总局关于我国居民企业实行股权激励计划有关企业所得税处理问题的公告》的规定,与第一行权期已行权277.06万份股票期权相关的"管理费用——股权激励费用"437.75万元已在上年度按规定计算税前扣除,与在本年行权的第一行权期27.64万份和第二行权期300.50万份股票期权相关的"管理费用——股权激励费用"52.791 2万元(100.31⑤+381.11⑥-437.75+9.121 2⑦)和733.23万元(70.66⑧+324.87⑨+337.70⑩)应在本年按规定计算扣除,剩余部分1 040.46万元(2 264.231 2-437.75-52.791 2-733.23)应在以后年度实际行权时按规定进行税前扣除。

JN适用企业所得税税率为25%,截至本年年末应确认的递延所得税资产余额为6 053.605万元(24 214.42×25%),截至本年年末应确认的递延所得税费用累计数为260.115万元(1 040.46×25%)。由于截至上年年末已确认的递延所得税资产余额为9 053.892 7万元,递延所得税费用累计数为249.092 5万元,本年度应确认的递延所得税资产为-3 000.287 7万元(6 053.605-9 053.892 7),递延所得税费用为11.022 5万元(260.115-249.092 5),相应会计分录8为:

  借:资本公积——其他资本公积   30 113 102
    贷:递延所得税资产   30 002 877
      所得税费用——递延所得税费用   110 225

---

① 参见会计分录1。
② 参见会计分录2。
③ 参见会计分录5。
④ 参见会计分录6。
⑤ 参见会计分录1。
⑥ 参见会计分录2。
⑦ 参见会计分录5。
⑧ 参见会计分录1。
⑨ 参见会计分录2。
⑩ 参见会计分录6。

第五章 ● 股权激励会计处理

(五) 2×23 年相关会计处理

2×23 年 6 月 15 日,JN 公司股东大会审议通过了《关于终止 JN 公司 2×20 年股票期权激励计实施的议案》,该议案及相关法律意见书均已按规定予以公告。

《关于终止 JN 公司 2×20 年股票期权激励计实施的议案》的主要内容为:JN 公司无条件地取消了按《JN 公司 2×20 年股票期权激励计划》规定已授予但等待期尚未届至的第三、第四行权期股票期权(共 601.75 万份)。因此,JN 公司应将上述取消的投票期权做加速可行权处理,立即确认原本应在剩余等待期内确认的服务金额。

1. 2×23 年 6 月 15 日确认计算本应在剩余等待期内确认的服务金额

2×23 年 6 月 15 日 JN 公司终止股票期权激励计划时剩余等待期内确认的服务金额计算过程分别见表 5.27~表 5.29。

表 5.27　与原股票期权①授予日公允价值相关本应在剩余等待期内确认的服务金额计算

计量参数与结果	第一行权期股票期权	第二行权期股票期权	第三行权期股票期权	第四行权期股票期权
各行权期股票期权已授予数量(万份)①	—	—	300.875	300.875
$C_{授予日}$(元/份)②	—	—	2.47	2.65
各行权期已授予股票期权授予日公允价值(万元)③=①×②	—	—	743.16	797.32
各行权期股票期权等待期(月)④	—	—	36.00 (2×20 年 10 月 14 日至 2×23 年 10 月 14 日)	48.00 (2×20 年 10 月 14 日至 2×24 年 10 月 14 日)
各行权期股票期权等待期因视作加速行权而流逝时间(月)⑤	—	—	36.00 (2×20 年 10 月 14 日至 2×23 年 10 月 14 日)	48.00 (2×20 年 10 月 14 日至 2×24 年 10 月 14 日)
以前年度累计摊销额(万元)⑥	—	—	547.05	440.19

---

① 指 2×20 年 10 月 14 日授予的股票期权(行权价 11.59 元)相对于授予日后的行权价修改而言称为"原股票期权"。

(续表)

计量参数与结果		第一行权期股票期权	第二行权期股票期权	第三行权期股票期权	第四行权期股票期权
截至 2023 年 6 月 15 日应有累计摊销额(万元)⑦＝③÷④×⑤		—	—	743.16	797.32
本应在剩余等待期内确认的摊销额(万元)	各组摊销额⑧＝⑦－⑥	—	—	196.11	357.13
	各组摊销额合计	196.11＋357.13＝553.24			

表 5.28　与 2×21 年 6 月 17 日修改行权价形成的股票期权增量公允价值相关本应在剩余等待期内确认的服务金额计算

计量参数与结果		第一行权期股票期权	第二行权期股票期权	第三行权期股票期权	第四行权期股票期权
各行权期股票期权已授予数量(万份)①		—	—	300.875	300.875
$C_{增1}$(元/份)②		—	—	0.03	0.03
各行权期股票期权增量公允价值(万元)③＝①×②		—	—	9.03	9.03
各行权期股票期权修改日至可行权日期限(月)④		—	—	27.84(2×21 年 6 月 17 日至 2×23 年 10 月 14 日)	39.84(2×21 年 6 月 17 日至 2×24 年 10 月 14 日)
各行权期股票期权修改日至可行权日期限因视作加速行权而流逝时间(月)⑤		—	—	27.84(2×21 年 6 月 17 日至 2×23 年 10 月 14 日)	39.84(2×21 年 6 月 17 日至 2×24 年 10 月 14 日)
以前年度累计摊销额(万元)⑥		—	—	5.98	4.18
截至 2×23 年 6 月 15 日应有累计摊销额(万元)⑦＝③÷④×⑤		—	—	9.03	9.03
本应在剩余等待期内确认的摊销额(万元)	各组摊销额⑧＝⑦－⑥	—	—	3.05	4.85
	各组摊销额合计	3.05＋4.85＝7.90			

表 5.29　与 2×22 年 8 月 29 日修改行权价形成的股票期权增量公允价值相关本应在剩余等待期内确认的服务金额计算

计量参数与结果		第一行权期股票期权	第二行权期股票期权	第三行权期股票期权	第四行权期股票期权
各行权期股票期权已授予数量（万份）①		—	—	300.875	300.875
$C_{增2}$（元/份）②		—	—	0.31	0.31
各行权期股票期权增量公允价值（万元）③＝①×②		—	—	93.27	93.27
各行权期股票期权修改日至可行权日期限（月）④		—	—	13.48（2×22 年 8 月 29 日至 2×23 年 10 月 14 日）	25.48（2×22 年 8 月 29 日至 2×24 年 10 月 14 日）
各行权期股票期权修改日至可行权日期限因视作加速行权而流逝时间（月）⑤		—	—	13.48（2×22 年 8 月 29 日至 2×23 年 10 月 14 日）	25.48（2×22 年 8 月 29 日至 2×24 年 10 月 14 日）
以前年度累计摊销额（万元）⑥		—	—	28.16	14.90
截至 2×23 年 6 月 15 日应有累计摊销额（万元）⑦＝③÷④×⑤		—	—	93.27	93.27
本应在剩余等待期内确认的摊销额（万元）	各组摊销额⑧＝⑦－⑥	—	—	65.11	78.37
	各组摊销额合计	65.11＋78.37＝143.48			

依据表 5.27～表 5.29 的计算结果，在 2×23 年 6 月 15 日，因取消股票期权应立即确认的服务金额包括本应在剩余等待期内确认的与第三行权期股票期权相关服务金额为 264.27 万元和第四行权期股票期权相关服务金额为 440.35 万元，相应会计分录 9 为：

　　借：管理费用——股权激励费用　　　　　　　　　　　7 046 200
　　　　贷：资本公积——其他资本公积（第三行权期股票期权）　2 642 700
　　　　　　　　——其他资本公积（第四行权期股票期权）　4 403 500

2. 2×23年6月15日结转与已取消股票期权相关的其他资本公积

由于第三、第四行权期股票期权已取消,JN公司应根据"会计分录6"和"会计分录9",将前期和本期形成的与第三、四行权期股票期权相关"资本公积——其他资本公积"贷方数重分类转入"资本公积——股本溢价",相应会计分录10为:

借:资本公积——其他资本公积(第三行权期股票期权)　　5 365 900
　　　　　——其他资本公积(第四行权期股票期权)　　6 513 200
　　贷:资本公积——股本溢价　　　　　　　　　　　　　　11 879 100

3. 2×23年6月15日终止确认相关递延所得税资产

由于第三、第四行权期股票期权已取消,按《国家税务总局关于我国居民企业实行股权激励计划有关企业所得税处理问题的公告》(国家税务总局公告2012年第18号)的规定,上一年度确认的递延所得税资产将无法转回,应予以终止确认。据"会计分录4"和"会计分录8",2×23年6月15日终止确认相关递延所得税资产的会计分录11为:

借:资本公积——其他资本公积　　　　　　　57 934 900
　　所得税费用——递延所得税费用　　　　　　2 601 150
　　贷:递延所得税资产　　　　　　　　　　　　60 536 050

其中,57 934 900.00＝88 048 002.00－30 113 102.00,2 601 150.00＝2 490 925.00＋110 225.00,60 536 050.00＝90 538 927.00－30 002 877.00。

下篇

股权激励税务

第六章

股权激励税务处理概述

股权激励是企业为获得员工较长期服务而给予员工股权或以股权为基础的相关收益权。设计股权激励方案时,设计者不仅要考虑公司发展战略、控制权等因素,各主体收益的考量也是股权激励不可忽视的重要因素。由于税收是经营企业和员工经济利益的扣减项,如果税收因素考虑不周,企业和员工的税收负担可能会增加,从而减损企业和员工的实际收益,最终影响股权激励的效果。

第一节 股权激励的涉税主体

不同的企业在实施股权激励时,因其发展战略、股权控制、激励目标不同,会设计不同的股权激励方案。而股权激励方案要素中与税收关联紧密的主要是股权激励架构①和股权激励工具。不同的股权激励架构和股权激励工具会涉及不同的税收主体。

股权激励的涉税主体主要包括股权激励对象、股权激励实施企业、股

---

① 股权激励架构是指公司总股本中不同性质的股权所占的比例及其相互关系,如授予员工的股权是直接持股、间接持股还是虚拟持股。为便于不同性质公司制企业的股权、股份、股票概念与税收政策(税务总局2014年第67号公告和财税〔2016〕101号等文件)中股权、股份、股票概念的对接,文中除了特别说明,相关概念统一规范如下:不同类型公司制企业是指有限责任公司、非上市股份有限公司、非上市新三板股份有限公司、上市股份有限公司。其中,有限责任公司、非上市股份有限公司和非上市新三板公司统称"非上市公司"。有限责任公司和非上市股份有限公司的"股份"统称为"股权",上市公司及新三板公司的"股份"统称为"股票"。

权激励结算方、股权激励平台和股权激励平台管理人等,这些主体均可能涉及一个或多个税种,其中既有应履行纳税申报义务的纳税义务人,如符合非上市公司股权激励递延纳税政策的股权激励对象在转让股权时要按"财产转让所得"申报缴纳个人所得税,股权激励持股平台转让上市公司股票需申报缴纳增值税等,也有因支付工资薪金所得、股息红利所得或股权转让所得等行为而应履行代扣代缴义务的扣缴义务人,如实施股权激励的企业、股权交易的受让人等。

一、纳税义务人

纳税义务人简称纳税人,是指法律、行政法规规定负有纳税义务的单位和个人。企业实施股权激励所涉及的纳税人主要包括以下几类。

(一) 股权激励对象

作为股权激励的受益方,股权激励对象又称被激励对象,是股权激励的受益人。当企业实施直接持股的股权激励计划时,该受益人就是激励对象;当企业实施间接持股的股权激励计划时,该受益人就是持股平台、信托计划或资管产品的投资者;当企业实施虚拟持股的股权激励计划时,该受益人就是虚拟股权的持股人。股权激励对象因向受雇、服务企业提供劳动、服务等行为获取股权激励收益,由此产生"工资、薪金所得"纳税义务;在持有股票期间,取得股息、红利时会产生"利息、股息、红利所得"纳税义务;在转让股票时,会产生"财产转让所得"纳税义务,在股权受让、转让以及减持上市公司股票时,还涉及印花税的纳税义务。

(二) 实施股权激励的企业

实施股权激励的企业主要涉及股权激励费用的企业所得税税前扣除事项。如果实施股权激励的企业以自身的股票(权)作为激励标的,还会因增资扩股(定向增发)、股权回购等行为使企业实收资本(股本)或资本公积增加,从而产生印花税的纳税义务。股权激励实施企业在决定实施股权激励计划时需要履行向税务机关报告义务,承担激励对象选择享受递延纳税政策时的备案义务。股权激励实施方如果是非上市公司,还需要承担在递延纳税期间的年度报告义务。

(三) 股权激励标的物提供方

标的物是指当事人双方权利义务指向的对象。股权激励的标的物主要是股权或以股权为基础折算的货币资金等。

股权激励标的物提供方既可能是实施股权激励的企业,也可能是实施股权激励企业的股东,还有可能是同一企业集团内其他企业,具体如图 6.1 所示。

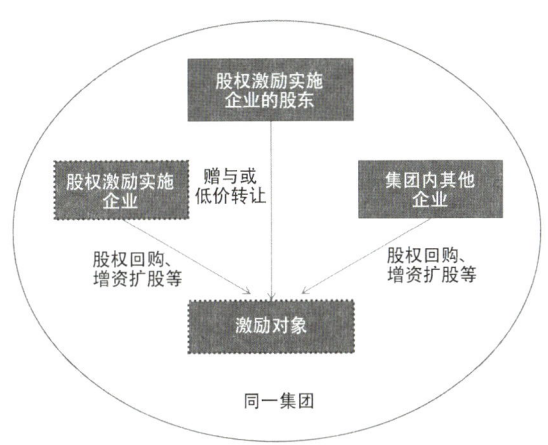

图 6.1　股权激励标的物提供方

提供方是实施股权激励的企业时,实施股权激励的企业通过股权回购、增资扩股等方式将股权授予激励对象;提供方是实施股权激励企业的股东时,股东(主要是大股东或实控人)通过赠与或低价转让的方式将股权授予激励对象;提供方是同一企业集团内其他企业时,该企业通过股权回购、增资扩股等方式将股权授予激励对象。

提供方是实施股权激励企业时,提供方因增资扩股(定向增发)、股权回购等行为使得企业实收资本(股本)或资本公积增加,从而产生印花税的纳税义务,进而还涉及股权激励费用能否在企业所得税税前扣除的事项。

提供方是实施股权激励企业的个人大股东时,由于是平价/低价或无偿转让股权给激励对象,主管税务机关可以对大股东的股权转让收入按"财产转让所得"征收个人所得税。但实务中这种平价/低价或无偿转让股权给激励对象的行为往往是有正当商业目的的,只是企业不一定有足够的证据材料被主管税务机关认可。提供方是实施股权激励企业的法人股东时,如果法人股东以平价/低价或无偿转让股权给激励对象且无合理理由,也有可能会被主管税务机关按照公司公允价值或账面净资产价值作纳税调整,但实务中法人股东向激励对象转让股权的情况相对较少。

提供方在让渡非上市公司股权或上市公司股票时,还需要缴纳"产权转移书据"或"证券交易"印花税。

用于股权激励的标的物可能是本企业的股票,也可能是集团内其他企业的股票,因此,股权激励还涉及会计核算中的结算方。集团内的股权激励如图6.2所示,甲公司是集团内母公司,乙公司是集团内子公司,甲公司将其自身普通股作为股份支付授予给乙公司员工,这种情况在税收上会涉及股份支付费用是在甲公司/乙公司进行企业所得税税前扣除,还是甲公司和乙公司均不能进行企业所得税税前扣除的问题。如果股份支付的形式为乙公司股票,乙公司会存在股本或资本公积增加的会计核算,从而产生印花税的纳税义务。

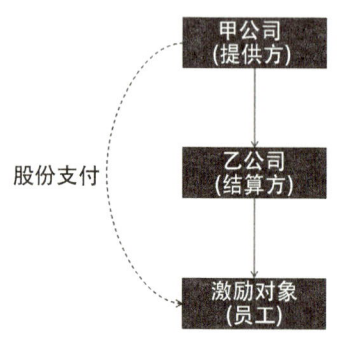

图6.2 集团内的股权激励

(四) 股权激励持股平台

以持股平台形式实施股权激励的,这些持股平台本身是纳税义务人。有限公司持股平台如有减持上市公司股票等应税行为的,可能涉及印花税、增值税及附加税、企业所得;有限合伙持股平台如有减持上市公司股票等应税行为的,可能涉及印花税、增值税及附加税。此外,实务中还涉及合伙持股平台可否办理个人合伙人个人所得税递延纳税等税务事项。

(五) 股权激励资管产品管理人

实务中,除了员工持股计划由企业自行管理,采取信托、资管、基金产品等方式的,这些股权激励工具一般由专业的金融机构负责管理。管理人收取资管产品的管理费、咨询费等业务收入会涉及增值税、企业所得税等税种;资管产品运营中如果有减持上市公司股票、取得资金保本收入等增值税应税行为的,管理人可以按简易计税方式缴纳增值税。

二、扣缴义务人

扣缴义务人是指法律、行政法规规定负有代扣代缴、代收代缴税款义务的单位和个人。税法规定扣缴义务人的目的是加强税收控制,减少税款流失,提高税收效率,简化征纳手续,方便纳税人。实施股权激励过程中涉及的扣缴义务人主要包括以下几类。

(一) 实施股权激励的企业

使用股票期权、股票增值权、股权奖励或限制性股票等股权激励工具实施股权激励计划的境内上市公司或境外上市公司的境内机构是员工股权激励所得个人所得税的扣缴义务人,应按"工资、薪金所得"履行代扣代缴义务。

使用股票期权、股权奖励或限制性股票等股权激励工具实施股权激励的非上市公司,在激励对象未选择递延纳税政策或不符合递延纳税条件时,应按"工资、薪金所得"履行员工个人所得税代扣代缴义务。

在实施股权激励的企业以自身股权作为激励标的物时,非上市公司在利润分配时需要履行个人股东的"利息、股息、红利所得"个人所得税扣缴义务;上市公司在激励对象收到中国证券登记结算公司划转的限售股或流通股所产生的"利息、股息、红利所得"时,应该在个人所得税税款所属申报期内履行个人所得税扣缴义务。

(二) 股权/份额交易的受让方

非上市公司股权激励对象是直接持股的公司员工时,员工选择个人所得税递延纳税政策且符合递延纳税条件的,在转让股权时产生"财产转让所得"个人所得税纳税义务,根据《股权转让所得个人所得税管理办法(试行)》(国家税务总局公告 2014 年第 67 号,以下简称 2014 年 67 号公告)规定"个人股权转让所得个人所得税,以股权转让方为纳税人,以受让方为扣缴义务人"。需要注意的是,电子税务局目前虽然上线了个人所得税全税目的申报系统,但各地对于个人股权转让的纳税申报要求并不一致,有的地方线上只是上传些股权转让资料供税务管理人员审核,纳税申报还得到主管税务大厅办理;有的地方仍是线下办理,股权转让方或股权受让方要到被转让股权企业的主管税务大厅办理,在税务机关办税场所由税务人员审核相关合同、报表等资料后才能进行申报纳税。

此外,非上市公司的股权激励方案往往是个人大股东直接让渡部分比例股权给激励对象,或个人大股东实控的持股平台的股权/合伙份额让渡给激励对象。这种情形下,如果不具有合理的理由,股权/合伙份额的受让方是代扣代缴义务人。但是目前来看,在实务中,由纳税义务人(转让方)自行申报个人所得税的居多,而由扣缴义务人(受让方)代扣代缴个人所得税的相对较少。

(三) 证券机构

激励对象取得从非上市公司到带股权激励计划上市公司股票(即从非上市公司的股权通过 IPO 后上市交易转化为股票),且符合个人所得税递延纳税政策的,激励对象转让股票时如有转让所得的,由证券公司及其分支机构依据中国证券登记结算公司提供的数据,负责对激励对象股票转让所得应缴纳的"财产转让所得"个人所得税以证券账户为单位进行直接代扣代缴或预扣预缴。

需要注意的是,IPO 与上市并不是一回事。IPO 是指首次公开募股或首次公开发行股票;而上市是指企业通过证券交易所向投资者发行股票,以募集用于企业发展资金的行为。企业只有进行 IPO 或借壳后,才能上市。实务中,也有企业出现过在 IPO 后出现了问题不能上市,只能将募集的资金退还给投资者的情形。

(四) 中国证券登记结算公司

企业或个人等主体转让我国上市公司股票时,转让方要按卖出股票成交金额的千分之一[①]缴纳印花税。该税款由中国证券登记结算公司为证券交易印花税的扣缴义务人,向其机构所在地的主管税务机关按周解缴税款以及银行结算的利息。非交易过户方式导致股票所有权发生变动

[①] 《财政部 税务总局关于减半征收证券交易印花税的公告》(财政部 税务总局公告2023年第39号)规定:自2023年8月28日起,证券交易印花税实施减半征收。减半征收后,按照股票交易成交金额的 0.5‰ 对卖方单边征收。

的,中国证券登记结算公司以过户前一日收盘价、过户股票数量为基础计算印花税并代扣代缴印花税。

(五) 股权激励持股平台

通过持股平台实施股权激励的,如有限公司持股平台收取被投资公司分红并分配给个人股东的,其就有代扣代缴"利息股息红利所得"个人所得税义务;如有限合伙持股平台收取被投资公司分红的,无论是否分配给个人合伙人,均需代扣代缴"利息股息红利所得"个人所得税。

此外,非上市公司的股权激励方案许多是通过持股平台间接激励的,公司个人大股东会让渡部分比例的公司股权给持股平台,如果大股东转让时未申报纳税,持股平台就有代扣扣缴的义务。

第二节 股权激励的税种政策

实施股权激励的企业主体可能涉及的税种有增值税及其附加、企业所得税与印花税等,个人主体可能涉及的税种有个人所得税与印花税。由于目前关于增值税、印花税的政策比较清晰,而个人所得税是否涉税、如何纳税以及企业所得税的成本费用是否可以在税前扣除等政策有一些模糊地带,因此股权激励实务中最值得关注的税务事项是个人所得税以及企业所得税。

一、个人所得税政策

关于股权激励的个人所得税政策,最初主要聚焦于上市公司,并有一系列相关政策文件予以规范,如《财政部 国家税务总局关于个人股票期权所得征收个人所得税问题的通知》(财税〔2005〕35号)、《国家税务总局关于个人股票期权所得缴纳个人所得税有关问题的补充通知》(国税函〔2006〕902号)、《财政部 国家税务总局关于股票增值权所得和限制性股票所得征收个人所得税有关问题的通知》(财税〔2009〕5号)、《国家税务总局关于股权激励有关个人所得税问题的通知》(国税函〔2009〕461号)。

尽管非上市公司在实践中采用了类似的激励方式,并参照上述政策执行,但直到《财政部 国家税务总局关于完善股权激励和技术入股有关所得税政策的通知》(财税〔2016〕101号)文件的正式发布,非上市公司的股权激励个人所得税政策才得到明确界定。

目前,针对股权激励的个人所得税政策主要围绕激励对象直接持股和虚拟持股的情形进行规定(表6.1)。考虑到股权激励对象行权时取得的是股权或股票,缺少纳税必要资金等实际情况,财政部及国家税务总局先后发布了股权激励个人所得税递延纳税、单独纳税或延期纳税的税收政策文件(表6.2)。但是,如果企业实施的是员工间接持股的股权激励方式,在实务操作中如何准确适用个人所得税政策仍存在一些值得探讨和实践的问题。关于员工间接持股形式的股权激励税务处理的详细分析和处理方法,将在第七章第三节、第八章第四节予以介绍。

表6.1 股权激励个人所得税征管政策

文件名称	适用范围	个人所得税政策要点
《财政部 国家税务总局关于个人股票期权所得征收个人所得税问题的通知》(财税〔2005〕35号)	上市公司、非上市公司参照	上市公司股票期权所得性质的确定及其具体征税规定、境内外来源划分(已失效)、应纳税款的计算(部分失效)、征收管理
《国家税务总局关于个人股票期权所得缴纳个人所得税有关问题的补充通知》(国税函〔2006〕902号)	上市公司、非上市公司参照	对财税〔2005〕35号文的补充;对"股票期权转让净收入""每股施权价""可公开交易的股票期权""一年内多次取得股票期权形式的工资薪金所得计算"等内容作出解释
《财政部 国家税务总局关于股票增值权所得和限制性股票所得征收个人所得税有关问题的通知》(财税〔2009〕5号)	上市公司、非上市公司参照	对于个人从上市公司取得的股票增值权所得和限制性股票所得,比照财税〔2005〕35号、国税函〔2006〕902号的有关规定,计算征收个人所得税
《国家税务总局关于股权激励有关个人所得税问题的通知》(国税函〔2009〕461号)	上市公司、非上市公司参照	对限制性股票和股票增值权适用税目、计税方法、应纳税所得额的计算、纳税义务发生时间等方面作出规定

表 6.2　股权激励个人所得税优惠政策

文件名称	适用范围	个人所得税优惠政策要点
《财政部 国家税务总局关于完善股权激励和技术入股有关所得税政策的通知》（财税〔2016〕101号）	非上市公司、上市公司	非上市公司股票期权、股权期权、限制性股票、股权奖励实行递延纳税；对上市公司股票期权、限制性股票和股权奖励适当延长纳税期限
《国家税务总局关于股权激励和技术入股所得税征管问题的公告》（国家税务总局公告2016年第62号）	非上市公司、上市公司	对财税〔2016〕101号文的补充，对递延纳税、企业备案、公平市场价格等作出解释
《财政部 税务总局关于个人所得税法修改后有关优惠政策衔接问题的通知》（财税〔2018〕164号）	上市公司	居民个人取得股票期权、股票增值权、限制性股票、股权奖励等股权激励，符合条件的，2021年12月31日前不并入当年综合所得，全额单独适用综合所得税率表，计算纳税
《财政部 税务总局关于延续实施全年一次性奖金等个人所得税优惠政策的公告》（财政部 税务总局公告2021年第42号）	上市公司	居民个人取得股票期权、股票增值权、限制性股票、股权奖励等股权激励，符合条件的，2023年12月31日前不并入当年综合所得，全额单独依据综合所得税率表计算纳税
《财政部 税务总局关于延续实施上市公司股权激励有关个人所得税政策的公告》（财政部 税务总局公告2023年第25号）	上市公司	居民个人取得股票期权、股票增值权、限制性股票、股权奖励等股权激励，符合条件的，2027年12月31日前不并入当年综合所得，全额单独适用综合所得税率表，计算纳税
《财政部 税务总局关于上市公司股权激励有关个人所得税政策的公告》（财政部 税务总局公告2024年第2号）	上市公司	境内上市公司[1]授予个人的股票期权、限制性股票和股权奖励，经向主管税务机关备案，个人可自股票期权行权、限制性股票解禁或取得股权奖励之日起，在不超过36个月的期限内缴纳个人所得税。纳税人在此期间内离职的，应在离职前缴清全部税款

---

[1]　需要注意的是，该文件中所说的境内上市公司是指其股票在上海证券交易所、深圳证券交易所、北京证券交易所上市交易的股份有限公司，不包括新三板、港股（在中华人民共和国香港特别行政区香港联合交易所有限公司上市交易的）及境外的上市公司，且该文件适用的对象是境内上市公司直接授予个人的股权激励，不适用于间接股权激励。

二、企业所得税政策

我国居民企业(上市公司、非上市公司以及在我国境外上市的居民企业等)在实施股权激励时,企业所得税应遵循《国家税务总局关于我国居民企业实行股权激励计划有关企业所得税处理问题的公告》(国家税务总局公告2012年第18号)的相关规定进行处理。股权激励计划包括但不限于限制性股票、股票期权以及其他符合法律法规规定的激励形式。

依据国家税务总局公告2012年第18号的规定,上市公司在换取激励对象提供的服务所支付的对价时,需按照股权激励的不同方式,在相应的时间节点或期间内进行税务处理(图6.3)。对于股权激励实施后即刻可行权的,上市公司应依据实际行权时该股票的公允价格与激励对象实际支付价格的差额及数量,将其确认为当年上市公司的工资薪金支出,并按税法规定进行税前扣除。而对于股权激励实施后需待激励对象完成一定服务年限或满足行权条件(即有等待期)后方可行权的情况,上市公司在等待期内会计上计算确认的相关成本费用不得在对应年度计算缴纳企业所得税时予以扣除。待股权激励计划达到可行权条件后,上市公司再依据该股票实际行权时的公允价格与当年激励对象实际支付价格的差额及数量,将其确认为当年上市公司的工资薪金支出,并按照税法规定进行相应的税前扣除。在我国境外上市的居民企业,凡比照《股权激励管理办法》的规定建立职工股权激励计划,且在企业会计处理上也按我国会计准则的有关规定处理的,其股权激励计划涉及的有关企业所得税处理问题,可以比照我国居民企业的规定执行。

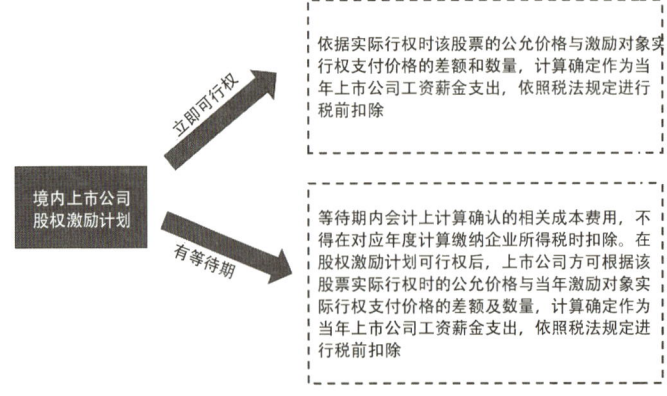

图6.3 股权激励计划企业所得税处理

三、增值税政策

根据《财政部 国家税务总局关于全面推开营业税改征增值税试点的通知》(财税〔2016〕36号)及其附件的相关规定,对于金融商品转让的定义及范围已作出明确界定。金融商品转让涵盖了外汇、有价证券、非货物期货及其他金融商品所有权的转让活动,其中亦包括基金、信托、理财产品等资产管理产品及各类金融衍生品的转让。

对于激励对象而言,在企业实施直接的股权激励时,若激励对象取得的是非上市公司股权期权、股权奖励、虚拟股票等,由于此类股权或股票交易并不属于金融商品转让的增值税应税范畴,不涉及增值税的申报缴纳。而针对上市公司股票期权、限制性股票等授予情况,尽管其属于金融商品转让范畴,但根据财税〔2016〕36号及其附件的相关规定,个人从事金融商品转让业务时享有增值税免税待遇。因此,不论激励对象从何种主体取得股权,也不论企业是否上市,以及在何种环节进行行权或交易,均无须缴纳增值税。

对于持股平台而言,在企业通过持股平台实施员工间接持股的股权激励时,若持股平台转让的是非上市公司股权或股票,则该行为不属于增值税应税范围。然而,若持股平台持有的是上市公司股票,则该行为涉及"金融商品转让"税目的增值税。若存在保本收益等债权投资相关事项,则该行为还可能涉及"贷款服务"等税目的增值税。若股权激励以资管计划等形式由管理人进行管理,则管理人收取的管理费、咨询费等业务收入将涉及"现代服务"等税目的增值税。同时,依据《财政部 税务总局关于资管产品增值税有关问题的通知》(财税〔2017〕56号),资管计划若需缴纳增值税,可由资管计划管理人暂按简易计税方法申报缴纳。

四、印花税政策

企业实施股权激励过程中形成的,包括但不限于员工、持股平台等不同主体的产权转移书据、证券交易、营业账簿等相关事宜,均可能涉及印花税。

如非上市公司的股权激励中存在股权转让环节,并且转让协议中有明确的金额记载,根据《中华人民共和国印花税法》(以下简称《印花税法》)的规定,转让方与受让方均需依据"产权转移书据"税目,按照0.5‰的税率申报并缴纳印花税。

如股权激励中涉及转让证券交易所上市交易的股票,根据财税2023年39号公告的规定,出让方则需依据"证券交易"税目,以成交金额的0.5‰为税率申报缴纳印花税,此税款将由中国证券登记结算公司负责代扣代缴。

如实施股权激励企业以定向增发的方式作为股权激励的股票来源,标的企业的股本和资本公积增加需要按增加金额的0.25‰缴纳营业账簿印花税。

此外,若股权激励计划涉及在全国中小企业股份转让系统(新三板)挂牌企业的股票交易,出让方同样需按照"证券交易"税目,以成交金额的0.5‰为税率缴纳印花税,税款亦由中国证券登记结算公司代扣代缴。

企业在实施间接持股的股权激励时,若持股平台采取公司制形式,则涉及持股平台公司与实施股权激励的公司的增资事宜。在此过程中,被增资的公司需依据"营业账簿"税目,按照实收资本或资本公积合计金额的0.25‰的标准进行印花税的申报与缴纳。

对于持股平台为合伙制形式的,关于合伙人资本的印花税缴纳问题,在实际操作中尚存一定争议。根据《中华人民共和国合伙企业法》(以下简称《合伙企业法》)的相关规定,合伙企业在注册时的出资并非等同于《公司法》规定的注册资本,而是被定义为出资份额。由于目前没有专门的合伙企业会计制度,出资份额应记入哪个会计科目没有规定,部分合伙企业在会计科目核算中记入"合伙人资本""实收基金"或"合伙人出资"等项目,部分合伙企业仍记入"实收资本"科目。从《印花税法》的角度看,其征税原则为"列明税目征税,不列明税目不征税"。因此,若严格遵循此规定,合伙企业的出资份额并不构成印花税的计税依据。然而,由于当前税务申报系统尚未针对合伙企业设置适用的财务报表,合伙企业使用的仍是一般企业的资产负债表,合伙人的出资只能填入"实收资本"和"资本公积"项目中。鉴于此,关于是否应对合伙人的出资征收印花税,建议相关方与当地主管税务机关进行沟通,以明确具体的税务处理办法。

> **专栏 6.1** 不同地区关于合伙人资本印花税的答复
>
> 1. 国家税务总局(2018年1月12日)
>
> 问：对于合伙企业的合伙人出资，是否缴纳营业账簿印花税？营业账簿印花税应该按照实收资本和资本公积金额之和的万分之五缴纳，而合伙制企业没有注册资本，其出资额与公司的实收资本本质不同，这种情况是否按营业账簿缴纳印花税？
>
> 答：合伙企业出资额不计入"实收资本"和"资本公积"，不征收资金账簿印花税。
>
> 2. 北京市税务局(2020年5月29日)
>
> 问：合伙企业的合伙人对其出资是否缴纳印花税？
>
> 答：合伙企业出资额不计入"实收资本"和"资本公积"，不征收资金账簿印花税。
>
> 3. 浙江省税务局(2020年1月20日)
>
> 问：合伙企业把有限合伙人出资的金额按照电子税务局的报表科目全部计入了"实收资本"，而实际上应计入"合伙人出资"科目，请问是否能够根据实际情况，对2017—2020年申报的报表进行修改，以避免缴纳印花税？
>
> 答：根据《国家税务总局关于资金账簿印花税问题的通知》(国税发〔1994〕25号)的规定，生产经营单位执行《企业财务通则》和《企业会计准则》后，其"记载资金的账簿"的印花税计税依据改为"实收资本"与"资本公积"两项的合计金额；合伙企业出资额不计入"实收资本"和"资本公积"，不征收资金账簿印花税。

第三节 股权激励涉税主体的法律责任

《中华人民共和国税收征收管理法》第六十三条第一项规定："纳税人伪造、变造、隐匿、擅自销毁账簿、记账凭证，或者在账簿上多列支出或者不列、少列收入，或者经税务机关通知申报而拒不申报或者进行虚假的纳税申报,不缴或者少缴应纳税款的,是偷税。对纳税人偷税的,由税务机关追缴其不缴或者少缴的税款、滞纳金,并处不缴或者少缴的税款百分之五十以上五倍以下的罚款;构成犯罪的,依法追究刑事责任。"实施股权激励的公司、间接股权激励的持股平台等主体应按税法规定报送相关资料,正确核算收入与成本费用,及时足额申报缴纳相关税款。

在股权激励实施过程中,相关的扣缴主体需要按照税法规定代扣代缴被激励对象的个人所得税。如果扣缴主体未能履行其代扣代缴的义务,即应扣未扣税款,税务机关将会采取相应的措施。具体来说,如果扣缴义务人应扣未扣税款,税务机关会向纳税义务人(被激励对象)追缴相应的税款。这是因为纳税义务人是最终的税收承担者,无论扣缴义务人是否履行代扣代缴义务,纳税义务人都有缴纳税款的义务。同时,税务机关还有权对扣缴义务人进行处罚。《中华人民共和国税收征收管理法》第六十九条规定:"扣缴义务人应扣未扣、应收而不收税款的,由税务机关向纳税人追缴税款,对扣缴义务人处应扣未扣、应收未收税款百分之五十以上三倍以下的罚款。"同时,如果扣缴义务人采取《中华人民共和国税收征收管理法》第六十三条第一项所列手段,不缴或者少缴已扣、已收税款,由税务机关追缴其不缴或者少缴的税款、滞纳金,并处不缴或者少缴的税款百分之五十以上五倍以下的罚款;构成犯罪的,依法追究刑事责任。这一规定旨在确保扣缴义务人严格履行其代扣代缴义务,在税收源头上避免税收流失。

股权激励对象在取得工资薪金、分红、股权转让等所得时,如果没有扣缴主体或扣缴主体未按规定履行代扣代缴义务的,则激励对象应进行自主纳税申报。经税务机关通知申报纳税而拒不申报纳税的,也可能会构成《中华人民共和国税收征收管理法》第六十三条中的偷税,不仅会受到税务行政处理和处罚,情节严重的,还可能涉及刑事责任。

此外,股权激励相关涉税主体如果有税收违法行为,且情节比较严重被税务机关行政处罚的,根据国家税务总局、国家发改委等34个部门联合签署的《关于对重大税收违法案件当事人实施联合惩戒措施的合作备忘录》的相关规定,不仅会降低违法企业主体的纳税信用等级,在购票、融资或投标等方面受到限制,激励对象等个人主体也会受到多部门联合惩戒,如限制高消费、阻止出境等,给个人工作、生活、学习、经营等方面带来诸多不便。

第七章

上市公司股权激励的税务处理

本章聚焦上市公司股权激励涉税税收规则，系统解析不同场景下的政策适用与合规路径。从境内上市公司股权激励的股票来源税收政策切入，围绕直接持股与间接持股两种主流模式，对比分析激励对象在不同持股模式下的个人所得税差异。针对拟首发上市企业股权激励的个人所得税，阐述每一环节个人所得税计算问题，同时探讨递延纳税政策适用情形，并深入剖析限售股送转股引发的增值税、个人所得税规则，以及非交易过户场景下的印花税、增值税、所得税处理难点。本章通过多维度的政策解读与场景化拆解，旨在为上市公司构建合法、高效的股权激励税务管理体系提供实务指引。

第一节 境内上市公司股权激励股票来源及税收政策

股权激励的股票从哪里来，以什么方式取得，是实施股权激励的上市公司需要着重考虑的因素。目前，上市公司实施股权激励的股票来源主要是定向增发与公司回购两种。向激励对象定向增发股票不需要占用公司的现金流，但可能会造成每股净资产的摊薄，并有可能稀释公司控制权；相反，回购股票需要占用公司的现金流，但不会影响每股净资产和公司的控制权。回购股票的主要方式有证券交易所集中竞价交易方式、要约方式以及中国证监会认可的其他方式。

一、股票回购的税收规定

在上市公司通过二级市场实施股票回购及其后续转让或注销的过程中,涉及公司股票回购的税务处理、公司回购股票后转让给激励对象的税务处理以及激励对象取得激励股票后再转让的税务处理。

(一) 公司股票回购环节的税收规定

在股票回购环节,若转让方为个人,其交易所得股票可能引发个人所得税的征收问题。具体而言,依据《财政部 国家税务总局关于个人转让股票所得继续暂免征收个人所得税的通知》(财税〔1998〕61号)的规定,个人通过证券公司在公开市场买卖股票取得的收益,暂不需要缴纳个人所得税。然而,若出让方出让的是限售股票,则根据《财政部 国家税务总局 中国证券监督管理委员会关于个人转让上市公司限售股所得征收个人所得税有关问题的通知》(财税〔2009〕167号)及《关于个人转让上市公司限售股所得征收个人所得税有关问题的补充通知》(财税〔2010〕70号)的规定,个人转让限售股取得的收入,在扣除股票原值和合理费用后,应按照财产转让所得,适用20%的税率征收个人所得税。此外,个人在股票转让过程中可免征"金融商品转让"的增值税,但需按照成交金额的0.5‰缴纳"证券交易"印花税。

在股票回购环节,若转让方为非个人主体,如有限公司、合伙企业等,则有限公司应将转让所得并入企业的应纳税所得额,计算并缴纳企业所得税;合伙企业也应将转让所得并入合伙企业经营所得并由合伙人申报缴纳所得税。同时,根据《关于全面推开营业税改征增值税试点的通知》(财税〔2016〕36号)的规定,股票属于有价证券,股票交易属于金融商品转让,应纳入增值税应税范围,企业应根据自身的增值税纳税资格,按照一般纳税人的增值税税率6%或小规模纳税人的征收率3%缴纳"金融商品转让"的增值税;同时,还需按照成交金额的0.5‰缴纳"证券交易"印花税。

(二) 公司回购股票后转让给激励对象的税收规定

上市公司回购股票后,如果是零对价转让给激励对象的,实质是上市公司无偿转让股票给激励对象的行为。

在增值税上,根据《财政部 税务总局关于明确无偿转让股票等增值税政策的公告》(财政部 税务总局公告 2020 年第 40 号)的规定,纳税人无偿转让股票时,转出方以该股票的买入价为卖出价,按照"金融商品转让"计算缴纳增值税,此时虽有纳税义务但税款为零。对于上市公司以平价或低价转让给激励对象,且具有正当理由的,由于是差额纳税也不会产生增值税。在办理股权激励股票过户时,由中国证券登记结算公司按照过户股票数量乘以办理过户登记手续前一个交易日的收盘价代扣代缴印花税。

在企业所得税上,根据《中华人民共和国企业所得税法实施条例》第二十五条的规定:"企业发生非货币性资产交换,以及将货物、财产、劳务用于捐赠、偿债、赞助、集资、广告、样品、职工福利或者利润分配等用途的,应当视同销售货物、转让财产或者提供劳务,但国务院财政、税务主管部门另有规定的除外。"同时,《国家税务总局关于企业处置资产所得税处理问题的通知》(国税函〔2008〕828 号)文件规定,企业将资产用于对外捐赠的,因资产所有权属已发生改变而不属于内部处置资产,应按规定视同销售确定收入,同时根据《国家税务总局关于我国居民企业实行股权激励计划有关企业所得税处理问题的公告》(国家税务总局公告 2012 年第 18 号)的规定,在激励对象行权或股票解禁时,按照该文件的政策口径,计算确定作为当年上市公司工资薪金支出,依照税法规定进行税前扣除。

对于低于市场公允价值的股票转让,《中华人民共和国税收征收管理法》第三十五条规定,法人股东申报的计税依据明显偏低又无正当理由的,税务机关有权核定其应纳税额。对于法人股东按股权激励计划平价或低价将股票让渡给激励对象是否属于"有正当理由",法人股东需要与主管税务机关进行沟通。

在个人所得税上,直接持股的激励对象是为公司提供劳动或服务而获取的工资薪金所得,由实施股权激励的企业按"工资薪金所得"代扣代缴个人所得税,但计税依据和应税所得等怎么确定,具体要看激励对象取得激励股票的方式。如果是间接持股的股权激励,则按合伙制企业与公司制企业规定进行个人/企业所得税的征收管理,详细介绍见第七章第三节和第八章第四节。

回购股票后因未发生转让行为而予以注销的,是企业由于减资从而导致股票份额的灭失行为,不是"金融商品转让"行为,不属于增值税应税范围。

(三)激励对象取得激励股票后再转让的税务处理

激励对象取得激励股票后再转让的行为主要涉及增值税、印花税及所得税。

激励对象是个人的,其转让上市公司股票时免交增值税;如果个人通过持股平台间接持有上市公司股票的,则持股平台将前述股票转让时,应以股票转让收入减去原转让方的卖出价为买入价,按照"金融商品转让"计算缴纳增值税。

激励对象或持股平台转让上市公司股票的,按成交金额的0.5‰缴纳"证券交易"印花税,由中国证券登记结算公司代扣代缴。

激励对象是个人的,由于其在行权、解禁等环节已经缴纳了个人所得税,再转让的激励股票如是国内上市公司发行股票,属于转让国内二级市场股票,暂免于缴纳个人所得税;转让的激励股票如是境外上市公司发行的股票,则应按"财产转让所得"申报缴纳个人所得税。对于间接持股的股权激励,则按合伙制企业与公司制企业规定进行个人/企业所得税的征收管理。

二、定向增发股票的税收规定

股权激励中的定向增发是指上市公司向符合条件的股权激励对象非公开发行股份的行为。定向增发行为中,激励对象以确定的价格购买上市公司的股票,除了上市公司增加"股本"或"资本公积——资本溢价"涉及资金账簿印花税,不涉及其他税收。

第二节 激励对象直接持股模式的税务处理

直接持股是指激励对象以自己的名义直接登记为实施股权激励公司

股东的方式,如图 7.1 所示。

在直接持股的股权激励中,激励对象的个人所得税处理至关重要。合理的税务规划不仅能确保激励对象充分享受激励带来的收益,更能激发激励对象的工作热情与忠诚度,进而促进企业的稳定发展。同时,合规的税务处理还能避免潜在的法律风险,维护企业的良好声誉。本节主要介绍激励对象直接持股模式的个人所得税处理,企业所得税将在第九章专门进行介绍。

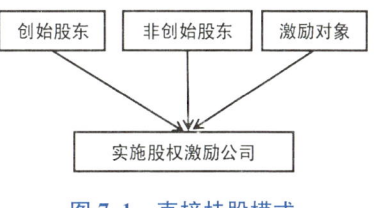

图 7.1　直接持股模式

上市公司的股权激励既包括股票期权、限制性股票和股权奖励等以公司股票进行激励的形式,也包括股票增值权等货币资金激励形式。

一、以权益工具结算的股权激励

权益工具是一种金融工具,它代表了持有者在某个经营主体扣除所有负债后的资产中的剩余权益(包括但不限于分红权、表决权等),如股票、股权等。

以权益工具结算是指公司为获取员工或第三方的服务或价值,以公司股份/股权或其他权益工具作为支付手段进行的交易。详见第五章第一节。

以权益工具结算的股权激励工具主要包括股票期权、限制性股票以及股权奖励等。

(一) 股票期权的税务处理

在实施股票期权激励机制的过程中,对于激励对象而言,其税务处理是一个相对复杂的体系,该体系主要围绕四个核心环节展开,即授予环节、行权环节、持有环节以及退出环节。在这四个环节中,税务处理的重点主要是个人所得税的征收与管理,但这并不意味着其他税种可以被忽视,特别是在转让或退出环节,激励对象还可能面对印花税的征收问题。因此,对于激励对象而言,全面了解并准确把握这四个环节的税务处理规定是确保其税务合规、避免不必要的税务风险的关键。

1. 授予环节

激励对象取得的可公开交易的股票期权(立即可行权)属于激励对象

已实际取得的有确定价值的财产,应按授权日股票期权的市场价格,作为激励对象授权日所在月份的工资薪金所得计算缴纳个人所得税。如果激励对象以折价购入方式取得股票期权的,可以授权日股票期权的市场价格扣除折价购入股票期权时实际支付的价款后的余额,作为授权日所在月份的工资薪金所得。根据股权激励个人所得税政策,股权激励所得也可不并入当月工资薪金所得,单独适用年度综合税率计算纳税。由于公司授予激励对象可公开交易的股票期权在实务中很少见,对此我们仅从政策层面进行了解即可。

实施股权激励的企业授予激励对象的不可公开交易的股票期权(有等待期),在授予环节只作会计处理即可,不涉及相关税务处理。

2. 行权环节

在行权环节,实施股权激励的企业因要办理股票过户给激励对象,可能涉及增值税、印花税及企业所得税(所得及费用),而激励对象仅涉及个人所得税。财税〔2005〕35文件规定,在行权环节,激励对象为个人所得税纳税人,股权激励实施企业为扣缴义务人,纳税义务发生时间为实际行权日,激励对象在行权之前将股票期权转让的,以转让日为纳税义务发生时间,以股票期权的转让净收入①作为工资薪金所得征收个人所得税。行权之前将股票期权转让的所得同样适用全额单独适用综合所得税率,已转让的股票期权在行权日无须再次申报缴纳工资薪金所得个人所得税。

激励对象取得不可公开交易的股票期权后,在行权时的行权价格会低于购买日的公平市场价格,其差额是因激励对象在企业的表现和业绩情况而取得的与任职、受雇有关的所得,应按"工资、薪金所得"适用的规定计算缴纳个人所得税。根据财政部、税务总局公告2023年第25号的规定,激励对象行权时取得的股票期权所得在2027年12月31日前可不并入当年综合所得,全额单独适用综合所得税率。居民个人一个纳税年

---

① 员工在行权之前将股票期权转让,实际上是一种权利的转让,目前这种情况比较少见。股票期权如果是无偿取得,转让净收入一般是指股票期权转让收入。如果员工以折价购入方式取得股票期权,转让净收入是指股票期权转让收入扣除折价购入股票期权时实际支付的价款后的余额。

度内取得两次以上(含两次)股权激励的,应合并纳税。另外,激励对象在行权时享受递延纳税政策,根据财政部、税务总局公告 2024 年第 2 号的规定:境内上市公司授予个人的股票期权、限制性股票和股权奖励,经向主管税务机关备案,个人可自股票期权行权、限制性股票解禁或取得股权奖励之日起,在不超过 36 个月的期限内缴纳个人所得税。纳税人在此期间内离职的,应在离职前缴清全部税款。该公告自 2024 年 1 月 1 日起执行至 2027 年 12 月 31 日,激励对象在此期间行权的、激励对象在 2023 年 1 月 1 日后行权且尚未缴纳全部税款的,可按该公告规定执行,分期缴纳税款的期限自行权日起计算。

激励对象年度内首次取得激励收入个人所得税计算公式为:

$$\text{股权激励收入} = (\text{行权股票的每股市场价格(当日收盘价)} - \text{激励对象取得该股票期权支付的每股行权价格}) \times \text{行权股票数量}$$

$$\text{应纳税额} = \text{股权激励收入} \times \text{适用税率(适用综合所得税率表)} - \text{速算扣除数}$$

激励对象年度内后续取得激励收入个人所得税计算公式为:

$$\text{应纳税额} = \text{本纳税年度内累计取得的股权激励收入} \times \text{适用税率(适用综合所得税率表)} - \text{速算扣除数} - \text{本纳税年度内累计已纳税款}$$

●【例 7.1】 股票期权个人所得税计算案例

甲公司是上市公司,股权激励对象张三因表现突出,2023 年 6 月 1 日取得甲公司授予的股票期权 100 000 股,授予日股票价格为 10 元/股,行权价为 5 元/股,该股票期权自 2024 年 6 月 2 日起可行权。

如果张三于 2024 年 6 月 3 日和 2024 年 11 月 3 日分别行权 50 000 股,行权当天股票收盘价分别为 15 元/股和 18 元/股,请问张三 2024 年行权后应缴纳多少个人所得税?

解析:

张三行权所得应按"工资、薪金所得"适用的规定计算缴纳个人所得税,行权所得在 2027 年 12 月 31 日前不并入当年综合所得,全额单独适用综合所得税率。张三在 1 个纳税年度内取得 2 次以上(含 2 次)股权激励,应合并纳税。张三还可在不超过 36 个月的期限内缴纳个人所得税。

张三如果在此期间内离职,应在离职前缴清全部税款。相关计算如下。

(1) 2024 年 6 月 3 日第一次行权时:

应纳税所得额 = (15−5)×50 000 = 500 000(元)

应纳个人所得税额 = 500 000×30% − 52 920 = 97 080(元)

(2) 2024 年 11 月 3 日第二次行权时:

应纳税所得额 = (18−5)×50 000 = 650 000(元)

(3) 计算张三最终的应纳税额时,应合并计算第一次的应纳税所得额并扣减第一次已缴纳的个人所得税额:

应纳税额 = [500 000 + 650 000]×45% − 181 920 − 97 080 = 238 500(元)

3. 持有环节

激励对象在行权取得境内上市公司股票后的持有期间,可能获取的收益包括上市公司现金股利、股票股利、上市公司转增股票等收益。

激励对象取得上市后的股票属于《关于实施上市公司股息红利差别化个人所得税政策有关问题的通知》(财税〔2012〕85 号)第六条所规定的"个人从公开发行和转让市场取得的上市公司股票",持有期间的取得的现金股利适用《财政部 国家税务总局 证监会关于上市公司股息红利差别化个人所得税政策有关问题的通知》(财税〔2015〕101 号)第一条规定:在转让时持股期限在 1 个月以内(含 1 个月)的,全额计入应纳税所得额;持股期限在 1 个月以上至 1 年(含 1 年)的,暂减按 50% 计入应纳税所得额;持股期限超过 1 年的,暂免征收个人所得税。这里股息红利所得适用的税率为 20%,由扣缴义务人代扣代缴。扣缴义务人为境内上市公司,上市公司派发股息红利时,对个人持股 1 年以内(含 1 年)的,上市公司暂不扣缴个人所得税,待个人转让股票时,中国证券登记结算公司根据其持股期限计算应纳税额,由证券公司等股份托管机构从个人资金账户中扣收并划付中国证券登记结算公司,中国证券登记结算公司应于次月 5 个工作日内划付上市公司,上市公司在收到税款当月的法定申报期内向主管税务机关申报缴纳。

激励对象取得的激励股票如果属于限售股,则需要关注以下两点。

一是税法规定的限售股与上市公司有限售期规定的股票定义并不一致,税法规定的限售股仅指《财政部 国家税务总局 证监会关于个人转让上市公司限售股所得征收个人所得税有关问题的通知》(财税〔2009〕167号)与《财政部 国家税务总局 证监会关于个人转让上市公司限售股所得征收个人所得税有关问题的补充通知》(财税〔2010〕70号)文件规定的限售股。

二是激励对象若取得的是上市公司限售股,根据财税〔2012〕85号第四条规定,对个人持有的上市公司限售股解禁前取得的股息红利,继续暂减按50%计入应纳税所得额,适用20%的税率计征个人所得税。也就是说,该期间激励对象分得的上市公司股息红利并不适用财税〔2015〕101号第一条规定的个人所得税差别化政策,而是适用股息红利收入减按50%计入应纳税所得额,并按20%的税率计征个人所得税。

上市公司派发股票股利时,一般是用公司的未分配利润、盈余公积转增股本,实际上可理解为上市公司先进行利润分配,后转增股本,只不过激励对象得到的不是由公司利润分配的货币资金,而是上市公司股票。根据财税〔2015〕101号文件第二条规定,上市公司派发股息红利时,对个人持股1年以内(含1年)的,上市公司暂不扣缴个人所得税;待个人转让股票时,证券登记结算公司根据其持股期限,计算应纳税额,并由证券公司等股份托管机构从个人资金账户中扣收并划付证券登记结算公司,证券登记结算公司应于次月5个工作日内划付至上市公司,上市公司在收到税款当月的法定申报期内向主管税务机关申报缴纳。

上市公司转增股本一般是用公司的资本公积转增股本,分为用股本溢价类资本公积转增股本和非股本溢价类资本公积转增股本。上市公司以非股本溢价类资本公积转增股本时,比照现金股利、股票股利,按差别化股息红利政策执行。公司用股本溢价类资本公积转增股本时,个人股东取得的转增股本数额不征收个人所得税。根据《国家税务总局关于股份制企业转增股本和派发红股征免个人所得税的通知》(国税发〔1997〕198号)第一条规定,股份制企业用资本公积金转增股本不属于股息、红利性质的分配,对个人取得的转增股本数额,不作为个人所得,不征收个人所得税。《国家税务总局关于原城市信用社在转制为城市合作银行过程中个人股增值所得应纳个人所得税的批复》(国税函〔1998〕289号)进一步明确,资本公积金是指股份制企业股票溢价发行收入所形成的资本公积金。对于个人由于转增股本取得的数额，不作为应税所得征收个人所得税。股票发行溢价形成的资本公积本质上是股东出资超过股票面值的部分，这部分资金被视为股东对公司的投资成本。因此，当公司使用这部分资本公积转增股本时，并不构成对股东的额外收益分配，从而股东个人不需要缴纳个人所得税。需要注意的是，这一免税政策主要适用于上市或新三板挂牌的股份公司。对于未上市或未在新三板挂牌的股份公司，虽然其个人股东通过股票溢价发行形成的资本公积转增股本，但税务部门仍可能会对其征收个人所得税，具体是否征收以及征收方式可能因公司类型（如是否为中小高新技术企业）和地区政策不同而有所不同。

激励对象在行权取得境外上市公司股票后的持有期间，取得的境外上市公司分配的分红、转让性质的收入按照20%缴纳个人所得税。根据《关于境外所得有关个人所得税政策的公告》（财政部 税务总局公告2020年第3号），激励对象从中国境外企业、其他组织以及非居民个人取得的利息、股息、红利所得，为来源于中国境外的所得，该所得不与境内所得合并，应当分别单独计算应纳税额。激励对象在取得所得的次年3月1日至6月30日内，向中国境内任职单位所在地主管税务机关办理纳税申报；在中国境内没有任职单位的，向户籍所在地或中国境内经常居住地主管税务机关办理纳税申报；户籍所在地与中国境内经常居住地不一致的，选择其中一地主管税务机关办理纳税申报。在计算激励对象境外所得额应纳税款时，其已在境外缴纳的税款可以抵免。

4. 退出环节

退出环节是指激励对象减持股票的环节。在激励对象减持上市公司股票时，根据《财政部 国家税务总局关于全面推开营业税改征增值税试点的通知》（财税〔2016〕36号）附件3《营业税改征增值税试点过渡政策的规定》的规定，个人从事金融商品转让业务免征增值税。激励对象转让境内上市公司或境外上市公司的股票，都可以免征增值税。

根据《印花税法》，证券交易的出让方即激励对象转让境内上市公司股票时需要按成交价格的0.5‰缴纳印花税。

根据《财政部 税务总局关于印花税若干事项政策执行口径的公告》（财政部 税务总局公告2022年第22号）文件规定，应税凭证的标的为股权的,该股权为中国居民企业的股权,因此,转让境外非居民企业的股权(票)不需要缴纳印花税。

根据财税〔2005〕35号文件的规定,激励对象将行权后的境内上市公司股票再转让时获得的高于购买日公平市场价的差额,是因个人在证券二级市场上转让股票等有价证券而获得的所得,免征财产转让所得个人所得税。激励对象转让境外上市公司股票取得的所得时,不免征财产转让个人所得税,激励对象在取得所得的次年3月1日至6月30日内,应向中国境内任职单位所在地主管税务机关办理纳税申报;在中国境内没有任职单位的,向户籍所在地或中国境内经常居住地主管税务机关办理纳税申报;户籍所在地与中国境内经常居住地不一致的,选择其中一地主管税务机关办理纳税申报。激励对象在计算境外所得额应纳税款时,可以抵免已在境外缴纳的税款。

(二) 限制性股股票

上市公司的限制性股票目前有第一类限制性股票和第二类限制性股票两种类型。第一类限制性股票在税收上对应的是限制性股票,而第二类限制性股票在个人所得税上没有对应的概念和具体的征管政策。

1. 上市公司第一类限制性股票的税务处理

1) 授予环节

在第一类限制性股票授予环节,上市公司已经将股票过户到被激励对象的名下,但处置权并未实际归属于激励对象。根据国税函〔2009〕461号文件规定,原则上应在限制性股票所有权归属于被激励对象时确认其限制性股票所得的应纳税所得额,即限制性股票个人所得税纳税义务的发生时间为每一批次限制性股票的解禁日,激励对象在授予环节并未产生个人所得税纳税义务,也不涉及其他税种。

需要注意的是,第一类限制性股票个人所得税的纳税义务发生时间是每一批次限制性股票解禁的日期,解禁依据为《证券法》《上市公司股东、董监高减持股份的若干规定》等法律法规的相关规定,如公司上市后实控人解禁期不低于36个月等。实务中,第一类限制性股票的股权激励往往会设立解锁期,解锁依据为《上市公司股权激励管理办法》及公司内部激励协议。上市公司在解禁期外另行延长的时间,往往与公司的业绩或工作时间等挂钩。解锁与解禁的主要差异见表7.1。

表7.1 解锁与解禁的主要差异表

区别项	解锁	解禁
主要含义	满足条件后,激励对象获得股票所有权	禁售期结束后,激励对象可自由交易股票
相关条件	与工作年限/业绩条件等挂钩的规定或约定	法律法规或合同协议的规定或约定
权属性质	激励对象获得所有权	激励对象获得交易权(未解锁仍不能交易)
法律依据	"公司股权激励计划"等	《证券法》《上市公司股权激励管理办法》等

2) 解除限售环节

在以第一类限制性股票为激励工具实施股权激励计划时,股权激励计划草案中通常会披露限售期、禁售期。《上市公司股权激励管理办法》规定,授予日与首次解除限售日之间的间隔不得少于12个月。国税函〔2009〕461号第三条提及的"本批次解禁股票当日"是指本批次股票解除限售日。

第一类限制性股票解禁时,激励对象从上市公司取得股票按税法规定计算的所得是因激励对象在企业的表现和业绩情况而取得的与任职、受雇有关的所得,应按"工资、薪金所得"适用的规定计算缴纳个人所得税,适用综合所得税率。个人所得税纳税义务发生时间为每一批次限制性股票解禁的日期。上市公司实施限制性股票计划时,应以被激励对象限制性股票在中国证券登记结算公司(境外为证券登记托管机构)进行股票登记日期的股票市价(指当日收盘价)和解除限售(解锁)当日市价(指当日收盘价)的平均价格乘以本批次解禁股票份数,减去被激励对象本批次解禁股份数所对应的为获取限制性股票实际支付资金数额,其差额为应纳税所得额。

被激励对象限制性股票应纳税所得额计算公式为:

股权激励收入=(股票登记日股票市价+解除限售股票当日市价)÷2
　　　　　　×本批次解禁股票份数－被激励对象实际支付的资金总额
　　　　　　×(本批次解禁股票份数÷被激励对象获取的限制性股票总份数)

应纳税额＝股权激励收入×适用税率－速算扣除数

根据财政部、税务总局公告 2023 年第 25 号文件的规定，激励对象的股权激励所得不并入当年综合所得，全额单独适用综合所得税率，计算纳税。此外，根据财政部、税务总局公告 2024 年第 2 号文件的规定，激励对象取得限制性股票可享受个人所得税递延纳税政策，经向税务机关备案，个人可自限制性股票解禁之日起，在不超过 36 个月的期限内缴纳个人所得税。

【例 7.2】 限制性股票个人所得税计算案例

2023 年 2 月 28 日，上市公司甲公司对技术总监李四以限制性股票 10 万股进行股权激励，授予价为 5 元/股。

2024 年 2 月 28 日，甲公司的经营业绩符合股权激励解禁条件。

2024 年 3 月 1 日，李四解禁股票 5 万股，当日股票收盘价为 10 元/股。请问李四应缴纳多少个人所得税？

解析：

李四的解禁股票纳税义务发生时间为 2024 年 3 月 1 日，解禁时所得应按"工资、薪金所得"适用的规定计算缴纳个人所得税。行权在 2027 年 12 月 31 日前，不并入当年综合所得，全额单独适用综合所得税率。李四还可在不超过 36 个月的期限内缴纳个人所得税。如果在此期间内离职，李四应在离职前缴清全部税款。相关计算如下：

应纳税所得额＝(5＋10)÷2×100 000×50％－500 000×50％＝125 000(元)

应纳个人所得税额＝125 000×10％－2 520＝9 980(元)

3）持有环节

第一类限制性股票在解除限售日后取得的现金股利的税务处理与股票期权持有环节相同，在适用差别化股息红利政策时，持有期限的起算时间应该是登记日。

对于激励对象在第一类限制性股票解除限售日之前取得的现金股利，如果满足获益条件可以解禁，税务处理与解除限售日后取得的股息红利相同；如果未满足获益条件且约定现金股利可以撤销，由于取得现金股利时并未缴纳个人所得税，在上市公司收回股票并注销、退还股票认购款（扣除现金股利）环节，激励对象需要与主管税务机关沟通被撤销的现金股利是否需要缴纳个人所得税。

关于激励对象在第一类限制性股票解除限售日之前取得的转增股或红股在解除限售日如何计算个人所得税，详见本章第五节。

4）退出环节

在第一类限制性股票的退出环节，激励对象的税务处理与股票期权转让环节的税务处理相同。

2. 上市公司第二类限制性股票的税务处理

第二类限制性股票是目前创业板和科创板特有的，更接近于股票期权的定义与属性。由于目前税法对此类股票如何计税没有明确规定，在个人所得税计算申报时，应提前与主管税务机关沟通。

1）授予环节

激励对象接受股权激励计划实施企业授予的第二类限制性股票，在授予环节不涉及税收。

2）归属（解禁）环节

在归属环节，股票已登记到激励对象名下，增值税和印花税向股票转让方征收，激励对象不涉及增值税和印花税。

激励对象在第二类限制性股票归属登记到其名下时，行权价格低于当日公平市场价的差额是因其在企业的表现和业绩情况而取得的与任职、受雇有关的所得，应按"工资、薪金所得"适用的规定计算缴纳个人所得税。激励对象为个人所得税纳税人，实施股权激励的企业为扣缴义务人。

激励对象取得的第二类限制性股票所得在2027年12月31日前可以不并入当年综合所得，全额单独适用综合所得税率。激励对象在1个纳税年度内取得2次以上（含2次）股权激励的，应合并纳税。

由于实务中对第二类限制性股票的个人所得税政策执行口径有一定差异，激励对象需要分别按个人所得税相关政策进行申报纳税。

如果按照第一类限制性股票股权激励个人所得税的政策进行申报纳

税,纳税义务发生时间为第二类限制性股票解禁日,则激励对象第二类限制性股票应纳税所得额计算公式为:

股权激励收入＝(股票登记日股票市价＋解除限售股票当日市价)÷2
　　　　　　×本批次解禁股票份数－被激励对象实际支付的资金总额
　　　　　　×(本批次解禁股票份数÷被激励对象获取的限制性股票总份数)

应纳税额(年度内首次取得)＝股权激励收入×适用税率－速算扣除数

应纳税额(年度内后续取得)＝本纳税年度内累计取得的股权激励收入×适用税率－
　　　　　　　　　　　　速算扣除数－本纳税年度内累计已纳税款

如果考虑第二类限制性股票的实质内容,按照股票期权股权激励个人所得税的政策进行申报纳税,纳税义务发生时间为第二类限制性股票在中国证券登记结算公司完成登记之日,则激励对象第二类限制性股票的应纳税额计算方式为:

股权激励收入＝(股票登记日股票收盘价格－第二类限制性股票授予价格)
　　　　　　×股票数量

应纳税额(年度内首次取得)＝股权激励收入×适用税率－速算扣除数

应纳税额(年度内后续取得)＝本纳税年度内累计取得的股权激励收入×适用税率
　　　　　　　　　　　　－速算扣除数－本纳税年度内累计已纳税款

3) 持有环节

第二类限制性股票持有环节的税务处理与股票期权/第一类限制性股票持有环节的税务处理相同。

4) 转让环节

第二类限制性股票转让环节的税务处理与股票期权/第一类限制性股票转让环节的税务处理相同。

(三) 股权奖励

为促进科技创新,鼓励企业投资,科技成果转化股权奖励的个人所得税税收试点于2010年在中关村科技园区开始实施,并于2015年6月推广至国家自主创新示范区和合芜蚌自主创新综合试验区及绵阳科技城。为缓解纳税人因缺乏资金而导致的纳税困难,国家税务总局和财政部联合发布了《财政部　国家税务总局关于将国家自主创新示范区有关税收试点政策推广到全国范围实施的通知》(财税〔2015〕116 号),该文件规定自 2016 年 1 月 1 日起全国范围内的高新技术企业转化科技成果股权奖励都可以享受备案后 5 年分期缴纳个人所得税政策。个人获得股权奖励时,按照"工资薪金所得"项目,参照《财政部 国家税务总局关于个人股票期权所得征收个人所得税问题的通知》(财税〔2005〕35 号)有关规定计算确定应纳税额,股权奖励的计税价格参照获得股权时的公平市场价格确定。享受此优惠的主体为高新技术企业的技术人员,特指那些对企业科技成果研发和产业化作出突出贡献的技术人员,以及对企业发展作出突出贡献的经营管理人员。对于上述主体因高新技术企业转化科技成果而获得的股权奖励,如果个人一次性缴纳税款存在困难,可以根据实际情况自行制定分期缴税计划。分期缴税的最长期限为不超过 5 个公历年度(含),并在该期间内将相关资料报主管税务机关备案。

除了高新技术企业转化科技成果股权奖励,个人因股权激励计划从上市公司获取的股权奖励,按照财政部、税务总局公告 2023 年第 25 号文件的规定,激励对象取得股权奖励所得不并入当年综合所得,全额单独适用综合所得税率表,计算纳税。激励对象参照财税〔2005〕35 号、财税〔2018〕164 号有关规定计算确定股权奖励收入和个人所得税应纳税额。

股权奖励个人所得税计算公式为:

股权奖励收入＝行权时股票的每股市场价×行权股票份数
应纳税额＝股权奖励收入×适用税率－速算扣除数(适用综合所得税率表)

如果激励对象在一个纳税年度内,取得两次(含两次)以上股权奖励收入,需要累计计算应纳税额,计算公式为:

应纳税额＝本纳税年度内累计取得的股权激励收入×适用税率－速算扣除数
－本纳税年度内累计已纳税款(适用综合所得税率表)

此外,根据财政部 税务总局公告 2024 年第 2 号文件规定,激励对象股权奖励的个人所得税可以自取得股权奖励之日起,在不超过 36 个月的期限内缴纳。股权激励对象的纳税义务发生时间为股权激励实施企业兑现股权奖励之日。

● **【例 7.3】** 股票奖励个人所得税计算案例

甲公司是上市公司,也是一家高新技术企业,该公司技术总监赵六因技术成果转化于 2024 年 1 月取得公司授予的股票奖励 100 000 股,授予日股票收盘价格为 10 元/股。赵六获授该笔股票的出资成本为 0。请问,赵六应缴纳多少个人所得税?

解析:

因技术成果转化获得股票奖励,应按"工资、薪金所得"适用的规定计算缴纳个人所得税。根据《国家税务总局关于股权激励和技术入股所得税征管问题的公告》(国家税务总局公告 2016 年第 62 号)文件的规定,上市公司股票的价格按照取得股票当日的收盘价确定,取得股票当日为非交易日的,按照上一个交易日收盘价确定。相关计算如下:

应纳税所得额=行权股票的每股市场价×股票数量
=10×100 000=1 000 000(元)

应纳个人所得税额=1 000 000×45%−181 920=268 080(元)

二、以货币资金结算的股权激励

在现行的税收政策中,以货币资金结算的股权激励工具仅包括股票增值权。

在财税〔2009〕5 号文件中,股票增值权指上市公司授予公司激励对象在未来一定时期和约定条件下,获得规定数量的股票因价格上升所带来收益的权利。被授权人在约定条件下行权,上市公司按照行权日与授权日二级市场股票差价乘以授权股票数量发放给被授权人现金。股票增值权以现金方式支付时,涉税的主体包括股权激励实施企业和激励对象。

以股票增值权为工具的股权激励计划实施企业,在向激励对象支付现货币资金时需要履行个人所得税的代扣代缴义务;股权激励计划实施企业因实施股票增值权确认的股权激励费用、股权激励负债公允价值变动等事项会涉及企业所得税税前扣除的处理,详见第九章企业所得税的相关内容。

企业实施以股票增值权为工具的股权激计划时,激励对象主要涉及个人所得税。在兑现环节,股票增值权个人所得税纳税义务发生时间为上市公司向被授权人兑现股票增值权所得的日期,该所得与任职、受雇有关,应按"工资、薪金所得"计算缴纳个人所得税。根据财政部、税务总局公告 2023 年第 25 号文件的规定,在 2027 年 12 月 31 日前,激励对象取得的股票增值权所得不并入当年综合所得,全额单独适用综合所得税率。

股票增值权个人所得税计算公式为:

$$\text{股票增值权股权激励收入} = (\text{行权日股票收盘价格} - \text{授权日股票收盘价格}) \times \text{行权股票份数}$$

$$\text{应纳税额} = \text{股票增值权股权激励收入} \times \text{适用税率} - \text{速算扣除数}$$

如果激励对象在 1 个纳税年度内取得 2 次(含 2 次)以上股票增值权股权激励收入或取得限制性股票、股票期权等其他类型股权激励收入,需要累计计算应纳税额,计算公式为:

$$\text{应纳税额} = (\text{本纳税年度内累计取得的股权激励收入} \times \text{适用税率} - \text{速算扣除数}) - \text{本纳税年度内累计已纳税款}$$

需要注意的是,股票期权、限制性股票以及股权激励的个人所得税纳税义务发生时间是在股票行权、股票解禁或是企业兑现股票时,此时激励对象获得的可能只是股票而不一定是资金,缺少纳税必要资金能力,因此财政部、税务总局公告 2024 年第 2 号文件规定,激励对象获得股票期权、限制性股票以及股权奖励的个人所得税可以自取得股权奖励之日起,在不超过 36 个月的期限内缴纳。股票增值权是实施股权激励企业兑现给激励对象货币资金,激励对象具有纳税必要资金能力,因此激励对象获得的股票增值权所得不适用财政部、税务总局公告 2024 年第 2 号文件中个人所得税可以 36 个月延期纳税的政策,应在纳税义务期限内及时足额申报个人所得税。

【例 7.4】 股票增值权个人所得税计算案例

甲为上市公司,拟在 2022 年度实施股权激励计划,激励方式为授予激励对象股票增值权。激励对象王五业绩突出,2022 年 1 月 4 日被授予股票增值权 100 000 股。根据股权激励方案,王五在公司工作满 2 年后,可取得股票从 2022 年 1 月到 2024 年 1 月增值的奖励。

假定甲公司股票在 2022 年 1 月 4 日的收盘价为 15 元/股,2024 年 1 月 5 日的收盘价为 20 元/股。请问,王五 2024 年 1 月因取得股票增值权的个人所得税是多少?

解析:

王五行权所得应按"工资、薪金所得"适用的规定计算缴纳个人所得税。兑现在 2027 年 12 月 31 日前,不并入当年综合所得,全额单独适用综合所得税率表。

王五于 2022 年 1 月 4 日在取得股票增值权时没有所得,不用缴纳个人所得税。

王五在 2024 年 1 月取得股票增值权所得为:

应纳税所得额 = (20 - 15) × 100 000 = 500 000(元)

应纳个人所得税额 = 500 000 × 30% - 52 920 = 97 080(元)

因此,甲公司应按照"工资、薪金所得"为王五代扣代缴个人所得税 97 080 元。

第三节 激励对象间接持股模式的税务处理

基于企业规模、员工数量、发展目标以及股权控制等多方面因素的考量,上市公司实施的股权激励计划可能是直接持股模式,也有可能是间接持股模式。所谓间接持股模式,是指激励对象通过持股平台、资管计划等间接持有实施股权激励公司股权的方式,如图 7.2 所示。

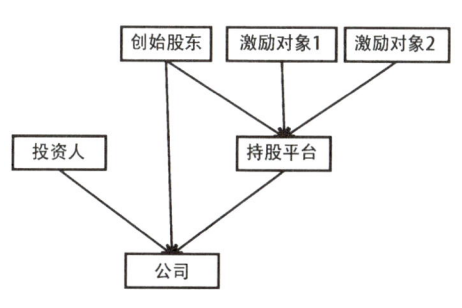

图 7.2 间接持股模式

一、员工持股计划

上市公司在执行员工持股计划的股权激励过程中,必须严格遵循我国《公司法》《证券法》和证监会发布的《关于上市公司实施员工持股计划试点的指导意见》等相关法律法规的明确规定。鉴于目前尚未有专门针对员工持股计划的税收政策出台,企业在实施此类计划时,其税务处理需参照《个人所得税法》及其施行条例,以及与员工持股计划特征相近的股权激励相关税收政策。需要强调的是,对于相关税收政策的解读,此处所提供的分析仅为基于实务操作的作者个人意见,不代表税务部门的观点。

(一) 增值税

对于通过资金信托、资产管理计划等金融工具实施的员工持股计划,在员工持股计划运营过程中若涉及应纳增值税的交易行为,如减持上市公司股票等,负责这些资管产品管理的机构为增值税的纳税义务人,应按照规3%的增值税征收率进行纳税。

对于自行管理的员工持股计划,一般是由员工选举产生的员工持股计划管理委员会进行管理运营。在管理过程中,如发生员工持股计划减持上市公司股票等行为,业界对该行为是否需要缴纳增值税有一些争议。从员工持股计划属性分析,它不是民事主体,既不属于企业、非企业性单位,也不属于其他个人,但可以以自己的名义在交易所开设账户。此外,员工持股计划作为一种资金集合体,相关监管文件将它视为单独的一类股东,但有一些区别于一般股东的约束性规定。根据税收穿透原则,如果将员工持股计划作为"其他个人"看待,按财税〔2016〕101号文件规定,"其他个人"从事金融商品转让业务可免征增值税,那么员工持股计划在转让上市公司股票环节也可以免征增值税。如果将员工持股计划作为"非其他个人"看待,由于"非其他个人"主体不能享受免征增值税政策,则员工持股计划在转让上市公司股票环节需要缴纳增值税。

(二) 个人所得税

员工持股计划目前主要有投资型员工持股计划、激励型员工持股计划和奖励型员工持股计划三种类型,下面我们对其税涉税情形进行分析。

1. 投资型员工持股计划

投资型员工持股计划个人所得税税务处理如图7.3所示。投资型员工持股计划自二级市场购买股票不涉及纳税问题,购买后持有股票的锁定期通常为12个月,自公司公告最后一笔标的股票非交易过户至员工持股计划名下之日起计算。在持有股票期间,员工会取得上市公司分配的股息红利,从员工持股计划中的持有股票时间、股票性质(不属于限售股)来看,我们认为该股息红利类似于个人所得中的"利息、股息、红利所得",应适用差别化股息红利政策,免征员工的个人所得税。投资型员工持股计划在转让上市公司股票时的所得类似于个人所得中的"财产转让所得",根据财税〔2005〕35号文件及财税字〔1998〕61号文件,个人在二级市场转让境内上市公司股票取得的所得暂免征收个人所得税,因此员工的个人所得税也应免征。

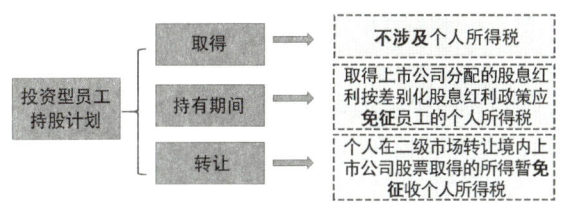

图7.3　投资型员工持股计划个人所得税税务处理

投资型员工持股计划通过非公开发行股票形式取得的股票不属于限售股,也应免征员工的个人所得税。

2. 激励型员工持股计划

激励型员工持股计划个人所得税税务处理如图7.4所示。激励型员工持股计划草案中一般会存在分期解锁安排、公司或个人业绩考核目标、服务期限条件以及未实现业绩考核目标回购等条款,这些条款与限制性股票有相似之处。在实现考核目标或实现服务期限条件后,激励型持股计划可以对外出售股票。激励型持股计划在取得股票时不涉及纳税问题,在持有股票期间取得的分红可按差别化股息红利政策免征个人所得税。在解锁时,员工所得税纳税义务则存在争议:观点一认为,对于有解锁条件的员工持股计划,应当在解锁当期将受益人所得并入工资、薪金所得,由实施员工持股计划的企业代扣代缴个人所得税;观点二认为,员工持股计划只有在出售时才能获得收益,因此应在受益人实际获得收益的当期将所得并入工资、薪金所得缴纳个人所得税;观点三认为,员工持股计划的受益人虽然是自然人,但其载体是资金集合体,在中国登记结算有限公司开设的账户名也是员工持股计划而不是自然人,因此类似契约型私募股权基金,受益人是否需要纳税或在什么环节纳税没有政策规定。

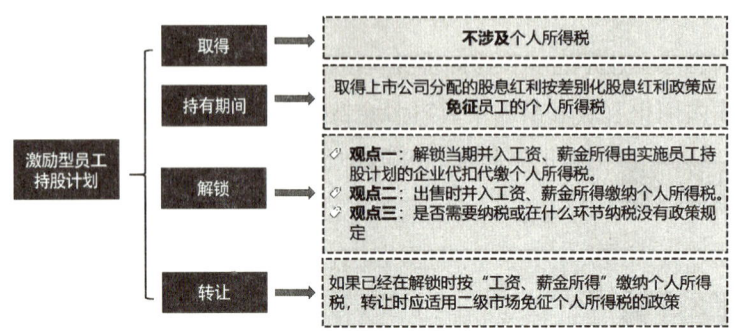

图7.4 激励型员工持股计划个人所得税税务处理

从股权激励个人所得税理论角度看,对于有解锁条件的员工持股计划,个人所得税应参考限制性股票的相关规定,即根据财税〔2005〕35号、国税函〔2009〕461号等文件,按工资、薪金所得由员工持股计划实施企业代扣代缴个人所得税。但激励型员工持股计划还是有别于限制性股票,员工拥有的股票权属并不完整充分,如以解锁作为纳税义务发生时间,且目前员工持股计划不能适用递延纳税政策,员工可能难以筹措资金及时履行纳税义务。

实施激励型员工持股计划的企业如果已经在解锁时按"工资、薪金所得"代扣代缴个人所得税,根据财税〔2005〕35号的规定,员工将解锁后的股票再转让时获得的高于购买日公平市场价的差额是因个人在证券二级市场上转让股票等有价证券而获得的所得,应适用二级市场免征个人所得税的政策。

对于以信托方式实施激励型员工持股计划并存在优先级[①]持有人提

---

① 与"优先级"相对应的是"劣后级",是金融产品中常见的风险/收益安排,主要是指收益的分配顺序。优先级持有人对资金的安全性有要求,所以一般会要求固定收益,优先级资产有相对确定但较低的收益率。从风险角度来看,优先级小于劣后级。

供杠杆资金的,有观点认为,如在解锁时由员工持股计划实施企业按全部解锁股票数量作为基础代扣代缴员工个人所得税,则员工可能负担了优先级持有人收益对应的个人所得税。但作者认为,优先级持有人提供杠杆资金获取的是固定收益(优先级资金年化收益),本质上与实施限制性股票股权激励方案时员工向个人或金融机构借款没有区别,员工没有多缴个人所得税。

3. 奖励型员工持股计划

奖励型员工持股计划个人所得税税务处理如图 7.5 所示。奖励型员工持股计划有两种形式,一种是员工持股计划从上市公司无偿获得股票或通过股东赠与获得股票,另一种是实施企业提取奖励基金支付给员工持股计划,用于购买上市公司股票(包括二级市场购买、大宗交易、非交易过户等)。

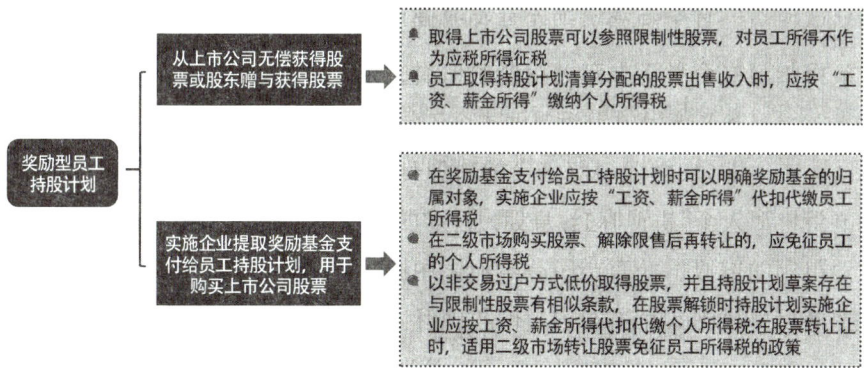

图 7.5 奖励型员工持股计划个人所得税税务处理

对于员工持股计划从上市公司无偿获得股票或通过股东赠与获得股票的,因限售机制导致相应股票在授予时不能转让,受益人无法获得实际现金流。因此,考虑到纳税人缺乏必要资金,员工持股计划取得的上市公司股票可以参照限制性股票的相关规定,对员工所得不作为应税所得征税。未来股票解除限售后,通过在市场上自由出售,员工在清算分配的股票出售收入时,应按"工资、薪金所得"缴纳个人所得税。

对于实施企业提取奖励基金以供员工持股计划购买上市公司股票的,在实施公司提取奖励基金时,如能够明确奖励基金的归属对象,则实施企业应按"工资、薪金所得"代扣代缴员工所得税。当员工持股计划用奖励基金在二级市场购买股票、解禁后再转让时,与投资型员工持股计划转让上市公司股票的涉税分析相同,应免征员工的个人所得税。如果员工持股计划用奖励基金以非交易过户方式低价取得股票,并且持股计划草案存在与限制性股票有相似条款(分期或一次性解锁、业绩要求、服务期限要求等),在股票解禁时持股计划实施企业应按财税〔2005〕35号、国税函〔2009〕461号等文件,按"工资、薪金所得"代扣代缴个人所得税;在股票转让时,适用二级市场转让股票免征个人所得税的政策。

二、有限合伙企业

有限合伙企业作为股权激励的持股平台,往往是在公司首发上市前搭设的股权架构。在公司拟首发上市时,有限合伙企业实际取得了拟首发上市公司的股权,并且持股数量不会因为拟首发上市公司对激励对象的考核等限制性条件而发生变化,有限合伙企业持有的拟首发上市公司股权已处于"实权"状态。在公司上市后,合伙企业持有上市公司的股票应当作为"新股限售股",锁定期为12~36个月。根据激励对象达到限制性条件的情况,激励对象持有的有限合伙企业份额可能发生以下变化:①激励对象达到限制性条件要求,可以分期或一次性解锁限合伙企业的财产份额,即持有的财产份额变为"实权",享有财产份额对应的上市公司股票的收益权;②激励对象未达到限制性条件要求,将限合伙企业的财产份额转让给执行事务合伙人或指定第三方,丧失财产份额对应的上市公司股票的收益权。

有限合伙企业间接持股形式股权激励计划申报上市过程涉及以下四方面的税务处理。

(一)有限合伙企业取得拟首发上市公司股权

有限合伙企业取得拟首发上市公司股权,主要是受让公司股东股权或向公司增资两种方式。增资行为除印花税外一般不涉及其他税收,受让行为可能涉及转让方的所得税,但对于受让方有限合伙企业来说,除印花税外不涉及其他税收。合伙企业在取得拟首发上市公司股权之日起30日内,需要按《财政部 税务总局关于权益性投资经营所得个人所得税征收管理的公告》(财政部 税务总局公告2021年第41号)报送持有权益性投资的情况。

(二) 激励对象解锁有限合伙企业的财产份额

有限合伙企业的个人合伙人达到限制性条件的要求时,解锁有限合伙企业的财产份额只是合伙人权利的变化,即由不确定的权属成为相对确定的权属,合伙人没有取得现实可支配的收益,也不需要办理工商登记的变更。因此,这个环节不涉及税务处理事宜。

(三) 激励对象转让有限合伙企业的财产份额

合伙人若未达到限制性条件的要求,按照合伙协议约定,需要将有限合伙企业中的财产份额转让给执行事务合伙人或合伙协议指定的第三方。转让行为发生时,转让方作为纳税人,如果取得相关收益就需要按《个人所得税法》《个人所得税法实施条例》以及《国家税务总局关于个人终止投资经营收回款项征收个人所得税问题的公告》(国家税务总局公告2011年第41号)等文件的规定执行,受让方需按照"财产转让所得"为转让方代扣代缴个人所得税。

关于合伙人转让合伙份额是否要按"产权转移书据"税目缴纳印花税,目前北京、河北、江苏、浙江、福建、江西、深圳等多地的税务机关明确规定,转让合伙企业合伙份额所立的书据不属于印花税列举的应税凭证,不征印花税。

(四) 有限合伙企业转让上市公司股票

1. 增值税

有限合伙企业股票解禁(锁)后,转让上市公司股票获得的收益,根据财税〔2016〕36号文件的规定,合伙企业要按"金融商品转让"税目申报缴纳增值税,同时申报缴纳相关附加税费。

在增值税处理中,"金融商品转让"税目的销售额按以下规则确定:同一纳税期内转让各类金融商品产生的盈亏应先行相抵,相抵后的净额为当期应税销售额。若盈亏相抵后形成负差(即整体亏损),该负差可递延至后续纳税期与下期转让金融商品的销售额继续相抵。但对于截至年末仍未完全抵减的负差余额,则禁止向下一会计年度结转,需作税务核销处理。

金融商品转让增值税核算的难点在于买入价的确定,买入价在本章

第五节中以表格的形式予以展示。此外，我们还要关注上市公司送转股对增值税核算的影响。

2. 个人所得税

有限合伙企业在股票解禁（锁）后转让上市公司的股票，由此获得收益并分配给个人合伙人时，有限合伙企业应该按照《财政部 国家税务总局关于印发〈关于个人独资企业和合伙企业投资者征收个人所得税的法规〉的通知》（财税〔2000〕91号）的相关规定，按照先分后税的原则将相关信息报送给个人合伙人，个人合伙人按"经营所得"税目以5%～35%的超额累进税率申报缴纳个人所得税。

自财税〔2016〕101号文件出台后，实践中，有越来越多的持股平台以有限合伙企业名义备案个人所得税递延纳税，也有有限合伙企业在股票解禁后转让上市公司股票，个人合伙人按"财产转让所得"申报缴纳个人所得税的案例。

从税收政策角度，如果按照财税〔2016〕101号文件的规定，由于有限合伙类型不符合文件中所规定的递延纳税的税收优惠条件，个人合伙人若按"财产转让所得"税目并以20%税率申报纳税，则有税务风险。

有限合伙企业与有限责任公司股权投资税负上的差异主要体现在退出环节。在退出环节，有限合伙企业的个人合伙人按"经营所得"税目以5%～35%的超额累进税率申报缴纳个人所得税；有限责任公司层面先缴纳25%的企业所得税（小微企业实际税负为5%），然后向个人股东分配时，按照股息红利所得再缴纳20%的个人所得税，综合税率则为40%。在投资类企业不能核定纳税后，实务中仍有企业选择有限合伙企业作为持股平台的原因有两点，一是有限合伙企业普通合伙人对于合伙企业的绝对控制因素，二是有限合伙相对于有限公司税负略低。

第四节 拟首发上市公司股权激励的税务处理

拟首发上市公司的股权激励是指拟首发上市公司在首发上市前实施

的员工持股计划,以及在首次公开发行申报前制定并在上市后实施(行权或解锁)的股权激励。本节主要论述首次公开发行申报前制定并在上市后实施(行权或解锁)的股权激励,首发上市前实施的员工持股计划详见第七章第三节内容。

在科创板推出之前,为了满足发行人股权清晰的要求,拟上市公司制定的股权激励计划需要在申报前实施完成,因此,激励对象尚未确权的股权激励计划在当时申报上市是不被证监会允许的。

2018年6月6日,中国证监会公布并试行《关于试点创新企业实施员工持股计划和期权激励的指引》(证监会公告〔2018〕17号),首次明确规定纳入试点的创新企业可以带股权激励计划申报上市,并提出了条件要求。

2019年3月,上海证券交易所发布《科创板股票发行上市审核问答》。2020年6月,证监会发布《首发业务若干问题解答》,深圳证券交易所发布《创业板股票首次公开发行上市审核问答》。上述几个文件明确了带股权激励计划申报上市并准备在上市后实施的信息披露要求以及中介机构核查要点。2021年2月,证监会发布《监管规则适用指引——关于申请首发上市企业股东信息披露》,对发行人提交申请前12个月内新增股东的锁定期做出相关要求,即新增股东应当承诺所持新增股份自取得之日起36个月内不得转让。自此,主板、创业板、科创板都允许企业带股权激励计划申报上市。

一、股票期权的税务处理

(一) 股票期权形式的税收争议

拟上市公司采用股票期权形式实施股权激励,在授予股票期权时公司属于非上市公司,在满足行权条件后激励对象行权时非上市公司变为上市公司,股权激励标的物也由非上市公司股权而成为上市公司的股票,目前该形式下的税务争议主要有以下两点。

争议1:激励对象由此取得的股票,能否享受递延纳税的"财产转让所得"个人所得税政策?

根据财税〔2016〕101号文第四条第二款的规定:个人因股权激励、技术成果投资入股取得股权后,非上市公司在境内上市的,处置递延纳税的股权时,按照现行限售股有关征税规定执行。如果授予激励对象股票期权时,激励对象并未取得股权,而是在实施股权激励的公司上市后才行权取得股票的,激励对象就不能享受财税〔2016〕101号规定的在减持股票时按"财产转让所得"税目以20%的税率征税的政策,应按相应取得的股票期权收入,遵循财税〔2005〕35号文件的规定,视同上市公司股票期权处理。至于递延纳税政策,应依据《财政部 税务总局关于上市公司股权激励有关个人所得税政策的公告》(财政部 税务总局公告2024年第2号)执行,即激励对象在股票期权行权后36个月内,按照"工资薪金所得"项目计算并缴纳个人所得税。如果授予激励对象股票期权后,激励对象在上市前就行权取得股票,激励对象上市后减持股票取得的股票期权形式的股权激励收入可按"财产转让所得"税目以20%税率征税的政策,文件依据就是财税〔2016〕101号、财税〔2009〕167号以及财税〔2010〕70号。

争议2:激励对象行权取得的股票是否属于税收上的限售股?

税收定义的股权激励形式与证监会等监管部门定义的股权激励形式既有相同,也有差异。税收定义的股权激励形式更多的是为了税收征管的需要,如能否享受优惠政策、可否税前扣除等。

如果激励对象在企业未上市前未行权,则股票并没有登记在被激励对象名下,只有行权后激励对象才能取得股票的所有权。中国证券登记结算公司在办理行权股票的登记时,登记的行权股票不是限售流通股,因此,激励对象取得公司上市后的股票不在"新股限售股"的范围内。

如果激励对象在企业未上市前加速行权,股票已登记在激励对象名下,此类股票就在"新股限售股"的范围内。由于加速行权,员工在公司首发上市前就拥有股权,有可能符合个人所得税递延纳税的优惠政策,可按"财产转让所得"申报缴纳个人所得税。

(二) 股票期权形式的个人所得税计算

企业在首发上市申报前已制定上市后拟实施的期权激励计划的,在授予股票期权时实施股权激励的企业属于非上市公司;在满足行权条件,在激励对象行权时实施股权激励的企业由非上市公司变为上市公司。

1. 行权环节(上市后)个人所得税计算

公司上市后,激励对象个人所得税要区分以下两种情形计算。

一是激励对象因首发上市公司加速行权在上市前得股票,其个人所得税符合财税〔2016〕101号文件规定的,由激励对象在转让股票时按"财产转让所得"自行申报纳税。

个人转让股票的应纳税所得额为每次股票转让收入减去股票原值和合理税费后的余额。计算公式如下:

$$应纳税所得额＝股票转让收入－(股票原值＋合理税费)$$

其中:①股票转让收入是指转让股票实际取得的收入。②股票原值是指股票实际买入价及按照规定缴纳的有关费用。如果纳税人未能提供完整、真实的限售股原值凭证的,不能准确计算限售股原值的,主管税务机关一律按限售股转让收入的15%核定限售股原值及合理税费。③合理税费是指转让股票过程中发生的印花税、佣金、过户费等与交易相关的税费。

个人转让股票取得的所得按"财产转让所得"税目以20%的税率征收个人所得税。计算公式为:

$$应纳税额 = 应纳税所得额 \times 20\%$$

二是激励对象在首发上市公司上市后行权才取得股票的,或是加速行权不符合财税〔2016〕101号文件规定的,由上市公司申报和代扣代缴被激励对象"工资、薪金所得"个人所得税。计算公式为:

$$股权激励收入＝行权当日收盘价与授予价格差额 \times 行权股票数量$$
$$个人所得税应纳税额＝股权激励收入 \times 适用税率－速算扣除数$$

根据财税〔2018〕164号第二条第二款的规定:个人从任职受雇企业以低于公平市场价格取得股票(权)的,凡不符合递延纳税条件,应在获得股票(权)时,对实际出资额低于公平市场价格的差额,按照"工资、薪金所得"不并入当年综合所得,全额单独适用综合所得税率。也就是说,激励对象不能享受"财产转让所得"个人所得税政策,但其所得在2027年12月31日前可不并入当年的综合所得,全额单独适用综合所得税率计算纳税,激励对象在1个纳税年度内2次以上(含2次)行权时,股权激励收入合并计算。此外,激励对象还可以享受股权激励个人所得税递延3年的纳税政策。

需要注意的是,由于股权激励对象在取得股票时,实施股权奖励的企业已向其主管税务机关办理了递延纳税备案,这些股票转让时税款由证券机构代扣代缴并向证券机构主管税务机关缴纳。如果激励对象取得的激励股票是限售股,根据《国家税务总局 财政部 中国证监会关于进一步完善个人转让上市公司限售股所得个人所得税有关征管服务事项的公告》(国家税务总局 财政部 中国证监会公告2024年第14号)的规定,个人转让限售股,以个人股东开户的证券机构为扣缴义务人,纳税地点为限售股所对应的上市公司所在地。如果取得的激励股票是非限售股的,实施股权激励的企业与证券机构可能不在同一属地,实施股权激励的主管税务机关可能无法收到办理递延纳税事项相关的个人所得税税款。

2. 持有环节个人所得税计算

这个环节要区分以下两种情形。

一是激励对象在公司首发上市前行权取得的股票,属于"新股限售股"范围,对于激励对象在禁售期内从上市公司取得的股息红利所得,上市公司一律以激励对象股息红利收入50%的金额为应纳税所得额,按20%税率代扣代缴个人所得税。

二是激励对象在公司首发上市后行权取得的股票,在一定期限内(至少1年以上)不得转让,这类股票期权虽有限售期但不属于"新股限售股"范围。激励对象在禁售期内从上市公司取得的股息红利所得执行股息红利差别化个人所得税政策:持股期限在1个月以内(含1个月)的,其股息红利所得全额计入应纳税所得额;持股期限在1个月以上至1年(含1年)的,暂减按50%计入应纳税所得额;持股期限超过1年的,暂免征收个人所得税。

上市公司派发股息红利时,对个人持股1年以内(含1年)的,上市公司暂不扣缴个人所得税;待个人转让股票时,中国证券登记结算公司根据其持股期限计算应纳税额,由证券公司等股份托管机构从个人资金账户中扣收并划付中国证券登记结算公司,中国证券登记结算公司应于次月

5个工作日内划付至上市公司，上市公司在收到税款当月的法定申报期内向主管税务机关申报缴纳。

3. 转让环节个人所得税计算

激励对象在公司首发上市后行权取得的股票如行权时已按"工资、薪金所得"缴纳了个人所得税，该股票再转让时属于二级市场股票，目前暂免征收个人所得税。

二、限制性股票的税务处理

实施股权激励的企业除了股票期权带入首发上市，还存在着限制性股票带入上市的情形，这种上市前的股权转化为上市公司的限售股。

实施限制性股票激励方式的，因授予时被激励对象就已经取得非上市公司股权，该限制性股票在公司上市后成为"新股限售股"。

限制性股票带入首发上市的应根据财税〔2016〕101号文件规定执行。具体包含两方面的政策。

一是不符合递延纳税条件的，股票解禁时就应按"工资薪金所得"由扣缴主体代扣代缴个人所得税。此时的扣缴义务人由上市公司改变为证券机构，即实施股权激励、获得技术成果的企业只需及时将相关信息告知税务机关，无须继续扣缴递延纳税股票个人所得税。

二是符合递延纳税条件的，个人所得税可递延至转让股票环节按"财产转让所得"申报缴纳个人所得税。

其他方面的税收政策规定与股票期权基本相同。

三、企业采用间接持股形式带股权激励计划申报上市的税务处理

对于持股平台间接持股形式带股权激励计划申报首发上市的税收政策，本书以有限合伙企业为例进行讲解。在有限合伙企业间接持股形式下，有限合伙企业在已实际取得了拟首发上市公司的股权，并且持股数量不会因为拟首发上市公司对合伙人的考核等限制性条件而发生变化，有限合伙企业持有的拟首发上市公司股权已处于"实权"状态。在公司上市后，有限合伙企业持有上市公司的股票形式为"新股限售股"，有限合伙企

业至少在 12 个月内不得转让股票。由于存在对合伙人的限制性条件,根据合伙人达到限制性条件的情况,合伙人持有的有限合伙企业份额可能发生以下变化：①达到限制性条件要求,分期或一次性解锁持股平台的财产份额,即持有的财产份额变为"实权",享有财产份额对应的上市公司股票的收益权；②未达到限制性条件要求,根据合伙协议相关条款约定,激励对象将有限合伙企业的财产份额转让给执行事务合伙人或指定第三方,丧失财产份额对应的上市公司股票的收益权。

企业在通过合伙企业持股平台实施股权激励计划并申报上市时,涉及的税务处理主要包括以下四种情形。

1. 持股平台取得拟上市公司股权

对于有限合伙企业的行权价格低于拟上市公司股权公允价值的差额部分,激励对象不需要缴纳个人所得税。因为若这部分股权来源于大股东或控股股东的让渡,基于不重复征税的原则,这部分差额已由大股东或控股股东缴纳了个人所得税或企业所得税；若这部分股权来源于向拟上市公司增资,这部分增资属于不公允增资,虽然合伙企业取得了拟上市公司股权,但不存在实质意义上的所得。但需要注意的是,部分税务机关会将此不公允增资行为视作股权转让进行税务处理。持股平台在取得拟上市公司股权(票)之日起 30 日内,需要按《关于权益性投资经营所得个人所得税征收管理的公告》(财政部 税务总局公告 2021 年第 41 号)报送持有权益性投资的情况。

2. 合伙人解锁有限合伙企业的财产份额

若个人合伙人达到限制性条件的要求,解锁持股平台的财产份额只是合伙人权利的变化,即由不确定的权属成为相对确定的权属,合伙人没有取得现实可支配的收益,也不需要办理工商登记的变更,因此不需要进行税务处理。

3. 合伙人将有限合伙企业的财产份额转让

若个人合伙人未达到限制性条件的要求,需要将有限合伙企业中的财产份额转让给执行事务合伙人或合伙协议指定的第三方。转让行为发生时,转让方的个人合伙人作为纳税人,其取得的相关收益需要按"财产转让所得"缴纳个人所得税。

4. 有限合伙企业转让上市公司股票

有限合伙企业若在股票解禁（锁）后转让上市公司的股票，由此获得的收益分配给个人合伙人，按照先分后税的原则，由个人合伙人按"经营所得"税目以5%～35%的超额累进税率申报缴纳个人所得税。

实践中，有较多的拟IPO企业向税务部门以持股平台合伙企业名义备案个人所得税递延纳税，也有持股平台合伙企业在解禁后转让上市公司股票，个人合伙人按"财产转让所得"申报缴纳个人所得税的案例。

从目前税收政策分析，按照财税〔2016〕101号文件的规定，有限合伙类型是不符合递延纳税的税收优惠条件的，个人合伙人按"财产转让所得"税目申报纳税也是有税务风险的。

第五节 上市公司限售股送转股对增值税及个人所得税的影响

上市公司为了融资或回报股东的需要，会实施一些配股、转股或送股的行动。配股是指上市公司向原股东按其持股比例以低于市价的某一特定价格配售一定数量股票，是上市公司的融资行为。转股是指上市公司用资本公积转增股东股本，是上市公司的分红行为。该行为并没有改变股东的权益，但却增加了股本的规模，因而其产生的客观结果与送股相似。送股是指上市公司用未分配利润增加股东的股本，是上市公司的分红行为。

上述三者的主要区别在于，配股是一种上市公司的融资行为，转股、送股都是上市公司的分红行为。转股和送股的主要区别在于，两者增加股本的来源不同，转股是指由资本原因形成的公积金增加股东股本，不直接反映上市公司的经营业绩，而送股是用公司的未分配利润增加股东股本，更能反映上市公司的经营状况。

由于配股实为上市公司增发股票的行为，除印花税外一般不涉及其他税种，故本节仅对限售股送股和转股行为对增值税及个人所得税的影响进行重点分析。

一、限售股的类型

限售股是指在一定时限内被限制转让的公司股份。根据财税〔2009〕167号及财税〔2010〕70号文件的规定,税收上的限售股主要包括以下几种类型。

(一) 股改限售股

在股权分置改革①过程中,由原非流通股转变而来且附带限售期的流通股被市场俗称为"大小非"。由于股权分置改革已经完成,目前已经不存在该种类型限售股。

(二) 首次公开发行限售股

首次公开发行限售股包括新股限售股和机构配售限售股,即对于首次公开发行股份并上市的公司,上市前股东所持股份或机构投资者通过线下申购获得的股份都有一定的限售期要求。

(三) 定向增发限售股

定向增发限售股是指向特定投资者非公开发行,一定期限内不得转让的股份。

(四) 重大资产重组限售股

重大资产重组限售股是指上市公司在重大资产重组过程中通过发行股份形成的限售股。

(五) 送股及转股限售股

送股及转股限售股是指限售股所孳生的送股、转股形成的限售股。

二、限售股送转股对增值税的影响

(一) 增值税买入价的确定

对于上市公司限售股买入价的确定,主要税收政策规定见表7.2。

---

① 2005年4月29日,股权分置改革正式启动,一直到2006年年底,股权分置改革基本完成,此次改革的目的在于实现真正意义上的同股同权。

表 7.2 确定上市公司限售股买入价的政策规定

文件名称	政策内容
《国家税务总局关于营改增试点若干征管问题的公告》(国家税务总局公告 2016 年第 53 号)	1. 上市公司实施股权分置改革时,在股票复牌之前形成的原非流通股股份,以及股票复牌首日至解禁日期间由上述股份孳生的送、转股,以该上市公司完成股权分置改革后股票复牌首日的开盘价为买入价 2. 公司首次公开发行股票并上市形成的限售股,以及上市首日至解禁日期间由上述股份孳生的送、转股,以该上市公司股票首次公开发行(IPO)的发行价为买入价 3. 因上市公司实施重大资产重组形成的限售股,以及股票复牌首日至解禁日期间由上述股份孳生的送、转股,以该上市公司因重大资产重组股票停牌前一交易日的收盘价为买入价
《国家税务总局关于明确中外合作办学等若干增值税征管问题的公告》(国家税务总局公告 2018 年第 42 号)	上市公司因实施重大资产重组形成的限售股,以及股票复牌首日至解禁日期间由上述股份孳生的送、转股,因重大资产重组停牌的,按照《国家税务总局关于营改增试点若干征管问题的公告》(国家税务总局公告 2016 年第 53 号)第五条第(三)项的规定确定买入价;在重大资产重组前已经暂停上市的,以上市公司完成资产重组后股票恢复上市首日的开盘价为买入价
《国家税务总局关于国内旅客运输服务进项税抵扣等增值税征管问题的公告》(国家税务总局公告 2019 年第 31 号)	1. 纳税人转让因同时实施股权分置改革和重大资产重组而首次公开发行股票并上市形成的限售股,以及上市首日至解禁日期间由上述股份孳生的送、转股,以该上市公司股票上市首日开盘价为买入价,按照"金融商品转让"缴纳增值税 2. 上市公司因实施重大资产重组多次停牌的,《国家税务总局关于营改增试点若干征管问题的公告》(国家税务总局公告 2016 年第 53 号发布,国家税务总局公告 2018 年第 31 号修改)第五条第(三)项所称的"股票停牌",是指中国证券监督管理委员会就上市公司重大资产重组申请作出予以核准决定前的最后一次停牌
《国家税务总局关于明确二手车经销等若干增值税征管问题的公告》(国家税务总局公告 2020 年第 9 号)	单位将其持有的限售股在解禁流通后对外转让,按照《国家税务总局关于营改增试点若干征管问题的公告》(2016 年第 53 号)第五条规定确定的买入价,低于该单位取得限售股的实际成本价的,以实际成本价为买入价计算缴纳增值税
《财政部 税务总局关于明确无偿转让股票等增值税政策的公告》(财政部 税务总局公告 2020 年第 40 号)	纳税人无偿转让股票时,转出方以该股票的买入价为卖出价,按照"金融商品转让"计算缴纳增值税;在转入方将上述股票再转让时,以原转出方的卖出价为买入价,按照"金融商品转让"计算缴纳增值税

此外,由于上市公司股票来源的复杂性,企业持有的非税收政策规定范围内的股票,如战略配售、超额配售取得的股票,或由可转换公司债券转换而来的股票等,无论是否处于限售期,其买入价格应为实际购买成本价而非发行价,对于此类股票孳生的送转股的买入价均应按照无偿取得股票处理,即买入价为0。

【例7.5】 限售股送转股票增值税计算案例

拟上市公司甲公司于2021年1月成立员工持股平台乙有限合伙企业(以下简称乙合伙),乙合伙持有甲公司股份的比例为2%,折算股票1 000万股。

甲公司于2022年1月顺利上市,发行价为10元/股。非控股股东的限售期为12个月,即2023年1月解禁。

2022年5月,甲公司宣告10股转增10股,由此乙合伙持股增加到2 000万股。2023年1月解禁后,乙合伙卖出1 500万股股票,卖出价格为20元/股。

2024年5月,甲公司宣告10股送2股转3股,除权日股票收盘价为25元/股。2024年8月,乙合伙卖出600万股股票,卖出价格为25元/股。

请计算2023年和2024年乙合伙应缴纳的增值税(假设乙合伙为增值税一般纳税人)。

解析:

1. 2023年乙合伙应缴纳的增值税

根据增值税相关政策规定,解禁前的送转股也是限售股,限售股为2 000万股(原始股1 000万股+解禁前10股转增10股的1 000万股)。限售股的买入价为上市公司股票首次公开发行的发行价,即10元/股。相关计算如下:

减持股票的收入=1 500×20=30 000(万元)

减持股票的成本=1 500×10=15 000(万元)

应纳增值税额=(30 000−15 000)÷(1+6%)×6%=849.06(万元)

2. 2024年乙合伙应缴纳的增值税

乙合伙股票数为750万股[原始股2 000万股−减持1 500万股+10

股送 2 股的 100 万股限售股(500÷10×2)＋10 股转 3 股的 150 万股限售股(500÷10×3)]。

根据增值税相关政策的规定,解禁后的送转股不再考虑买入成本,即买入价为 0。相关计算如下:

减持股票的收入＝600×25＝15 000(万元)

减持股票的成本＝500×10＋100×0＝5 000(万元)

应纳增值税额＝(15 000－5 000)÷(1＋6%)×6%＝566.04(万元)

由此案例可见,若解禁前送转股以发行价作为可扣除的买入价,则限售期间送转股比例越大,增值税税负越低。反之,在解禁后送转股比例越大,增值税税负越高。

(二) 限售股增值税的纳税义务发生时间

根据《营业税改征增值税试点实施办法》(财税〔2016〕36 号)附件 1 第四十五条第三项规定,纳税人从事金融商品转让的,纳税义务发生时间为金融商品所有权转移的当天。限售股的纳税义务发生时间为限售股转移的当天。

提示 1:对于非交易过户,由于目前要先完税再到中国证券登记结算公司办理过户手续,一般会出现提前申报缴纳增值税的情形,使得纳税时点与过户时点(即限售股转移的当天)有时间差,从而有可能造成增值税的收入确认在申报环节与过户环节的不一致(如有个人所得税、企业所得税也会产生分歧)。

提示 2:金融商品转让不得开具增值税专用发票,只能开具普通发票。

三、限售股送转股对个人所得税的影响

个人转让限售股应按照"财产转让所得"税目缴纳个人所得税,在上海证券交易所、深圳证券交易所和北京证券交易所转让非限售股免征个人所得税。根据财税〔2009〕167 号和财税〔2010〕70 号文的规定,目前纳入征税范围的限售股见表 7.3。

表 7.3 限售股范围

文件名称	文件内容
《财政部 国家税务总局 中国证券监督管理委员会关于个人转让上市公司限售股所得征收个人所得税有关问题的通知》（财税〔2009〕167号）	1. 上市公司股权分置改革完成后股票复牌日之前股东所持原非流通股股份，以及股票复牌日至解禁日期间由上述股份孳生的送转股 2. 2006年股权分置改革新老划断后，首次公开发行股票并上市的公司形成的限售股，以及上市首日至解禁日期间由上述股份孳生的送转股 3. 财政部、国家税务总局、法制办和证监会共同确定的其他限售股
《财政部 国家税务总局 证监会关于个人转让上市公司限售股所得征收个人所得税有关问题的补充通知》（财税〔2010〕70号）	1. 财税〔2009〕167号文件规定的限售股 2. 个人从机构或其他个人受让的未解禁限售股 3. 个人因依法继承或家庭财产依法分割取得的限售股 4. 个人持有的从代办股份转让系统转到主板市场（或中小板、创业板市场）的限售股 5. 上市公司吸收合并中，个人持有的被合并方公司限售股转换的合并方公司股份 6. 上市公司分立中，个人持有的被分立方公司限售股转换的分立后公司股份 7. 其他限售股

对于个人转让限售股，应以每次限售股转让收入，减除股票原值和合理税费后的余额为个人所得税的应纳税所得额。

限售股原值是指限售股买入时的买入价及按照规定缴纳的有关费用。若发生送股、转股、缩股的，应依据送股、转股、缩股比例对限售股成本原值进行调整。对于其他权益分派的情形（如现金分红、配股等），不对限售股的成本原值进行调整。纳税人同时持有限售股及该股流通股的，转让股票视同为先转让限售股。

根据《财政部 税务总局关于北京证券交易所税收政策适用问题的公告》（财政部 税务总局公告2021年第33号）的规定，北交所上市公司涉及的个人所得税暂按现行新三板适用的税收政策执行，即新三板挂牌公司摘牌转至北交所上市的，非原始股股东在转让相应股票时可免征个人所得税。

【例 7.6】 上市公司送转股个人所得税计算案例

甲公司于 2023 年 1 月 3 日首次公开发行股票,发行价为 10 元/股,公司员工吴六是股权激励对象,持有甲公司 10 万股股票(解禁日 2024 年 1 月 4 日),投资成本 5 元/股。

假设 1:甲公司在 2023 年 7 月 3 日宣告每 10 股以资本公积转增普通股 10 股。

假设 2:甲公司在 2024 年 2 月 3 日宣告每 10 股以资本公积转增普通股 10 股,除权价为 20 元/股。

2024 年 3 月 8 日,吴六转让持有的全部股票,取得转让收入 300 万元。请计算两个假设情况下吴六分别应纳多少个人所得税?

解析:

假设甲公司在解禁前转增股本,吴六合计持有股票 20 万股[原始股 10 万股+转增 10 万股(10÷10×10)]。

每股成本为 2.5 元(10×5÷200 000),总计成本为 50 万元(20×2.5)。

吴六应纳个人所得税=[(300-50)×20%]=50(万元)

假设甲公司在解禁后转增股本,吴六合计持有股票 20 万股[原始股 10 万股+转增 10 万股(10÷10×10)]。

每股成本为 2.5 元(10÷5÷200 000),总计成本为 50 万元(20×2.5)。

吴六应纳个人所得税=[(300-15×10)-10×2.5]×20%=25(万元)

从上述案例可以看出,解禁后送转股,应税股数不变,但单位股票应税收入减少,从而吴六少缴纳了个人所得税。

第六节　上市公司非交易过户的税收事项

一、非交易过户的概念

非交易过户是指不通过场内或场外交易的形式,而使股票的所有权在出让人和受让人之间的过户。中国证券登记结算有限责任公司发布的《中国证券登记结算有限责任公司证券登记规则》第十六条规定,证券因以下原因发生转让的,可以办理非交易过户登记:①股份协议转让;②司法扣划;③行政划拨;④继承、捐赠、依法进行的财产分割;⑤法人合并、分立,或因解散、破产、被依法责令关闭等原因丧失法人资格;⑥上市公司的收购;⑦上市公司回购股份;⑧上市公司实施股权激励计划;⑨相关法律、行政法规、中国证监会规章及本公司业务规则规定的其他情形。

《证券非交易过户业务实施细则》(适用于继承、捐赠等情形)第三条规定,本细则规定的证券非交易过户业务包括以下情形:①继承所涉证券过户;②捐赠所涉证券过户,指向基金会捐赠所涉证券过户,且基金会是在民政部门登记并被认定为慈善组织的基金会(不含境外基金会代表机构);③依法进行的财产分割所涉证券过户,暂仅指离婚情形;④法人资格丧失所涉证券过户;⑤私募资产管理所涉证券过户;⑥中国证监会认定的其他情形。

股权激励中涉及的非交易过户逻辑并不复杂,上市公司的持股平台(如合伙企业)通过解散清算将股票过户到相关股东或合伙人名下,将自然人间接持股变为直接持股(图7.6)。

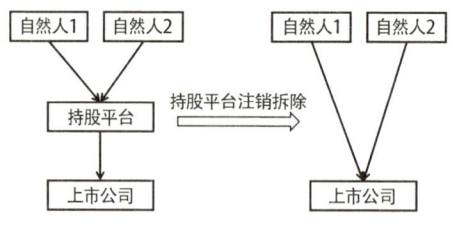

图 7.6 非交易过户

二、非交易过户的流程

(一)清算与公证

清算期通常安排在工商注销公示期结束后的一至两周时间内。在此期间,清算组成立并确定其成员构成。清算期开始日为办理清算组备案和债权人公告的当天,清算期结束日为清算工作完成的日期。

清算组成员需在此阶段内完成财产分配决议的拟定、清算报告的编制、税款的测算以及清算审计报告等相关材料的准备。

在清算期,所有股东或合伙人需签署注销材料,并公证签署过程,以及办理委托公证。另外,企业在此期间还可以提前准备税款,股票受让方可以办理证券账户开户和提交证券账户账号。

(二)缴纳税款,税务注销

在非交易过户过程中,法人需依法支付相关税费,完成清算所得计算及税务申报手续。在实操中,根据中国证券登记结算有限责任公司要求,法人终止非交易过户必须在法人税务注销和工商注销之后,因此税款的测算与缴纳需前置,但对于税款计算应依据哪天的收盘价,税法并没有明确规定。在实务中,按照以下三个时点计算税款是比较合理的(不排除其他时点):①财产分配决议日收盘价;②最近一个月月底收盘价;③清算期结束前一日收盘价。具体以主管税务局确认的价格为准确依据。

(三)工商注销

法人在完成税务注销并取得清税证明后需办理工商注销登记,同时经办人通过线上平台或线下窗口调取完整的工商档案,以便在非交易过户时现场提交工商注销证明及档案材料。

(四)现场办理非交易过户

1. 确定申请人

办理非交易过户时,需要先确定申请人。对于不同的非交易过户类型,其申请主体也存在差异。继承、法人终止所涉证券过户的,由过入方作为申请人提交过户业务申请。捐赠、离婚、私募资产管理、股份协议转让、行政划拨所涉证券过户的,由过出方、过入方作为申请人共同提交过户业务申请。

2. 提交材料

针对不同类型的过户,办理非交易过户需要提交的资料有所不同,法人终止类型非交易过户所需材料具体如下。

(1)过户业务申请。

(2)法人状态证明文件:①原法人已完成注销的,需提交登记机关出具的注销证明文件;②法人未完成注销的,需提交证明法人已处于待注销状态的文件。

(3) 证券权属证明文件(任意一项):①通过人民法院确认证券权属的,需提交人民法院出具的生效法律文书;②通过公证机构公证的,需提交确认证券权属变更的公证文书;③中国证券登记结算公司认可的其他证明文件。

(4) 过入方有效身份证明文件。

(5) 中国证券登记结算公司要求的其他材料。

三、非交易过户的税务政策

企业在办理股票非交易过户时,涉及增值税、印花税及以及所得税。

(一) 增值税

一般情况下,企业在清算注销时,将股票分配给股东属于有偿转让股票,增值税需要做销售处理。根据《财政部 国家税务总局关于全面推开营业税改征增值税试点的通知》(财税〔2016〕36号),单位转让上市公司股票属于金融商品转让,需要按照卖出价减去买入价后的余额计算缴纳增值税。

对于公益性捐赠非交易过户,根据相关规定,向经登记的境内慈善组织基金会捐赠所涉证券过户属于无偿转让,但用于公益事业或者以社会公众为对象的除外,这种情况下不需要视同销售,不缴纳增值税。

在企业重组非交易过户中,如果企业通过合并、分立、出售、置换等方式,将全部或者部分实物资产以及与其相关联的债权、负债和劳动力一并转让给其他单位和个人,其中涉及的货物、不动产、土地使用权转让行为不缴纳增值税,但除土地使用权以外的无形资产、金融商品等转让行为,应按规定缴纳增值税。

(二) 印花税

非交易过户时,证券交易的转让方为纳税义务人,应按照成交额的千分之一缴纳印花税。中国证券登记结算机构为证券交易印花税的扣缴义务人,需要向其机构所在地主管税务机关申报缴纳税款及利息。证券交易没有转让价格的,计税依据按照转让登记时证券前一交易日收盘价计算确定;没有收盘价的,计税依据按照证券面值确定。

(三) 所得税

1. 公司型持股平台的非交易过户

《财政部 国家税务总局关于企业清算业务企业所得税处理若干问题的通知》(财税〔2009〕60号)第三条规定,企业在进行清算的所得税处理时,全部资产均应按可变现价值或交易价格确认资产转让所得或损失。该文件第四条还规定,企业的全部资产可变现价值或交易价格减除资产的计税基础、清算费用、相关税费,再加上债务清偿损益等后的余额为清算所得。因此,企业在清算注销环节,将持有的股票以剩余财产分配的形式转移给自然人股东,需要按可变现价值确认股票的转让所得或损失缴纳企业所得税。公司交完所得税之后向股东分配剩余财产时,需要代扣代缴个人所得税。

2. 合伙型持股平台的非交易过户

如果涉及合伙企业持股平台非交易过户,其股票转让所得应作为经营所得在合伙企业层面计算清算。如果合伙企业的合伙人是自然人,应计算缴纳个人所得税;如果合伙人是法人和其他组织,则应计算缴纳企业所得税。对于个人投资者,如果是非交易过户的是限售股,个人投资者有个人所得税纳税义务。但如果是继承或将股权无偿转让给符合条件的亲属等情况,继承人或受赠人没有因取得股权而支付任何对价款,则不存在应税所得。

【例 7.7】 上市公司合伙企业股东非交易过户被追缴个人所得税案例

2021年3月,河南金海岸企业管理有限公司将持有的3 449.25万股石英股份(无限售流通股股票)以非交易过户方式过户至5名自然人股东名下,随后注销。国家税务总局开封市税务局第三稽查局认定其未缴纳企业所得税1.34亿元,并按投资比例向各股东追缴相应税款,向已注销企业的自然人股东追缴个人所得税8 049万元。

从[例7.7]来看,部分人认为非交易过户不属于股权转让,因此无须缴纳个人所得税,这种观点显然是错误的。在税法上,非交易过户的业务实质相当于拟注销企业将其持有的上市公司股票转让给其股东,因此,非交易过户实质上仍属于股票所有权的转移,应当按照交易的形式,参照相应股票的可变现价值确认股票转让所得,并进行税务处理。

根据《公司法》,公司因章程规定的营业期限届满或其他解散事由出现时,可以进行清算。在清算过程中,公司应当清理其资产。对于实物资产,公司既可以变卖,也可以作价分配给股东。因此,公司在清算注销时,如果选择将所持有的股票分配给股东,这属于公司清算的一部分,其业务实质是清算企业以持有的股票资产换取股东持有的本公司股权。也可以理解为,清算企业回购股东持有的本公司股权,回购的对价为公司持有的股票。因此,在清算注销时,公司将所持有的上市公司股票分配给股东时需要按照销售处理增值税及企业所得税,并分别计算缴纳印花税、增值税及企业所得税。

《合伙企业法》也规定,合伙期限届满或合伙人决定不再经营时,合伙企业应当解散。合伙企业解散后,应由清算人进行清算。合伙企业财产在支付清算费用、职工工资、社会保险费、法定补偿金以及缴纳税款、清偿债务后,剩余财产应依照法律规定进行分配。《合伙企业法》还规定,合伙人的出资、以合伙企业名义取得的收益和依法取得的其他财产,均为合伙企业的财产。合伙人在合伙企业清算前,不得请求分割合伙企业的财产。由此可见,由于合伙企业与其合伙人是两个不同的法律主体,合伙企业的财产并不等同于合伙人的财产。因此,合伙人从合伙企业取得股票的情形属于合伙企业以股票形式分配自己清算后的剩余财产,合伙企业也需要按视同销售处理,计算缴纳增值税、印花税,同时合伙企业还要确认股票转让所得(实质是清算所得),并入合伙企业的经营所得,由合伙人分别缴纳个人所得税或企业所得税。

由于非交易过户中股票的金额通常较大,一旦出现涉税问题,涉及的税款金额将很大。但有些企业并未考虑股东解散清算时股票非交易过户中的税收事项,认为股票非交易过户是不征税的,从而留下了很大的税收隐患。因此,企业需要对此问题高度重视,主动进行规范的涉税处理,以防范税务风险。

第八章

非上市公司股权激励的税务处理

根据《公司法》，我国公司制企业是指有限责任公司（简称有限公司）和股份有限公司（简称股份公司）。如果从上市和非上市的维度区分，上市公司是指符合《证券法》规定条件，其公开发行的股票可进入证券集中交易市场进行交易的股份公司；而非上市公司是指有限公司和未上市的股份公司。

实践中，经营活跃且具增长潜力的很多企业都是非上市公司，它们在我国企业中的占比较大，也提供了大量的就业岗位，创造了可观的经济效益和良好的社会效益。随着企业规模的不断发展，创业理念的不断变化，越来越多的企业认识到，想要优秀员工和公司一起成长的话，对优秀员工实施股权激励是最有效的长期激励方法之一，且股权激励为员工带来的持续激情是工资、提成和奖金等短期激励工具所无法比拟的。鉴于此，股权激励受到越来越多非上市公司的追捧和青睐。

与上市公司相比，非上市公司股权交易及变动受到的限制较少，可以通过相互协商、合同安排等路径实现股权激励，为非上市公司实施各种形式的股权激励提供了便利。但是，由于非上市公司股权流通性较差，没有上市公司那样有公开公允的交易市场，股权激励对象的收益只能通过公司章程及股权激励计划安排等途径来实现。

无论是从来源、主体、工具还是从手段等方面来看，非上市公司的股权激励与上市公司的股权激励相比具有更高的灵活性和更强的自主性。

这里需要关注两个特殊主体，即新三板挂牌企业和在北交所上市的企业。

根据财税〔2016〕101号文件的规定，在新三板或其他产权交易所挂牌的企业属于非上市公司,应按照非上市公司股权激励相关税收政策执行。

根据《财政部 税务总局关于北京证券交易所税收政策适用问题的公告》(财政部 税务总局公告 2021 年第 33 号)文件的规定,新三板精选层公司转为北交所上市公司,以及创新层挂牌公司通过公开发行股票进入北交所上市后,投资北交所上市公司涉及的个人所得税、印花税暂按照现行新三板适用的税收规定执行,涉及的企业所得税、增值税按《企业所得税法》及其实施条例、《财政部 国家税务总局关于全面推开营业税改征增值税试点的通知》(财税〔2016〕36 号)及有关规定执行。因此,针对个人所得税政策,本节所讲的非上市公司范围包括有限公司和全国中小企业股份转让系统(新三板)挂牌的股份有限公司、在北京证券交易所上市的股份有限公司以及其他股份未在证券交易所上市交易的股份有限公司。

从股权激励的来源看,有公司股份回购,有来自大股东(企业股东或个人股东)的赠与或低价转让,也有低于公允价的定向增发或增资扩股等。

从参与股权激励的方式来看,有员工直接参与,也有通过公司制、合伙制企业等主体间接参与,还有通过契约式基金、信托计划、资产管理计划等资管计划委托参与,此外还有通过员工之间代为持有的方式参与。

从运用的股权激励工具来看,主要有股权(票)期权、限制性股票、股权奖励、虚拟股份、分红权、奖励基金、员工持股计划等形式。

从支付手段来看,主要分为权益结算类和现金结算类,权益结算类主要工具有股票期权、限制性股票、股权奖励等,现金结算类主要工具有分红权、虚拟股份等。

从税收法律分析,不同的股权激励来源、不同的股权激励参与方式和不同的股权激励工具会涉及不同的征管要求、不同的纳税主体、不同的税种税目以及不同的税款计算规则等事项。一般情况下,股权激励计划会涉及授予、行权、交易等环节,只要达到税法规定的纳税义务发生时间,员工所得到的股权激励都需按照"工资薪金"税目缴纳个人所得税。同时,如果员工满足税收政策规定的条件,且履行了相应的备案手续,就能享受税法规定的递延(延期)纳税优惠政策。

第一节 非上市公司股权激励的个人所得税处理概述

非上市公司股权激励计划中,个人所得税是最主要的税种,因此我们先对股权激励计划个人所得税政策概述如下。

一、非上市公司符合递延纳税条件的个人所得税处理

非上市公司股权激励政策主要包括财税〔2016〕101号、国家税务总局公告2016年第62号两个文件。这两个文件规定,符合条件的非上市公司股权激励对象可以享受个人所得税递延纳税优惠政策,即激励对象可在得到股权激励时,暂不需要按"工资薪金所得"缴纳个人所得税,待实际转让股权时再按照"财产转让所得"税目以20%的税率计算缴纳个人所得税。

财税〔2016〕101号文件规定的享受个人所得税递延纳税优惠政策的条件包括以下几项。

1. 股权激励工具类型

激励工具包括股票期权、股权期权、限制性股票和股权奖励。

2. 主体条件

实施股权激励计划的企业应为境内居民企业。

3. 程序条件

股权激励计划需经公司董事会、股东(大)会审议通过。未设股东(大)会的国有单位,需经上级主管部门审核批准。股权激励计划应列明激励目的、对象、标的、有效期、各类价格的确定方法、激励对象获取权益的条件、程序等。

4. 客体条件

激励标的应为境内居民企业的本公司股权。股权奖励的标的可以是

技术成果投资入股到其他境内居民企业所取得的股权。激励标的股权包括通过增发、大股东直接让渡以及法律法规允许的其他合理方式授予激励对象的股权。

5. 对象条件

激励对象应为公司董事会或股东(大)会决定的技术骨干和高级管理人员,激励对象人数累计不得超过本公司最近6个月在职职工平均人数的30%。

公司最近6个月在职职工平均人数按以下方式确定:①计算时间为股票期权行权、限制性股票解禁或股权奖励获得之上月起向前6个月;②以该期间内"工资薪金所得"项目的全员全额扣缴明细申报记录为基础,计算平均人数。

6. 期限条件

股票期权自授予日起应持有满3年,且自行权日起持有满1年;限制性股票自授予日起应持有满3年,且解禁后持有满1年;股权奖励自获得奖励之日起应持有满3年;股票期权自授予日至行权日的时间不得超过10年。

7. 行业条件

实施股权奖励的公司及其奖励股权标的公司所属行业均不属于《股权奖励税收优惠政策限制性行业目录》范围。公司所属行业按公司上一纳税年度主营业务收入占比最高的行业确定。

二、非上市公司不符合递延纳税条件的个人所得税处理

非上市公司股权激励计划所列内容不满足财税〔2016〕101号文件规定的条件,或者递延纳税期间公司激励对象、激励时间等发生变化的,不得享受递延纳税优惠,应按"工资、薪金所得"税目,参照《财政部 国家税务总局关于个人股票期权所得征收个人所得税问题的通知》(财税〔2005〕35号)有关规定计算缴纳个人所得税。

参照财税〔2005〕35号文件规定的优惠计税方式进行计算的股权激励工具是指以权益结算的股权激励工具。以权益结算的股权激励工具在行权环节个人所得税的计算方式如下:

$$股权激励收入 = \left(\frac{行权股票的}{每股市场价格} - \frac{员工取得股票支付的}{每股行权价格}\right) \times \frac{股票}{数量}$$

应纳税额＝激励收入×适用税率－速算扣除数(适用综合所得税率表)

如果员工在1个纳税年度内取得2次(含2次)以上股权激励收入或取得限制性股票、股票(权)期权等2种(含2种)以上股权激励收入,需要累计计算应纳税额,即:

$$\frac{应纳}{税额} = \frac{本纳税年度内累计}{取得的股权激励收入} \times \frac{适用}{税率} - \frac{速算扣}{除数} - \frac{本纳税年度内累计已纳税款}{(适用综合所得税率表)}$$

非上市公司不符合个人所得税递延纳税优惠政策条件的常见情形有以下几种。

1. 非上市公司未按规定履行备案等义务

对于非上市公司授予本公司员工的股票期权、股权期权、限制性股票和股权奖励,符合规定条件的,只有向主管税务机关备案,才可实行递延纳税政策;否则,激励对象不能享受该政策。

2. 非上市公司实施的股权激励不是以本公司的股权为标的

财税〔2016〕101号明确规定,激励标的应为境内居民企业的本公司股权。实务中,非上市公司的股权激励标的大多是本公司股权,但也有少部分集团企业用集团企业中另一公司股权作为标的,对于该情形是否符合"本公司的股权为标的"条件,实践中存在争议。

3. 递延纳税期间公司激励对象、激励时间等发生变化

经备案享受递延纳税优惠的纳税人,在递延纳税期间因公司的激励对象、激励时间等发生变化不再满足财税〔2016〕101号条件时,如公司由于IPO原股权激励计划终止、被激励对象提前行权等,不得享受递延纳税优惠。

实施股权激励的公司情况发生变化,不再符合递延纳税条件的,纳税人应于情况发生变化之次月15日内计算缴纳个人所得税。

4. 境内非上市公司员工参与境外上市公司股权激励

境内企业以境外上市公司股票为标的对员工进行股权激励的,按"工资、薪金所得"税目,参照《财政部 国家税务总局关于个人股票期权所得征收个人所得税问题的通知》(财税〔2005〕35 号)有关规定计算缴纳个人所得税。

第二节　非上市公司激励股权来源与税务处理

非上市公司用于股权激励的股权来源包括公司回购、增发股票以及股东转让或赠与等,非上市公司的公司回购、增发股票等行为除不涉及增值税外,其他的税收规定与上市公司基本一致,在此不再赘述。本节以个人及合伙企业股权转让个人所得税政策为重点进行讲解。

一、控股股东个人股权转让的税务处理

非上市公司个人股东让渡非上市公司的股权给股权激励对象的,该个人股东往往是公司的控股股东,主要有无偿赠送、低于市场公允价值转让两种形式,但实质上都是股权转让的行为。如果不符合税收政策要求,无论采用哪种方式,控股股东均需按照市场公允价值确认收入,扣除相应的投资成本和税费后缴纳个人所得税。

个人股东赠与激励对象股权的行为实质上属于零对价的股权转让行为,相当于赠送股权。对于个人赠与资产,我国 2018 年第七次修正的《个人所得税法》初稿中曾经有视同销售条款,后因争议较大而删除。虽然没有引入视同销售条款,但 2018 年新修正的《个人所得税法》正稿第八条引入了反避税条款,这点是需要高度关注的。

《股权转让所得个人所得税管理办法(试行)》(国家税务总局公告 2014 年第 67 号)明确规定股权转让包括七种情形:①出售股权;②公司回购股权;③发行人首次公开发行新股时,被投资企业股东将其持有的股份以公开发行方式一并向投资者发售;④股权被司法或行政机关强制过户;⑤以股权对外投资或进行其他非货币性交易;⑥以股权抵偿债务;⑦其他股权转移行为。

2014 年第 67 号公告对股权转让收入明显偏低的六种情形也作了界

定：①申报的股权转让收入低于股权对应的净资产份额的。其中,被投资企业拥有土地使用权、房屋、房地产企业未销售房产、知识产权、探矿权、采矿权、股权等资产的,申报的股权转让收入低于股权对应的净资产公允价值份额的;②申报的股权转让收入低于初始投资成本或低于取得该股权所支付的价款及相关税费的;③申报的股权转让收入低于相同或类似条件下同一企业同一股东或其他股东股权转让收入的;④申报的股权转让收入低于相同或类似条件下同类行业的企业股权转让收入的;⑤不具合理性的无偿让渡股权或股份;⑥是主管税务机关认定的其他情形。

此外,2014年第67号公告也规定了虽然股权转让收入明显偏低,但视为有正当理由的四种情形:①能出具有效文件,证明被投资企业因国家政策调整,生产经营受到重大影响,导致低价转让股权;②继承或将股权转让给其能提供具有法律效力身份关系证明的配偶、父母、子女、祖父母、外祖父母、孙子女、外孙子女、兄弟姐妹以及对转让人承担直接抚养或者赡养义务的抚养人或者赡养人;③相关法律、政府文件或企业章程规定,并有相关资料充分证明转让价格合理且真实的本企业员工持有的不能对外转让股权的内部转让;④股权转让双方能够提供有效证据证明其合理性的其他合理情形。

因此,自然人股东无偿赠与给员工的非上市公司股权,如果符合上述四种正当理由情形之一的,可以不缴纳个人所得税;否则由主管税务机关核定股权转让收入、按照"财产转让所得"申报缴纳个人所得税。在核定个人股东的股权转让收入时,主管税务机关应依次按照下列方法核定股权转让收入:一是净资产核定法,股权转让收入按照每股净资产或股权对应的净资产份额核定;二是类比法,股权转让收入可参照相同或类似条件下同一企业同一股东或其他股东股权转让收入核定,也可参照相同或类似条件下同类行业企业股权转让收入核定;三是其他合理方法。主管税务机关采用以上方法核定股权转让收入存在困难的,可以采取其他合理方法核定。

在股权转让行为中,常有当事人向税务局提问:"个人股东把股权转让给自己设立的一人有限公司、个人独资企业是否需要缴纳个人所得税?"不少的当事人甚至中介机构专业人员认为,由于一人有限公司的股东在不能证明公司财产独立时需承担连带责任,而个人独资企业的投资人本身需承担无限责任,这类转让行为实质上构成"责任穿透至个人"的法律关系,因此个人股东把公司股权转让给自己设立的一人有限公司或个人独资企业是不需要申报缴纳个人所得税的。

从税收法律分析,个人、一个有限公司以及个人独资企业在税收管理上是不同的纳税主体,承担不同的纳税义务,各个主体是否需要履行纳税义务要看税收政策上的规定。而2014年第67号公告规定的四种正当理由情形并没有包括单纯民商事法律权利义务的情形,故不具备四种正当理由情形的条件下,个人股东把股权转让给自己设立的一人有限公司或个人独资企业是需要缴纳个人所得税的。

> **专栏8.1　　　　东莞市税务局政策问答**
>
> 提问内容:自然人A持有甲有限责任公司的70%股权(自然人A出资甲公司的成本是1元/股注册资本)。A计划将其持有的甲公司30%股权转让给乙有限责任公司(乙公司系自然人A持股100%的一人有限公司),作价是1元/股注册资本。目前甲公司每元注册资本的净资产约1.4元。
>
> 请问:该股权转让行为是否需要缴纳个人所得税?如需纳税,请提供纳税计税依据、纳税时点等政策法规。如需缴纳个税,是否有相关规定可以申请延期纳税?是否可以申请地方留存部分个税返还?
>
> 回复内容:根据《国家税务总局关于发布〈股权转让所得个人所得税管理办法(试行)〉的公告》(国家税务总局公告2014年第67号,以下简称"67号公告")第十二条的相关规定,纳税人拟进行股权转让的收入低于其股权对应的净资产份额的,视为股权转让收入明显偏低。同时,根据67号公告第十三条的相关规定,纳税人将股权转让给其100%持股的一人有限公司,不符合第十三条规定的有正当理由的情形。因此,主管税务机关应根据67号公告第十四条的方法核定股权转让收入。

> 纳税人发生股权转让行为的,应根据67号公告第二十条的规定,扣缴义务人、纳税人应当依法在次月15日内向主管税务机关申报纳税,包括下列情形:①受让方已支付或部分支付股权转让价款的;②股权转让协议已签订生效的;③受让方已经实际履行股东职责或者享受股东权益的;④国家有关部门判决、登记或公告生效的;⑤本办法第三条第四至第七项行为已完成的;⑥税务机关认定的其他有证据表明股权已发生转移的情形。
>
> 目前,针对非货币性资产投资入股和技术成果投资入股等情形有分期缴纳和递延纳税优惠政策,由于不同情况下所涉及政策较为复杂,建议携带相关资料到主管税务机关进一步咨询。
>
> 地方留存部分个税返还事项请向财政部门咨询。

【例8.1】 广东鸿铭智能股份有限公司正当理由低价转让案例

东莞市鸿铭机械有限公司(简称鸿铭有限公司)于2019年完成股份制改造,更名为广东鸿铭智能股份有限公司(简称鸿铭股份公司),并于2022年12月在深交所创业板上市。鸿铭股份公司上市提交的申报材料之一《补充法律意见书(一)》(2021年半年报财务数据更新版)部分内容如下。

一、发行人历次增资和股权转让基本情况

关于发行人历次增资和股权转让的背景、原因、定价依据及公允性、资金来源及合法合规性,款项是否支付完毕,是否存在违法违规情形,是否双方真实意思表示,是否存在委托持股、信托持股、利益输送或其他利益安排,是否存在纠纷或者潜在纠纷,基本情况如下。

1. 核查情况

1)发行人历次增资和股权转让基本情况

根据发行人实际控制人及现有和曾经的股东的访谈,查阅各方出具的确认函,并查验发行人历次增资、股权转让涉及的工商档案资料、三会文件、验资报告、验资复核报告、增资/转让协议、增资入股或股权转让涉及的银行流水,发行人设立至今历次增资和股权转让情况见表8.1。

表 8.1 发行人设立至今历次增资和股权转让情况

事项	时间	背景	原因	资金来源	款项支付情况	是否存在委托持股、信托持股	是否存在利益输送、对赌或其他利益安排、纠纷或潜在纠纷
鸿鸣有限公司第一次增资	2013年9月	鸿铭有限新增注册资本950万元,金健、蔡铁祥分别新增认缴注册资本560万元和390万元	增加公司注册资本	自有资金	已支付完毕	否	否
鸿鸣有限公司第二次增资	2016年9月	鸿铭有限新增注册资本176.47万元,表晓强、代飞翔、王白昭分别新增认缴注册资本70.59万元、52.94万元和52.94万元	引入外部投资者表晓强,引入王白昭代代飞翔实际控制人持股	表晓强为自有资金,代飞翔、王白昭资金来源于实际控制人	已支付完毕	表晓强实际持有发行人股份;实际控制人委托代飞翔、王白昭持股	否
鸿鸣有限公司第一次股权转让	2016年12月	代飞翔将注册资本52.94万元)以1890.00万元转让给裕同科技有限公司	引入外部投资者同时解除实际控制人与代飞翔的代持关系	自有资金	已支付完毕	裕同科技实际持有发行人股份、代飞翔代持发行人股份已解除	否
鸿鸣股份公司第一次股权转让	2018年4月	全健将4.50%股权(对应168.75万股)以168.75万元转让给宁波涵和祺颂股权投资合伙企业(有限合伙);王白昭将(对应168.75万股)4.50%的股权以529.41万元转让给宁波源德祺颂股权投资合伙企业(有限合伙)	调整股权结构设股持股平台,解除实际控制人与王白昭的代持关系	自有资金	已支付完毕	源德祺颂实际持有发行人股份、王白昭代发行人股份已解除	否

第八章 非上市公司股权激励的税务处理

2)发行人设立至今历次增资和股权转让定价依据及公允性分析

根据发行人实际控制人及现有和曾经的股东的访谈,查阅各方出具的确认函,并查验发行人历次增资、股权转让涉及的工商档案资料、三会文件、验资报告、验资复核报告、增资/转让协议、财务报表、增资入股或股权转让涉及的银行流水,发行人设立至今历次增资和股权转让定价依据及公允性分析如下:

(1) 2013年9月,鸿铭有限公司第一次增资。2013年9月5日,鸿铭有限公司召开股东会,同意鸿铭有限公司注册资本由50万元增至1 000万元,同意金健以货币出资560万元,蔡铁辉以货币出资390万元。

金健与蔡铁辉为夫妻关系,本次增资前,金健持有鸿铭有限80%的股权,蔡铁辉持有公司20%的股份,为鸿铭有限公司控股股东、实际控制人。因本次增资前后金健、蔡铁辉合计持有鸿铭有限公司100%的股份,双方约定本次增资以1元/股的价格同比例增资,价格公允。

(2) 2016年9月,鸿铭有限公司第二次增资。2016年9月18日,鸿铭有限公司召开股东会,同意鸿铭有限公司注册资本由10 000 000元增至11 764 704元,新增注册资本由袁晓强、代飞翔、王白昭三人认购。

2016年9月18日,袁晓强与鸿铭有限公司实际控制人签署《增资协议书》,以2016年9月的净资产确定入股价格,价格为10元/股。

2016年12月鸿铭有限公司以2016年盈利预测3 500万元、12倍市盈率为依据同意代飞翔将其持有的公司4.5%的股权以18 899 972.70元的价格转让给裕同科技,裕同科技入股价格为35.70元/股。袁晓强与裕同科技入股公司时间间隔较短,但入股价格相差25.70元/股,这是因为鸿铭有限公司出于完善公司治理结构、在内部治理和战略规划方面获取更多建议的考虑而以10元/股的价格与袁晓强达成入股协议。基于谨慎性原则,发行人将裕同科技入股价格作为可比公允价格,将袁晓强的增资价格与公司每1元注册资本的可比公允价格差额确认为股份支付费用计入其他资本公积。

袁晓强本次增资价格是在双方友好协商基础上,根据双方各自需求及市场行情确定,具有合理性。

代飞翔系金健母亲的妹妹之子,本次增资代飞翔的全部出资来自金健和蔡铁辉,增资后其所持股权全部为代金健和蔡铁辉持有。王白昭系蔡铁辉二哥蔡范虎之子的配偶,本次增资王白昭的全部出资来自金健和蔡铁辉和王白昭所持股权全部为代金健和蔡铁辉持有。

(3) 2016年12月,鸿铭有限公司第一次股权转让。2016年12月16日,鸿铭有限公司召开股东会,同意代飞翔将其持有的鸿铭有限4.5%的股权以18 899 972.70元的价格转让给裕同科技,双方协商确定发行人估值为2016年盈利预测的12倍PE即4.2亿元,按鸿铭有限公司2016年盈利预测3 500万元、12倍市盈率确定入股价格为35.70元/股。本次股权转让中,盈利预测符合公司实际经营情况,12倍市盈率由双方协商确定,价格公允。

代飞翔系金健母亲胞妹之子,代飞翔所持公司股权为代金健和蔡铁辉持有,本次股权转让的实质为金健和蔡铁辉所控制的鸿铭有限公司4.5%的股权转让给裕同科技,同时代飞翔与金健和蔡铁辉的股权代持关系解除。

(4) 2018年4月,鸿铭股份公司第二次股权转让。2018年4月16日,发行人召开2018年第一次临时股东大会,同意金健将其持有的4.5%的股份转让给涵和祺颂;同意王白昭将其持有的4.5%的股份转让给灏德祺颂。

2018年4月27日,金健与涵和祺颂签订了《股份转让协议》,向涵和祺颂转让其持有的168.75万股股份(占发行人股份总数的4.50%)。由于涵和祺颂是金健和蔡铁辉控制的企业,此次股份转让的价格为1元/股,总价款为1 687 503元;同日,王白昭与灏德祺颂签订了《股份转让协议》,向灏德祺颂转让其持有的168.75万股股份(占发行人股份总数的4.50%),由于王白昭所持有的公司股份为代金健和蔡铁辉持有,灏德祺颂为金健和蔡铁辉控制的企业,此次股份转让的总价款与王白昭增资时金额相同。本次股份转让后,王白昭与金健和蔡铁辉关于公司股份的代持关系解除。本次转让均为同一控制下的股份转让,不存在向其他方输送利益的情形,转让价格公允。

2018年4月,金健将其持有的168.75万股股份以168.75万元转让给涵和祺颂,金健转让股份的成本与转让价格一致,均为1元/股;2018年

4月,王白昭将其持有的168.75万股股份以529.41万元转让予灏德祺颂,王白昭持有的股份为代发行人实际控制人持有,此次转让价格为3.14元/股,总价格与王白昭增资时相同。上述两次股份转让均为平价转让,且涵和祺颂、灏德祺颂均为实际控制人控制的企业,其仅有两名合伙人,即发行人实际控制人为金健和蔡铁辉夫妇。根据《税务总局关于发布〈股权转让所得个人所得税管理办法(试行)〉的公告》(国家税务总局公告2014年第67号)第十三条之(四)的规定,金健和王白昭将股份转让给发行人实际控制人控制的合伙企业,属于股份转让收入明显偏低但有正当理由的情形,不存在税务追缴风险。

上述历次增资和股权转让中,发行人股东与股东之间以及发行人股东与发行人之间不存在以书面或口头形式约定以公司业绩、公司上市为对赌条件的协议或类似安排,不存在其他以书面或口头形式约定的股份回购、共同出售权、随售权、反稀释、优先清算权、一票否决权和优惠待遇等特殊权利的约定。

综上,经查验发行人获取的市场监督管理部门和税务管理部门出具的无违法违规证明及查询主管部门网站,发行人历次增资和股权转让的增资方/股权受让方的资来源合法合规,款项均已支付完毕。历次增资和股权转让均履行了相应的法定程序,办理了工商登记手续,不存在违法违规情形,为相关方的真实意思表示。除了代飞翔、王白昭的增资存在委托持股且已通过股权转让解除代持,发行人股东与股东之间以及发行人股东与发行人之间不存在委托持股、信托持股、利益输送、对赌或其他利益安排,历次增资和股权转让均不存在纠纷或潜在纠纷。

二、核查方式和核查过程

(1)查阅发行人历次增资、股权转让涉及的工商档案资料、三会文件、验资报告、验资复核报告和增资/转让协议。

(2)查阅增资入股或股权转让涉及的银行流水。

(3)查阅发行人2016年财务报表。

(4)访谈发行人实际控制人及现有和曾经的股东,查阅各方出具的确认函。

(5)查验发行人获取的市场监督管理部门和税务管理部门出具的无

违法违规证明。

(6) 查询中国市场监管行政处罚文书网(网址：cfws. samr. gov. cn)、东莞市市监局(网址：dgamr. dg. gov. cn)、国家税务总局东莞市税务局(网址：guangdong. chinatax. gov. cn/gdsw/dgsw/dgsw_index. shtml)、企业公示系统(网址：www. gsxt. gov. cn)、信用中国(网址：www. creditchina. gov. cn)、裁判文书网(网址：wenshu. court. gov. cn)、中国执行信息公开网(网址：zxgk. court. gov. cn)、人民法院公告网(网址：rmfygg. court. gov. cn)、12309 中国检察网(网址：www. ajxxgk. jcy. gov. cn)和企查查网站(网址：www. qcc. com)的公开披露信息(查询日期：2021 年 9 月 24 日)。

3. 核查结论

经查验,本所律师认为,发行人历次增资和股权转让的背景、原因、定价依据及公允性、资金来源已如实披露。发行人历次增资和股权转让款项均已支付完毕,均履行了相应的法定程序,办理了工商登记手续,不存在违法违规情形,为相关方的真实意思表示。除了代飞翔和王白昭的增资存在委托持股且已通过股权转让解除代持,发行人股东与股东之间以及发行人股东与发行人之间不存在委托持股、信托持股、利益输送、对赌或其他利益安排,历次增资和股权转让均不存在纠纷或潜在纠纷。

二、历次股权转让、增资、转增股本、利润分配及整体变更等过程中的涉税情况

关于发行人历次股权转让、增资、转增股本、利润分配及整体变更等过程中涉及的控股股东及实际控制人缴纳所得税、发行人代扣代缴情况,是否存在违反税收法律法规等情形,是否构成重大违法行为,基本情况如下。

1. 核查情况

(1) 历次股权转让、增资、转增股本、利润分配及整体变更等过程中涉及的控股股东及实际控制人缴纳所得税、发行人代扣代缴情况。

根据发行人工商档案资料、历次股权转让协议、价款支付凭证、东莞市地方税务局东城税务分局出具的《个人所得税(转增股本)备案表》、代飞翔向东莞市税务局缴纳个人所得税的银行回单及完税凭证,发行人历

次股权转让、增资及整体变更过程中涉及控股股东及实际控制人缴纳所得税、发行人代扣代缴情况见表8.2。

表8.2 发行人历次股权转让、增资及整体变更过程中缴税情况表

事项	时间	控股股东、实际控制人是否产生纳税义务	控股股东、实际控制人所得税缴纳情况	发行人代扣代缴情况
鸿鸣有限公司第一次增资	2013年9月	否	—	—
鸿鸣有限公司第二次增资	2016年9月	否	—	—
鸿鸣有限公司第一次股权转让	2016年12月	否	—	—
整体变更股份有限公司	2016年12月	是	金健、蔡铁辉在发行人整体变更中产生的应纳所得税已向东莞市地方税务局申请分5年缴纳（2017年—2021年）	由发行人为金健、蔡铁辉代缴个人所得税
鸿鸣股份公司第一次股权转让	2018年4月	否	本次转让为实际控制人直接持股与间接持股方式的转换，且股份转让所得与股权取得原值一致，不产生所得税纳税义务	—

代飞翔增资入股鸿铭有限的资金虽来源于金健、蔡铁辉，但裕同科技受让代飞翔股权时系将股权款转至代飞翔银行账户，因此鸿铭有限公司第一次股权转让的纳税义务人是代飞翔，不涉及控股股东及实际控制人缴纳所得税、发行人代扣代缴情况。2017年5月27日，代飞翔向东莞市地方税务局东城税务分局缴纳本次股权转让应缴个人所得税2 721 172.54元[(转让所得18 899 972.70元－增资入股成本5 294 110元)×20%＝2 721 172.54元]。前述税款已由金健、蔡铁辉实际承担。

（2）是否存在违反税收法律法规等情形，是否构成重大违法行为。

律师查验了金健、蔡铁辉、王白昭2018—2021年向发行人转入的应

缴所得税款、发行人向税务局代缴个人所得税的银行回单及完税凭证,以及金健、蔡铁辉、代飞翔、王白昭之间的往来流水,发现鸿铭有限公司整体变更为股份有限公司时,金健、蔡铁辉、王白昭产生的个人所得税纳税义务已向东莞市地方税务局申请分5年履行,具体缴纳情况见表8.3。

表8.3　金健、蔡铁辉、王白昭个人所得税缴纳情况表　　单位:万元

缴税信息		分年度缴纳金额				
股东姓名	个税计算	2017年度	2018年度	2019年度	2020年度	2021年度
金健	$(1\,912.50-600.00)\times 20\%=262.50$	1.05	12.60	12.60	52.50	183.75
蔡铁辉	$(1\,275.00-400.00)\times 20\%=175.00$	0.07	8.40	8.40	35.00	122.50
王白昭	$(168.75-52.94)\times 20\%=23.16$	0.01	1.11	1.11	4.63	16.21

注:1. 整体变更前金健、蔡铁辉、王白昭持有的股权份额分别600万元、400万元和52.94万元,整体变更后金健、蔡铁辉、王白昭持有的股权份额分别为1 912.50万股、1 275.00万股和168.75万股。

2. 第一年至第五年各年缴税占比分别为0.4%、4.8%、4.8%、20%和70%。根据《财政部国家税务总局关于个人非货币性资产投资有关个人所得税政策的通知》(财税〔2015〕41号)的规定,"个人应在发生上述应税行为的次月15日内向主管税务机关申报纳税。纳税人一次性缴税有困难的,可合理确定分期缴纳计划并报主管税务机关备案后,自发生上述应税行为之日起不超过5个公历年度内(含)分期缴纳个人所得税。"金健、蔡铁辉、王白昭根据自身资金安排,制订出前3年合计缴纳10%,第4年缴纳20%,第5年缴纳70%的个人所得税缴纳计划并在东莞市地方税务局东城税务分局完成了备案。

根据金健、蔡铁辉、王白昭历次向发行人转入应缴所得税款及发行人向税务局代缴个人所得税的银行回单及完税证明,截至本补充法律意见书出具日,金健、蔡铁辉、王白昭均已履行完毕上述所得税缴纳义务,不存在违反税收法律法规等情形。

2. 核查方式和核查过程

本所律师就该事项履行的核查方式和核查过程具体如下。

(1) 查阅发行人工商档案资料、历次股权转让协议、价款支付凭证。

(2) 查阅东莞市地方税务局东城税务分局出具的《个人所得税(转增股本)备案表》。

(3) 查验代飞翔向东莞市税务局缴纳个人所得税的银行回单及完税

凭证。

(4) 查验金健、蔡铁辉、王白昭2018—2021年历次向发行人转入应缴所得税款及发行人向税务局代缴个人所得税的银行回单及完税凭证。

(5) 查阅金健、蔡铁辉、代飞翔、王白昭之间的往来流水。

3. 核查结论

经查验,本所律师认为,发行人控股股东、实际控制人依法履行了历次股权转让、增资、转增股本、利润分配及整体变更中涉及的所得税缴纳义务,不存在违反税收法律法规等情形。

【例8.2】 广州市聚赛龙工程塑料股份有限公司股权赠与无须缴纳个人所得税案例

在广州市聚赛龙工程塑料股份有限公司(简称聚赛龙)曾用名为从化市聚赛龙工程塑料有限公司(简称从化聚赛龙),其在上市申报过程中,针对股权转让事项,深交所在《问询问题清单》中提出问询,要求聚赛龙公司详细说明报告期内股权转让的背景、定价公允性及是否存在利益输送等合规性事项。

一、基本情况

(一)郝源增受让从化聚赛龙股权

因郝源增对从化聚赛龙的技术研发和实际经营均作出了重大贡献,在从化聚赛龙成立之初,侯沛成即表示在从化聚赛龙业绩增长及稳定发展的情况下将以无偿转让股权的方式奖励郝源增对从化聚赛龙的投入。为实现侯沛成的上述承诺,2004年6月侯沛成的女儿侯咏诗将其持有的从化聚赛龙21%的股权无偿转让给郝源增;2009年12月,工会委员会将所持从化聚赛龙30%共计150万元的股权作价200万元转让给郝源增,每一元注册资本作价1.33元。

(二)任萍、郝建鑫受让聚赛龙股权

2011年3月8日,从化聚赛龙更名为聚赛龙。2013年4月,侯咏诗将所持有的聚赛龙39%的股权转让给任萍;侯乐华将所持有的聚赛龙10%的股权转让给郝建鑫,任萍、郝建鑫需要支付的对价合计为522万元,每一元注册资本作价2.13元。侯沛成、侯咏诗、侯乐华所持的聚赛龙

100％股权全部转让给郝建鑫及其配偶任萍。2014年4月,聚赛龙将未分配利润1 500万元转增实收资本。

二、深交所问询

深交所请发行人回答以下三个问题。

(1) 说明上述股份赠与的背景,股权转让程序是否合法合规,是否存在潜在纠纷、争议及税收风险。

(2) 根据发行人在新三板挂牌期间披露的财务数据,2014年期初所有者权益为7 090.31万元,2014年度净利润为1 941.58万元。请结合发行人的资产情况,说明上述股份转让是否为双方真实意思表示,定价依据及价格是否公允,受让股东的资金来源及合法性,是否存在纠纷或潜在争议。

(3) 说明原始股东候沛成、侯咏诗、候乐华等通过股权转让退出公司的原因,退出股东的背景情况,上述股东是否为自愿退出,退出股东是否仍在发行人担任职务或与发行人实际控制人存在关联关系,是否存在股权代持的情况。

三、保荐人、发行人律师发表核查意见

(一) 核查方式

律师事务所进行了包括但不限于如下核查工作。

(1) 核查侯咏诗、侯沛成、郝源增共同出具的《证明书》。

(2) 与侯沛成、侯乐华、侯咏诗、任萍、郝源增、郝建鑫进行访谈。

(3) 核查股权转让相关股东会决议、转让协议、工商变更登记文件、转让凭证等文件。

(4) 核查发行人员工名册,了解原股东是否在公司任职等情况。

(二) 核查意见

1. 2004年6月股份赠与的相关情况

1) 2004年6月股份赠与的原因及背景

2004年5月25日,聚赛龙股东会作出决议,同意郝源增成为其新股东,由侯咏诗将其持有的聚赛龙21％的股权转让给郝源增。2004年6月3日,聚赛龙依法在广州市工商局从化分局办理了变更登记手续。本次股权转让系无偿转让。侯咏诗将其所持聚赛龙21％的股权无偿转让给郝源增的原因及背景如下：

郝源增于1998年1月，即从化聚赛龙（发行人前身）成立之初，便入职从化聚赛龙，担任总工程师一职。根据侯咏诗、侯沛成、郝源增共同出具的《证明书》，并经本所律师与侯沛成、侯咏诗、郝源增访谈，自从化聚赛龙成立以来，郝源增对公司的技术研发和实际经营均作出了重大贡献。侯沛成也在公司成立之初表示，在从化聚赛龙业绩增长及稳定发展的情况下会以无偿转让股权的方式奖励郝源增对从化聚赛龙的投入。基于郝源增对公司贡献的奖励，侯沛成的女儿侯咏诗将其持有的聚赛龙有限21%的股权无偿转让给郝源增，以实现侯沛成对郝源增的承诺。

2）上述股权转让程序是否合法合规，是否存在潜在纠纷、争议及税收风险

本次股权转让于2004年5月经从化聚赛龙股东会审议批准；2004年6月3日，从化聚赛龙依法在广州市工商局从化分局办理了上述股权转让的变更登记手续。前述股权转让程序符合《公司法》及从化聚赛龙公司章程的规定，合法合规。

根据侯咏诗、侯沛成、郝源增共同出具的《证明书》及本所律师与侯沛成、侯咏诗、郝源增访谈，本次股权转让系双方自愿行为，不存在潜在纠纷、争议。

根据当时适用的《个人所得税法（1999年修正）》第二条："下列各项个人所得，应纳个人所得税：一、工资、薪金所得；二、个体工商户的生产、经营所得；三、对企事业单位的承包经营、承租经营所得；四、劳务报酬所得；五、稿酬所得；六、特许权使用费所得；七、利息、股息、红利所得；八、财产租赁所得；九、财产转让所得；十、偶然所得；十一、经国务院财政部门确定征税的其他所得。"其中，"偶然所得"系指个人得奖、中奖、中彩以及其他偶然性质的所得，在上述内容中，并无赠与股权需要纳税的情况。

根据上述规定，在上述股权转让当时，个人无偿受赠股权取得的受赠所得，不属于上述规定中关于"偶然所得"的个人所得税征税范围，国家税务总局亦无明文规定股权赠与属于"经国务院财政部门确定征税的其他所得"。因此，如无特殊认定，股权赠与无需缴纳个人所得税，本次股权转

让不存在税收风险。

因此,上述股权转让程序符合《公司法》及从化聚赛龙公司章程的规定,合法合规,不存在潜在纠纷、争议及税收风险。

2. 2013年4月股权转让的相关情况

2013年4月25日,聚赛龙召开股东会,同意侯咏诗将所持有的聚赛龙39%的股权转让给任萍;侯乐华将所持有的聚赛龙10%的股权转让给郝建鑫。同日,侯咏诗、侯乐华和任萍、郝建鑫签订了《股权转让总体协议》,约定侯乐华将其原出资50万元全部转让给郝建鑫,侯咏诗将其原出资195万元转让给任萍,任萍、郝建鑫需要支付的对价合计为522万元(对应出资额为245万元)。

2013年4月28日,聚赛龙依法在广州市工商局从化分局办理了变更登记手续。本次股权转让完成后,侯沛成家族彻底退出聚赛龙,不再持有任何股权。

根据聚赛龙2012年度财务报表,聚赛龙截至2012年12月31日的净资产为5446.35万元,2012年度的净利润为635.18万元。转让当时,郝源增已经取得了聚赛龙的控制权,而侯沛成家族因债务等问题又急于退出,同时,公司当时发展需要的银行贷款均系郝源增家族提供连带担保获得,侯沛成家族由于自身债务问题无法提供对应的担保。基于上述情况,双方协商确定本次股权转让价格。根据对侯沛成、侯乐华、侯咏诗、任萍、郝建鑫等人的访谈,本次股权转让系双方真实意思的表示,不存在纠纷或潜在争议。经核查,任萍、郝建鑫已向侯乐华、侯咏诗支付了股权转让对价,资金来源系自有资金,资金来源合法。

因此,上述股权转让是双方真实意思表示,转让价格由双方协商确定,符合实际情况,受让股东的资金来源于自有资金,资金来源合法,不存在纠纷或潜在争议。

3. 原始股东侯沛成等人退出公司的原因及相关情况

根据侯咏诗、侯沛成、郝源增共同出具的《证明书》,并经本所律师与侯沛成、侯咏诗、侯乐华、郝源增访谈,侯沛成家族通过股权转让退出公司主要系侯沛成家族当时除经营改性塑料产业外还经营家电、化工等产业,其中改性塑料产业并非其核心产业,其亦未参与公司的具体经营管理事务,且迫于当时面临的债务问题,侯沛成家族急于将资产变现,遂将公司股权转让给一直负责公司经营事务的郝源增及其家庭成员。原始股东侯沛成、侯咏诗、候乐华均为自愿退出发行人,相关股权转让均是其本人真实意思表示。

经核查,原始股东侯沛成、侯咏诗、侯乐华退出公司后未在发行人担任任何职务,与发行人实际控制人之间不存在关联关系,亦不存在股权代持情况。

(三)核查结论

综上所述,2004 年 6 月股权赠与符合实际情况,具有合理性,股权转让程序合法合规,不存在潜在纠纷、争议及税收风险;2013 年 4 月股权转让系双方真实意思表示,转让价格由双方协商确定,符合实际情况,受让股东的资金来源于自有资金,资金来源合法,不存在纠纷或潜在争议;原始股东侯沛成等人均为自愿退出发行人,相关股权转让均是其本人真实意思表示,该等人员退出公司后未在发行人担任任何职务,与发行人实际控制人之间不存在关联关系,亦不存在股权代持情况。

【例 8.3】 圣元环保股份有限公司股权转让被认为价格偏低核定征收案例

圣元环保股份有限公司的实控人朱恒冰发生的几次股权转让行为中,转让价格较低,该异常定价若无法提供正当商业理由,可能被税务机关认定为转让收入明显偏低,需按核定方式补缴个人所得税及滞纳金。实际控制人对外转让股份价格与其取得成本情况见表 8.4。

如表 8.4 所示,第 1 和第 2 笔股权转让的实质是实际控制人朱恒冰对亲属进行股权转让,具有正当理由且无转让所得,无须缴纳个人所得税。在第 3 至第 8 笔股权转让中,朱恒冰存在转让所得涉及个人所得税。2020 年 4 月 1 日,朱恒冰已经主动申报缴纳经税务局核定的个人所得税 145.20 万元。根据国家税务总局厦门市湖里区税务局 2020 年 4 月 3 日出具的《不予税务行政处罚决定书》,税务主管部门决定对前述实际控制人个人所得税缴纳事项不予行政处罚。

表 8.4　实际控制人对外转让股份价格与其取得成本情况

序号	时间	转让方	受让方	转让股数（万股）	取得成本（元/股）	转让价格（元/股）
1	2008年7月	朱恒冰	朱惠华	380	1.83	1
2			朱萍华	480	1.83	1
3			郑玉英	100	1.83	2.66
4			李素霞	100	1.83	2.66
5	2009年6月		叶青松	380	1.83	2.66
6	2010年2月		叶青松→陈铁林	100	1.83	2.66
7			叶青松→许锦清	20	1.83	2.66
8			叶青松→何晓红	500	1.83	2.12

注：1. 朱恒冰取得股权成本价格系根据其取得对应股权的总金额及其持股总量计算取得。

2. 朱恒冰于 2009 年 6 月将 1 000 万股转让给叶青松，叶青松仅支付 380 万股对应价款，剩余无力支付对价的 620 万股后按朱恒冰要求分别转让给陈铁林、许锦清、何晓虹，由受让方直接向朱恒冰支付股权转让价款。为方便描述，上述第 6、7、8 笔股权转让均将实际支付价款者列入上表股权受让方。

根据国家税务总局厦门市湖里区税务局于 2020 年 4 月 3 日出具的《不予税务行政处罚决定书》，税务主管部门决定对前述实际控制人个人所得税缴纳事项不予行政处罚。

二、合伙企业股权转让的税务处理

如果控股股东或受实际控制人控制的股东是合伙企业，其将非上市公司股权通过无偿赠送、低于市场公允价值方式转让给员工持股平台，根据合伙企业相关所得税的规定，合伙企业应按照市场公允价值确认股权转让收入，将股权转让收入并入当年收入总额、减除成本、费用以及损失后的余额，再按合伙协议约定的分配比例计算个人合伙人的经营所得、法人合伙人的应纳税所得额。

个人合伙人经营所得应按 5%～35% 的超额累进税率计算个人所得税。个人合伙人经营所得应按月或按季预缴申报，并按年度汇算清缴，经营所得纳税地点为注册地主管税务机关。

实务中,有的有限合伙企业持股平台向国家发展改革委员会或中国证券投资基金业协会办理创业投资企业备案,并在税务机关办理单一投资基金核算,但根据发改委等 10 部门发布的《创业投资企业管理暂行办法》,用于股权激励的有限合伙企业持股平台很难满足该文件中的条件和运作要示。

《创业投资企业管理暂行办法》规定,创业投资企业向管理部门备案应当具备下列条件:①已在工商行政管理部门办理注册登记。②经营范围符合本办法第十二条规定。③实收资本不低于 3 000 万元人民币,或者首期实收资本不低于 1 000 万元人民币且全体投资者承诺在注册后的 5 年内补足不低于 3 000 万元人民币实收资本。④投资者不得超过 200 人。其中,以有限责任公司形式设立创业投资企业的,投资者人数不得超过 50 人。单个投资者对创业投资企业的投资不得低于 100 万元人民币。所有投资者应当以货币形式出资。⑤有至少 3 名具备 2 年以上创业投资或相关业务经验的高级管理人员承担投资管理责任。委托其他创业投资企业、创业投资管理顾问企业作为管理顾问机构负责其投资管理业务的,管理顾问机构必须有至少 3 名具备 2 年以上创业投资或相关业务经验的高级管理人员对其承担投资管理责任。

关于创业投资的运作要求,《创业投资管理暂行办法》第十四条规定:"创业投资企业可以以全额资产对外投资。其中,对企业的投资,仅限于未上市企业。但是所投资的未上市企业上市后,创业投资企业所持股份的未转让部分及其配售部分不在此限。其他资金只能存放银行、购买国债或其他固定收益类的证券。"第十六条规定:"创业投资企业对单个企业的投资不得超过创业投资企业总资产的 20%。"第十九条规定:"创业投资企业可以事先确定有限的存续期限,但是最短不得短于 7 年。"

此外,根据中国证券投资基金协会发布的《私募基金备案案例公示》(2021 年第 1 期),一般有限合伙企业在 2021 年开始无法在中国证券投资基金业协会办理私募基金备案,也无法在中基协取得创业投资基金备案。因此,目前合伙企业备案创业投资企业资质的审批主体主要是发改委。

三、增资或向激励对象发行股票的税务处理

相比于控股股东或受实际控制人控制的股东让渡方式，特别是个人股东如果不符合正当理由情形的，或多或少都会面临一定的税负成本，且还会面临一些税务争议。非上市公司虽然可以在净资产相对较低或估值较低的时点实施让渡，但仍然存在涉税风险问题，因此，越来越多的非上市公司实施股权激励时采取增资或向激励对象发行股票的方式。

增资或向激励对象发行股票方式是指特定激励对象向实施股权激励计划的企业进行资本投入。由于增资或向激励对象发行股票增加的是企业的实收资本（股本）、资本公积，企业仅涉及资金账簿的印花税（万分之二点五）。

第三节 直接对员工实施股权激励的税务处理

在北交所上市的公司和在新三板挂牌的公司在实施股权激励时，一般会将股票登记至激励对象名下，这种模式就是直接对员工实施股权激励。出于对股东人数、表决权等方面的考虑，有限公司和其他股份未在证券交易所上市交易的股份有限公司除授予董事、高级管理人员的股权直接登记到激励对象名下外，通常会将股权登记至持股平台名下，这种模式就是间接对员工实施股权激励。

非上市公司的激励工具既包括股票期权、股权期权、限制性股票和股权奖励等股票形式，也包括虚拟股份等货币资金形式。以股票结算的股权激励工具包括授予、行权、持有、转让四个主要环节，以及直接和间接对员工实施股权激励两种方式，激励对象可享受递延纳税的政策；以货币资金结算的股权激励工具都是采用直接激励方式，涉及授予和行权（兑现）两个环节，激励对象不享受递延纳税等税收优惠政策。

如果直接对员工实施以股票结算的股权激励，则激励对象在行权环节、持有环节、转让环节都涉及个人所得税，根据是否符合财税〔2016〕101

号第一条规定的条件,激励对象的个人所得税在行权环节、转让环节的税务处理方式不同。对于激励对象在有限公司股改、转增资(股)本中的涉税问题,不仅理论界争论未停,实践中各地执行的口径也不相同,这一部分我们单独进行分析。

股权激励实施企业提前终止股权激励计划,包括员工因离职或业绩不达标等因素的提前终止和企业因经营困难、解散等原因的提前终止两种情形。无论哪种情形,提前终止股权激励计划时,股权激励实施企业将根据股权激励计划条款中约定的对价回购股票(份)或期权,员工取得的回购收益需要按"工资、薪金所得"缴纳个人所得税。

一、授予环节的税务处理

如果非上市公司直接对员工实施股权激励计划,则激励对象在被授予环节不涉及个人所得税。

二、行权环节的税务处理

非上市公司直接对员工实施以股权为载体的股权激励的,激励对象的纳税义务发生时间为股票(权)期权行权日、限制性股票解禁日、股权奖励获得日。非上市公司实施以现金为载体的股权激励的,激励对象的纳税义务发生时间为激励兑现日。

(一) 以股权为载体的股权激励

在激励对象符合递延纳税条件且纳税义务发生时选择递延纳税的,非上市公司应在股票期权行权、限制性股票解禁、股权奖励获得之次月15日内,向主管税务机关报送《非上市公司股权激励个人所得税递延纳税备案表》、股权激励计划、董事会或股东大会决议、激励对象任职或从事技术工作情况说明等资料。

激励对象不符合递延纳税条件或未选择递延纳税的,应在纳税义务发生时,对实际出资额低于公平市场价格①的差额,按照"工资、薪金所得"税目计算个人所得税。

---

① 公平市场价格依次按照净资产法、类比法和其他合理方法确定。

股权激励个人所得税的计算参考上市公司的个人所得税政策内容。

（二）以现金为载体的股权激励

财税〔2016〕101号文件规定，非上市公司激励对象可以选择递延纳税的股权激励工具不包括虚拟股份、奖励基金、分红权等以现金结算的股权激励。

以现金结算的股权激励工具应纳税所得额的计算方式为：

分红权应纳税所得额＝非上市公司年度剩余利润×分红比例

虚拟股份应纳税所得额＝分红所得＋股份（票）增值所得

现金支付型奖励基金应纳税所得额＝每一期奖励现金所得

股份回购型的奖励基金参照股权奖励"以权益结算"的股权激励工具。

在计算以现金结算的股权激励的个人所得税时，激励对象的应纳税所得可以并入其当年的综合所得；如果激励对象当年未享受过全年一次性奖金计税政策，现金工具股权激励应纳税所得可以在2027年12月31日前按全年一次性奖金计税方法计算个人所得税。

（三）其他需要注意的事项

激励对象在1个纳税年度内取得2次以上（含2次）股权激励的，应合并后按上述规定计算纳税。

三、持有环节的税务处理

如果直接对员工实施以权益结算的股权激励，则激励对象成为非上市公司的股东。根据相关法律的规定及公司章程的约定，激励对象将享有非上市公司的分红权益。激励对象在取得有限公司、其他股份未在证券交易所上市交易的股份有限公司利润分配时，需要按"利息、股息、红利所得"税目计算缴纳个人所得税；激励对象在取得全国中小企业股份转让系统（新三板）挂牌的股份有限公司、在北京证券交易所上市的股份有限公司的分红时，按现行股息红利差别化个人所得税政策执行：持股期限在1个月以内（含1个月）的，其股息红利所得全额计入应纳税所得额；持股期限在1个月以上至1年（含1年）的，暂减按50%计入应纳税所得额;持股期限超过 1 年的,暂免征收个人所得税。

非上市公司为激励对象办理备案递延纳税备案后,在递延纳税期间应于每个纳税年度终了后 30 日内向主管税务机关报送《个人所得税递延纳税情况年度报告表》。

四、转让环节的税务处理

(一) 符合递延纳税政策的个人所得税计算

非上市公司直接对员工实施以股票期权、股权期权、限制性股票和股权奖励为工具的股权激励计划时,在符合财税〔2016〕101 号规定的情况下,激励对象可享受递延纳税政策,激励对象在转让股权、股份、股票时,可以按以下公式计算个人所得税。

$$\text{股票(权)期权应纳税所得额} = \text{股票(权)转让收入} - \left(\text{股票(权)行权价} + \text{合理税费}\right)$$

限制性股票应纳税所得额 = 股票转让收入 -(购买股票价+合理税费)

股权奖励应纳税所得额 = 股权转让收入 - 合理税费应纳税额

应纳税额 = 应纳税所得额 × 20%

(二) 不适用递延纳税政策的个人所得税计算

激励对象不符合递延纳税政策或未选择递延纳税的,应在股票(权)期权行权日、限制性股票解禁日、股权奖励获得日所属申报期内,参照《财政部 国家税务总局关于个人股票期权所得征收个人所得税问题的通知》(财税〔2005〕35 号)有关规定申报"工资、薪金所得"个人所得税。在申报"工资、薪金所得"个人所得税后,激励对象持有的有限公司、其他股份未在证券交易所上市交易的股份有限公司股权或股份成本为行权日(解禁日或获得日)公平市场价格;激励对象持有的全国中小企业股份转让系统(新三板)挂牌的股份有限公司、在北京证券交易所上市的股份有限公司股票或股份成本为行权日或获得日收盘市值(激励工具为限制性股票的成本需要根据申报"工资、薪金所得"个人所得税时,与主管税务机构沟通的计算股权激励收入的收盘价规则进行确定)。

不适用递延纳税的激励对象已在股票(权)期权行权日、限制性股票解禁日、股权奖励获得日所属申报期内申报缴纳了"工资、薪金所得"个人

所得税后,再转让股权时应按"财产转让所得"计算个人所得税,公式如下:

$$应纳税额 =(转让收入-持股成本-相关税费)\times 20\%$$

(三) 其他需要关注的事项

根据《国家税务总局关于个人终止投资经营收回款项征收个人所得税问题的公告》(国家税务总局公告 2011 年第 41 号)第一条规定:员工个人取得与股权转让相关其他收益的,如违约金、补偿金、赔偿金及以其他名目收回的款项等,均属于个人所得税应税收入,应按照"财产转让所得"项目适用的规定计算缴纳个人所得税。

激励对象转让股票(份)时,视同享受递延纳税优惠政策的股票(份)优先转让。递延纳税的股票(份)成本按照加权平均法计算,不与其他方式取得的股权成本合并计算。

第四节　间接对员工实施股权激励的税务处理

《公司法》规定:有限责任公司由 50 个以下股东出资设立,非公众股份制公司由 200 个以下股东出资设立。非上市公司中的有限公司、其他股份未在证券交易所或新三板交易的股份有限公司若实行股权激励,需要考虑《公司法》对股东人数的限制。因此,非上市公司中的有限公司、其他股份未在证券交易所或新三板交易的股份有限公司通常采用间接持股激励的方式,即激励对象不直接以股东身份持股,而是通过员工持股平台的方式间接持股。

间接对员工实施股权激励的股权提供方的税务处理详见本章第二节,本节仅分析激励对象与持股平台的涉税问题。从股权激励的一系列个人税收政策出台背景分析,其针对的都是激励对象(包括在中国境内有住所和非居民的个人),而持股平台在法律实质是有别于个人的另一类民商事主体,因此不适用于股权激励的个人所得税政策。激励对象在持股平台中的身份在法律意义上已经不是实施股权激励计划企业的员工,而是公司制持股平台的股东或者是合伙制平台的合伙人。

一、持股平台取得股权时的税务处理

持股平台通过取得企业股东让渡的股权(股份)使激励对象间接持有非上市公司中的有限公司、其他股份未在证券交易所或新三板交易的股份有限公司的股权,此时,虽然激励对象获得了持股平台无偿受让或低于市场价值受让的股权,但并不需要缴纳个人所得税。同时,基于不重复征税原则,持股平台无偿受让或低于市场价值受让的股权跟公允价值之间的差额部分,可能已由控股股东根据税法的相关规定缴纳了企业所得税或个人所得税,激励对象获得持股平台受让的股权后,上述差额部分不再作为应税所得重复纳税。持股平台持有的股权的计税基础就是股权的让渡价格。

持股平台通过增资方式使激励对象间接持有非上市公司中的有限公司、其他股份未在证券交易所或新三板交易的股份有限公司的股权,增资价格可能是零对价或低于公平市场公允价值的。这一增资行为属于不公允增资。无论是公司制企业还是合伙制企业,持股平台都属于民事主体和会计核算主体,在增资的过程中,虽然低价(或零对价)获得了股权(股份),但并不存在实质意义上的所得。根据现行税法的相关规定,对以低价(或零对价)取得的股权,低于市场价值的部分无须确认为当期的收入。持股平台持有股权的计税基础就是增资价格。但需注意的是,部分主管税务部门在实务中对不公允增资视作股权转让进行税务处理。

二、持股平台持有非上市股权期间特定事项的税务处理

持股平台持有非上市股权期间,若发生非上市公司分红、非上市公司转增资本或股本、激励对象从持股平台退出、持股平台向激励对象分配收益等事项,公司制持股平台及股东、合伙制持股平台及合伙人需要按税法规定进行处理。

(一)非上市公司分红

公司制持股平台确认非上市公司的利润分配、股息、红利等权益性投

资收益企业所得税收入的时点,是非上市公司股东会或股东大会作出利润分配的日期,并不是实际取得利润分配款的日期。根据《企业所得税法》第二十六条的规定,非上市公司为居民企业的,该权益性投资收益可以享受企业所得税免税政策。

合伙制持股平台取得非上市公司利润分配、股息、红利等权益性投资收益的,根据《国家税务总局关于〈关于个人独资企业和合伙企业投资者征收个人所得税的规定〉执行口径的通知》(国税函〔2001〕84号)的规定,合伙企业收到的利润分配、股息、红利不并入企业的收入,而应单独作为激励对象取得的利息、股息、红利所得,按"利息、股息、红利所得"税目以20%的税率由合伙制持股平台扣代代缴个人所得税。

(二)非上市公司转增资本或股本

转增资本或股本包括以非上市公司以资(股)本溢价所形成的资本公积转增和以其他资本公积或留存收益(盈余公积、未分配利润)转增两种情形。

资本公积是企业收到投资者的超出其在企业注册资本(或股本)中所占份额的投资,以及直接计入所有者权益的利得和损失等。资本公积包括资本溢价(或股本溢价)和直接计入所有者权益的利得和损失等。直接计入所有者权益的利得和损失主要包括:长期股权投资权益法核算下,被投资单位除净损益之外的其他所有者权益变动;以权益结算的股份支付。

非上市公司以其他资本公积、留存收益等转增资(股)本的,税收上分解为两个行为:第一个行为是非上市公司向股东分配股息、红利;第二个行为是股东以分得的股息、红利用于增加资(股)本。

在非上市公司以资(股)本溢价所形成的资本公积转增时,根据《国家税务总局关于贯彻落实企业所得税法若干税收问题的通知国税函》(〔2010〕79号)的规定,公司制持股平台不得将其作为股息、红利收入,也不得增加持有非上市公司股权(份)持股成本的计税基础。在非上市公司以其他资本公积、留存收益等转增资(股)本,公司制持股平台在进行企业所得税处理时,可以在非上市公司股东会或股东大会作出转股决定的日期将转增额确认为利润分配、股息、红利等权益性投资收益,并根据《企业所得税法》第二十六条规定享受企业所得税的免税政策。公司制持股平台在企业所得税年度汇算清缴时需要填写《投资收益纳税调整明细表》，同时公司制持股平台持有非上市公司股权的持股成本也相应增加。

在非上市公司以资（股）本溢价、其他资本公积、留存收益转增资（股）本时，关于合伙制持股平台是否需要按"利息、股息、红利所得"税目代扣代缴合伙人个人所得税的政策规定目前并不清晰，实务中存在以下两种观点。

观点一：合伙制持股平台需代扣代缴"利息、股息、红利所得"个人所得税。

《国家税务总局关于进一步加强高收入者个人所得税征收管理的通知》（国税发〔2010〕54号）要求加强企业转增注册资本和股本管理，对以未分配利润、盈余公积和除股票溢价发行外的其他资本公积转增注册资本和股本的，要按照"利息、股息、红利所得"项目，依据现行政策规定计征个人所得税。根据《国家税务总局关于原城市信用社在转制为城市合作银行过程中个人股增值所得应纳个人所得税的批复》（国税函〔1998〕289号），资本公积金是指股份制企业股票溢价发行收入所形成的资本公积金，用该资本公积转增资（股）本不缴纳个人所得税。

观点二：合伙制持股平台不需代扣代缴"利息、股息、红利所得"个人所得税。

《国家税务总局关于股权奖励和转增股本个人所得税征管问题的公告》（国家税务总局公告2015年第80号）明确，非上市及未在全国中小企业股份转让系统挂牌的中小高新技术企业以未分配利润、盈余公积、资本公积向个人股东转增股本需要及时代扣代缴个人所得税，但该文件并未明确提及合伙制持股平台的情形。《国家税务总局关于〈关于个人独资企业和合伙企业投资者征收个人所得税的规定〉执行口径的通知》（国税函〔2001〕84号）明确个人独资企业和合伙企业对外投资分回的利息或者股息、红利需要按"利息、股息、红利所得"纳税，但并未明确规定资本公积转增股本时应视同合伙制持股平台取得"分回的利息或者股息、红利"而由其代扣代缴合伙人个人所得税。

【例 8.4】 广东明阳电气股份有限公司合伙企业平台不缴纳个人所得税案例

一、基本情况

2020年1月4日,广东明阳电气股份有限公司(简称明阳公司)注册资本由4 000万元增加至10 300万元,增加的注册资本6 300万元全部以资本公积转增,各股东按持股比例转增,中山明阳、郭献清、慧众咨询、华慧咨询分别以资本公积人民币3 780万元、945万元、866.25万元和708.75万元转增认缴出资,转增价格为1元/份。

二、政策依据

根据《国家税务总局关于股份制企业转增股本和派发红股征免个人所得税的通知》(国税发〔1997〕198号)第一条的规定:"股份制企业用资本公积金转增股本不属于股息、红利性质的分配,对个人取得的转增股本数额,不作为个人所得,不征收个人所得税。"

《国家税务总局关于原城市信用社在转制为城市合作银行过程中个人股增值所得应纳个人所得税的批复》(国税函〔1998〕289号)规定:"《国家税务总局关于股份制企业转增股本和派发红股征免个人所得税的通知》(国税发〔1997〕198号)中所表述的'资本公积金'是指股份制企业股票溢价发行收入所形成的资本公积金。将此转增股本由个人取得的数额,不作为应税所得征收个人所得税。"

国家税务总局于2010年5月31日发布的《关于进一步加强高收入者个人所得税征收管理的通知》(国税发〔2010〕54号)规定:"加强企业转增注册资本和股本管理,对以未分配利润、盈余公积和除股票溢价发行外的其他资本公积转增注册资本和股本的,要按照'利息、股息、红利所得'项目,依据现行政策规定计征个人所得税。"

三、结论

明阳公司本次增资中实际以资本溢价的资本公积转增注册资本,因此根据上述政策要求,中山明阳、郭献清、慧众咨询、华慧咨询合伙企业的合伙人不涉及个人所得税缴纳。

(三) 激励对象从持股平台退出

激励对象从持股平台退出的方式主要有股权/份额转让、减资/退伙退出以及清算退出等方式。大部分公司在设立员工持股平台时都会规定激励对象持有的持股平台股权或财产份额不能对外转让，只能对内转让。

1. 公司制持股平台

1）股权转让

激励对象通过股权转让给其他股东退出时，根据国家税务总局公告2011年第41号文件的规定，激励对象取得股权转让收入、违约金、补偿金、赔偿金及以其他名目收回的款项等，超过激励对象原实际出资额（投入额）及相关税费的部分应按照"财产转让所得"税目缴纳个人所得税。公司制持股平台的激励对象在员工内部或持股平台股东之间转让股权时，可能转让价格很低，如果符合《股权转让所得个人所得税管理办法（试行）》（国家税务总局公告2014年第67号）第十三条的相关规定，即"相关法律、政府文件或企业章程规定，并有相关资料充分证明转让价格合理且真实的本企业员工持有的不能对外转让股权的内部转让"，主管税务机关可以视为有正当理由而认可转让价格；如果不符合，主管税务机关可以核定激励对象的股权转让收入，让其按"财产转让所得"税目缴纳个人所得税。

2）减资退股，清算退出

在公司制的持股平台中，激励对象通过减资、清算退出时，其取得的超过原实际出资额的分红，应由持股平台按照"利息、股息、红利所得"应税项目为激励对象代扣代缴个人所得税。激励对象还需考虑退出时虽然取得的退资款未超过原实际出资额，但公司制持股平台根据市场公允价调整后的净资产远超实收资本，激励对象持有比例计算的公司净资产也远超其原实际出资额，有可能会被主管税务机关调整其退出时的应税所得。

2. 合伙制持股平台

1）份额转让

合伙企业合伙人份额转让与清算退出的最主要差异是：份额转让是合伙人之间的交易；而清算退出则是合伙人与合伙企业财产间的切割。

激励对象通过份额转让给其他合伙人退出时,个人所得税税务处理方式是清晰的,按照《个人所得税法实施条例》第六条,激励对象应按照"财产转让所得"由受让方代扣代缴个人所得税。与转让公司股权不同的是,份额转让双方不需要缴纳印花税。需要注意的是,合伙企业合伙人的份额转让在工商管理环节为原合伙人(转让人)退伙,新合伙人(受让人)入伙程序。

自然人受让方取得合伙企业份额的投资成本属于沉没成本,只有在再次转让、退伙、合伙企业注销时,投资成本才能作为成本扣除。下面我们举例说明自然人受让合伙企业财产份额投资成本得不到扣除的情形。

【例 8.5】 合伙人份额转让给个人合伙人重复征税案例

A 合伙企业是 M 公司的员工持股平台,假设 M 公司的公允价值为 25 000 万元,享受股权激励的激励对象通过 A 企业以 5 折的价格 1 000 万元增资到 M 公司,持有 8% 的股份,并规定激励对象持有的份额不得对外转让,员工离职时实控人以离职时点 M 公司估值的 5 折回购。甲、乙员工分别以 100 万元和 50 万元投资于 A 合伙企业,最终实现对 M 公司的间接投资。投资 1 年后,M 公司的估值为 40 000 万元(M 公司的账面净资产为 10 000 万元,注册资金、实收资本均为 3 000 万元),甲、乙两名员工因各种原因要退出 A 合伙企业,其中乙员工持有的 5% 股份以 80 万元的价格被丙实控人回购,甲员工持有的 10% 股份以 160 万元的价格被实控人的 X 合伙企业回购(假设丙、X 企业之前未在 A 合伙企业持有份额)。甲、乙员工股份转让过程及转让前后的股权架构如图 8.1 所示。

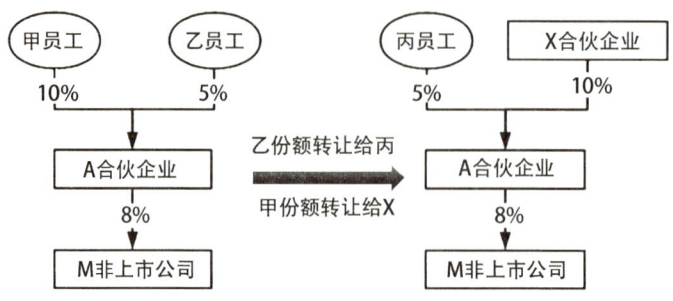

图 8.1 甲、乙员工股份转让示意图

乙员工在向丙转让其持有的5%的财产份额时,需单独按照"财产转让所得"税目申报缴纳个人所得税,转让收入为80万元,成本为50万元,财产转让所得个税为6万元[(80－50)×20%]。

丙实控人回购乙员工持有的5%的股份额,持有成本为80万元,A企业持有M公司8%的股份成本仍然为1000万元。假设后续A企业以8000万元的市场价格转让了M公司8%的股权,在不考虑其他税费和其他交易的情况下,A企业股权转让的当年,作为会计核算主体,经营所得为7000万元(8000－1000)。A企业在申报合伙人的经营所得时,丙实控人应分配的经营所得为350万元(7000×5%),应纳税额为115.95万元(350×35%－6.55)。在这个计算过程中,丙以80万元万元购买了乙员工5%的份额,比原始成本(50万元)多出来的30万元并不会在计算其经营所得的应纳税所得额时扣除。

假设丙实控人以80万元的价格回购了乙员工持有5%的份额,在1年以后又以M公司估值的5折价格约100万元(此时M公司估值为50000万元)转让给了新进的员工,那么此时丙转让份额的行为应按照财产转让所得20%的税率计算缴纳个人所得税,其应纳税额为4万元[(100－80)×20%]。

X合伙企业回购甲员工10%的份额,甲员工需要申报财产转让所得个人所得税为12万元[(160－100)×20%](不考虑其他的税费)。X合伙企业回购甲员工持有的10%份额,持有成本为160万元。A企业持有M公司8%的股份成本仍然为1000万元。假设后续A企业转让了M公司8%的股权,分给X合伙企业的经营所得为700万元(7000×10%),X企业以160万元(高于原始成本100万元)购买的10%份额,多出来的60万元并不会在计算其经营所得的应纳税所得额时扣除。假设X企业回购了甲员工持有的10%的份额,在1年以后又以M公司估值的5折价格约200万元(此时M公司估值为50000万元)转让给了新进的员工,那么此时X企业可以扣除回购10%的份额时的成本160万元,X企业的经营所得为40万元(200－160),X企业的合伙人再按经营所得计算缴纳个人所得税。

2) 退伙退出

在合伙制的持股平台中,激励对象通过退伙方式退出时,主要有非清算退出和清算退出两种形式。无论是非清算退出还是清算退出,不同地方税收征管机关对激励对象应缴纳的个人所得税操作差异较大,目前主要有以下三种操作方式。

第一种方式:激励对象应按照"经营所得"税目适用5%～35%的累进税率缴纳个人所得税。主要依据是《财政部、国家税务总局关于印发〈关于个人独资企业和合伙企业投资者征收个人所得税的规定〉的通知》(财税〔2000〕91号)第四条规定:"个人独资企业和合伙企业(以下简称企业)每一纳税年度的收入总额减除成本、费用以及损失后的余额,作为投资者个人的生产经营所得,比照个人所得税法的'个体工商户的生产经营所得'应税项目,适用5%～35%的五级超额累进税率,计算征收个人所得税"。或是该文件的第十六条规定:"企业进行清算时,投资者应当在注销工商登记之前,向主管税务机关结清有关税务事宜。企业的清算所得应当视为年度生产经营所得,由投资者依法缴纳个人所得税"。再排除《国家税务总局关于〈关于个人独资企业和合伙企业投资者征收个人所得税的规定〉执行口径的通知》(国税函〔2001〕84号)文件中的"利息、股息、红利所得"以及《中华人民共和国个人所得税法实施条例》(2018修正)(中华人民共和国国务院令第707号)规定的个人转让合伙企业的财产份额属于财产转让所得两种情形外,激励对象的其他所得皆为经营所得。

第二种方式:激励对象应按照"财产转让所得"税目适用20%的税率缴纳个人所得税。主要依据《国家税务总局关于个人终止投资经营收回款项征收个人所得税问题的公告》(国家税务总局公告2011年第41号)第一条,因各种原因终止投资、联营、经营合作等行为,从被投资企业或合作项目、被投资企业的其他投资者以及合作项目的经营合作人取得股权转让收入、违约金、补偿金、赔偿金及以其他名目收回的款项等,均属于个人所得税应税收入,应按照"财产转让所得"项目适用的规定计算缴纳个人所得税。应纳税所得额的计算公式如下:

$$应纳税所得额 = 个人取得的股权转让收入、违约金、补偿金、赔偿金及以其他名目收回款项合计数 - 原实际出资额(投入额)及相关税费$$

由于2011年第41号公告是基于个人所得税法(2011修正)及其实施条例所涉具体事项的特别规定,因此该规定不仅是终止经营的公司制下的个人股东适用,对合伙制下的激励对象也同样适用。

第三种方式:激励对象应根据取得收入的属性,分别适用不同的税目缴纳个人所得税。目前税收政策没有对合伙制持股平台的激励对象退伙有明确规定,应根据所得属性分别征收个人所得税。

(1) 若收入性质属于激励对象当年度未缴纳经营所得的未分配利润部分,按照"经营所得"税目缴纳个人所得税。

(2) 若收入性质属于激励对象当年度从合伙企业对外投资分回的利息或者股息、红利,按"利息、股息、红利所得"税目由合伙企业代扣代缴个人所得税。

(3) 若收入性质属于终止经营从合伙企业取得合伙份额转让收入、违约金、补偿金、赔偿金及以其他名目收回的款项等,根据 2011 年第 41 号文件规定,按照"财产转让所得"项目适用的规定计算缴纳个人所得税。

(4) 若收入性质属于从合伙企业的未分配利润分回的收入,但激励对象按"先分后税"原则已经申报缴纳或被代扣代缴个人所得税的,不再申报缴纳(代扣代缴)个人所得税。

【例 8.6】 合伙制持股平台激励对象终止投资税务处理案例

某有限公司股权激励平台 A 有限合伙企业(以下简称 A 合伙)激励对象钱八占 A 合伙的份额为 10%,2025 年 4 月钱八从 A 合伙退伙,取得款项共 300 万元,其中:投资本金为 200 万元。剩余 100 万由以下几部分组成:①2025 年 3 月 A 合伙取得对外投资分回的红利 100 万元和股权转让所得 300 万元,钱八按照合伙份额计算应取得 10 万元和 30 万元;②以前年度 A 合伙未分配的税后未分配利润 500 万元,钱八按照合伙份额计算应取得 50 万元。请计算钱八退伙时应缴纳的个人所得税。

解析:

1. 收回投资款 200 万不缴纳个人所得税。

2. A 合伙取得分回的红利 100 万元,钱八的分红所得为 10 万元 ($100 \times 10\%$),应由 A 合伙代扣代缴"利息股息红利所得"个人所得税 2 万元($10 \times 20\%$)。

3. A 合伙取得股权转让所得 300 万元,钱八的应纳税所得额为

30 万元(300×10％),应由钱八申报缴纳"经营所得"个人所得税 4.95 万元(30×30％－4.05)。

4. A 合伙以前年度税后未分配利润 500 万元,钱八按照合伙份额计算应取得 50 万元,不交税。

5. 其余款项 10 万元(300－200－10－30－50),合伙企业应按照"财产转让所得"税目为钱八代扣代缴个人所得税 2 万元(10×20％)。

钱八退伙时应缴纳的个人所得税合计为 8.95 万元(2+4.95+2)。

综上,由于激励对象从合伙企业退伙的个人所得税事项目前尚未有定论,合伙企业或激励对象应尽早与当地主管税务机关进行沟通,避免申报或扣缴错误的情况出现。

受让合伙制持股平台员工的投资成本属于沉没成本,只有在再次转让、退伙、合伙企业注销时,投资成本才能作为成本扣除。下面我们举例说明自然人受让合伙企业财产份额投资成本未被扣除的情形。

(四) 持股平台向激励对象分配收益

公司制持股平台在持有非上市公司股权(份)期间,主要收益为非上市公司的股息红利。根据持股平台股东决议,向激励对象分配利润时,被激励对象按"利息、股息、红利所得"税目以 20％的税率计算,由公司制持股平台代扣代缴个人所得税。

合伙制持股平台持有非上市公司股权(份)期间,主要收益为非上市公司的股息红利。合伙制持股平台在收到非上市公司利润分配、股息、红利款时,已按《国家税务总局关于〈关于个人独资企业和合伙企业投资者征收个人所得税的规定〉执行口径的通知》(国税函〔2001〕84 号)的规定将其单独作为被激励对象取得的"利息、股息、红利所得"代扣代缴了个人所得税。因此,在合伙制持股平台向被激励对象分配收益时不需要再履行代扣代缴义务。

三、持股平台转让非上市公司股权的税务处理

本章提及的非上市公司范围除了包括有限公司、其他股份未在证券交易所上市或"新三板"市场挂牌的股份有限公司,还包括在"新三板"市场挂牌的股份有限公司、在北京证券交易所上市的股份有限公司。在"新

三板"市场挂牌的股份有限公司和在北京证券交易所上市的股份有限公司在挂牌或上市前实施的股权激励计划,大部分是通过持股平台间接实施的。持股平台在转让在"新三板"市场挂牌的股份有限公司和在北京证券交易所上市的股份有限公司的股票或股份时涉及增值税问题;在转让有限公司和其他股份未在证券交易所上市或挂牌的股份有限公司股权(份)时不涉及增值税。

(一) 公司制持股平台转让的税务处理

1. 印花税

公司制持股平台转让有限公司和其他股份未在证券交易所上市或挂牌的股份有限公司股权(份)时,应根据股权转让合同金额,按"财产转移书据"税目申报缴纳 5‰的印花税。

公司制持股平台转让在"新三板"市场挂牌的股份有限公司和在北京证券交易所上市的股份有限公司的股票(份)时,应按《中华人民共和国印花税法》的规定,按照股票(份)成交价格的 1‰缴纳印花税。

2. 企业所得税和个人所得税

公司制持股平台属于居民企业的,其每一纳税年度的收入总额减去不征税收入、免税收入、各项扣除以及允许弥补的以前年度亏损后的余额为应纳税所得额,按 25%的税率缴纳企业所得税。公司制持股平台属于非居民企业的,根据持有非上市公司的股权比例可申请享受税收协定待遇。

公司制持股平台转让非上市公司股票(权)取得的利润,在弥补亏损、提取盈余公积金后的余额,可以在股东会决议后向股东(激励对象)进行分配。股东(激励对象)取得的分配金额需要按"利息、股息、红利所得"税目以 20%的税率计算,由公司制持股平台代扣代缴个人所得税。

(二) 合伙制持股平台转让的税务处理

1. 增值税和印花税

合伙制持股平台转让其持有的有限公司和其他股份未在证券交易所上市或挂牌的股份有限公司、全国中小企业股份转让系统(新三板)挂牌的股份有限公司和在北京证券交易所上市的股份有限公司的股票(股权或股份)时,涉及的增值税和印花税与公司制持股平台相同。

2. 个人所得税

对于合伙制持股平台,在每一纳税年度内,其个人合伙人来源于合伙企业生产、经营的所得(包括但不限于非上市公司股权转让所得),应当以合伙企业收入总额扣除实际发生的成本、合理费用(如中介服务费、印花税等)及经营损失后的余额作为应纳税所得额,该所得比照个体工商户的"生产经营所得"应税项目,按合伙协议约定的分配比例(未约定则平均分配)计算各合伙人应纳税额,适用5%~35%的五级超额累进税率计征个人所得税。

个人所得税经营所得按季度预缴,按年度汇算清缴,纳税人在取得所得的次年3月31日前,向经营管理所在地主管税务机关办理汇算清缴,并报送《个人所得税经营所得纳税申报表(B表)》;从两处以上取得经营所得的,选择向其中一处经营管理所在地主管税务机关办理年度汇总申报,并报送《个人所得税经营所得纳税申报表(C表)》。

合伙制持股平台经营所得和其他所得采用"先分后税"的规则,其中,经营所得包括合伙制持股平台分配给所有合伙人的所得和企业当年留存的所得(利润);"先分后税"中的"分"是指分配每一纳税年度计算的应纳税所得额,并非实际的年度利润分配,更不是分到投资者手上的钱。

分配规则一般按以下顺序优先选择:合伙协议里约定的比例;合伙人协商好的比例;出资比例;合伙人平均分配。其中,合伙协议里不能约定将全部利润分配给部分合伙人。

税法未赋予合伙制持股平台扣缴经营所得个人所得税的法定义务,合伙人需向合伙制持股平台实际经营地税务机关申报缴纳个人所得税。但在实务操作中,大多数合伙制持股平台代合伙人向合伙制持股平台所在地税务机关申报缴纳经营所得个人所得税,并将个人所得税申报表抄送合伙人。

(三) 创投企业持股平台(合伙制)的个人所得税

根据现行规定,合伙制持股平台不在基协备案的范围内,不能获得备案。但目前仍有较少的合伙制持股平台申请备案为创投企业(创投基金),在完成"双备案"后,创投企业选择按单一投资基金核算的,其个人合伙人从该基金应分得的股权转让所得和股息红利所得,按照20%税率计算缴纳个人所得税;选择按年度所得整体核算的,其个人合伙人应从创投企业取得的所得,按照"经营所得"项目 5%～35%的超额累进税率计算缴纳个人所得税。

单一投资基金核算的创投企业,单个投资项目的股权转让所得,按年度股权转让收入扣除对应股权原值和转让环节合理费用后的余额计算;单一投资基金的股权转让所得,按一个纳税年度内不同投资项目的所得和损失相互抵减后的余额计算,余额大于或等于零的,即确认为该基金的年度股权转让所得;余额小于零的,该基金年度股权转让所得按零计算且不能跨年结转。除前述可以扣除的成本、费用之外,单一投资基金发生的包括投资基金管理人的管理费和业绩报酬在内的其他支出,不得在核算时扣除。

创投企业选择按单一投资基金核算的,应当在完成"创投基金"或"创投企业"备案的 30 日内,向主管税务机关进行核算方式备案;未按规定备案的,视同选择按创投企业年度所得整体核算。创投企业选择按单一投资基金核算或按创投企业年度所得整体核算后,3 年内不能变更。选择一种核算方式满 3 年需要调整的,应当在满 3 年的次年 1 月 31 日前,重新向主管税务机关备案。

创投企业年度所得整体核算,是指将创投企业以每一纳税年度的收入总额减除成本、费用以及损失后,计算应分配给个人合伙人的所得。如符合《财政部 税务总局关于创业投资企业和天使投资个人有关税收政策的通知》(财税〔2018〕55 号)规定条件的,创投企业个人合伙人可以按照被转让项目对应投资额的 70%抵扣其可以从创投企业应分得的经营所得后再计算其应纳税额。年度核算亏损的,准予按有关规定向以后年度结转。

第五节　股改、转增资本时个人投资者的涉税处理

一、个人投资者涉税政策概述

按照股权激励计划,非上市公司将股票(股权或股份)直接登记至激

励对象名下时,激励对象成为非上市公司的个人投资者。在非上市公司股改、转增资(股)本时,涉及个人投资者个人所得税的相关文件和规定如下。

《国家税务总局关于股份制企业转增股本和派发红股征免个人所得税的通知》(国税发〔1997〕198号)第一条规定:"股份制企业用资本公积金转增股本不属于股息、红利性质的分配,对个人取得的转增股本数额,不作为个人所得,不征收个人所得税。"

《国家税务总局关于原城市信用社在转制为城市合作银行过程中个人股增值所得应纳个人所得税的批复》(国税函〔1998〕289号)第二条规定:"(国税发〔1997〕198号)中所表述的'资本公积金'是指股份制企业股票溢价发行收入所形成的资本公积金。将此转增股本由个人取得的数额,不作为应税所得征收个人所得税。而与此不相符合的其他资本公积金分配个人所得部分,应当依法征收个人所得税。"

《国家税务总局关于进一步加强高收入者个人所得税征收管理的通知》(国税发〔2010〕54号)第二条第二款第一项规定:"加强企业转增注册资本和股本管理,对以未分配利润、盈余公积和除股票溢价发行外的其他资本公积转增注册资本和股本的,要按照'利息、股息、红利所得'项目,依据现行政策规定计征个人所得税。"

《财政部 国家税务总局关于将国家自主创新示范区有关税收试点政策推广到全国范围实施的通知》(财税〔2015〕116号)第三条第一款规定:"自2016年1月1日起,全国范围内的中小高新技术企业以未分配利润、盈余公积、资本公积向个人股东转增股本时,个人股东一次缴纳个人所得税确有困难的,可根据实际情况自行制定分期缴税计划,在不超过5个公历年度内(含)分期缴纳,并将有关资料报主管税务机关备案。"

《国家税务总局关于股权奖励和转增股本个人所得税征管问题的公告》(国家税务总局公告2015年第80号)第二条规定:"非上市及未在全国中小企业股份转让系统挂牌的中小高新技术企业以未分配利润、盈余公积、资本公积向个人股东转增股本,并符合财税〔2015〕116号文件有关规定的,纳税人可分期缴纳个人所得税;非上市及未在全国中小企业股份转让系统挂牌的其他企业转增股本,应及时代扣代缴个人所得税。上市公司或在全国中小企业股份转让系统挂牌的企业转增股本(不含以股票发行溢价形成的资本公积转增股本),按现行有关股息红利差别化政策执行。"

二、个人投资者适用政策分析

在北京证券交易所、上海证券交易所、深圳证券交易所上市和在全国中小企业股份转让系统挂牌的公司转增股本时,用股票发行溢价形成的资本公积转增资(股)本的,不属于股息、红利所得,对个人投资者不征收个人所得税;用留存收益、股票发行溢价以外的资本公积转增资(股)本的,按现行有关股息红利差别化政策执行,即持有期限在1个月以内(含1个月)的,全额计入应纳税所得额;持有期限在1个月以上至1年(含1年)的,暂减按50%计入应纳税所得额;持有期限超过1年的,暂免征收个人所得税。

有限公司和未上市或未挂牌的股份有限公司以留存收益、股票发行溢价以外的资本公积转增资(股)本时,需要区分该公司是否符合中小高新技术企业。符合中小高新技术企业的有限公司、未上市或未挂牌的股份有限公司以留存收益、股票发行溢价以外的资本公积转增资(股)本,个人投资者一次缴纳个人所得税确有困难的,可根据实际情况自行制定分期缴税计划,在不超过5个公历年度内(含)分期缴纳。这里的分期缴税金额可以分5年平均,也可以不平均。不符合中小高新技术企业的有限公司、未上市或未挂牌的股份有限公司以留存收益、股票发行溢价以外的资本公积转增资(股)本的,个人投资者取得的转增额,需要按照"利息、股息、红利所得"项目缴纳个人所得税。

有限公司和未上市或未挂牌的股份有限公司以股本溢价、资本溢价转增资(股)本时,在实务中存在争议。各方的主要观点有以下四种。

观点一:需要缴税。该观点认为,国税函〔1998〕289号文件中的股票溢价发行只存在于上市公司,特别是2015年第80号公告明确,"非上市及未在全国中小企业股份转让系统挂牌的其他企业转增股本,应及时代扣代缴个人所得税"。

观点二：不需要缴税。该观点认为，国税发〔1997〕198号和国税函〔1998〕289号文件中所讲的股份公司包含了股份有限公司和有限责任公司，根据目前仍然有效的《股份制企业试点办法》(体改生〔1992〕30号)第三条的规定，我国的股份制企业包括股份有限公司和有限责任公司。同时，基于资本溢价与股本溢价形成的资本公积机制相同，本着公平的原则，无论是否上市公司，以溢价形成的资本公积转增资(股)本都应该享受国税发〔1997〕198号和国税函〔1998〕289号文件的优惠政策，不征收个人所得税。

观点三：只有股份制企业股票溢价发行收入所形成的资本公积转增资(股)本不需要纳税，有限公司则不享受优惠政策。理由是国税函〔1998〕289号文件对国税发〔1997〕198号文件所指的内容已经作了限缩性的规定。

观点四：在2015年12月31日前转增资(股)本的无须缴税，根据2015年第80号公告，自2016年1月1日起发生的转增行为需要缴税。理由就是国税发〔1997〕198号和国税函〔1998〕289文件给予了优惠政策，但2015年第80号公告又终结了此项优惠政策，而且根据政策沿革及2015年第80号公告规定，只有上市公司和在全国中小企业股份转让系统挂牌的企业以"资本公积—资本溢价"向个人股东转增股本的，不征个人所得税；对于中小高新技术企业并符合财税〔2015〕116号文件有关规定的，以"资本公积—资本溢价"向个人股东转增股本的，纳税人可分期缴纳个人所得税；其他企业以"资本公积—资本溢价"向个人股东转增股本的，应及时代扣代缴个人所得税。

【例8.7】 广东博盈特焊技术股份有限公司股改、增资过程中个人所得税征收情况案例

广东博盈特焊公司在2020年9月进行股份制改革，在2020年10月进行第六次增资，在2020年11月进行第七次增资，这些过程中控股股东及实际控制人纳税情况如表8.5所示。

表 8.5　公司历次股权变更过程中控股股东及实际控制人纳税情况

时间	事件	说明
2020年9月，博盈有限整体变更为股份公司	博盈有限截至2020年6月30日的净资产为325 160 610.79元，按照1:0.138 389 302 1比例折为4 499.875 0万股，余额计入资本公积金	整体变更前后，发行人总股本未变化，各股东持股比例未变化，不涉及以未分配利润、盈余公积和资本公积转增股本的情形，不涉及李海生缴纳个人所得税
2020年10月，第六次增资	2020年10月15日公司召开2020年第二次临时股东大会，审议通过了公司注册资本由4 499.88万元增加至4 639.05万元，由鹤山投控东海以现金6 750.00万元认购新增股份139.17万股	增资事项，不涉及缴纳个人所得税
2020年11月，第七次增资	2020年11月20日，公司召开2020年第三次临时股东大会，审议通过了公司注册资本由4 639.05万元增加至9 900.00万元，新增注册资本由公司资本公积股本溢价转增。转增前后，各股东持股比例保持不变	以资本公积股本溢价转增股本，不属于股息、红利所得，对个人取得的转增股本数额，不作为个人所得，不征收个人所得税

2020年9月，公司进行股份制改造，整体变更前后，发行人总股本未变化，各股东持股比例未变化，不涉及以未分配利润、盈余公积和资本公积转增股本的情形，不涉及缴纳个人所得税。

2020年10月的增资事项中，股东以货币进行增资，不涉及个人所得税。2020年11月的增资是以2020年10月公司发行股份溢价所形成的资本公积进行转增股本。根据《国家税务总局关于股份制企业转增股本和派发红股征免个人所得税的通知》(国税发〔1997〕198号)规定，"股份制企业用资本公积金转增股本不属于股息、红利性质的分配，对个人取得的转增股本数额，不作为个人所得，不征收个人所得税"。根据《国家税务总局关于进一步加强高收入者个人所得税征收管理的通知》(国税发〔2010〕54号)规定，"加强企业转增注册资本和股本管理，对以未分配利润、盈余公积和除股票溢价发行外的其他资本公积转增注册资本和股本的，要按照'利息、股息、红利所得'项目，依据现行政策规定计征个人所得税",非上市公司以未分配利润、盈余公积和除股票溢价发行外的其他资本公积转增资(股)本,税收实践中是按企业先分红到个人股东,个人股东再将取得的分红转增股本两个事项处理的,企业对向个人股东分红行为要按照"利息、股息、红利所得"税目申报缴纳20%的个人所得税。关于转增后的持股成本,根据2014年第67号公告第十五条第(四)款规定:被投资企业以资本公积、盈余公积、未分配利润转增股本,个人股东已依法缴纳个人所得税的,以转增额和相关税费之和确认其新转增股本的股权原值。

第六节　股权代持的涉税处理

因身份、管理等诸多原因,股权或份额代持现象在目前公司制及合伙制企业中还是比较普遍存在的。

股权代持又称委托持股、隐名投资或假名出资,是指实际出资人与他人约定,以他人名义代实际出资人履行股东权利义务的一种股权或股份处置方式。股权代持体现了以下三种法律关系:一是实际出资人与名义股东之间的法律关系;二是实际出资人、名义股东与公司之间的法律关系;三是实际出资人、名义股东与公司外第三人之间的关系。

根据《最高人民法院关于适用〈中华人民共和国公司法〉若干问题的规定(三)》及《全国法院民商事审判工作会议纪要》的规定,有限公司股权的合法代持受法律保护,但上市公司监管要求股权必须明确、清晰,不允许代持。

税法中,税务征管的对象是名义股东,即在工商登记的股东,一般不会涉及实际出资人。但如果实际出资人要求名义股东将工商登记的股东更换为自己时,往往就涉及税务问题。

《国家税务总局关于企业转让上市公司限售股有关所得税问题的公告》(国家税务总局公告2011年第39号)第二条规定,因股权分置改革造成原由个人出资而由企业代持有的限售股,企业在转让时按以下规定处理。

一是企业转让上述限售股取得的收入,应作为企业应税收入计算纳税。限售股转让收入扣除限售股原值和合理税费后的余额为该限售股转让所得。企业未能提供完整、真实的限售股原值凭证,不能准确计算该限售股原值的,主管税务机关一律按该限售股转让收入的15%,核定为该限售股原值和合理税费。依照本条规定完成纳税义务后的限售股转让收入余额转付给实际所有人时不再纳税。

二是依法院判决、裁定等原因,通过中国证券登记结算公司,企业将其代持的个人限售股直接变更实际所有人名下的,不视同转让限售股。

《国家税务总局稽查局关于2017年股权转让工作的指导意见》(税总稽便函〔2017〕165号)第五条规定,代持股票转让的营业税征收以及企业之间代持股票转让的企业所得税征收,应按其法定形式确认纳税主体,以代持方为纳税人征收营业税及所得税,如委托方已将收到的转让款缴纳了营业税及所得税,且两方所得税又无实际税负差别的,可以不再向代持方追征税款。

由于税收政策都有较为明确的制定背景和出台目的,以上税收文件是否适用于非股权分置改革原因形成的代持,有两种情况要考虑。

一是公司代个人持股确权还原的情形。若需将代持股权还原至实际出资人名下,除了通过司法裁判或仲裁文书确认代持关系的情形,税务机关通常依据《股权转让所得个人所得税管理办法(试行)》(国家税务总局公告2014年第67号)要求显名股东(公司)按"股权转让"申报纳税。

二是公司代持股权转让给非实际出资人的情形。公司需以转让收入扣除历史成本后的差额计算企业所得税,而分回款项至实际出资人时,公司要代扣代缴个人所得税。

实践中,也有公司代实际出资人持有股权还原时并未缴纳税款,而由实际出资人按财产转让所得缴纳个人所得税。

【例8.8】 北京锋尚世纪文化传媒股份有限公司股权代持行为作为确权还原的个人所得税缴纳案例

2020年8月10日,北京锋尚世纪文化传媒股份有限公司(以下简称锋尚世纪)在创业板上市招股说明书中披露发行人历史沿革中存在的瑕疵及其规范情况如下。

2007年9月,沙晓岚、王芳韵将持有锋尚世纪的股权转让给北京金典文化艺术有限公司(以下简称金典文化),委托金典文化进行代持,2008年4月,金典文化将持有锋尚世纪的股权转让给沙晓岚、王芳韵,对上述股权代持进行了还原。沙晓岚、王芳韵委托金典文化代为持有锋尚世纪的股权系基于业务发展角度考虑,由于当时锋尚世纪的注册资本较小,拟通过未分配利润转增的方式增加注册资本,而法人股东就未分配利润转增注册资本无需缴纳相应税费。

根据沙晓岚、王芳韵和金典文化于2017年8月签署的《股权转让确认书》,因股权代持和股权代持还原发生的股权转让行为均为各方的真实意思表示,沙晓岚、王芳韵与金典文化于2007年9月签署的《股权转让协议》及2008年4月签署的《股份转让协议》均已履行完毕,上述股权转让实际属于委托持股及解除、还原代持股权,沙晓岚、王芳韵与金典文化均未向对方支付股权转让价款;各方确认,相互之间均不存在任何债权债务;截至全部委托持股关系解除时,锋尚世纪股权权属明确、清晰,沙晓岚、王芳韵与金典文化未发生也不存在任何股权争议、纠纷及潜在争议、纠纷。

根据发行人与主管税务机关的沟通,由于锋尚世纪在未分配利润转增注册资本时,其名义股东金典文化不存在纳税义务,主管税务机关无法在未分配利润转增注册资本环节向实际股东沙晓岚和王芳韵征收个人所得税。但由于沙晓岚、王芳韵将其持有的锋尚有限股权转让给金典文化时未及时申报纳税,主管税务机关认定应在股权转让环节按照锋尚世纪当时净资产金额核定股权转让价格并向沙晓岚、王芳韵征收个人所得税。2018年10月15日,沙晓岚、王芳韵就上述股权转让事项自行申报补缴个人所得税税款及滞纳金,税务机关对其不予进行行政处罚。根据上海浦东发展银行股份有限公司北京东三环支行提供的银行回单,沙晓岚、王芳韵已于2018年10月15日向国家税务总局北京市东城区税务局申报缴纳税款及滞纳金合计1 038.56万元。其中,沙晓岚应缴财产转让所得个人所得税259.25万元、滞纳金519.67万元;王芳韵应缴财产转让所得个人所得税 86.42 万元、滞纳金 173.22 万元。从结果上来看,若主管税务机关在未分配利润转增注册资本环节向沙晓岚、王芳韵追缴个人所得税,其应补缴的个人所得税款项为 200.00 万元;而由于锋尚世纪当时净资产大于未分配利润转增后的注册资本,沙晓岚、王芳韵实际补缴的个人所得税款项合计为 345.67 万元,高于前述未分配利润转增注册资本环节的潜在纳税义务金额。综上所述,上述委托持股解除不存在纠纷,沙晓岚、王芳韵不存在因该等事项被主管税务机关行政处罚的风险。2018 年 10 月 24 日,国家税务总局北京市东城区税务局出具《涉税情况说明》:经核查,保荐机构、发行人律师认为,沙晓岚、王芳韵与金典文化之间的委托持股关系已彻底解除,且未发生也不存在任何股权争议、纠纷及潜在争议、纠纷;沙晓岚、王芳韵就相关股权转让事项已自行申报并补缴个人所得税税款及滞纳金,主管税务机关对其不予进行行政处罚,沙晓岚、王芳韵不存在因该等事项被主管税务机关行政处罚的风险,不构成本次发行上市的法律障碍。

实务中,股权代持行为除了涉及相关经济纠纷,还有可能涉及行政责任或刑事风险。因此,股权代持中代持协议相关条款一定要约定清晰,此外双方还需保留好说明转账用途的转账凭据等证据。

【例 8.9】 代持行中隐名股东偷逃个人所得税获刑案例

安徽省淮南市税务稽查部门根据举报线索查实,安徽某药业公司股东鲍某与殷某签订《股权转让协议》,将其实际持有的该药业公司 51.09% 的股权转让给殷某,实际转让价格为 7 000 万元。鲍某为偷逃相关税款,另行伪造《股权转让协议》进行纳税申报,少缴税款合计 1 175.48 万元。淮南市税务稽查部门依法作出对鲍某追缴税款、加收滞纳金并处罚款的处理处罚决定后,鲍某未按期补缴税款、滞纳金和罚款。税务部门随即依法将该案移送公安机关立案侦查,后鲍某被检察院提起公诉。进入司法程序后,鲍某补缴全部税款。2021 年 3 月,安徽省某区人民法院判决认定,鲍某将其持有的某公司股权转让他人后采取欺骗、隐瞒手段进行虚假纳税申报,且涉及金额巨大,其行为已构成逃税罪,依法判处鲍某有期徒刑 4 年,并处罚金人民币 50 万元。

上述股权40%登记在李某名下，11.09%登记在鲍某名下，稽查部门稽查时按照工商登记持有和转让的证据材料，以鲍某和李某为纳税人，对其《税务处理决定书》和《税务行政处罚决定书》，追缴鲍某少缴的个人所得税254.54万元、印花税0.72万元，并处以罚款；追缴李某少缴的个人所得税917.6万元、印花税2.61万元，并处以罚款。稽查部门将案件移送司法机关后，司法机关查实李某40%的公司股权是替鲍某代持。由于有充分证据证明，李某仅是代持鲍某的股权且未获得相关收益，法院最终将鲍某作为犯罪嫌疑人进行定罪量刑。

对于个人代持个人的税务怎么处理？同样也有两种情况要考虑。

一是个人代个人持股的，如要确权还原为实际出资人的，除了当事方能提供司法裁判或仲裁文书的，公司确权给实际出资人时一般需要纳税。如果股权代持人按股权转让缴纳了税款，实际出资人取得的计税基础就是代持人股权转让时的价格。

二是个人代个人持股的，如要转让给非实际出资人或实际出资人设立的一人有限公司、个人独资企业等，对代持人要按股权转让行为进行征税。

当然，有的主管税务机关明确在税务征管上不认可股权代持行为。例如，国家税务总局厦门市税务局在《关于市十三届政协四次会议第1112号提案办理情况答复的函》中提到：显名股东作为登记在股东名册上的股东，依据《中华人民共和国企业所得税法》《中华人民共和国个人所得税法》，是符合税法规定的转让股权和取得投资收益的纳税人，可以依股东名册主张行使股东权利，其取得股息红利所得、股权转让所得应当依法履行纳税义务。

第九章 股权激励费用的企业所得税处理

2006年1月1日,证监会颁布《上市公司股权激励计划管理办法(试行)》(证监公司字〔2005〕151号)文件。该文件对上市公司股权激励工具、股份来源、实施程序、信息披露以及监管和处罚等作了规定,是上市公司监管部门发布的第一份有关上市公司股权激励计划的管理性文件。此后,根据股权激励监管的实际需要,证监会又陆续发布了3个股权激励相关事项备忘录和2个监管问答文件,进一步完善并公开了股权激励备案标准。2016年7月13日,证监会又发布了《上市公司股权激励管理办法》(证监会令第126号),并废止了此前发布的《上市公司股权激励管理办法(试行)》、备忘录、监管问答等文件。2007年1月1日,为明确企业股权激励计划的会计处理,财政部发布了《企业会计准则第11号——股份支付》,对股权激励的账务处理作出专门的规定。

随着实施股权激励计划的上市公司越来越多,且股权激励的会计处理与企业所得税法税前扣除要求存在较大的差异,为明确企业所得税的相关处理,2012年5月23日,国家税务总局出台了《关于我国居民企业实行股权激励计划有关企业所得税处理问题的公告》(国家税务总局公告2012年第18号)文件。该文件是针对实施股权激励计划企业的企业所得税处理事项出台的最早的一个税收政策,也是目前唯一一个有关股权激励的企业所得税税前扣除的税收政策文件。该文件对适用主体、费用计算、扣除环节等涉税事项进行了明确规定。

第一节 一般情形下股权激励的企业所得税处理

《关于我国居民企业实行股权激励计划有关企业所得税处理问题的

公告》的适用主体为境内上市公司。同时,该文件规定,在我国境外上市的居民企业(上市公司为中国企业,如 H 股公司、S 股公司)和非上市公司,凡比照《管理办法》的规定建立职工股权激励计划,且在企业会计处理上按我国会计准则的有关规定处理的,其股权激励计划中有关企业所得税处理问题,可以按照该文件规定执行。

一份标准的股权激励计划至少会涉及五个环节:授予日、等待期、行权日、出售日与失效日。因此,相应的企业所得税业务处理也涉及这五个环节,且相关税务及会计处理会有所差异。

一、授予日

对股权激励计划实行后立即可以行权的,实施股权激励的企业可以根据实际行权时该股票的公允价格与激励对象实际行权支付价格的差额和数量,计算确定当年企业的工资薪金支出,依照税法规定进行税前扣除。

可税前扣除的股权激励费用=(行权日股票收盘价－行权价)×行权股票数量

对股权激励计划实行后有等待期不可立即行权的,授予日一般不需要进行会计处理和企业所得税处理。

二、等待期

对股权激励计划实行后需达到一定服务年限或者规定的业绩条件方可行权的,等待期内,实施股权激励企业根据权责发生制原则,在会计上计算确认相关成本费用。但等待期内,由于激励对象并未取得相关个人所得,相关成本费用不得在企业所得税税前扣除,因此,等待期内存在税会差异。

等待期所属年度会计上计算确认的相关成本费用,在月度或季度预缴时不需要进行差异调整。在年度汇算清缴时,企业需要在所得税年度纳税申报表——《职工薪酬支出及纳税调整明细表》(表 9.1)中对会计上确认的成本费用金额进行纳税调增处理。

第九章 ● 股权激励费用的企业所得税处理

表 9.1 职工薪酬支出及纳税调整明细表

行次	项目	账载金额 1	实际发生额 2	税收规定扣除率 3	以前年度累计结转扣除额 4	税收金额 5	纳税调整金额 6(1-5)	累计结转以后年度扣除额 7(1+4-5)
1	一、工资薪金支出			*	*			*
2	其中:股权激励			*	*			*
3	二、职工福利费支出			*				
4	三、职工教育经费支出			*				
5	其中:按税收规定比例扣除的职工教育经费				*			*
6	按税收规定全额扣除的职工培训费用			*	*			*
7	四、工会经费支出			*	*			*
8	五、各类基本社会保障性缴款				*			*
9	六、住房公积金				*			*
10	七、补充养老保险			*				
11	八、补充医疗保险			*				
12	九、其他							
13	合计(1+3+4+7+8+9+10+11+12)							

注:① 第 2 行"其中:股权激励"由执行《上市公司股权激励管理办法》(中国证券监督管理委员会第 126 号)的纳税人填报。
② "账载金额":填报纳税人按照国家有关规定建立职工股权激励计划,会计核算计入成本费用的金额。
③ "实际发生额":填报纳税人根据本年实际行权时股权的公允价格与激励对象实际支付价格的差额和数量计算确定的金额。
④ "税收金额":填报行权时按照税收规定允许税前扣除的金额,按第 2 列金额填报。
⑤ "纳税调整金额":填报第 1 列减去第 5 列的金额。
⑥ 表格中的星号代表无需手动录入,系统自动计算,填写。

三、行权日

在行权日所属年度,会计处理不涉及成本费用的确认。在计算企业所得税时,应当在激励对象可行权后,根据该股票实际行权时的公允价格与实际支付价格的差额及股票行权数量计算确定实施股权激励企业的工资薪金支出,依照税法规定进行税前扣除。与等待期相同,行权日所属年度也存在税会差异,即在企业所得税年度纳税申报表——《职工薪酬支出及纳税调整明细表》中按照下列公式进行纳税调增或调减:

$$\begin{matrix}股权激励费\\用税收金额\end{matrix} = \sum \left[\begin{matrix}当年每个行权日(解锁日)\\股票收盘价\end{matrix} - \begin{matrix}授予价格\\(实际行权价格)\end{matrix} \right] \times \begin{matrix}当年每次行权\\(解锁)股票数量\end{matrix}$$

注意:在月度或季度预缴时不需要进行税会差异处理。

实务中,对于享受了递延纳税政策的非上市公司,由于员工是在处置股权环节按"财产转让所得"缴纳了个人所得税,而未在行权环节缴纳"工资、薪金所得"个人所得税,不同税务机关对这部分股权激励成本费用能否在企业所得税税前扣除持有不同意见。

税务机关认为,股权激励费用不能在企业所得税税前扣除的主要的理由是:根据《国家税务总局关于企业工资薪金及职工福利费扣除问题的通知》(国税函〔2009〕3号)文件规定,企业如要对股权激励费用按"工资、薪金所得"在企业所得税税前扣除,必须符合"企业对实际发放的工资、薪金,已依法履行了代扣代缴个人所得税义务"这一要求。由于实施股权激励企业并未按"工资、薪金所得"代扣代缴激励对象的个人所得税,实际上激励对象申报缴纳的是"财产转让"所得个人所得税,企业不能将此费用在企业所得税前扣除。

税务机关认为,股权激励费用可以在企业所得税税前扣除的主要理由是:基于"大众创业、万众创新"战略实施和促进我国经济结构转型升级的背景,我国出台了财税〔2016〕101号文,主要是考虑到股权激励是一种非货币支付的激励手段,具有不占用企业的资金而产生激励效应的优点,受激励对象在实际取得现金收益前没有现实的纳税支付能力,进而给予了递延纳税的规则设置。该优惠政策出台,既是对实施股权激励企业的支持,也是对激励对象的支持。财税〔2016〕101号文的递延纳税政策实质上是豁免了员工行权环节缴纳"工资、薪金所得"个人所得税的义务以及企业依法履行"工资、薪金所得"代扣代缴个人所得税义务,并非企业没有履行代扣代缴义务。《企业所得税法》第八条规定,企业实际发生的与取得收入有关的、合理的支出,包括成本、费用、税金、损失和其他支出,准予在计算应纳税所得额时扣除。股权激励费用是企业为了取得收入而支付给员工劳动付出的一种对价,且有公司股权激励及总局政策文件等证据支撑,因此该费用可以在企业所得税前扣除。

四、出售日

在出售日,企业不需要进行会计处理和企业所得税的税务处理。但员工在处置其获得的股权时可能涉及个人所得税或印花税申报或扣缴事项。

五、失效日

股权激励的失效应当区分为两种情形:一是股权激励未到期,但企业基于需要重新覆盖核心员工而制定了新的激励计划等原因而取消原激励计划,是企业主动的行为;二是股权激励已到期,但因约定的业绩条件未满足而股权激励失效,是企业被动的行为。在失效日,企业需区分不同情形进行所得税税务处理,对于企业主动取消加速行权的情形,企业应在员工实际行权时将股权激励费用在当期计算企业所得税时税前扣除;对于企业被动取消作废股份支付的情形,对会计上冲回以前期间确认的股权激励费用且已经在企业所得税前扣除的,企业应调增当期的企业所得税应纳税所得额。

【例 9.1】 股权激励计划的企业所得税处理案例[①]

假设 A 公司为上市公司,2×22 年 1 月 1 日,公司向其 200 名管理人员授予每人 100 股股票期权,这些职员从 2×22 年 1 月 1 日起在该公司连续服务 3 年,即可以 4 元/股的价格购买 100 股 A 公司股票。A 公司估计该期权在授予日的公允价格为 15 元/股。从授予日起的 3 年时间内,

---

[①] 案例选自国家国家税务总局《关于〈我国居民企业实行股权激励计划有关企业所得税处理问题公告〉的解读》。

共有45名职员离开A公司。假设剩余的155名职员都在2×25年12月31日行权,A公司每股股份面值为1元,行权日的公允价值为10元。

(一)企业会计账务处理

1. A公司在3年间共确认管理费用232 500元(155×15×100),在授予日,不做账务处理。

2. 在等待期3年内,每年A公司的账务处理如下:

借:管理费用　　　　　　　　　　　　　　　77 500
　　贷:资本公积——其他资本公积　　　　　　　77 500

3. 职工行权时,A公司的账务处理如下:

借:银行存款　　　　　　　　　　　　　　　62 000
　　资本公积——其他资本公积　　　　　　　232 500
　　贷:股本　　　　　　　　　　　　　　　　15 500
　　　　资本公积——股本溢价　　　　　　　279 000

(二)企业所得税处理

企业所得税税前扣除金额=(职工实际行权时该股票的公允价格-职工实际支付价格)×行权数量,即(10-4)×155×100=93 000元。

第二节　特殊情形下股权激励的企业所得税处理

一、集团公司实施的股权激励

为了激励员工的生产、创新积极性,集团公司(集团公司为母公司,包括上市公司及非上市公司)向子公司(非上市公司)员工授予上市公司股票的股权激励行为越来越多(图9.1),但该股权激励费用能否在企业所得税税前扣除?如果可以扣除,是在母公司扣除还是在子公司扣除?

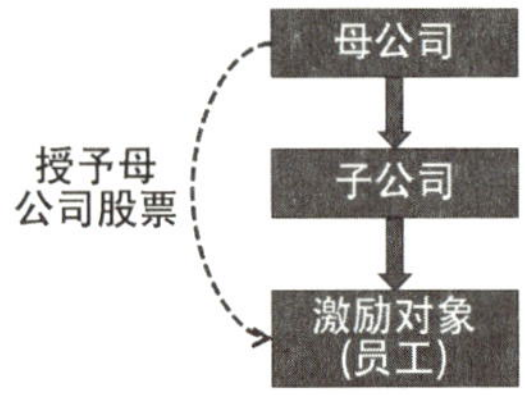

图9.1　集团公司股权激励

第九章 ● 股权激励费用的企业所得税处理

上述问题不仅在理论界争议不休,在实务中各地税务机关也是执行不一。

部分税务机关认为,国家税务总局公告2012年第18号文件规定的股权激励是指以本公司股票为标的,对其董事、监事、高级管理人员及其他员工(以下简称激励对象)进行的长期性激励。我国的企业所得税是法人税制,被激励对象是子公司员工,他们为子公司提供服务但并未向母公司提供服务。同时,子公司并未因股权激励向母公司支付任何对价,且未承担相应成本。因此,该股权激励费用既不能在母公司也不能在子公司扣除。

专栏 9.1　　　　石嘴山市税务局政策问答

问:上市母公司其向子公司(未上市)员工授予股票期权,子公司未承担相应成本,子公司能否在企业所得税税前扣除?

答:企业实施股权激励计划实质上是通过本企业资本公积的减少来支付激励对象提供服务的报酬。根据《企业所得税法》第八条,此费用属于与企业生产经营活动相关的支出,准予在企业所得税税前扣除。同时,根据《国家税务总局关于我国居民企业实行股权激励计划有关企业所得税处理问题的公告》(国家税务总局公告2012年第18号)第三条:非上市公司,凡比照《上市公司股权激励管理办法(试行)》的规定建立职工股权激励计划,且在企业会计处理上也按我国会计准则的有关规定处理的,其股权激励计划有关企业所得税处理问题可以按照上市公司股权激励计划企业所得税处理规定执行。如果子公司(非上市公司)未比照上述管理办法的规定建立本公司的股权激励计划,也没有向母公司授予的股票期权支付任何对价,企业实际上没有发生支出行为,不符合企业所得税法及相关规定,不得在企业所得税税前扣除。

专栏 9.2　　　　深圳市税务局政策问答

问:母公司A公司(上市公司)授予A公司及其子公司B公司的骨干人员限制性股票,2018年解禁,请问解禁时这部分成本费用是否可以在骨干人员所在的B公司扣除,还是只能在A公司进行企业所得税前扣除?

> 答：B公司员工不是A公司员工，相关支出不能在A公司进行税前扣除。A公司用本公司股票对B公司员工的股权激励不属于B公司的支出，B公司不能进行税前扣除。

部分税务机关认为，国家税务总局公告2012年第18号文件规定是清晰的，但从税收原理、经济发展以及商业模式等角度来看，不让企业扣除股权激励费用又不太合理，故一直未能明确可否扣除以及由谁扣除。部分税务机关从国家税务总局公告2012年第18号文件的出台背景、业务实质等角度进行全面分析，认为该股权激励费用可以在子公司企业所得税前扣除。

> **专栏9.3　　　　　宁波税局政策问答**
>
> 问：母公司为注册地为上海的非上市公司，子公司为注册地为宁波的非上市公司，母公司将股票期权和限制性股票授予管理层，激励对象既有母公司员工，又有子公司员工。对于激励子公司员工的部分，子公司增加资本公积以及成本费用。对于子公司用母公司的股权来激励公司员工，子公司员工行权时，已经由母公司按照工资薪金代扣代缴个人所得税。请问对于以下情况，企业所得税如何扣除：①员工行权时，子公司未向母公司支付对价，是由母公司作为工资薪金在税前扣除，还是由子公司在税前扣除？②员工行权时，子公司已向母公司支付对价，是由母公司作为工资薪金在税前扣除，还是由子公司在税前扣除？
>
> 答：企业股权激励支出实质属于工资薪金支出。根据《中华人民共和国企业所得税法实施条例》(中华人民共和国国务院令第512号)第三十四条的规定，"工资薪金，是指企业每一纳税年度支付给在本企业任职或者受雇的员工的所有现金形式或者非现金形式的劳动报酬，包括基本工资、奖金、津贴、补贴、年终加薪、加班工资，以及与员工任职或者受雇有关的其他支出。"用母公司股票向员工进行股权激励属于子公司向员工支付的非现金形式的劳务报酬，应作为企业发生的工资薪金支出，在激励对象实际行权时按照有关规定进行税前扣除。作为股权激励在子公司扣除的工资薪金对应的个人所得税，由子公司代扣代缴。

本书认为,从企业所得税原理及政策背景等角度来看,集团公司实施的股权激励费用应该扣除且应在激励对象的服务企业进行税前扣除。从税制设计来看,企业所得税是法人税,以每个居民企业或非居民企业为纳税人,上市集团成员企业和上市公司是不同的纳税人。从劳动关系来看,被激励员工与所在公司有直接的劳动关系,员工所创造的价值体现在所在公司,根据配比原则,相关的成本费用也应体现在员工所在公司。从会计处理上看,根据《关于印发企业会计准则解释第4号的通知》(财会〔2010〕15号)规定,对于企业集团(由母公司和其全部子公司构成)内发生的股份支付交易,结算企业是接受服务企业的投资者的,应当按照授予日权益工具的公允价值或应承担负债的公允价值确认为对接受服务企业的长期股权投资,同时确认资本公积(其他资本公积)或负债。因此,以母公司股票激励子公司员工是母公司对子公司的资本投入,子公司应作为接受投资处理,同时增加成本费用。当子公司在员工行权、解禁等实际获得相关权益时,子公司与母公司进行结算,子公司冲减资本,母公司冲减投资计税基础。集团间的股权激励费用应该在被激励对象实际工作企业中被确认为管理费用,而不应在上市公司层面被确认为管理费用。从工资属性上看,根据《企业所得税法实施条例》第三十四条的规定:工资薪金是指企业每一纳税年度支付给在本企业任职或者受雇的员工的所有现金形式或者非现金形式的劳动报酬,包括基本工资、奖金、津贴、补贴、年终加薪、加班工资,以及与员工任职或者受雇有关的其他支出。用母公司股票向员工进行股权激励的,属于子公司向员工支付的非现金形式的劳动报酬,应作为企业发生的工资薪金支出。从政策沿革上看,国税函〔2010〕148号规定,根据企业所得税法精神,在计算应纳税所得额及应纳所得税时,企业财务、会计处理办法与税法规定不一致的,应按照企业所得税法规定处理。企业所得税法规定不明确的,在没有明确规定之前,暂按企业财务、会计规定处理。虽然该文件在2014年11月被全文废止,但文件的精神却得到了传递。2014年11月发布的《中华人民共和国企业所得税年度纳税申报表(A类,2014年版)填报说明》以及之后修改的2017年版和2021年版都明确,企业在计算应纳税所得额及应纳所得税时,企业财务、会计处理办法与税法规定不一致的,应当按照税法规定处理;税法规定不明确的,在没有明确规定之前,暂按企业财务、会计规定处理。

需要注意的是,对于集团公司的股权激励,个人所得税由哪一方履行代扣代缴义务目前也是有争议的,因为其中还涉及激励对象社保、户籍等利益问题:如果由母公司代扣代缴,但激励对象劳动关系在子公司;如果由子公司代扣代缴,但子公司既没有相关决策权也没有可代扣代缴的资金。从权责匹配和方便纳税的角度来看,本书建议股权激励费用在哪个主体进行企业所得税税前扣除,个人所得税就应由哪个主体履行代扣代缴义务。同时,母公司将股权激励计划资料中涉及子公司激励对象的相关资料也递交给子公司所在地的税务主管部门。

专栏9.4   福建省税务局政策问答

问:用母公司的股权对子公司的员工做股权激励,个人所得税扣缴义务人是谁?该股权激励计划应在母公司还是在子公司所在地主管税务机关备案?

答:《财政部 国家税务总局关于完善股权激励和技术入股有关所得税政策的通知》(财税〔2016〕101号)第五条第二款规定:"企业实施股权激励或个人以技术成果投资入股,以实施股权激励或取得技术成果的企业为个人所得税扣缴义务人。"

此外,《国家税务总局关于股权激励和技术入股所得税征管问题的公告》(国家税务总局公告2016年第62号)规定,企业备案具体按以下规定执行:①非上市公司实施符合条件的股权激励,个人选择递延纳税的,非上市公司应于股票(权)期权行权、限制性股票解禁、股权奖励获得之次月15日内,向主管税务机关报送《非上市公司股权激励个人所得税递延纳税备案表》、股权激励计划、董事会或股东大会决议、激励对象任职或从事技术工作情况说明等。实施股权奖励的企业同时报送本企业及其奖励股权标的企业上一纳税年度主营业务收入构成情况说明。②上市公司实施股权激励,个人选择在不超过12个月期限内缴税的,上市公司应自股票期权行权、限制性股票解禁、股权奖励获得之次月15日内,向主管税务机关报送《上市公司股权激励个人所得税延期纳税备案表》。上市公司初次办理股权激励备案时,还应一并向主管税

> 务机关报送股权激励计划、董事会或股东大会决议。
>
> 　　因此,用母公司的股权对子公司的员工做股权激励,应由实施股权激励企业即母公司作为扣缴义务人,向其机构所在地主管税务机关办理相关备案手续。

二、股权激励持股平台

公司对员工进行间接股权激励的,主要是采用持股平台、资管产品等形式。公司报告期内为获取员工服务而授予持股平台股份的,在编制会计报表时,应按照《企业会计准则第11号——股份支付》的规定确认股权激励(股份支付)费用。

但是,根据企业所得税扣除项目必须与取得收入直接相关原理,税前可扣除的成本费用应当与企业直接相关。在间接持股的形式下,持股平台成为公司与员工之间的一个间隔,打破了公司与员工的直接关联,因此,间接持股形式下的股权激励费用不能在企业所得税前扣除,需要全额进行纳税调增处理。

三、用境外上市公司股票对境内员工进行股权激励

按会计准则的规定,当中国居民企业用境外上市公司(包括间接方式到境外上市的中国企业)股票向境内子公司员工授予的股票期权时,子公司应当确认相关的股权激励支出。在实际行权时,股权激励支出的性质为子公司向员工支付的非现金形式的报酬,在符合企业所得税法关于工资薪金支出相关规定的前提下,可以作为工资薪金支出在行权年度的企业所得税前扣除。

境外上市的中资控股企业只是个虚体,仅是境内公司搭建的上市构架,其相关的资产、人员、业务、收入都在中国境内,相关的税收(如增值税、企业所得税)也在中国境内申报缴纳。激励对象为中国境内企业的员工,员工因股权激励取得的收入应由中国境内公司按"工资、薪金所得"代扣代缴个人所得税税款。根据企业所得税法相关规定以及收入与成本费用匹配原则,该类企业用于股权激励的费用可以由员工所在企业进行税

前扣除。

> **专栏 9.5** 北京市税务局 2019 年度《企业所得税实务操作政策指引》(第一期)
>
> 问：18 号公告仅适用于上市公司本身的股权激励计划，未说明其是否适用于上市集团内子公司的股权激励计划的情形。对于境外上市母公司授予境内子公司员工的股权激励，在子公司承担相应成本的前提下，子公司层面能否在所得税前扣除？
>
> 答：企业股权激励支出实质上属于工资薪金支出。根据《企业所得税法实施条例》第三十四条的规定：工资薪金是指企业每一纳税年度支付给在本企业任职或者受雇的员工的所有现金形式或者非现金形式的劳动报酬，包括基本工资、奖金、津贴、补贴、年终加薪、加班工资，以及与员工任职或者受雇有关的其他支出。对于用母公司股票向员工进行股权激励的，属于子公司向员工支付的非现金形式的劳动报酬，应作为企业发生的工资薪金支出，在激励对象实际行权时按照有关规定税前扣除。

四、用境内上市公司股票对境外公司员工进行股权激励

实务中，需要注意的是，根据企业所得税法及其实施条例规定，企业所得税可税前扣除的成本费用应当是与企业直接取得收入相关的成本费用。境内集团母公司对子公司的股权激励的费用扣除尚有很大的争议，如果用境内公司股票向境外子公司员工进行股权激励，其发生的股权激励费用大概率是不能在境内公司企业所得税税前扣除的。

第十章

非居民个人股权激励税务处理

在全球资本流动与人才跨境流动加速的背景下,非居民个人参与境内企业股权激励的涉税问题日益复杂。本章立足中国税法与国际税收协定的衔接,聚焦非居民个人股权激励的税务规则体系,通过解析纳税人身份判定标准,厘清非居民个人在不同身份转化场景下的纳税义务边界。本章旨在为企业跨境人才激励方案设计提供政策依据,帮助非居民个人依法履行纳税义务,同时规避因身份认定模糊以及所得归属争议所引发的税务风险,实现激励效果突出与跨境税收合规的双重目标。

第一节 非居民个人股权激励税务处理概述

在当今市场高度竞争的背景下,我国企业为了在激烈的国际市场竞争中占得先机,纷纷采取了一系列战略举措,如通过海外融资并购、设立海外研发机构以及招募海外营销人才等手段加速其海外业务的布局。这一过程中,海外企业中的外籍员工与我国国内员工并肩作战,在技术研发、产品制造及市场拓展等关键领域发挥着不可或缺的作用,显著提升了企业的产品在国际市场上的竞争力,并有助于我国企业在全球市场中的地位稳固。鉴于外籍员工,特别是核心外籍员工对企业发展的重大贡献,对其实施股权激励同样非常重要。这样的措施不仅能展现企业对中外员工一视同仁的公正态度,而且对于吸引和留住关键人才具有显著效果,有助于企业构建稳定的核心人才团队,从而促进企业的可持续发展。

在遵循我国税法相关规定的基础上,对于居民个人纳税人的界定,我国家采取了综合性的"住所"和"居住时间"两大标准,以此来实现对居民个人税收管辖权和地域税收管辖权的有效结合。具体而言,居民个人需承担全面的纳税义务,即其在中国境内外的全部所得均应纳税,这体现了我国税法中居民税收管辖权的核心原则;而非居民个人则承担有限的纳税义务,仅需对其来源于我国境内的所得进行纳税,这一规定则反映了我国税法中地域税收管辖权的具体实践。为了更加准确地把握本章节的论述要点,我们还需明确区分居民个人、非居民个人、无住所个人以及华侨等不同的纳税人概念。

一、纳税人概念辨析

(一) 有住所个人与无住所个人

根据《中华人民共和国个人所得税法》《中华人民共和国个人所得税法实施条例》以及《国家税务总局关于印发〈征收个人所得税若干问题的规定〉的通知》(国税发〔1994〕89号)等文件规定,在中国境内有住所的个人是指因户籍、家庭、经济利益关系而在中国境内习惯性居住的个人。所谓习惯性居住,是一个判定纳税义务人是居民或非居民的法律意义上的标准,不是指实际居住或在某一个特定时期内的居住地。如因学习、工作、探亲、旅游等而在中国境外居住的,在其原因消除之后必须回到中国境内居住的个人,则中国即为该纳税人习惯性居住地。反之,如果不符合前述有住所的判断条件,则是无住所个人。

在中国境内有住所的个人从中国境内和境外取得的所得,应按规定缴纳个人所得税。对于在中国境内无住所的个人,相关部门要根据其在中国的居住时间判定其是仅就从中国境内取得的所得缴纳个人所得税,还是需要从中国境内和境外取得的所得合并缴纳个人所得税。

(二) 居民个人与非居民个人

根据《中华人民共和国个人所得税法》《中华人民共和国个人所得税法实施条例》以及《关于在中国境内无住所的个人居住时间判定标准的公告》(财政部 税务总局公告2019年第34号)文件的规定,居民个人是指在中国有住所①,或者无住所但是在一个纳税年度内在中国境内居住累计满 183 天的个人。该定义包含两个判断标准。一是住所标准,即在中国境内有住所的个人。这些个人可能是中国公民,也可能是外籍公民,他们在中国境内有住所,是典型的居民个人。但需要注意的是,居民个人不包括具有中国国籍,但并未在中国大陆定居,而是侨居海外的华侨,以及居住在中国香港、澳门、台湾地区的同胞。二是居住时间标准。这一标准主要针对无住所个人,一般指外籍个人,他们在境内无住所,但如果符合"一个纳税年度内在中国境内居住累计满 183 天"的条件,则判定其为无住所居民个人。需要注意的是,无住所个人一个纳税年度在中国境内累计居住满 183 天的,如果此前 6 年在中国境内每年累计居住天数都满 183 天而且没有任何一年单次离境超过 30 天,则其该纳税年度来源于中国境内、境外所得都应当缴纳个人所得税;如果此前 6 年的任何一年在中国境内累计居住天数不满 183 天或者单次离境超过 30 天,其该纳税年度来源于中国境外且由境外单位或者个人支付的所得,免予缴纳个人所得税。所谓"此前 6 年",是指该纳税年度的前 1 年至前 6 年的连续 6 个年度,此前 6 年的起始年度自 2019 年(含)以后年度开始计算。非居民个人是指在中国境内无住所又不居住,或者无住所且在一个纳税年度内在中国境内居住累计不满 183 天的个人。非居民个人的定义包含两层意思:一是既无住所又不居住,一般指临时短期来华工作外籍个人;二是无住所但在境内居住,但一个纳税年度内在中国境内居住累计不满 183 天。非居民个人仅就来源于中国境内的所得缴纳个人所得税。在一个纳税年度内,在中国境内累计居住超过 90 天但不满 183 天的非居民个人取得的归属于境内工作期间的工资薪金所得,均应当缴纳个人所得税;其取得归属于境外工作期间的工资薪金所得,无须缴纳个人所得税。

(三) 华侨与华人

华侨并不是外籍个人,而是具有中国国籍的人。根据《国务院侨务办公室关于印发〈关于界定华侨外籍华人归侨侨眷身份的规定〉的通知》(国

---

① 住所在税法上是一个特定概念,是指因户籍、家庭、经济利益关系而习惯性居住的地方,并不等同于实物意义上的居住用房或居留场所。

侨发〔2009〕5号)的规定,华侨是指定居在国外的中国公民。定居是指中国公民已取得住在国长期或者永久居留权,并已在住在国连续居留2年,2年内累计居留不少于18个月。中国公民虽未取得住在国长期或者永久居留权,但已取得住在国连续5年以上(含5年)合法居留资格,5年内在住在国累计居留不少于30个月的,视为华侨。中国公民出国留学(包括公派和自费)期间,或因公务出国(包括外派劳务人员)期间,均不视为华侨。华侨虽然已经取得住在国的居留权,但是未加入住在国的国籍,仍然持有中国护照,不属于外籍个人,也不能直接判定为居民个人。华侨定居在海外,在中国境内可能没有住所,属于无住所个人,相关部门应按照一个纳税年度内在中国境内的居住天数判定其是否具备居民身份。

华人一般是指加入外国国籍的原中国国籍的公民及其外国籍后裔或是中国公民的外国籍后裔,他们虽然具有中国血统,但都属于外籍个人。按照《个人所得税法》的规定,华人一个纳税年度内如果在中国境内居住累计不满183天,就是非居民个人;华人一个纳税年度内如果在中国境内居住累计满183天,就是居民个人。因此,税务机关将以"居民个人"或者"非居民个人"的身份作为判断华人纳税义务和税收待遇的标准。华侨与华人的区别见表10.1。

表10.1 华侨与华人区别表

	华侨	华人
国　　籍	中国国籍	外国国籍
法律身份	中国公民	外国公民
权利义务	受中国法律管辖	受居住国法律管辖
身份依据	《中华人民共和国国籍法》	民族血统与文化认同
入境手续	凭中国护照出入境	需申请中国签证或旅行证件

注:《中华人民共和国国籍法》第三条规定,中华人民共和国不承认中国公民具有双重国籍。

二、非居民个人身份判定标准

非居民个人一般是指无住所个人,即在中国境内没有住所的个人,包括外籍个人、华侨等。对于判定无住所个人是否构成中国居民个人,主要有以下两个标准:在中国境内是否有住所和在中国境内的居住时间。非居民个人判定流程如图 10.1 所示。

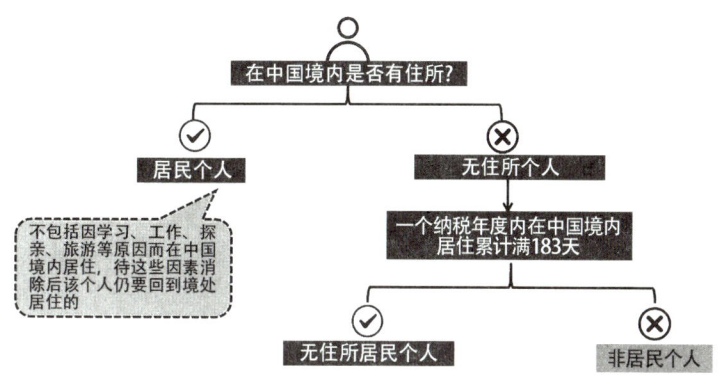

图 10.1 非居民个人判定流程

(一) 住所标准

对于个人因学习、工作、探亲、旅游等原因而在中国境内居住,待上述原因消除后该个人仍要回到境外居住的,即使该个人在中国境内购买了住房,也应判定为其习惯性居住地不在中国境内,不被认定为在中国境内有住所的个人。

在实务中,因判定标准不一致等原因,还存在同一个人被两国以上都认定为居民个人的情形。此种情形下,该个人可以通过税收协定"加比规则"中的"永久性住所→重要利益中心→习惯性居所→国籍"判定顺序来协调双重居民个人的身份矛盾。当该个人采用"加比规则"仍无法判定其单一的居民身份时,可申请由缔约国双方的主管税务当局协调解决。

(二) 时间标准

对于在中国境内的无住所个人,我国个人所得税法及相关政策中有多个时间维度的标准用以判定其纳税身份、纳税义务以及能否享受税收协定待遇等,因此下面我们来明晰相关天数的计算以及天数的作用。

1. 居住天数

居住天数是判定无住所个人是否满足中国居民个人条件,从而确定该个人相关纳税义务。需要注意的是,非居民个人在中国境内停留的当天满24小时的,计入中国境内居住天数,在中国境内停留的当天不足24小时的,不计入中国境内居住天数,即出境和入境当天都不计入居住天数。

2. 工作天数

工作天数是计算无住所个人应纳税款时,在确定无住所个人所得来源地后,用以量化归属于中国境内工作所得的天数。个人在境内的工作天数包括在境内实际工作日,以及在境内工作期间在境内、境外享受的公休假、个人休假、接受培训的天数。在境内、境外单位同时担任职务或者仅在境外单位任职的个人,在境内停留的当天不足24小时的,按照半天计算境内工作天数。

3. 协定停留天数

当两国存在税收协定(安排)时,依据双边税收协定的"受雇所得条款"(非独立个人劳务条款),应当首先确定该个人在协定规定的期限内是否停留连续或累计不超过183天(或6个月),如未超过183天(或6个月),如是,则所得来源国不具有征税权。因此,协定停留天数是判定所得来源国是否具有征税权的重要依据。

此外,根据我国的个人所得税政策,虽然无住所居民个人与有住所居民个人在纳税义务上存在差异,但无住所个人符合我国居民纳税人条件后仍可享受一定的税收优惠待遇。

三、不同身份个人纳税人纳税义务总结

通过纳税人身份概念、居民纳税人判定标准的讲解,我们可以知道,从住所角度考虑,无住所个人并不一定是非居民个人,他们之间是包含与被包含的关系,如果符合居住时间条件,无住所个人也能成为居民个人。从居民角度考虑,居民个人包括有住所的居民个人和无住所的居民个人。只有准确判定纳税人的身份,才能准确处理纳税人的纳税事项。

居民纳税人负无限纳税义务,其在境内、境外取得的所得都要在中国缴纳个人所得税。非居民个人负有限纳税义务,其仅就来源于中国境内所得向中国缴纳个人所得税。

无住所个人按照在我国境内居住时间是否达到183天,可以区分为居民纳税人或非居民纳税人。此外,无住所个人又可根据其居住时间的

不同以及取得收入来源地的不同,区分不同的纳税义务。即使居住不满183天,如果无住所个人取得的工资薪金所得是境内支付的所得,其也需要缴纳个人所得税。

对于无住所个人的个人所得税征收管理,不仅要注意无住所个人的居住时间,还要关注所得来源(境内所得和境外所得),同时还需要区分所得的支付主体(境内支付部分和境外支付部分)。

对无住所个人的股权激励是企业支付员工工资薪金的一种表现形式。我们在探讨总结非居民个人的股权激励税收时,实质上是对无住所个人身份、所得来源、支付主体进行判定的过程,只有确定这三大要素,才能正确计算个人所得税。

下面我们以表格的形式对无住所个人的居民身份判定及纳税义务进行说明,具体见表10.2。

第二节　非居民个人股权激励的税务处理

一、股权激励对象

在上市公司的股权激励中,境外核心员工也可能是股权激励对象。这些股权激励对象可能从未到过中国,但其任职或服务的主体是我国境内的上市公司,取得的是我国境内公司支付的工资薪金所得,因此,境外核心员工也是我国纳税主体。

在非上市公司的股权激励中,由于其股权激励事项不在证监会等部门强制监管的范围,主要由公司股东会或董事会决定,所以在非上市公司中非居民个人成为股权激励的激励对象的情况也较多。

在股权激励的个人所得税征管政策中,无住所居民个人与有住所的居民个人基本是一致的。因此,对于无住所个人的股权激励个人所得税政策,我们只介绍无住所非居民个人,并区分为普通员工和高管两类非居民个人。

表 10.2 无住所个人居民身份判定及纳税义务

认定条件			纳税人类型	纳税义务	境内所得		境外所得	
					境内支付	境外支付	境内支付	境外支付
有住所			居民纳税人	无限纳税义务	征税	征税	征税	征税
无住所	居住满183天	在中国境内居住累计超过183天的年度，连续满6年	居民纳税人	无限纳税义务	征税	征税	征税	征税
		在中国境内居住累计超过183天的年度，连续不满6年	居民纳税人	无限纳税义务，但豁免境外所得的境外支付部分	征税	征税	征税	不征税
	居住不满183天	在中国境内居住累计超过90天但不超过183天	非居民纳税人	有限纳税义务	征税	征税	不征税（如为高管人员，需要征收）	不征税
		在中国境内居住累计不超过90天	非居民纳税人	有限纳税义务，但豁免境内所得的境外支付部分	征税	不征税	不征税（如为高管人员，需要征收）	不征税

二、非居民个人的个人所得税计算

非居民个人所得,除了股权激励持有期间取得的股息、红利所得应按"利息、股息、红利所得"缴纳个人所得税,激励对象因股权激励取得的所得应按"工资、薪金所得"由实施股权激励的企业代扣代缴个人所得税。

(一) 所得来源地的划分

非居民个人和无住所居民个人在境内履职时,收到的股权激励所得如果是归属于境外工作期间的所得,为来源于境外的工资薪金所得。

非居民个人和无住所居民个人停止在境内履约或执行职务离境后,收到归属于其在境内工作期间的股权激励所得,仍为来源于境内的所得。

非居民个人和无住所居民个人在1个月内从境内、境外单位取得多笔股权激励所得,且股权激励分别归属于不同期间的,应当先按照每笔股权激励的归属期间分别计算每笔股权激励的收入额,然后再加总计算当月境内数月股权激励收入额。

(二) 税款计算

在计算非居民激励对象个人所得税款时,需要区分纳税人是企业高级管理人员[①]还是企业普通员工,并对两者分别进行个人所得税处理。

1. 非居民个人是普通员工

1) 境内居住时间累计不超过90天的情形

对于在1个纳税年度内在境内累计居住不超过90天的非居民员工,仅就归属于境内工作期间并由境内雇主支付或者负担的工资薪金所得计算缴纳个人所得税。股权激励所得额计算公式如下:

股权激励所得额＝股权激励收入额×等待期境内工作天数合计/等待期公历天数

上述公式不考虑非居民个人取得非居民企业股权激励的情况,主要原因是在实务工作中由两方或两方以上同时承担同一项激励计划的情形

[①] 《上市公司股权激励管理办法》(证监会令第148号)规定:激励对象可以包括上市公司的董事、高级管理人员、核心技术人员或者核心业务人员,以及公司认为应当激励的对公司经营业绩和未来发展有直接影响的其他员工,但不应当包括独立董事和监事。高管是指企业正、副(总)经理、各职能总师、总监及其他类似公司管理层的职务。

非常罕见。上文所称的境内雇主,既包括雇佣员工的境内单位和个人,也包括境外单位或者个人在境内的机构、场所。此外,凡境内雇主采取核定征收所得税或者无营业收入未征收所得税的,无住所个人为其工作并取得的工资薪金所得,不论是否在该境内雇主的会计账簿中记载,均视为由该境内雇主支付或者负担。

2)境内居住时间累计超过90天不满183天的情形

对于在一个纳税年度内在境内累计居住超过90天但不满183天的非居民员工,其取得的归属于境内工作期间的工资薪金所得,均应当计算缴纳个人所得税;其取得归属于境外工作期间的工资薪金所得,不缴纳个人所得税。当月工资薪金收入额的计算公式如下(公式不考虑非居民企业实施股权激励计划,非居民个人取得非居民企业股权激励的情况):

股权激励所得额＝股权激励收入额×等待期境内工作天数合计/等待期公历天数

3)股权激励应纳税款的计算

对于非居民员工在1个月内取得的股权激励所得,应单独计算当月收入额,不与当月其他工资薪金合并,按6个月分摊计税(1个公历年度内的股权激励所得应合并计算),不减除费用,适用月度税率表计算应纳税额,计算公式如下:

股权激励所得应纳税额＝[(本公历年度内股权激励所得合计额÷6)×适用税率－速算扣除数]×6

非居民员工如果在一个纳税年度内取得多笔股权激励所得的,应当合并计算纳税,计算公式如下:

股权激励所得应纳税额＝[(本公历年度内股权激励所得合计额÷6)×适用税率－速算扣除数]×6－本公历年度内股权激励所得已纳税额

2. 非居民个人是高管

1)居民高管在境内居住时间累计不超过90天的情形

在1个纳税年度内,在境内累计居住不超过90天的非居民高管取得的由境内雇主支付或者负担的工资薪金所得应当计算缴纳个人所得税;不是由境内雇主支付或者负担的工资薪金所得,不缴纳个人所得税。当月工资薪金收入额为当月境内支付或者负担的工资薪金收入额。

2）非居民高管在境内居住时间累计超过 90 天不满 183 天的情形

在 1 个纳税年度内,在境内居住累计超过 90 天但不满 183 天的非居民高管取得的工资薪金所得,除了归属于境外工作期间且不是由境内雇主支付或者负担的部分,其余所得应当计算缴纳个人所得税。

3）股权激励应纳税款的计算

非居民高管在 1 个月内取得的股权激励所得应单独计算当月收入额,不与当月其他工资薪金合并,按 6 个月分摊计税(1 个公历年度内的股权激励所得应合并计算),不减除费用,适应月度税率表计算应纳税额,计算公式如下:

$$股权激励所得应纳税额 = [(本公历年度内股权激励所得合计额 \div 6) \times 适用税率 - 速算扣除数] \times 6$$

非居民高管如果在 1 个纳税年度内取得多笔股权激励所得的,应当合并计算纳税。计算公式如下:

$$股权激励所得应纳税额 = [(本公历年度内股权激励所得合计额 \div 6) \times 适用税率 - 速算扣除数] \times 6 - 本公历年度内股权激励所得已纳税额$$

无论是员工还是高管,对非居民个人而言都没有综合所得的定义,其所有收入都采用分类计税的方式。

非居民个人和非居民高管个人所得税对比见表 10.3。

表 10.3 非居民个人和非居民高管个人所得税对比

对比项		非居民普通员工	非居民高管
股权激励收入额	股票期权	股票期权收入额 =(行权股票的每股市场价 - 员工取得该股票期权支付的每股施权价)× 股票数量	
	限制性股票	限制性股票收入额 =(股票登记日股票市价 + 本批次解禁股票当日市价)÷ 2 × 本批次解禁股票份数 - 被激励对象实际支付的资金总额 ×(本批次解禁股票份数 ÷ 被激励对象获取的限制性股票总份数)	
	股权奖励	股权奖励收入额 = 行权时股票的每股市场价 × 行权股票份数	

(续表)

对比项		非居民普通员工	非居民高管
股权激励所得额	境内居住时间累计不超过90天	仅就归属于境内工作期间并由境内雇主支付或者负担的工资薪金所得计算缴纳个人所得税 股权激励所得额=股权激励收入额×等待期境内工作天数合计/等待期公历天数	由境内雇主支付或者负担的工资薪金所得应当计算缴纳个人所得税 股权激励所得额=股权激励收入额
	境内居住时间累计超过90天不满183天	仅就归属于境内工作期间的工资薪金所得计算缴纳个人所得税 股权激励所得额=股权激励收入额×等待期境内工作天数合计/等待期公历天数	除了归属于境外工作期间且不是由境内雇主支付或者负担的部分,其余收入应当计算缴纳个人所得税 股权激励所得额=股权激励收入额
股权激励应纳税款	1个月内取得的股权激励所得	单独计算当月收入额,不与当月其他工资薪金合并,按6个月分摊计税,适用月度税率表计算应纳税额 股权激励所得应纳税额=[(本公历年度内股权激励所得合计额÷6)×适用税率-速算扣除数]×6	
	1个纳税年度内取得多笔股权激励所得	股权激励所得应纳税额=[(本公历年度内股权激励所得合计额÷6)×适用税率-速算扣除数]×6-本公历年度内股权激励所得已纳税额	

【例 10.1】

中国无住所个人露丝为新西兰税收居民个人,2022年1月至4月受聘在中国境内A上市公司工作(其中在中国境内的工作天数为80日),因业绩表现出色被A上市公司授予股票期权50 000股,授予日股票价格为10元/股,授予期权价格为8元/股,A公司规定可在2023年6月30日行权。

露丝取得的2022年的股票期权于2023年6月30日行权,行权日股票市价为20元/股。

1. 露丝在2023年中国境内个人应纳税所得额是多少?

解析:

露丝在2022年纳税年度内在中国任职只有80天,为无住所非居民

个人,且其为上市公司普通员工,只需就来源于我国境内所得境内支付部分纳税。计算如下:

股票期权形式的股权激励收入=(行权股票的每股市场价-员工取得该股票期权支付的每股施权价)×股票数量=(20-8)×50 000=600 000(元)

其中:

股权激励中归属于中国境内的所得额=股权激励收入×所属期间境内工作天数÷所属期间公历天数=600 000×80÷121=396 694.21(元)

注:2022年1月至4月公历天数为121天。

2. 2023年露丝在中国境内应纳多少个人所得税?

解析:

非居民普通员工在1个月内取得的股权激励所得应单独计算当月收入额,不与当月其他工资薪金合并,按6个月分摊计税,不减除费用,适用月度税率表计算应纳税额。查月度税率表税率为35%,速算扣除数为7 160。故计算如下:

2023年6月股权激励所得应纳税额=[(本公历年度内股权激励所得合计额÷6)×适用税率-速算扣除数]×6=[(396 694.21÷6)×35%-7 160]×6=95 882.98(元)

3. 假设露丝在2023年分两次行权,2023年6月30日行权了30 000股,当天股票价格16元/股;2023年10月8日行权了20 000股,当天股票价格25元/股。露丝取得的股权激励应纳多少个人所得税?

解析:

2023年6月30日行权时,露丝应纳个人所得税计算如下:

取得股权激励的收入=(16-8)×30 000=240 000(元)

股权激励中归属于中国境内的所得额=240 000×80÷121=158 677.69(元)

158 677.69÷6=26 446.28元,查月度税率表税率为25%,速算扣除数为2 660。

应纳税额=[(158 677.69÷6)×25%-2 660]×6=32 003.31(元)

2023年10月8日行权时,露丝应纳个人所得税计算如下:

取得股权激励的收入＝(25－8)×20 000＝340 000(元)

股权激励中归属于中国境内的所得额＝340 000×80÷121＝224 793.39(元)

由于露丝在1个纳税年度内取得2次股权激励所得,按规定应合并计税合并后的股权激励所得为383 471.08元(158 677.69＋224 793.39)。

查月度税率表,税率为35%,速算扣除数为7 160。则:

合计应纳税额＝[(本公历年度内股权激励所得合计额÷6)×适用税率－速算扣除数]×6－本公历年度内股权激励所得已纳税额＝[(383 471.08÷6)×35%－160]×6－32 003.31＝91 254.88－32 003.31＝59 251.57(元)

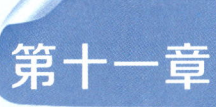

第十一章

股权激励税务备案、资料报送及情况报告

税务合规是股权激励落地的重要保障,备案、资料报送与情况报告则是这一保障体系的核心支柱。本章系统梳理了股权激励全流程中的税务程序性要求:从明确备案与资料报送主体,到细化报送内容清单,再到归纳备案流程要点,为企业提供清晰的操作指引;深入剖析股权激励情况报告机制,强调信息披露的准确性与及时性;针对间接持股这一复杂架构,特别解析权益性投资报告、递延纳税备案等特殊要求。本章内容可以帮助企业厘清税务程序规范,规避因程序疏漏引发的合规风险。

第一节 股权激励税务备案和资料报送

根据股权激励个人所得税税收相关政策的规定,实施股权激励的企业,除了按政策规定申报纳税或代扣代缴个人所得税,实施股权激励的企业和激励对象等主体还需要按照税收文件规定,分别向税务机关进行备案或资料报送。设立这一备案或资料报送机制的主要目的是确保税务机关能够及时、全面地掌握与股权激励相关的涉税信息,进而提升股权激励税收征管的效率。

一、股权激励税务备案或资料报送的主体

股权激励税务备案或资料报送的主体主要涉及股权激励的实施企业、激励对象和扣缴义务人。

实务中,需要进行股权激励的税务备案或资料报送的情形主要有以下三种。

一是只要实施了股权激励计划的企业,不论今后是否继续执行股权激励计划都需要向税务机关进行备案或资料报送,如填报《股权激励情况报告表》等。

二是只有享受了递延纳税或延期纳税政策的激励对象,才需要向税务机关进行备案,如填报《非上市公司股权激励个人所得税递延纳税备案表》和《上市公司股权激励个人所得税延期纳税备案表》等。

三是扣缴义务人代扣代缴税款时,应在税法规定的纳税申报期限内,将个人接受或转让的股票等情况报送主管税务机关。

二、股权激励税务备案或资料报送的内容

(一)实施股权激励企业的税务备案与资料报送内容

实施股权激励的企业,应当在实施股权激励之前、实施股权激励期间以及激励对象享受个人所得税递延纳税或延期纳税政策时,分别向税务机关进行备案,报送有关资料。

1. 实施股权激励之前的税务备案或资料报送

根据财税〔2005〕35号文件的规定,实施股票期权计划的境内企业,应在股票期权计划实施之前将企业的股票期权计划或实施方案、股票期权协议书、授权通知书等资料报送主管税务机关。

根据财税〔2009〕5号文件的规定,实施股票增值权计划或限制性股票计划的境内上市公司,应在向中国证监会报备的同时,将企业股票增值权计划、限制性股票计划或实施方案等有关资料报送主管税务机关备案。

根据国税函〔2009〕461号文件的规定,实施股票期权、股票增值权计划的境内上市公司,应按照财税〔2005〕35号文件的规定报送有关资料。

根据税总征科发〔2021〕69号文件的规定,实施股权(股票)激励的企业应当在决定实施股权激励的次月15日内,向主管税务机关报送《股权激励情况报告表》。

2. 实施股权激励期间的税务备案或资料报送

根据财税〔2005〕35号文件规定,实施股票期权计划的境内企业应在

员工行权之前,将股票期权行权通知书和行权调整通知书等资料报送主管税务机关。

根据国税函〔2009〕461号文件的规定,实施限制性股票计划的境内上市公司应在中国证券登记结算公司(境外为证券登记托管机构)进行股票登记并经上市公司公示后15日内,将本公司限制性股票计划或实施方案、协议书、授权通知书、股票登记日期及当日收盘价、禁售期限和股权激励人员名单等资料报送主管税务机关备案;境外上市公司的境内机构应向其主管税务机关报送境外上市公司实施股权激励计划的中(外)文资料备案。

根据《财政部 国家税务总局关于完善股权激励和技术入股有关所得税政策的通知》(财税〔2016〕101号)的规定,对股权激励或技术成果投资入股所得选择适用递延纳税政策的,企业应在规定期限内到主管税务机关办理备案手续。未办理备案手续的,不得享受递延纳税优惠政策。

根据《国家税务总局关于股权激励和技术入股所得税征管问题的公告》(国家税务总局公告2016年第62号)的规定,非上市公司实施符合条件的股权激励时,个人选择递延纳税的,非上市公司应于股票(权)期权行权、限制性股票解禁、股权奖励获得之次月15日内,向主管税务机关报送《非上市公司股权激励个人所得税递延纳税备案表》、股权激励计划、董事会或股东大会决议、激励对象任职或从事技术工作情况说明等。实施股权奖励的企业同时报送本企业及其奖励股权标的企业上一纳税年度的主营业务收入构成情况说明。上市公司实施股权激励时,个人选择在不超过12个月期限内缴税的,上市公司应自股票期权行权、限制性股票解禁、股权奖励获得之次月15日内,向主管税务机关报送《上市公司股权激励个人所得税延期纳税备案表》。上市公司初次办理股权激励备案时,还应一并向主管税务机关报送股权激励计划、董事会或股东大会决议。

3. 股权激励对象享受个人所得税递延纳税/延期纳税的税务备案

根据财税〔2016〕101号、国家税务总局公告2016年第62号以及相关股权激励税收文件的规定,享受股权激励递延纳税或延期纳税政策的企业或个人需要按照文件的规定向税务机关办理备案。

(二) 非上市公司股权激励个人所得税递延纳税备案

非上市公司实施符合条件的股权激励时,个人选择递延纳税的,非上市公司应于股票(权)期权行权、限制性股票解禁、股权奖励获得之次月15日内,向主管税务机关报送《非上市公司股权激励个人所得税递延纳税备案表》(表11.1)、《个人所得税递延纳税情况年度报告表》(表11.2)、股权激励计划、董事会或股东大会决议、激励对象任职或从事技术工作情况说明等。实施股权奖励的企业同时报送本企业及其奖励股权标的企业上一纳税年度的主营业务收入构成情况说明。

非上市公司在填报上述表格时还需关注本公司或标的公司是否为限制性行业,判断标准是本公司或标的公司上一纳税年度主营业务收入占比最高的行业是否属于《股权奖励税收优惠政策限制性行业目录》(表11.3)所列行业,属于所列行业选"是",不属于所列行业选"否"。

(三) 上市公司股权激励个人所得税延期纳税备案

上市公司实施股权激励时,个人选择在不超过36个月期限内缴税的,上市公司应自股票期权行权、限制性股票解禁、股权奖励获得之次月15日内,向主管税务机关报送《上市公司股权激励个人所得税延期纳税备案表》(表11.4)。上市公司初次办理股权激励备案时,还应一并向主管税务机关报送股权激励计划、董事会或股东大会决议。

(四) 股权激励对象的报送内容

激励对象主要是在股权激励实施后向税务机关报送有关资料。

根据财税〔2005〕35号和国税函〔2009〕461号文件的规定,自行申报纳税的个人在申报纳税时,应在税法规定的纳税申报期限内,将个人接受或转让的股票期权以及认购的股票情况(包括种类、数量、施权价格、行权价格、市场价格、转让价格等)报送主管税务机关。

同时,相关文件规定,无论是员工直接持股的股权激励,还是通过持股平台等方式间接持股的股权激励;无论以境内企业股权为标的,还是以境外企业股权为标的,实施股权激励的企业包括协议控制架构企业都需要向税务机关进行备案或资料的报送,只是报送的资料内容和要求不同而已。股权激励标的在境内的,由实施股权激励的企业填报;股权激励的标的不在中国境内的,由被股权激励对象的境内任职受雇单位填报。

表 11.1 非上市公司股权激励个人所得税递延纳税备案表

备案编号（主管税务机关填写）：　　　　　　　　　　　　　　　单位：股、%、人民币元（列至角分）

公司基本情况

公司名称		纳税人识别号		联系人		联系电话	
股权激励形式	□股票（权）期权　□限制性股票　□股权奖励						

股权激励基本情况

		股权激励人数		近6个月平均人数	
该栏仅由实施股权奖励的公司填写	本公司是否为限制性行业	□是　□否	标的公司名称		
	标的公司是否为限制性行业	□是　□否	标的公司纳税人识别号		

股权激励明细情况

序号	姓名	身份证照类型	身份证照号码	股票（权）期权					限制性股票						股权奖励		
				授予日	行权日	取得成本	股数	持股比例	授予日	解禁日	可出售日	取得成本	股数	持股比例	授予日	可出售日	股数	持股比例

谨声明：此表是根据《中华人民共和国个人所得税法》及有关法律法规规定填写的，是真实的、完整的、可靠的。

公司签章：	代理申报机构（人）签章：	实施股权激励公司法定代表人签章：	主管税务机关印章：
经办人：	经办人：		受理人：
填报日期：　年　月　日	经办人执业证件号码： 代理申报日期：　年　月　日	年　月　日	受理日期：　年　月　日

国家税务总局监制

填报说明：

一、公司基本情况

1. 公司名称：填写实施股权激励的非上市公司法定名称全称。
2. 纳税人识别号：填写纳税人识别号或统一社会信用代码。
3. 联系人、联系电话：填写非上市公司负责办理股权激励相关涉税事项人员的相关情况。

二、股权激励基本情况

1. 股权激励形式：根据实施股权激励的形式勾选。
2. 股权激励人数：填写计划中被激励对象的总人数。
3. 近6个月平均人数：填写股票（权）期权行权、限制性股票解禁、股权奖励获得之上月起向前6个月"工资、薪金所得"项目全员全额扣缴明细申报的平均人数。例如，某公司实施一批股票期权并于2017年1月行权，则按照该公司2016年7月、8月、9月、10月、11月、12月"工资、薪金所得"项目全员全额扣缴明细申报的平均人数计算。计算结果按四舍五入取整。
4. 实施股权奖励公司填写栏：填写实施股权奖励企业的有关情况。

(1) 本公司是否为限制性行业：实施股权奖励公司根据本公司上一纳税年度主营业务收入占比最高的行业，确定是否属于《财政部 国家税务总局关于完善股权激励和技术入股有关所得税政策的通知》（财税〔2016〕101号）附件《股权奖励税收优惠政策限制性行业目录》所列行业。属于所列行业选"是"，不属于所列行业选"否"。

(2) 实施股权奖励的公司是否为限制性行业，标的公司无须填报本栏。

① 标的公司名称：以其他境内居民企业股权实施股权奖励的，填写用以实施股权奖励的公司法定名称全称。以技术成果投资入股到其他境内居民企业所取得的股权实施股权奖励的，填写用以实施股权奖励的公司上一纳税年度主营业务收入占比最高的行业，确定是否属于《财政部 国家税务总局关于完善股权激励和技术入股有关所得税政策的通知》（财税〔2016〕101号）附件《股权奖励税收优惠政策限制性行业目录》所列行业。
② 标的公司纳税人识别号：以其他境内居民企业股权实施股权奖励的，填写用以实施股权奖励的公司的纳税人识别号或统一社会信用代码。
③ 标的公司是否限制性行业 国家税务总局关于《财政部目录》附件《股权激励税收优惠政策限制性行业目录》，属于所列行业选"是"，不属于所列行业选"否"。

三、股权激励明细情况

1. 姓名：填写纳税人姓名。中国境内无住所个人，其姓名应当用中、外文同时填写。

2. 身份证照类型：填写能识别纳税人唯一身份的身份证、军官证、士兵证、护照、港澳居民来往内地通行证、台湾居民来往大陆通行证等有效证照名称。

3. 身份证照号码：填写能识别纳税人唯一身份的号码。

4. 股票（权）期权栏：以股票（权）期权形式实施激励的企业填写本栏。没有则不填。

① 授予日：填写股票（权）期权计划中，授予被激励对象股票（权）期权的实际日期。

② 行权日：填写根据股票（权）期权计划，行权购买股票（权）期权的实际日期。

③ 可出售日：填写根据股票（权）期权计划，股票（权）期权同时满足自授予日起持有满 3 年，且自行权日起持有满 1 年条件后，实际可以对外出售的日期。

④ 取得成本：填写被激励对象股票（权）期权行权时，按行权价实际出资的金额。

⑤ 股数、持股比例：持股比例=被激励对象实际取得的股数以及对应的持股比例。若非上市公司因公司注册类型限制，难以用股数体现被激励股权权益的，可只填写持股比例，保留小数点后两位填写。没有则不填。

5. 限制性股票栏：以限制性股票形式实施激励的企业填写本栏。

① 授予日：填写限制性股票计划中，授予被激励对象限制性股票的实际日期。

② 解禁日：填写根据限制性股票计划，限制性股票取得满足自授予日起持有满 3 年，且解禁后持有满 1 年条件后，实际可以对外出售的日期。

③ 可出售日：填写根据限制性股票计划，限制性股票达到规定条件而解除出售限制的具体日期。

④ 取得成本：填写被激励对象取得限制性股票时的实际出资金额。

⑤ 股数、持股比例：持股比例=被激励对象实际取得的股数以及对应的持股比例。若非上市公司因公司注册类型限制，难以用股数体现被激励股权权益的，可只填写持股比例，保留小数点后两位填写。没有则不填。

6. 股权奖励栏：以股权奖励形式实施激励的企业填写本栏。

① 授予日：填写授予被激励对象股权奖励计划，自获得奖励股权之日起持有满 3 年后，实际可以对外出售的日期。

② 可出售日：填写被激励对象股权奖励计划，自获得奖励股权之日起持有满 3 年后，实际可以对外出售的日期。

③ 股数、持股比例：填写被激励对象实际取得的股数以及对应的持股比例。若非上市公司因公司注册类型限制，难以用股数体现被激励股权权益的，可只填写持股比例，保留小数点后两位填写。

四、其他事项说明

本表一式二份。主管税务机关受理后，由非上市公司和主管税务机关分别留存。

表11.2 个人所得税递延纳税情况年度报告表

报告所属期： 年

单位：股，%，人民币元（列至角分）

公司基本情况

公司名称		纳税人识别号		联系人		联系电话	

递延纳税有关情况

递延纳税股票（权）形式： □股票（权）期权 □限制性股票 □股权奖励 □技术成果投资入股

递延纳税明细情况

序号	姓名	身份证照类型	身份证照号码	总体情况				股票（权）期权				限制性股票				股权奖励				技术成果投资入股			
				转让情况		剩余情况		转让情况		剩余情况		转让情况		剩余情况		转让情况		剩余情况		转让情况		剩余情况	
				股数	持股比例	股数	持股比例	股数	持股比例	股数	持股比例	股数	持股比例	股数	持股比例	股数	持股比例	股数	持股比例	股数	持股比例	股数	持股比例

注：总体情况列含"扣缴个人所得税"栏

谨声明：此表是根据《中华人民共和国个人所得税法》及有关法律法规规定填写的，是真实的、完整的、可靠的。

公司法定代表人签章： 年 月 日

公司签章：	代理申报机构（人）签章：	主管税务机关印章：
经办人：	经办人：	受理人：
填报日期： 年 月 日	经办人执业证件号码：	受理日期： 年 月 日
	代理申报日期： 年 月 日	

国家税务总局监制

填报说明：

一、公司基本情况

1. 公司名称：填写实施股权激励的非上市公司，或者取得个人技术成果投资入股相关涉税事项人员的法定名称全称。
2. 纳税人识别号：填写纳税人识别号或统一社会信用代码。
3. 联系人、联系电话：填写负责办理股权激励或技术成果投资入股相关涉税事项人员的相关情况。

二、递延纳税有关情况

递延纳税股票（权）形式：根据递延纳税的股票（权）形式勾选。

三、递延纳税明细情况

1. 姓名：填写纳税人姓名。中国境内无住所个人，其姓名应当用中、外文同时填写。
2. 身份证照类型：填写能识别纳税人唯一身份的身份证、军官证、士兵证、护照、土古证、港澳居民来往内地通行证、台湾居民来往大陆通行证等有效证照名称。
3. 身份证照号码：填写能识别纳税人唯一身份的号码。
4. 总体情况、股票（权）数、持股比例、股票（权）剥夺、限制性股票、股权奖励、技术成果投资入股栏：填写个人转让和剩余享受递延纳税优惠的股票（权）相关情况。

① 股数、持股比例：填写个人实际转让或剩余的享受递延纳税优惠的股票（权）数以及对应的持股比例。若非上市公司因公司注册类型限制，难以用股票（权）数体现个人相关权益的，可只填列持股比例，持股比例按照保留小数点后两位填写。
② 扣缴个人所得税：填写个人转让递延纳税的股权、股权奖励、技术成果投资入股后，由扣缴义务人实际扣缴的个人所得税。

四、其他事项说明

本表一式二份。主管税务机关受理后，由扣缴义务人和主管税务机关分别留存。

表 11.3 股权奖励税收优惠政策限制性行业目录①

门类代码	类别名称
A(农、林、牧、渔业)	(1) 03 畜牧业(科学研究、籽种繁育性质项目除外) (2) 04 渔业(科学研究、籽种繁育性质项目除外)
B(采矿业)	(3) 采矿业(除第 11 类开采辅助活动)
C(制造业)	(4) 16 烟草制品业 (5) 17 纺织业(除第 178 类非家用纺织制成品制造) (6) 19 皮革、毛皮、羽毛及其制品和制鞋业 (7) 20 木材加工和木、竹、藤、棕、草制品业 (8) 22 造纸和纸制品业(除第 223 类纸制品制造) (9) 31 黑色金属冶炼和压延加工业(除第 314 类钢压延加工)
F(批发和零售业)	(10) 批发和零售业
G(交通运输、仓储和邮政业)	(11) 交通运输、仓储和邮政业
H(住宿和餐饮业)	(12) 住宿和餐饮业
J(金融业)	(13) 66 货币金融服务 (14) 68 保险业
K(房地产业)	(15) 房地产业
L(租赁和商务服务业)	(16) 租赁和商务服务业
O(居民服务、修理和其他服务业)	(17) 79 居民服务业
Q(卫生和社会工作)	(18) 84 社会工作
R(文化、体育和娱乐业)	(19) 88 体育 (20) 89 娱乐业
S(公共管理、社会保障和社会组织)	(21) 公共管理、社会保障和社会组织(除第 9421 类专业性团体和 9422 类行业性团体)
T(国际组织)	(22) 国际组织

① 本表摘自《财政部 国家税务总局关于完善股权激励和技术入股有关所得税政策的通知》(财税〔2016〕101 号)附件。

第十一章 股权激励税务备案、资料报送及情况报告

表11.4 上市公司股权激励个人所得税延期纳税备案表

备案编号（主管税务机关填写）：

单位：股，人民币元（列至角分）

公司名称				纳税人识别号			股票代码			联系人		联系电话	
股权激励基本情况													
股权激励形式	□股票期权 □限制性股票 □股权奖励												
股权激励明细情况													
序号	姓名	身份证照类型	身份证照号码	任职受雇月数	股票期权				限制性股票				股权奖励	
					行权日	行权日市价	行权价	行权股数	股票登记日	股票登记日市价	解禁日	解禁日市价	实际出资总额	本批次解禁数	总股票数	授予日	授予日市价	奖励股票数

349

(续表)

谨声明：此表是根据《中华人民共和国个人所得税法》及有关法律法规规定填写的，是真实的、完整的、可靠的。

公司签章： 经办人： 填报日期：　　年　月　日	代理申报机构（人）签章： 经办人： 经办人执业证件号码： 代理申报日期：　　年　月　日	法定代表人签章：　　年　月　日 主管税务机关印章： 受理人： 受理日期：　　年　月　日

国家税务总局监制

填报说明：

一、公司基本情况

1. 公司名称：填写实施股权激励的上市公司法定名称全称。
2. 纳税人识别号：填写纳税人识别号或统一社会信用代码。
3. 联系人、联系电话：填写上市公司负责办理股权激励及相关涉税事项人员的相关情况。

二、股权激励基本情况

股权激励形式：根据实施股权激励的形式勾选。

三、股权激励明细情况

1. 姓名：填写纳税人姓名。中国境内无住所个人，其姓名应当用中、外文同时填写。
2. 身份证照类型：填写能识别纳税人唯一身份的身份证、军官证、士兵证、护照、港澳居民来往内地通行证、台湾居民来往大陆通行证等有效证照名称。

第十一章 ● 股权激励税务备案、资料报送及情况报告

3. 身份证照号码：填写能识别纳税人唯一身份的号码。
4. 任职受雇月数：填写被激励对象在本公司实际任职受雇月份数。没有则不填。
5. 股票期权栏：以股票期权形式实施激励的企业填写本栏。没有则不填。
   ① 行权日：填写根据股票期权计划，行权购买股票行权所持股票行权日的实际日期。
   ② 行权日市价：填写被激励对象股票期权行权时，实际出资的每股金额。
   ③ 行权价：填写被激励对象股票期权行权日的收盘价。
   ④ 行权股数：填写被激励对象本次行权取得的股票数量。
6. 限制性股票栏：以限制性股票形式实施激励的企业填写本栏。没有则不填。
   ① 股票登记日：填写被激励对象取得的限制性股票在中国登记结算公司进行股票登记的日期。
   ② 股票登记日市价：填写股票登记日的收盘价。
   ③ 解禁日：填写根据限制性股票计划，被激励对象取得限制性股票达到规定条件而解除出售限制的具体日期。
   ④ 解禁日市价：填写股票解禁日的收盘价。
   ⑤ 实际出资总额：填写被激励对象为获取限制性股票实际支付资金数额。
   ⑥ 本批次解禁股数：填写本次股票解禁的股数。
   ⑦ 总股票数：填写根据限制性股票计划被激励对象获取的限制性股票总数。
7. 股权奖励栏：以股权奖励形式实施激励的企业填写本栏。没有则不填。
   ① 授予日：填写授予日被激励对象获得股票的实际日期。
   ② 授予日市价：填写股票授予日的收盘价。
   ③ 奖励股票数：填写被激励对象获取的股票总数。

四、其他事项说明

本表一式二份。主管税务机关受理后，由上市公司和主管税务机关分别留存。

351

向税务机关备案或进行相关资料的报送,并不意味着就可以享受税收优惠,只有符合税收规定条件的被激励对象才能享受税收优惠。但如果未向税务机关进行备案或报送相关资料的,被激励对象不仅不能享受相关税收优惠政策,实施股权激励的企业还有可能未按规定报送资料被税务处罚。

(五) 扣缴义务人的报送内容

根据财税〔2005〕35号文件的规定,扣缴义务人代扣代缴税款时,应在税法规定的纳税申报期限内,将个人接受或转让的股票期权以及认购的股票情况(包括种类、数量、施权价格、行权价格、市场价格、转让价格等)报送主管税务机关。

根据国税函〔2009〕461号文件的规定,扣缴义务人在代扣代缴税时,应在税法规定的纳税申报期限内,将个人接受或转让的股权以及认购的股票情况(包括种类、数量、施权价格、行权价格、市场价格、转让价格等)、股权激励人员名单、应纳税所得额、应纳税额等资料报送主管税务机关。

根据财税〔2016〕101号文件的规定,企业实施股权激励或个人以技术成果投资入股的,实施股权激励或取得技术成果的企业为个人所得税扣缴义务人。递延纳税期间,扣缴义务人应在每个纳税年度终了后向主管税务机关报告递延纳税有关情况。

根据国家税务总局公告2016年第62号文件的规定,对于个人因非上市公司实施股权激励或以技术成果投资入股取得的股票(权),实行递延纳税期间,扣缴义务人应于每个纳税年度终了后30日内,向主管税务机关报送《个人所得税递延纳税情况年度报告表》。递延纳税股票(权)转让、办理纳税申报时,扣缴义务人和个人应向主管税务机关一并报送能够证明股票(权)转让价格、递延纳税股票(权)原值、合理税费的有关资料,具体包括转让协议、评估报告和相关票据等。资料不全或无法充分证明有关情况,造成计税依据偏低,又无正当理由的,主管税务机关可依据税收征管法有关规定进行核定。

三、股权激励税务备案或资料报送汇总

为方便读者实操,我们对有关股权激励税务备案或资料报送的主体、时间、内容及政策依据进行了汇总,详见表11.5。

表 11.5 股权激励税务备案或资料报送汇总表

工具	报送或备案的时间	报送主体	报送或备案的内容	政策文件
股票期权	实施之前	境内上市公司	计划或实施方案、股票期权协议书、授权通知书等	财税〔2005〕35号；国税函〔2009〕461号
	员工行权之前	非上市公司	股票期权行权通知书和行权调整通知书等	
	行权之次月15日内	上市公司	《上市公司股权激励个人所得税递延纳税备案表》、股权激励备案时，还应一并向主管税务机关报送股权激励计划、董事会或股东大会决议	财税〔2016〕101号；国家税务总局公告2016年第62号
限制性股票	限制性股票登记并经上市公司公示后15日内	境内上市公司	限制性股票计划或实施方案、协议书、授权通知书、股票登记日期及当日收盘价、禁售期限和股权激励人员名单等	财税〔2009〕5号；国税函〔2009〕461号
		境外上市公司的境内机构	境外上市公司实施股权激励计划的中（外）文资料	
	限制性股票解禁次月15日内	非上市公司	《非上市公司股权激励个人所得税递延纳税备案表》、股权激励备案时，还应一并向主管税务机关报送股权激励计划、董事会或股东大会决议	财税〔2016〕101号；国家税务总局公告2016年第62号
股票增值权	实施之前	上市公司	《上市公司股权激励个人所得税递延纳税备案表》、上市公司初次办理股权激励备案时，还应一并向主管税务机关报送股权激励计划、授权通知书、协议书等有关资料	财税〔2016〕101号；国家税务总局公告2016年第62号
	行权之前	境内上市公司	股票增值权计划、实施方案、协议书、授权通知书和行权调整通知书等	财税〔2005〕35号；财税〔2009〕5号；国税函〔2009〕461号
股权奖励	股权奖励获得之次月15日内	非上市公司	《非上市公司股权激励个人所得税递延纳税备案表》、实施股权奖励的企业应一并报送本企业及其奖励股权标的企业上一纳税年度主营业务收入构成说明	财税〔2016〕101号；国家税务总局公告2016年第62号
		上市公司	《上市公司股权激励个人所得税递延纳税备案表》。上市公司初次办理股权激励备案时，还应一并向主管税务机关报送股权激励计划、董事会或股东大会决议	
间接持股	持有权益性投资之日起30日内	个人独资企业、合伙企业	持有权益性投资的情况	财政部税务总局公告2021年第41号

表 11.6 股权激励情况报告表

备案编号（主管税务机关填写）： 金额单位：人民币元（列至角分）

股权激励计划实施企业基本情况

实施企业名称		纳税人识别号（统一社会信用代码）	
所在国家/地区		地址	联系人	电话

股权激励计划标的企业基本情况

企业名称		纳税人识别号（统一社会信用代码）	
所在国家/地区		地址	联系人	电话

股权激励计划实施企业是标的企业的	□直接或间接控股公司 □直接或间接被控股公司 □直接或间接协议控制公司 □直接或间接被协议控制公司 □其他

股权激励形式

股权激励形式（单选）	□股票（权）期权 □限制性股票 □股票增值权 □股权奖励 □其他形式

被激励对象基本情况

序号	姓名	身份证件类型	身份证件号码	职务	授予股数	授予(行权)价格	决定实施股权激励计划日期	授予日	可行权日

(续表)

谨声明：本表是根据国家税收法律法规及相关规定填报的，是真实的、可靠的、完整的。

经办人签字：
经办人身份证件类型：
经办人身份证件号码：
代理机构签章：
代理机构统一社会信用代码：

| 受理人： |
| 受理税务机关（章）： |
| 受理日期：　　年　月　日 |

填报单位(签章)：　　年　月　日

国家税务总局监制

本表有关栏次填写说明：
一、股权激励计划实施企业基本情况
纳税人识别号(统一社会信用代码)：股权激励计划实施企业为境外企业的，不填写本项。
二、股权激励计划标的企业基本情况
1. 纳税人识别号(统一社会信用代码)：股权激励计划标的企业为境外企业的，不填写本项。
2. 股权激励计划实施企业是标的企业的，勾选"其他"的，需要在后面横线处填写详细情况。
三、股权激励方式
股权激励形式(单选)：勾选"其他形式"的，需要在后面横线处填写详细情况。
四、其他事项说明
以纸质方式报送本表的，建议通过计算机填写打印，一式两份，填报单位、税务机关各留存一份。多次实施股权激励或者实施多种形式的股权激励的，应当分别报送本表。

355

第二节　股权激励情况报告

对于实施股权激励的企业，无论其实施的是直接持股的股权激励还是间接持股的股权激励，或者是虚拟持股的股票激励，无论是上市公司还是非上市公司，也无论股权激励是否享受递延纳税政策，都需要按照《国家税务总局关于进一步深化税务领域"放管服"改革培育和激发市场主体活力若干措施的通知》（税总征科发〔2021〕69号）文件的要求，在决定实施股权激励的次月15日内，向主管税务机关报送《股权激励情况报告表》（表11.6），并按照财税〔2005〕35号、财税〔2016〕101号等现行规定向主管税务机关报送相关资料。股权激励计划已实施但尚未执行完毕的，企业应于当年年底前向主管税务机关补充报送《股权激励情况报告表》和相关资料。境内企业以境外企业股权为标的对员工进行股权激励的，应当按照工资、薪金所得扣缴个人所得税，并执行上述规定填报《股权激励情况报告表》。这主要是为了优化税务执法和加强税务监管，维护公平公正税收环境。

《股权激励情况报告表》由实施股权激励的企业填报。实施股权激励的企业不在中国境内的，由被股权激励对象的境内任职受雇单位填报。实施股权激励的企业应在决定实施股权激励的次月15日内向主管税务机关报送此表。

第三节　间接持股的股权激励情况报告及税务备案

一、权益性投资情况报告

根据《关于权益性投资经营所得个人所得税征收管理的公告》（财政

部 税务总局公告 2021 年第 41 号)的规定:对于通过合伙企业间接持有股权(票)的股权激励,自 2022 年 1 月 1 日起,持有股权、股票、合伙企业财产份额等权益性投资的合伙企业,一律适用查账征收方式计征个人所得税。合伙企业应自持有上述权益性投资之日起 30 日内,主动向税务机关报送持有权益性投资的情况;公告实施前合伙企业已持有权益性投资的,应当在 2022 年 1 月 30 日前向税务机关报送持有权益性投资的情况。税务机关接到核定征收合伙企业报送持有权益性投资情况的,调整其征收方式为查账征收。

财税公告 2021 年第 41 号规定,通过合伙企业员工持股平台实施股权激励的企业也需要向税务机关报送持有权益性投资相关信息。报送信息是与权益性投资相关的内容,主要包括被投资企业名称、投资时间、出资形式(货币还是非货币资产)、投资金额、投资占比、投资类型(非上市公司股权、新三板股票、上市公司股票等)分配比例、被投资企业资产相关情况等。

以自然人电子税务局扣缴端为例,合伙企业权益性投资报告报送流程如下:

第一步,登录自然人电子税务局(扣缴端),进入"经营所得"模块,选择"持有权益性投资情况"。

第二步,点击"添加"按键后,系统弹出"权益性投资情况"报送界面。据实填写相关信息,其中"是否持有权益性投资"和"持有起始时间"为必填项(标 * 部分为必填项),"持有结束时间"为非必填项。

第三步,系统弹出提示,点击"确定"按键,报送成功。

需要注意的是,"权益性投资情况"报送成功后不可在自然人电子税务局扣缴端进行作废或修改操作,若需调整需至主管税务机关大厅办理。

二、间接股权激励的情况报告

相关税收政策明确规定,可享受个人所得税优惠政策的股权激励对象为实施股权激励的企业员工,即直接持股的员工。但现有税收政策对于通过持股平台间接实施股权激励的企业是否需要按照税总征科发〔2021〕69 号文件要求向主管税务机关报送《股权激励情况报告表》,以及如需报送如何填写《股权激励情况报告表》等都没有明确规定。在实务中,部分的税务机关答复纳税人时认为需要办理报送,部分的税务机关认为无需办理报送。

从政策文件出台背景分析,税总征科发〔2021〕69号中的《股权激励情况报告表》针对的是股权激励这一行为事实,原则上只要实施了股权激励行为,不论是何种股权激励方式,实施方均需向税务机关报送《股权激励情况报告表》,但《股权激励情况报告表》并未设置与持股平台所对应的相关内容,不能反映实施间接股权激励企业的真实情况,因此间接持股平台难以填报此表。

从不同主体法律性质分析,实施间接股权激励的企业也无需填报《股权激励情况报告表》。因为有限公司与有限合伙企业都是独立的商事主体,有限公司的股东或合伙企业的个人合伙人承担相应的法律义务,享受相应的法律权利,如果要求有限公司或有限合伙企业填报该表,则会对今后税务管理带来很大的不确定性,例如,可否对有限公司股东或合伙企业个人合伙人取得的股权转让收入直接按"工资、薪金所得"征收个人所得税,以及对这些主体征收了"工资、薪金所得"个人所得税后,实施股权激励的企业可否对股权激励费用进行税前扣除,等等。

三、间接股权激励的递延纳税备案

目前,我国相关税收政策文件规定,只有实施直接股权激励的非上市公司的激励对象才能享受个人所得税递延税纳政策,如福州市税务局就曾明确"非上市公司股权激励递延纳税政策不适用于职工持股平台"。

> **专栏11.1** 国家税务总局福州市税务局关于市十六届人大四次会议第1115号建议的答复
>
> 范强代表:
>
> 《关于健全我市科创型非上市企业及拟上市后备企业股权激励税收优惠政策的建议》(第1115号)收悉。现答复如下。
>
> 一、现行政策中关于股权激励个人所得税适用递延纳税政策的规定
>
> 根据《财政部 国家税务总局关于完善股权激励和技术入股有关所得税政策的通知》(财税〔2016〕101号)规定,非上市公司授予本公司员工的股票期权、股权期权、限制性股票和股权奖励,符合规定条件的,经

向主管税务机关备案，可实行递延纳税政策，即员工在取得股权激励时可暂不纳税，递延至转让该股权时纳税；股权转让时，按照股权转让收入减除股权取得成本以及合理税费后的差额，适用"财产转让所得"项目，按照20%的税率计算缴纳个人所得税。

二、员工持股平台不适用股权激励个人所得税递延纳税政策

员工通过持股平台持股属于间接持股，持股者为持股平台，不符合上述条件，不适用股权激励个人所得税递延纳税政策。

综上所述，目前非上市股权激励递延纳税政策不适用于职工持股平台。福州市税务局将一如既往做好相关税收优惠的宣传辅导工作，确保优惠政策准确、及时落实到位。

同时，福州市税务局将切实以高质量办理成效回应民生关切，紧跟经济新发展态势，积极向上级机关汇报，助力推动税收优惠政策落地落实，为有效推动科创型非上市企业及拟上市后备企业的发展，以及提升我市在吸引高端科技人才方面的竞争力贡献税务力量。

国家税务总局福州市税务局
2025年4月24日

实务中，对于以合伙企业平台持股的，或是基于合伙企业持股平台的合伙人实质上构成实施股权激励企业的核心员工主体，或是基于合伙企业在所得税上的税收"虚体"等原因，部分地方对合伙型的股权激励员工平台办理了递延纳税备案，我们仅举两例说明。

【例11.1】 广东明阳电气股份有限公司合伙制员工持股平台递延纳税备案案例

2022年6月29日，广东明阳电气股份有限公司（简称明阳电气）在首发上市资料中披露：2019年12月19日，明阳电气注册资本由人民币3000万元增加至4000万元，新增注册资本1000万元分别由员工持股平台——慧众咨询公司、华慧咨询公司以货币方式认缴。

根据《财政部 国家税务总局关于完善股权激励和技术入股有关所得

税政策的通知》(财税〔2016〕101号)的规定:"非上市公司授予本公司员工的股票期权、股权期权、限制性股票和股权奖励,符合规定条件的,经向主管税务机关备案,可实行递延纳税政策,即员工在取得股权激励时可暂不纳税,递延至转让该股权时纳税。"

截至本审核问询函回复出具日,慧众咨询、华慧咨询已向国家税务总局中山火炬高技术产业开发区税务局申请递延缴纳,并已取得《非上市公司股权激励个人所得税递延纳税备案表》,符合相关税务法律规定和实践的具体要求。具体涉税金额为在该部分股权转让时,按照股权转让收入减除股权取得成本以及合理税费后的差额,适用"财产转让所得"税目,按照20%的税率计算缴纳个人所得税。

【例11.2】 浙江润阳新材料科技股份有限公司合伙制员工持股平台递延纳税备案案例

2020年12月7日,浙江润阳新材料科技股份有限公司(简称润阳科技)披露:报告期内,公司业务规模持续扩大,盈利能力快速提升,为了让骨干员工分享公司经营发展成果,吸引并留住人才,2017年度,公司实施股权激励政策,授予骨干员工股份合计171.12万股,认购价格为2.60元/股,授予股份的公允价值以2018年1月外部投资者增资价格——15.4410元/股确定,共形成股份支付金额为2197.34万元,一次性计入2017年度当期损益。其中,部分员工通过员工持股平台安扬投资和明茂投资获得了相应的股权激励。截至本招股意向书签署日,润阳科技已按照相关法律法规的要求向主管税务机关对所有获得股权激励的员工(包括通过员工持股平台获得股权激励的员工)进行了非上市公司股权激励个人所得税递延纳税备案登记。

2020年9月14日,国家税务总局长兴县税务局出具了相关证明:"截至本证明出具日,润阳科技已对上述获得股权激励的员工进行了非上市公司股权激励个人所得税递延纳税备案登记,相关手续完备,所有获得股权激励的员工的递延纳税情况符合相关规定,未发现涉税违法违规行为。"

2020年9月14日,实际控制人张镁、杨庆锋出具了如下承诺:"若因股权激励涉及的个人所得税递延纳税备案被相关部门认定为无效或存在任何违法违规行为,导致润阳科技受到相关处罚,本人将无条件全额承担相关费用。本人保证上述确认内容真实、准确、完整,没有虚假记载、误导性陈述或重大遗漏,本人知晓本承诺函对本人的法律效力,如有违反愿意承担相应的法律责任;本人同意本承诺函被用于向有关部门作为证据提供,也可能被公开用于浙江润阳新材料科技股份有限公司的申请上市资料或其他相关资料中。"

综上所述,公司已按照相关法律法规的要求对获得股权激励的员工(包括通过员工持股平台获得股权激励的员工)进行了非上市公司股权激励个人所得税递延纳税备案登记,相关手续完备,备案登记合法合规,不存在相关税务风险。

上述案例中,作为股权激励员工持股平台的合伙企业虽然作了递延纳税备案,但基于严格征管的税收趋势,后续是否能实现递延纳税且按"财产转让所得"缴纳个人所得税的备案目标具有不确定性。

此外,部分税务部门明确表示,通过员工持股平台间接实施股权激励不属于税法所规定的股权激励,不适用财税〔2016〕101号文件政策。

参考文献

[1] 李善星,武元政,周敬芳.股权激励密码[M].北京:清华大学出版社,2022.

[2] 罗毅.股权穿透:非上市公司股权激励实战指南[M].北京:法律出版社,2018.

[3] 赵民,张泓翊,仇德涛.股权激励实操手册:利益协调+落地方法+范本案例[M].北京:人民邮电出版社,2019.

[4] 杨晓刚.股权激励一本通:方案+范本+案例[M].北京:人民邮电出版社,2017.

[5] 财政部会计司编写组.企业会计准则讲解[M].北京:人民出版社,2010.

附录一

上市公司股权激励管理办法

（2016年5月4日中国证券监督管理委员会2016年第6次主席办公会议审议通过，根据2018年8月15日中国证券监督管理委员会《关于修改〈上市公司股权激励管理办法〉的决定》和2025年2月19日中国证券监督管理委员会《关于修改部分证券期货规章的决定》修正）

第一章 总 则

第一条 为进一步促进上市公司建立健全激励与约束机制，依据《中华人民共和国公司法》（以下简称《公司法》）、《中华人民共和国证券法》（以下简称《证券法》）及其他法律、行政法规的规定，制定本办法。

第二条 本办法所称股权激励是指上市公司以本公司股票为标的，对其董事、高级管理人员及其他员工进行的长期性激励。

上市公司以限制性股票、股票期权实行股权激励的，适用本办法；以法律、行政法规允许的其他方式实行股权激励的，参照本办法有关规定执行。

第三条 上市公司实行股权激励，应当符合法律、行政法规、本办法和公司章程的规定，有利于上市公司的持续发展，不得损害上市公司利益。

上市公司的董事和高级管理人员在实行股权激励中应当诚实守信，勤勉尽责，维护公司和全体股东的利益。

第四条 上市公司实行股权激励，应当严格按照本办法和其他相关规定的要求履行信息披露义务。

第五条 为上市公司股权激励计划出具意见的证券中介机构和人

员,应当诚实守信、勤勉尽责,保证所出具的文件真实、准确、完整。

第六条 任何人不得利用股权激励进行内幕交易、操纵证券市场等违法活动。

第二章 一 般 规 定

第七条 上市公司具有下列情形之一的,不得实行股权激励:

(一)最近一个会计年度财务会计报告被注册会计师出具否定意见或者无法表示意见的审计报告;

(二)最近一个会计年度财务报告内部控制被注册会计师出具否定意见或无法表示意见的审计报告;

(三)上市后最近36个月内出现过未按法律法规、公司章程、公开承诺进行利润分配的情形;

(四)法律法规规定不得实行股权激励的;

(五)中国证监会认定的其他情形。

第八条 激励对象可以包括上市公司的董事、高级管理人员、核心技术人员或者核心业务人员,以及公司认为应当激励的对公司经营业绩和未来发展有直接影响的其他员工,但不应当包括独立董事。外籍员工任职上市公司董事、高级管理人员、核心技术人员或者核心业务人员的,可以成为激励对象。

单独或合计持有上市公司5%以上股份的股东或实际控制人及其配偶、父母、子女,不得成为激励对象。下列人员也不得成为激励对象:

(一)最近12个月内被证券交易所认定为不适当人选;

(二)最近12个月内被中国证监会及其派出机构认定为不适当人选;

(三)最近12个月内因重大违法违规行为被中国证监会及其派出机构行政处罚或者采取市场禁入措施;

(四)具有《公司法》规定的不得担任公司董事、高级管理人员情形的;

(五)法律法规规定不得参与上市公司股权激励的;

(六)中国证监会认定的其他情形。

第九条 上市公司依照本办法制定股权激励计划的,应当在股权激励计划中载明下列事项:

(一)股权激励的目的;

(二)激励对象的确定依据和范围;

(三)拟授出的权益数量,拟授出权益涉及的标的股票种类、来源、数量及占上市公司股本总额的百分比;分次授出的,每次拟授出的权益数量、涉及的标的股票数量及占股权激励计划涉及的标的股票总额的百分比、占上市公司股本总额的百分比;设置预留权益的,拟预留权益的数量、涉及标的股票数量及占股权激励计划的标的股票总额的百分比;

(四)激励对象为董事、高级管理人员的,其各自可获授的权益数量、占股权激励计划拟授出权益总量的百分比;其他激励对象(各自或者按适当分类)的姓名、职务、可获授的权益数量及占股权激励计划拟授出权益总量的百分比;

(五)股权激励计划的有效期,限制性股票的授予日、限售期和解除限售安排,股票期权的授权日、可行权日、行权有效期和行权安排;

(六)限制性股票的授予价格或者授予价格的确定方法,股票期权的行权价格或者行权价格的确定方法;

(七)激励对象获授权益、行使权益的条件;

(八)上市公司授出权益、激励对象行使权益的程序;

(九)调整权益数量、标的股票数量、授予价格或者行权价格的方法和程序;

(十)股权激励会计处理方法、限制性股票或股票期权公允价值的确定方法、涉及估值模型重要参数取值合理性、实施股权激励应当计提费用及对上市公司经营业绩的影响;

(十一)股权激励计划的变更、终止;

(十二)上市公司发生控制权变更、合并、分立以及激励对象发生职务变更、离职、死亡等事项时股权激励计划的执行;

(十三)上市公司与激励对象之间相关纠纷或争端解决机制;

(十四)上市公司与激励对象的其他权利义务。

第十条 上市公司应当设立激励对象获授权益、行使权益的条件。

拟分次授出权益的,应当就每次激励对象获授权益分别设立条件;分期行权的,应当就每次激励对象行使权益分别设立条件。

激励对象为董事、高级管理人员的,上市公司应当设立绩效考核指标作为激励对象行使权益的条件。

第十一条 绩效考核指标应当包括公司业绩指标和激励对象个人绩效指标。相关指标应当客观公开、清晰透明,符合公司的实际情况,有利于促进公司竞争力的提升。

上市公司可以公司历史业绩或同行业可比公司相关指标作为公司业绩指标对照依据,公司选取的业绩指标可以包括净资产收益率、每股收益、每股分红等能够反映股东回报和公司价值创造的综合性指标,以及净利润增长率、主营业务收入增长率等能够反映公司盈利能力和市场价值的成长性指标。以同行业可比公司相关指标作为对照依据的,选取的对照公司不少于3家。

激励对象个人绩效指标由上市公司自行确定。

上市公司应当在公告股权激励计划草案的同时披露所设定指标的科学性和合理性。

第十二条 拟实行股权激励的上市公司,可以下列方式作为标的股票来源:

(一)向激励对象发行股份;

(二)回购本公司股份;

(三)法律、行政法规允许的其他方式。

第十三条 股权激励计划的有效期从首次授予权益日起不得超过10年。

第十四条 上市公司可以同时实行多期股权激励计划。同时实行多期股权激励计划的,各期激励计划设立的公司业绩指标应当保持可比性,后期激励计划的公司业绩指标低于前期激励计划的,上市公司应当充分说明其原因与合理性。

上市公司全部在有效期内的股权激励计划所涉及的标的股票总数累计不得超过公司股本总额的10%。非经股东会特别决议批准,任何一名激励对象通过全部在有效期内的股权激励计划获授的本公司股票,累计不得超过公司股本总额的1％。

本条第二款所称股本总额是指股东会批准最近一次股权激励计划时公司已发行的股本总额。

第十五条 上市公司在推出股权激励计划时,可以设置预留权益,预留比例不得超过本次股权激励计划拟授予权益数量的20％。

上市公司应当在股权激励计划经股东会审议通过后12个月内明确预留权益的授予对象;超过12个月未明确激励对象的,预留权益失效。

第十六条 相关法律、行政法规、部门规章对上市公司董事、高级管理人员买卖本公司股票的期间有限制的,上市公司不得在相关限制期间内向激励对象授出限制性股票,激励对象也不得行使权益。

第十七条 上市公司启动及实施增发新股、并购重组、资产注入、发行可转债、发行公司债券等重大事项期间,可以实行股权激励计划。

第十八条 上市公司发生本办法第七条规定的情形之一的,应当终止实施股权激励计划,不得向激励对象继续授予新的权益,激励对象根据股权激励计划已获授但尚未行使的权益应当终止行使。

在股权激励计划实施过程中,出现本办法第八条规定的不得成为激励对象情形的,上市公司不得继续授予其权益,其已获授但尚未行使的权益应当终止行使。

第十九条 激励对象在获授限制性股票或者对获授的股票期权行使权益前后买卖股票的行为,应当遵守《证券法》《公司法》等相关规定。

上市公司应当在本办法第二十条规定的协议中,就前述义务向激励对象作出特别提示。

第二十条 上市公司应当与激励对象签订协议,确认股权激励计划的内容,并依照本办法约定双方的其他权利义务。

上市公司应当承诺,股权激励计划相关信息披露文件不存在虚假记载、误导性陈述或者重大遗漏。

所有激励对象应当承诺,上市公司因信息披露文件中有虚假记载、误导性陈述或者重大遗漏,导致不符合授予权益或行使权益安排的,激励对象应当自相关信息披露文件被确认存在虚假记载、误导性陈述或者重大遗漏后,将由股权激励计划所获得的全部利益返还公司。

第二十一条 激励对象参与股权激励计划的资金来源应当合法合规,不得违反法律、行政法规及中国证监会的相关规定。

上市公司不得为激励对象依股权激励计划获取有关权益提供贷款、为其贷款提供担保以及其他任何形式的财务资助,损害公司利益。

第三章 限制性股票

第二十二条 本办法所称限制性股票是指激励对象按照股权激励计划规定的条件,获得的转让等部分权利受到限制的本公司股票。

限制性股票在解除限售前不得转让、用于担保或偿还债务。

第二十三条 上市公司在授予激励对象限制性股票时,应当确定授予价格或授予价格的确定方法。授予价格不得低于股票票面金额,且原则上不得低于下列价格较高者:

(一)股权激励计划草案公布前1个交易日的公司股票交易均价的50%;

(二)股权激励计划草案公布前20个交易日、60个交易日或者120个交易日的公司股票交易均价之一的50%。

上市公司采用其他方法确定限制性股票授予价格的,应当在股权激励计划中对定价依据及定价方式作出说明。

第二十四条 限制性股票授予日与首次解除限售日之间的间隔不得少于12个月。

第二十五条 在限制性股票有效期内,上市公司应当规定分期解除限售,每期时限不得少于12个月,各期解除限售的比例不得超过激励对象获授限制性股票总额的50%。

当期解除限售的条件未成就的,限制性股票不得解除限售或递延至下期解除限售,应当按照本办法第二十六条规定处理。

第二十六条 出现本办法第十八条、第二十五条规定情形,或者其他终止实施股权激励计划的情形或激励对象未达到解除限售条件的,上市公司应当回购尚未解除限售的限制性股票,并按照《公司法》的规定进行处理。

对出现本办法第十八条第一款情形负有个人责任的,或出现本办法

第十八条第二款情形的,回购价格不得高于授予价格;出现其他情形的,回购价格不得高于授予价格加上银行同期存款利息之和。

第二十七条 上市公司应当在本办法第二十六条规定的情形出现后及时召开董事会审议回购股份方案,并依法将回购股份方案提交股东会批准。回购股份方案包括但不限于以下内容:

(一)回购股份的原因;

(二)回购股份的价格及定价依据;

(三)拟回购股份的种类、数量及占股权激励计划所涉及的标的股票的比例、占总股本的比例;

(四)拟用于回购的资金总额及资金来源;

(五)回购后公司股本结构的变动情况及对公司业绩的影响。律师事务所应当就回购股份方案是否符合法律、行政法规、本办法的规定和股权激励计划的安排出具专业意见。

第四章 股票期权

第二十八条 本办法所称股票期权是指上市公司授予激励对象在未来一定期限内以预先确定的条件购买本公司一定数量股份的权利。

激励对象获授的股票期权不得转让、用于担保或偿还债务。

第二十九条 上市公司在授予激励对象股票期权时,应当确定行权价格或者行权价格的确定方法。行权价格不得低于股票票面金额,且原则上不得低于下列价格较高者:

(一)股权激励计划草案公布前 1 个交易日的公司股票交易均价;

(二)股权激励计划草案公布前 20 个交易日、60 个交易日或者 120 个交易日的公司股票交易均价之一。

上市公司采用其他方法确定行权价格的,应当在股权激励计划中对定价依据及定价方式作出说明。

第三十条 股票期权授权日与获授股票期权首次可行权日之间的间隔不得少于 12 个月。

第三十一条 在股票期权有效期内,上市公司应当规定激励对象分期行权,每期时限不得少于 12 个月,后一行权期的起算日不得早于前一行权期的届满日。每期可行权的股票期权比例不得超过激励对象获授股票期权总额的50%。当期行权条件未成就的,股票期权不得行权或递延至下期行权,并应当按照本办法第三十二条第二款规定处理。

第三十二条 股票期权各行权期结束后,激励对象未行权的当期股票期权应当终止行权,上市公司应当及时注销。

出现本办法第十八条、第三十一条规定情形,或者其他终止实施股权激励计划的情形或激励对象不符合行权条件的,上市公司应当注销对应的股票期权。

第五章　实 施 程 序

第三十三条 上市公司实行股权激励,董事会应当依法对股权激励计划草案作出决议,拟作为激励对象的董事或与其存在关联关系的董事应当回避表决。

董事会审议本办法第四十四条、第四十五条、第四十六条、第四十七条、第四十八条、第四十九条规定中有关股权激励计划实施的事项时,拟作为激励对象的董事或与其存在关联关系的董事应当回避表决。

董事会应当在依照本办法第三十六条、第五十三条的规定履行公示、公告程序后,将股权激励计划提交股东会审议。

第三十四条 董事会薪酬与考核委员会应当就股权激励计划草案是否有利于上市公司的持续发展,是否存在明显损害上市公司及全体股东利益的情形发表意见。

董事会薪酬与考核委员会认为有必要的,可以建议上市公司聘请独立财务顾问,对股权激励计划的可行性、是否有利于上市公司的持续发展、是否损害上市公司利益以及对股东利益的影响发表专业意见。上市公司未按照建议聘请独立财务顾问的,应当就此事项作特别说明。

第三十五条 上市公司未按照本办法第二十三条、第二十九条定价原则,而采用其他方法确定限制性股票授予价格或股票期权行权价格的,应当聘请独立财务顾问,对股权激励计划的可行性、是否有利于上市公司的持续发展、相关定价依据和定价方法的合理性、是否损害上市公司利益以及对股东利益的影响发表专业意见。

第三十六条 上市公司应当在召开股东会前,通过公司网站或者其他途径,在公司内部公示激励对象的姓名和职务,公示期不少于 10 天。

董事会薪酬与考核委员会应当对股权激励名单进行审核,充分听取公示意见。上市公司应当在股东会审议股权激励计划前 5 日披露董事会薪酬与考核委员会对激励名单审核及公示情况的说明。

第三十七条 上市公司应当对内幕信息知情人在股权激励计划草案公告前 6 个月内买卖本公司股票及其衍生品种的情况进行自查,说明是否存在内幕交易行为。

知悉内幕信息而买卖本公司股票的,不得成为激励对象,法律、行政法规及相关司法解释规定不属于内幕交易的情形除外。

泄露内幕信息而导致内幕交易发生的,不得成为激励对象。

第三十八条 上市公司应当聘请律师事务所对股权激励计划出具法律意见书,至少对以下事项发表专业意见:

(一)上市公司是否符合本办法规定的实行股权激励的条件;

(二)股权激励计划的内容是否符合本办法的规定;

(三)股权激励计划的拟订、审议、公示等程序是否符合本办法的规定;

(四)股权激励对象的确定是否符合本办法及相关法律法规的规定;

(五)上市公司是否已按照中国证监会的相关要求履行信息披露义务;

(六)上市公司是否为激励对象提供财务资助;

(七)股权激励计划是否存在明显损害上市公司及全体股东利益和违反有关法律、行政法规的情形;

(八)拟作为激励对象的董事或与其存在关联关系的董事是否根据本办法的规定进行了回避;

(九)其他应当说明的事项。

第三十九条 股东会应当对本办法第九条规定的股权激励计划内容进行表决,并经出席会议的股东所持表决权的 2/3 以上通过。除上市公司董事、高级管理人员、单独或合计持有上市公司 5% 以上股份的股东以外,其他股东的投票情况应当单独统计并予以披露。

上市公司股东会审议股权激励计划时,拟为激励对象的股东或者与激励对象存在关联关系的股东,应当回避表决。

第四十条 上市公司董事会应当根据股东会决议,负责实施限制性股票的授予、解除限售和回购以及股票期权的授权、行权和注销。

上市公司董事会薪酬与考核委员会应当对限制性股票授予日及期权授予日激励对象名单进行核实并发表意见。

第四十一条 上市公司授予权益与回购限制性股票、激励对象行使权益前,上市公司应当向证券交易所提出申请,经证券交易所确认后,由证券登记结算机构办理登记结算事宜。

第四十二条 股权激励计划经股东会审议通过后,上市公司应当在60日内授予权益并完成公告、登记;有获授权益条件的,应当在条件成就后60日内授出权益并完成公告、登记。上市公司未能在60日内完成上述工作的,应当及时披露未完成的原因,并宣告终止实施股权激励,自公告之日起3个月内不得再次审议股权激励计划。根据本办法规定上市公司不得授出权益的期间不计算在60日内。

第四十三条 上市公司应当按照证券登记结算机构的业务规则,在证券登记结算机构开设证券账户,用于股权激励的实施。

激励对象为外籍员工的,可以向证券登记结算机构申请开立证券账户。

尚未行权的股票期权,以及不得转让的标的股票,应当予以锁定。

第四十四条 上市公司在向激励对象授出权益前,董事会应当就股权激励计划设定的激励对象获授权益的条件是否成就进行审议,董事会薪酬与考核委员会应当发表明确意见。律师事务所应当对激励对象获授权益的条件是否成就出具法律意见。

上市公司向激励对象授出权益与股权激励计划的安排存在差异时,董事会薪酬与考核委员会、律师事务所、独立财务顾问(如有)应当同时发表明确意见。

第四十五条 激励对象在行使权益前,董事会应当就股权激励计划设定的激励对象行使权益的条件是否成就进行审议,董事会薪酬与考核委员会应当发表明确意见。律师事务所应当对激励对象行使权益的条件是否成就出具法律意见。

第四十六条 因标的股票除权、除息或者其他原因需要调整权益价格或者数量的,上市公司董事会应当按照股权激励计划规定的原则、方式和程序进行调整。

律师事务所应当就上述调整是否符合本办法、公司章程的规定和股权激励计划的安排出具专业意见。

第四十七条 分次授出权益的,在每次授出权益前,上市公司应当召开董事会,按照股权激励计划的内容及首次授出权益时确定的原则,决定授出的权益价格、行使权益安排等内容。

当次授予权益的条件未成就时,上市公司不得向激励对象授予权益,未授予的权益也不得递延下期授予。

第四十八条 上市公司在股东会审议通过股权激励方案之前可对其进行变更。变更需经董事会审议通过。

上市公司对已通过股东会审议的股权激励方案进行变更的,应当及时公告并提交股东会审议,且不得包括下列情形:

(一)导致加速行权或提前解除限售的情形;

(二)降低行权价格或授予价格的情形。

董事会薪酬与考核委员会应当就变更后的方案是否有利于上市公司的持续发展,是否存在明显损害上市公司及全体股东利益的情形发表独立意见。律师事务所应当就变更后的方案是否符合本办法及相关法律法规的规定、是否存在明显损害上市公司及全体股东利益的情形发表专业意见。

第四十九条 上市公司在股东会审议股权激励计划之前拟终止实施股权激励的,需经董事会审议通过。

上市公司在股东会审议通过股权激励计划之后终止实施股权激励的,应当由股东会审议决定。

律师事务所应当就上市公司终止实施激励是否符合本办法及相关法律法规的规定、是否存在明显损害上市公司及全体股东利益的情形发表专业意见。

第五十条 上市公司股东会或董事会审议通过终止实施股权激励计

划决议,或者股东会审议未通过股权激励计划的,自决议公告之日起3个月内,上市公司不得再次审议股权激励计划。

第五十一条 上市公司未在董事会中设置薪酬与考核委员会的,由独立董事专门会议按照本办法第三十六条第二款对激励名单进行审核,按照本办法第四十条第二款对限制性股票授予日及期权授予日激励对象名单进行核实,并按照本办法第三十四条、第四十条第二款、第四十四条、第四十五条和第四十八条第三款的规定发表意见。

第六章 信息披露

第五十二条 上市公司实行股权激励,应当真实、准确、完整、及时、公平地披露或者提供信息,不得有虚假记载、误导性陈述或者重大遗漏。

第五十三条 上市公司应当在董事会审议通过股权激励计划草案后,及时公告董事会决议、股权激励计划草案、董事会薪酬与考核委员会意见。

上市公司实行股权激励计划依照规定需要取得有关部门批准的,应当在取得有关批复文件后的2个交易日内进行公告。

第五十四条 股东会审议股权激励计划前,上市公司拟对股权激励方案进行变更的,变更议案经董事会审议通过后,上市公司应当及时披露董事会决议公告,同时披露变更原因、变更内容及董事会薪酬与考核委员会、律师事务所意见。

第五十五条 上市公司在发出召开股东会审议股权激励计划的通知时,应当同时公告法律意见书;聘请独立财务顾问的,还应当同时公告独立财务顾问报告。

第五十六条 股东会审议通过股权激励计划及相关议案后,上市公司应当及时披露股东会决议公告、经股东会审议通过的股权激励计划以及内幕信息知情人买卖本公司股票情况的自查报告。股东会决议公告中应当包括中小投资者单独计票结果。

第五十七条 上市公司分次授出权益的,分次授出权益的议案经董事会审议通过后,上市公司应当及时披露董事会决议公告,对拟授出的权益价格、行使权益安排、是否符合股权激励计划的安排等内容进行说明。

第五十八条 因标的股票除权、除息或者其他原因调整权益价格或者数量的,调整议案经董事会审议通过后,上市公司应当及时披露董事会决议公告,同时公告律师事务所意见。

第五十九条 上市公司董事会应当在授予权益及股票期权行权登记完成后、限制性股票解除限售前,及时披露相关实施情况的公告。

第六十条 上市公司向激励对象授出权益时,应当按照本办法第四十二条规定履行信息披露义务,并再次披露股权激励会计处理方法、公允价值确定方法、涉及估值模型重要参数取值的合理性、实施股权激励应当计提的费用及对上市公司业绩的影响。

第六十一条 上市公司董事会按照本办法第四十四条、第四十五条规定对激励对象获授权益、行使权益的条件是否成就进行审议的,上市公司应当及时披露董事会决议公告,同时公告董事会薪酬与考核委员会、律师事务所意见以及独立财务顾问意见(如有)。

第六十二条 上市公司董事会按照本办法第二十七条规定审议限制性股票回购方案的,应当及时公告回购股份方案及律师事务所意见。回购股份方案经股东会批准后,上市公司应当及时公告股东会决议。

第六十三条 上市公司终止实施股权激励的,终止实施议案经股东会或董事会审议通过后,上市公司应当及时披露股东会决议公告或董事会决议公告,并对终止实施股权激励的原因、股权激励已筹划及实施进展、终止实施股权激励对上市公司的可能影响等作出说明,并披露律师事务所意见。

第六十四条 上市公司应当在定期报告中披露报告期内股权激励的实施情况,包括:

(一)报告期内激励对象的范围;

(二)报告期内授出、行使和失效的权益总额;

(三)至报告期末累计已授出但尚未行使的权益总额;

(四)报告期内权益价格、权益数量历次调整的情况以及经调整后的最新权益价格与权益数量;

(五)董事、高级管理人员各自的姓名、职务以及在报告期内历次获授、行使权益的情况和失效的权益数量;

（六）因激励对象行使权益所引起的股本变动情况；

（七）股权激励的会计处理方法及股权激励费用对公司业绩的影响；

（八）报告期内激励对象获授权益、行使权益的条件是否成就的说明；

（九）报告期内终止实施股权激励的情况及原因。

第六十五条 上市公司独立董事专门会议根据本办法第五十一条的规定履职的，公司应当按照本办法第三十六条第二款、第五十三条第一款、第五十四条和第六十一条的规定进行披露。

第七章 监督管理

第六十六条 上市公司股权激励不符合法律、行政法规和本办法规定，或者上市公司未按照本办法、股权激励计划的规定实施股权激励的，上市公司应当终止实施股权激励，中国证监会及其派出机构责令改正，并书面通报证券交易所和证券登记结算机构。

第六十七条 上市公司未按照本办法及其他相关规定披露股权激励相关信息或者所披露的信息有虚假记载、误导性陈述或者重大遗漏的，中国证监会及其派出机构对公司及相关责任人员采取责令改正、监管谈话、出具警示函等监管措施；情节严重的，依照《证券法》予以处罚；涉嫌犯罪的，依法移交司法机关追究刑事责任。

第六十八条 上市公司因信息披露文件有虚假记载、误导性陈述或者重大遗漏，导致不符合授予权益或行使权益安排的，未行使权益应当统一回购注销，已经行使权益的，所有激励对象应当返还已获授权益。对上述事宜不负有责任的激励对象因返还已获授权益而遭受损失的，可按照股权激励计划相关安排，向上市公司或负有责任的对象进行追偿。

董事会应当按照前款规定和股权激励计划相关安排收回激励对象所得收益。

第六十九条 上市公司实施股权激励过程中，上市公司独立董事等相关人员未按照本办法及相关规定履行勤勉尽责义务的，中国证监会及其派出机构采取责令改正、监管谈话、出具警示函、认定为不适当人选等措施；情节严重的，依照《证券法》予以处罚；涉嫌犯罪的，依法移交司法机关追究刑事责任。

第七十条 利用股权激励进行内幕交易或者操纵证券市场的,中国证监会及其派出机构依照《证券法》予以处罚;情节严重的,对相关责任人员实施市场禁入等措施;涉嫌犯罪的,依法移交司法机关追究刑事责任。

第七十一条 为上市公司股权激励计划出具专业意见的证券服务机构和人员未履行勤勉尽责义务,所发表的专业意见存在虚假记载、误导性陈述或者重大遗漏的,中国证监会及其派出机构对相关机构及签字人员采取责令改正、监管谈话、出具警示函等措施;情节严重的,依照《证券法》予以处罚;涉嫌犯罪的,依法移交司法机关追究刑事责任。

第八章 附　　则

第七十二条 本办法下列用语具有如下含义:

标的股票:指根据股权激励计划,激励对象有权获授或者购买的上市公司股票。

权益:指激励对象根据股权激励计划获得的上市公司股票、股票期权。

授出权益(授予权益、授权):指上市公司根据股权激励计划的安排,授予激励对象限制性股票、股票期权的行为。

行使权益(行权):指激励对象根据股权激励计划的规定,解除限制性股票的限售、行使股票期权购买上市公司股份的行为。

分次授出权益(分次授权):指上市公司根据股权激励计划的安排,向已确定的激励对象分次授予限制性股票、股票期权的行为。

分期行使权益(分期行权):指根据股权激励计划的安排,激励对象已获授的限制性股票分期解除限售、已获授的股票期权分期行权的行为。

预留权益:指股权激励计划推出时未明确激励对象、股权激励计划实施过程中确定激励对象的权益。

授予日或者授权日:指上市公司向激励对象授予限制性股票、股票期权的日期。授予日、授权日必须为交易日。

限售期:指股权激励计划设定的激励对象行使权益的条件尚未成就,限制性股票不得转让、用于担保或偿还债务的期间,自激励对象获授限制性股票完成登记之日起算。

可行权日:指激励对象可以开始行权的日期。可行权日必须为交易日。

授予价格:上市公司向激励对象授予限制性股票时所确定的、激励对象获得上市公司股份的价格。

行权价格:上市公司向激励对象授予股票期权时所确定的、激励对象购买上市公司股份的价格。

标的股票交易均价:标的股票交易总额/标的股票交易总量。

本办法所称的"以上""以下"含本数,"超过""低于""少于"不含本数。

第七十三条　国有控股上市公司实施股权激励,国家有关部门对其有特别规定的,应当同时遵守其规定。

第七十四条　本办法适用于股票在上海、深圳证券交易所上市的公司。

第七十五条　本办法自 2016 年 8 月 13 日起施行。原《上市公司股权激励管理办法(试行)》(证监公司字〔2005〕151 号)及相关配套制度同时废止。

附录二

企业会计准则第 11 号——股份支付

第一章 总 则

第一条 为了规范股份支付的确认、计量和相关信息的披露,根据《企业会计准则——基本准则》,制定本准则。

第二条 股份支付,是指企业为获取职工和其他方提供服务而授予权益工具或者承担以权益工具为基础确定的负债的交易。

股份支付分为以权益结算的股份支付和以现金结算的股份支付。

以权益结算的股份支付,是指企业为获取服务以股份或其他权益工具作为对价进行结算的交易。

以现金结算的股份支付,是指企业为获取服务承担以股份或其他权益工具为基础计算确定的交付现金或其他资产义务的交易。

本准则所指的权益工具是企业自身权益工具。

第三条 下列各项适用其他相关会计准则:

(一)企业合并中发行权益工具取得其他企业净资产的交易,适用《企业会计准则第 20 号——企业合并》。

(二)以权益工具作为对价取得其他金融工具等交易,适用《企业会计准则第 22 号——金融工具确认和计量》。

第二章 以权益结算的股份支付

第四条 以权益结算的股份支付换取职工提供服务的,应当以授予职工权益工具的公允价值计量。

权益工具的公允价值,应当按照《企业会计准则第 22 号——金融工具确认和计量》确定。

第五条 授予后立即可行权的换取职工服务的以权益结算的股份支付,应当在授予日按照权益工具的公允价值计入相关成本或费用,相应增加资本公积。

授予日,是指股份支付协议获得批准的日期。

第六条 完成等待期内的服务或达到规定业绩条件才可行权的换取职工服务的以权益结算的股份支付,在等待期内的每个资产负债表日,应当以对可行权权益工具数量的最佳估计为基础,按照权益工具授予日的公允价值,将当期取得的服务计入相关成本或费用和资本公积。

在资产负债表日,后续信息表明可行权权益工具的数量与以前估计不同的,应当进行调整,并在可行权日调整至实际可行权的权益工具数量。

等待期,是指可行权条件得到满足的期间。

对于可行权条件为规定服务期间的股份支付,等待期为授予日至可行权日的期间;对于可行权条件为规定业绩的股份支付,应当在授予日根据最可能的业绩结果预计等待期的长度。

可行权日,是指可行权条件得到满足、职工和其他方具有从企业取得权益工具或现金的权利的日期。

第七条 企业在可行权日之后不再对已确认的相关成本或费用和所有者权益总额进行调整。

第八条 以权益结算的股份支付换取其他方服务的,应当分别下列情况处理:

(一)其他方服务的公允价值能够可靠计量的,应当按照其他方服务在取得日的公允价值,计入相关成本或费用,相应增加所有者权益。

(二)其他方服务的公允价值不能可靠计量但权益工具公允价值能够可靠计量的,应当按照权益工具在服务取得日的公允价值,计入相关成本或费用,相应增加所有者权益。

第九条 在行权日,企业根据实际行权的权益工具数量,计算确定应转入实收资本或股本的金额,将其转入实收资本或股本。

行权日,是指职工和其他方行使权利、获取现金或权益工具的日期。

第三章 以现金结算的股份支付

第十条 以现金结算的股份支付,应当按照企业承担的以股份或其他权益工具为基础计算确定的负债的公允价值计量。

第十一条 授予后立即可行权的以现金结算的股份支付,应当在授予日以企业承担负债的公允价值计入相关成本或费用,相应增加负债。

第十二条 完成等待期内的服务或达到规定业绩条件以后才可行权的以现金结算的股份支付,在等待期内的每个资产负债表日,应当以对可行权情况的最佳估计为基础,按照企业承担负债的公允价值金额,将当期取得的服务计入成本或费用和相应的负债。

在资产负债表日,后续信息表明企业当期承担债务的公允价值与以前估计不同的,应当进行调整,并在可行权日调整至实际可行权水平。

第十三条 企业应当在相关负债结算前的每个资产负债表日以及结算日,对负债的公允价值重新计量,其变动计入当期损益。

第四章 披　　露

第十四条 企业应当在附注中披露与股份支付有关的下列信息:

(一)当期授予、行权和失效的各项权益工具总额。

(二)期末发行在外的股份期权或其他权益工具行权价格的范围和合同剩余期限。

(三)当期行权的股份期权或其他权益工具以其行权日价格计算的加权平均价格。

(四)权益工具公允价值的确定方法。

企业对性质相似的股份支付信息可以合并披露。

第十五条 企业应当在附注中披露股份支付交易对当期财务状况和经营成果的影响,至少包括下列信息:

(一)当期因以权益结算的股份支付而确认的费用总额。

(二)当期因以现金结算的股份支付而确认的费用总额。

(三)当期以股份支付换取的职工服务总额及其他方服务总额。

附录三

《企业会计准则第 11 号——股份支付》应用指南

一、股份支付的含义

本准则第二条规定,股份支付是指企业为获取职工和其他方提供服务而授予权益工具或者承担以权益工具为基础确定的负债的交易。

企业授予职工期权、认股权证等衍生工具或其他权益工具,对职工进行激励或补偿,以换取职工提供的服务,实质上属于职工薪酬的组成部分,但由于股份支付是以权益工具的公允价值为计量基础,因此由本准则进行规范。

二、股份支付的处理

股份支付的确认和计量,应当以真实、完整、有效的股份支付协议为基础。

(一)授予日除了立即可行权的股份支付外,无论权益结算的股份支付或者现金结算的股份支付,企业在授予日都不进行会计处理。授予日是指股份支付协议获得批准的日期。其中"获得批准",是指企业与职工或其他方就股份支付的协议条款和条件已达成一致,该协议获得股东大会或类似机构的批准。

(二)等待期内的每个资产负债表日股份支付在授予后通常不可立即行权,一般需要在职工或其他方履行一定期限的服务或在企业达到一定业绩条件之后才可行权。业绩条件分为市场条件和非市场条件。市场条件是指行权价格、可行权条件以及行权可能性与权益工具的市场价格相关的业绩条件,如股份支付协议中关于股价至少上升至何种水平才可行权的规定。非市场条件是指除市场条件之外的其他业绩条件,如股份支付协议中关于达到最低盈利目标或销售目标才可行权的规定。等待期长度确定后,业绩条件为非市场条件的,如果后续信息表明需要调整等待期长度,应对前期确定的等待期长度进行修改;业绩条件为市场条件的,不应因此改变等待期长度。对于可行权条件为业绩条件的股份支付,在确定权益工具的公允价值时,应考虑市场条件的影响,只要职工满足了其他所有非市场条件,企业就应当确认已取得的服务。

1. 等待期内每个资产负债表日,企业应将取得的职工提供的服务计入成本费用,计入成本费用的金额应当按照权益工具的公允价值计量。

对于权益结算的涉及职工的股份支付,应当按照授予日权益工具的公允价值计入成本费用和资本公积(其他资本公积),不确认其后续公允价值变动;对于现金结算的涉及职工的股份支付,应当按照每个资产负债表日权益工具的公允价值重新计量,确定成本费用和应付职工薪酬。对于授予的存在活跃市场的期权等权益工具,应当按照活跃市场中的报价确定其公允价值。对于授予的不存在活跃市场的期权等权益工具,应当采用期权定价模型等确定其公允价值,选用的期权定价模型至少应当考虑以下因素:(1)期权的行权价格;(2)期权的有效期;(3)标的股份的现行价格;(4)股价预计波动率;(5)股份的预计股利;(6)期权有效期内的无风险利率。

2. 等待期内每个资产负债表日,企业应当根据最新取得的可行权职工人数变动等后续信息作出最佳估计,修正预计可行权的权益工具数量。在可行权日,最终预计可行权权益工具的数量应当与实际可行权数量一致。

根据上述权益工具的公允价值和预计可行权的权益工具数量,计算截至当期累计应确认的成本费用金额,再减去前期累计已确认金额,作为当期应确认的成本费用金额。

(三) 可行权日之后

1. 对于权益结算的股份支付,在可行权日之后不再对已确认的成本费用和所有者权益总额进行调整。企业应在行权日根据行权情况,确认股本和股本溢价,同时结转等待期内确认的资本公积(其他资本公积)。

2. 对于现金结算的股份支付,企业在可行权日之后不再确认成本费用,负债(应付职工薪酬)公允价值的变动应当计入当期损益(公允价值变动损益)。

三、回购股份进行职工期权激励

企业以回购股份形式奖励本企业职工的,属于权益结算的股份支付,应当进行以下处理:

(一) 回购股份

企业回购股份时,应当按照回购股份的全部支出作为库存股处理,同时进行备查登记。

(二) 确认成本费用

按照本准则对职工权益结算股份支付的规定,企业应当在等待期内每个资产负债表日按照权益工具在授予日的公允价值,将取得的职工服务计入成本费用,同时增加资本公积(其他资本公积)。

(三) 职工行权

企业应于职工行权购买本企业股份收到价款时,转销交付职工的库存股成本和等待期内资本公积(其他资本公积)累计金额,同时,按照其差额调整资本公积(股本溢价)。

附录四

财政部 国家税务总局关于个人股票期权所得征收个人所得税问题的通知

(财税〔2005〕35号)

各省、自治区、直辖市、计划单列市财政厅(局)、地方税务局：

为适应企业(包括内资企业、外商投资企业和外国企业在中国境内设立的机构场所)薪酬制度改革，加强个人所得税征管，现对企业员工(包括在中国境内有住所和无住所的个人)参与企业股票期权计划而取得的所得征收个人所得税问题通知如下：

一、关于员工股票期权所得征税问题

实施股票期权计划企业授予该企业员工的股票期权所得，应按《中华人民共和国个人所得税法》及其实施条例有关规定征收个人所得税。

企业员工股票期权(以下简称股票期权)是指上市公司按照规定的程序授予本公司及其控股企业员工的一项权利，该权利允许被授权员工在未来时间内以某一特定价格购买本公司一定数量的股票。

二、上述"某一特定价格"被称为"授予价"或"施权价"，即根据股票期权计划可以购买股票的价格，一般为股票期权授予日的市场价格或该价格的折扣价格，也可以是按照事先设定的计算方法约定的价格；"授予日"，也称"授权日"，是指公司授予员工上述权利的日期；"行权"，也称"执行"，是指员工根据股票期权计划选择购买股票的过程；员工行使上述权利的当日为"行权日"，也称"购买日"。

二、关于股票期权所得性质的确认及其具体征税规

（一）员工接受实施股票期权计划企业授予的股票期权时，除另有规定外，一般不作为应税所得征税。

（二）员工行权时，其从企业取得股票的实际购买价（施权价）低于购买日公平市场价（指该股票当日的收盘价，下同）的差额，是因员工在企业的表现和业绩情况而取得的与任职、受雇有关的所得，应按"工资、薪金所得"适用的规定计算缴纳个人所得税。

对因特殊情况，员工在行权日之前将股票期权转让的，以股票期权的转让净收入，作为工资薪金所得征收个人所得税。

员工行权日所在期间的工资薪金所得，应按下列公式计算工资薪金应纳税所得额：股票期权形式的工资薪金应纳税所得额＝（行权股票的每股市场价－员工取得该股票期权支付的每股施权价）×股票数量

（三）员工将行权后的股票再转让时获得的高于购买日公平市场价的差额，是因个人在证券二级市场上转让股票等有价证券而获得的所得，应按照"财产转让所得"适用的征免规定计算缴纳个人所得税。

（四）员工因拥有股权而参与企业税后利润分配取得的所得，应按照"利息、股息、红利所得"适用的规定计算缴纳个人所得税。

三、关于工资薪金所得境内外来源划分

按照《国家税务局关于在中国境内无住所个人以有价证券形式取得工资薪金所得确定纳税义务有关问题的通知》（国税函〔2000〕190号）有关规定，需对员工因参加企业股票期权计划而取得的工资薪金所得确定境内或境外来源的，应按照该员工据以取得上述工资薪金所得的境内、外工作期间月份数比例计算划分。

四、关于应纳税款的计算

（一）认购股票所得（行权所得）的税款计算。员工因参加股票期权计划而从中国境内取得的所得，按本通知规定应按工资薪金所得计算纳税的，对该股票期权形式的工资薪金所得可区别于所在月份的其他工资

薪金所得,单独按下列公式计算当月应纳税款:应纳税额=(股票期权形式的工资薪金应纳税所得额/规定月份数×适用税率-速算扣除数)×规定月份数。

上款公式中的规定月份数,是指员工取得来源于中国境内的股票期权形式工资薪金所得的境内工作期间月份数,长于 12 个月的,按 12 个月计算;上款公式中的适用税率和速算扣除数,以股票期权形式的工资薪金应纳税所得额除以规定月份数后的商数,对照《国家税务总局关于印发〈征收个人所得税若干问题〉的通知》(国税发〔1994〕089 号)所附税率表确定。

(二)转让股票(销售)取得所得的税款计算。对于员工转让股票等有价证券取得的所得,应按现行税法和政策规定征免个人所得税。即:个人将行权后的境内上市公司股票再行转让而取得的所得,暂不征收个人所得税;个人转让境外上市公司的股票而取得的所得,应按税法的规定计算应纳税所得额和应纳税额,依法缴纳税款。

(三)参与税后利润分配取得所得的税款计算。员工因拥有股权参与税后利润分配而取得的股息、红利所得,除依照有关规定可以免税或减税的外,应全额按规定税率计算纳税。

五、关于征收管理

(一)扣缴义务人。实施股票期权计划的境内企业为个人所得税的扣缴义务人,应按税法规定履行代扣代缴个人所得税的义务。

(二)自行申报纳税。员工从两处或两处以上取得股票期权形式的工资薪金所得和没有扣缴义务人的,该个人应在个人所得税法规定的纳税申报期限内自行申报缴纳税款。

(三)报送有关资料。实施股票期权计划的境内企业,应在股票期权计划实施之前,将企业的股票期权计划或实施方案、股票期权协议书、授权通知书等资料报送主管税务机关;应在员工行权之前,将股票期权行权通知书和行权调整通知书等资料报送主管税务机关。

扣缴义务人和自行申报纳税的个人在申报纳税或代扣代缴税款时,应在税法规定的纳税申报期限内,将个人接受或转计的股票期权以及认购的股票情况(包括种类、数量、施权价格、行权价格、市场价格、转让价格等)报送主管税务机关。

(四)处罚。实施股票期权计划的企业和因股票期权计划而取得应税所得的自行申报员工,未按规定报送上述有关报表和资料,未履行申报纳税义务或者扣缴税款义务的,按《中华人民共和国税收征收管理法》及其实施细则的有关规定进行处理。

六、关于执行时间

本通知自 2005 年 7 月 1 日起执行。《国家税务总局关于个人认购股票等有价证券而从雇主取得折扣或补贴收入有关征收个人所得税问题的通知》(国税发〔1998〕9 号)的规定与本通知不一致的,按本通知规定执行。

财政部 国家税务总局
2005 年 3 月 31 日

附录五

国家税务总局关于个人股票期权所得缴纳个人所得税有关问题的补充通知[①]

(国税函〔2006〕902号)

各省、自治区、直辖市和计划单列市地方税务局：

关于员工取得股票期权所得有关个人所得税处理问题，《财政部 国家税务总局关于个人股票期权所得征收个人所得税问题的通知》（财税〔2005〕35号）已经做出规定。现就有关执行问题补充通知如下：

一、员工接受雇主（含上市公司和非上市公司）授予的股票期权，凡该股票期权指定的股票为上市公司（含境内、外上市公司）股票的，均应按照财税〔2005〕35号文件进行税务处理。

二、财税〔2005〕35号文件第二条第（二）项所述"股票期权的转让净收入"，一般是指股票期权转让收入。如果员工以折价购入方式取得股票期权的，可以股票期权转让收入扣除折价购入股票期权时实际支付的价款后的余额，作为股票期权的转让净收入。

三、财税〔2005〕35号文件第二条第（二）项公式中所述"员工取得该股票期权支付的每股施权价"，一般是指员工行使股票期权购买股票实际支付的每股价格。如果员工以折价购入方式取得股票期权的，上述施权价可包括员工折价购入股票期权时实际支付的价格。

四、凡取得股票期权的员工在行权日不实际买卖股票，而按行权日股票期权所指定股票的市场价与施权价之间的差额，直接从授权企业取

---

① 第七条、第八条废止，参见《财政部 税务总局关于个人所得税法修改后有关优惠政策衔接问题的通知》（财税〔2018〕164号）。

得价差收益的,该项价差收益应作为员工取得的股票期权形式的工资薪金所得,按照财税〔2005〕35号文件的有关规定计算缴纳个人所得税。

五、在确定员工取得股票期权所得的来源地时,按照财税〔2005〕35号文件第三条规定需划分境、内外工作期间月份数。该境、内外工作期间月份总数是指员工按企业股票期权计划规定,在可行权以前须履行工作义务的月份总数。

六、部分股票期权在授权时即约定可以转让,且在境内或境外存在公开市场及挂牌价格(以下称可公开交易的股票期权)。员工接受该可公开交易的股票期权时,应作为财税〔2005〕35号文件第二条第(一)项所述的另有规定情形,按以下规定进行税务处理:

(一)员工取得可公开交易的股票期权,属于员工已实际取得有确定价值的财产,应按授权日股票期权的市场价格,作为员工授权日所在月份的工资薪金所得,并按财税〔2005〕35号文件第四条第(一)项规定计算缴纳个人所得税。如果员工以折价购入方式取得股票期权的,可以授权日股票期权的市场价格扣除折价购入股票期权时实际支付的价款后的余额,作为授权日所在月份的工资薪金所得。

(二)员工取得上述可公开交易的股票期权后,转让该股票期权所取得的所得,属于财产转让所得,按财税〔2005〕35号文件第四条第(二)项规定进行税务处理。

(三)员工取得本条第(一)项所述可公开交易的股票期权后,实际行使该股票期权购买股票时,不再计算缴纳个人所得税。

七、员工以在一个公历月份中取得的股票期权形式工资薪金所得为一次。员工在一个纳税年度中多次取得股票期权形式工资薪金所得的,其在该纳税年度内首次取得股票期权形式的工资薪金所得应按财税〔2005〕35号文件第四条第(一)项规定的公式计算应纳税款;本年度内以后每次取得股票期权形式的工资薪金所得,应按以下公式计算应纳税款:

$$应纳税款 = \left(\frac{本纳税年度内取得的股票期权形式工资薪金所得累计应纳税所得额}{规定月份数} \times 适用税率 - 速算扣除数\right) \times 规定月份数 - 本纳税年度内股票期权形式的工资薪金所得累计已纳税款$$

上款公式中的本纳税年度内取得的股票期权形式工资薪金所得累计应纳税所得额,包括本次及本次以前各次取得的股票期权形式工资薪金所得应纳税所得额;上款公式中的规定月份数,是指员工取得来源于中国境内的股票期权形式工资薪金所得的境内工作期间月份数,长于12个月的,按12个月计算;上款公式中的适用税率和速算扣除数,以本纳税年度内取得的股票期权形式工资薪金所得累计应纳税所得额除以规定月份数后的商数,对照《国家税务总局关于印发〈征收个人所得税若干问题的规定〉的通知》(国税发〔1994〕89号)所附税率表确定;上款公式中的本纳税年度内股票期权形式的工资薪金所得累计已纳税款,不含本次股票期权形式的工资薪金所得应纳税款。

八、员工多次取得或者一次取得多项来源于中国境内的股票期权形式工资薪金所得,而且各次或各项股票期权形式工资薪金所得的境内工作期间月份数不相同的,以境内工作期间月份数的加权平均数为财税〔2005〕35号文件第四条第(一)项规定公式和本通知第七条规定公式中的规定月份数,但最长不超过12个月,计算公式如下:

$$规定月份数 = \frac{\sum 各次或各项股票期权形式工资薪金应纳税所得额与该次或该项所得境内工作期间月份数的乘积}{\sum 各次或各项股票期权形式工资薪金应纳税所得额}$$

国家税务总局
2006年9月30日

附录六

财政部 国家税务总局关于股票增值权所得和限制性股票所得征收个人所得税有关问题的通知

(财税〔2009〕5号)

各省、自治区、直辖市、计划单列市财政厅(局)、地方税务局,宁夏、西藏、青海省(自治区)国家税务局,新疆生产建设兵团财务局:

根据《中华人民共和国个人所得税法》《中华人民共和国税收征收管理法》等有关规定,现就股票增值权所得和限制性股票所得征收个人所得税有关问题通知如下:

一、对于个人从上市公司(含境内、外上市公司,下同)取得的股票增值权所得和限制性股票所得,比照《财政部 国家税务总局关于个人股票期权所得征收个人所得税问题的通知》(财税〔2005〕35号)、《国家税务总局关于个人股票期权所得缴纳个人所得税有关问题的补充通知》(国税函〔2006〕902号)的有关规定,计算征收个人所得税。

二、本通知所称股票增值权,是指上市公司授予公司员工在未来一定时期和约定条件下,获得规定数量的股票价格上升所带来收益的权利。被授权人在约定条件下行权,上市公司按照行权日与授权日二级市场股票差价乘以授权股票数量,发放给被授权人现金。

三、本通知所称限制性股票,是指上市公司按照股权激励计划约定的条件,授予公司员工一定数量本公司的股票。

四、实施股票增值权计划或限制性股票计划的境内上市公司,应在向中国证监会报备的同时,将企业股票增值权计划、限制性股票计划或实施方案等有关资料报送主管税务机关备案。

五、实施股票增值权计划或限制性股票计划的境内上市公司,应在做好个人所得税扣缴工作的同时,按照《国家税务总局关于印发〈个人所得税全员全额扣缴申报管理暂行办法〉的通知》(国税发〔2005〕205号)的有关规定,向主管税务机关报送其员工行权等涉税信息。

财政部 国家税务总局
2009年1月7日

附录七

国家税务总局关于我国居民企业实行股权激励计划有关企业所得税处理问题的公告

(国家税务总局公告2012年第18号)

为推进我国资本市场改革,促进企业建立健全激励与约束机制,根据国务院证券管理委员会发布的《上市公司股权激励管理办法(试行)》(证监公司字〔2005〕151号,以下简称《管理办法》)的规定,一些在我国境内上市的居民企业(以下简称上市公司),为其职工建立了股权激励计划。根据《中华人民共和国企业所得税法》及其实施条例(以下简称税法)的有关规定,现就上市公司实施股权激励计划有关企业所得税处理问题,公告如下:

一、本公告所称股权激励,是指《管理办法》中规定的上市公司以本公司股票为标的,对其董事、监事、高级管理人员及其他员工(以下简称激励对象)进行的长期性激励。股权激励实行方式包括授予限制性股票、股票期权以及其他法律法规规定的方式。

限制性股票,是指《管理办法》中规定的激励对象按照股权激励计划规定的条件,从上市公司获得的一定数量的本公司股票。

股票期权,是指《管理办法》中规定的上市公司按照股权激励计划授予激励对象在未来一定期限内,以预先确定的价格和条件购买本公司一定数量股票的权利。

二、上市公司依照《管理办法》要求建立职工股权激励计划,并按我国企业会计准则的有关规定,在股权激励计划授予激励对象时,按照该股票的公允价格及数量,计算确定作为上市公司相关年度的成本或费用,作为换取激励对象提供服务的对价。上述企业建立的职工股权激励计划,

其企业所得税的处理,按以下规定执行:

(一)对股权激励计划实行后立即可以行权的,上市公司可以根据实际行权时该股票的公允价格与激励对象实际行权支付价格的差额和数量,计算确定作为当年上市公司工资薪金支出,依照税法规定进行税前扣除。

(二)对股权激励计划实行后,需待一定服务年限或者达到规定业绩条件(以下简称等待期)方可行权的。上市公司等待期内会计上计算确认的相关成本费用,不得在对应年度计算缴纳企业所得税时扣除。在股权激励计划可行权后,上市公司方可根据该股票实际行权时的公允价格与当年激励对象实际行权支付价格的差额及数量,计算确定作为当年上市公司工资薪金支出,依照税法规定进行税前扣除。

(三)本条所指股票实际行权时的公允价格,以实际行权日该股票的收盘价格确定。

三、在我国境外上市的居民企业和非上市公司,凡比照《管理办法》的规定建立职工股权激励计划,且在企业会计处理上,也按我国会计准则的有关规定处理的,其股权激励计划有关企业所得税处理问题,可以按照上述规定执行。

四、本公告自 2012 年 7 月 1 日起施行。

特此公告。

国家税务总局

2012 年 5 月 23 日